"새로운" 무의식

"새로운" 무의식
정신분석에서 뇌과학으로

레오나르드 믈로디노프

김명남 옮김

SUBLIMINAL :
How your unconscious mind rules your behavior

by Leonard Mlodinow

Copyright © 2012 by Leonard Mlodinow
All rights reserved.
This Korean edition was published by Kachi Publishing Co., Ltd. in 2013 by arrangement with Leonard Mlodinow c/o Writers House LLC, New York through KCC(Korea Copyright Center Inc.), Seoul.

이 책은 (주)한국저작권센터(KCC)를 통한 저작권자와의 독점계약으로 (주)까치글방에서 출간되었습니다. 저작권법에 의해 한국 내에서 보호를 받는 저작물이므로 무단전재와 복제를 금합니다.

역자 김명남(金明南)
한국과학기술원 화학과를 졸업하고 서울대학교 환경대학원에서 환경정책을 공부했다.
인터넷 서점 알라딘 편집팀장을 지냈고, 전업 번역가로 일하고 있다. 역서로는『포크를 생각하다』,『신기한 수학 나라의 알렉스』,『몸에 갇힌 사람들』,『다중인격의 심리학』,『지상 최대의 쇼』,『시크릿 하우스』등이 있다.

편집 교정 _ 이인순(李仁順)

"새로운" 무의식 : 정신분석에서 뇌과학으로

저자 / 레오나르드 믈로디노프
역자 / 김명남
발행처 / 까치글방
발행인 / 박후영
주소 / 서울시 용산구 서빙고로 67, 파크타워 103동 1003호
전화 / 02 · 735 · 8998, 736 · 7768
팩시밀리 / 02 · 723 · 4591
홈페이지 / www.kachibooks.co.kr
전자우편 / kachibooks@gmail.com
등록번호 / 1-528
등록일 / 1977. 8. 5
초판 1쇄 발행일 / 2013. 1. 15
5쇄 발행일 / 2021. 4. 20

값 / 뒤표지에 쓰여 있음

ISBN 978-89-7291-534-8 03180

크리스토프 코흐와 코흐 연구소,
그리고 인간의 마음을 이해하고자 헌신하는 모든 이들에게

차례

서문   9

1 _ 두 층위로 구성된 뇌

  1   새로운 무의식   19
  2   감각 더하기 마음이 곧 현실   45
  3   기억과 망각   74
  4   사회성의 중요성   110

2 _ 사회적 무의식

  5   사람의 마음 읽기   147
  6   사람을 외모로 판단하기   173
  7   사람과 사물을 분류하기   198
  8   내집단과 외집단   219
  9   감정   240
  10 자기 자신   267

감사의 글   299
주   301
역자 후기   327
인명 색인   331

서문

우리에게 벌어지는 온갖 일들의 의식 아래의, 곧 역하적(閾下的, subliminal) 측면은 일상에서 거의 아무런 역할도 하지 않는 것처럼 보일지도 모른다. 그러나 그것은 눈에 보이지는 않지만 의식적 사고의 뿌리임에 분명하다. ― 카를 융

1879년 6월, 미국의 철학자이자 과학자인 찰스 샌더스 퍼스는 보스턴에서 뉴욕으로 증기선을 타고 가다가 개인 선실에서 금시계를 도둑맞았다.[1] 퍼스는 절도 사실을 알리고, 모든 선원들을 한 명도 빠짐없이 갑판에 정렬시키라고 고집했다. 그 선원들과 일일이 면담을 했지만, 성과는 없었다. 그는 잠시 오락가락하다가 문득 이상한 짓을 했다. 고작 2 원페어를 손에 들고서 올인을 하는 포커 선수처럼, 근거가 전혀 없음에도 불구하고 어쨌든 범인을 넘겨짚기로 한 것이었다. 퍼스는 마음속으로 넘겨짚어보았고, 자신이 제대로 짚었다는 확신이 들었다. 그는 나중에 이렇게 썼다. "나는 조금 걸어갔다가 빙글 돌아서 제자리로 돌아왔다. 1분도 채 걸리지 않았다. 그러나 다시 그들을 바라보고 섰을 때는 이미 의혹의 그림자가 말끔히 사라졌다."[2]

퍼스는 자신만만하게 용의자에게 다가갔지만, 남자는 생사람 잡지 말라며 혐의를 부인했다. 퍼스에게는 자신의 주장을 뒷받침할 증거나 논리적인 이유가 없었으므로, 배가 부두에 닿을 때까지는 더 이상 아무

런 조치도 취할 수 없었다. 이윽고 배가 정박하자, 퍼스는 당장 택시를 타고 그 동네의 핑커턴 탐정 사무소로 가서 탐정을 고용했다. 이튿날, 탐정은 퍼스의 시계가 전당포에 맡겨진 사실을 알아냈다. 퍼스는 전당포 주인에게 물건을 맡긴 사람의 생김새를 묘사해보라고 했고, 주인의 설명은 "그림처럼 생생하게" 그가 지목한 용의자와 일치했기 때문에 "범인이 바로 그 남자라는 데에는 한 점 의혹도 있을 수 없었다." 퍼스는 자신이 어떻게 도둑을 제대로 짚었는지 의아했다. 그는 의식 아래에서 작동하는 모종의 본능적 지각이 자신을 이끌었다고 결론내렸다.

만약 그것이 단순한 추측일 뿐이라는 것이 이 이야기의 결론이라면, 과학자들은 퍼스의 설명을 가령 "작은 새가 알려주었어요"라고 말하는 것과 크게 다르지 않은 수준으로 여길 것이다. 그러나 5년 뒤에 퍼스는 무의식적 지각에 관한 발상을 실험으로 확인해보았다. 그는 생리학자 에른스트 하인리히 베버가 1834년에 수행했던 실험방식을 빌려왔는데, 베버는 무게가 다양한 작은 분동(分銅)들을 한 번에 하나씩 피험자의 살갗에 올려놓은 뒤에 피험자가 감지하는 최소 무게의 차이를 조사했다.[3] 퍼스는 수제자 조지프 재스트로와 함께 그 실험을 반복하되, 두 분동의 무게 차이가 감지 가능한 최소 역치(閾値, threshold)에 약간 미치지 못하는 것들을 골라서 피험자의 살갗에 올려놓았다(사실 피험자는 퍼스와 재스트로 본인들로, 재스트로가 퍼스에게 실험하고 퍼스가 재스트로에게 실험하는 식이었다). 그들은 두 분동을 의식적으로는 변별할 수 없었다. 그래도 그들은 상대에게 어느 쪽이 더 무거운 것 같은지를 짐작해보라고 요청했고, 각각의 추측에 대한 확신의 정도를 0에서 3까지의 척도에서 선택하도록 했다. 당연히 두 사람은 거의 매 실험에서 0을 택했다. 그러나 그토록 확신이 없었음에도, 그들은 60퍼센트 이상 정확한 답을 맞혔다. 요행이라고 보기에는 지극히 의미 있는 결과였다. 다른 맥락에서 실험해도, 가령 밝기가 약간 다른 표면들을 놓고 비교하는 실험에서도 결과는 마찬가지였다. 옳은 결론으로 이끄는 정보에 의식적으로는 접근할 수 없는데도, 추측은 정확할 때가 많았던 것이다. 이것은 의식적 마음이 놓치는 정보를 무의식적 마음이 알고 있다는 것을 과학적으로 증명한 첫 사례였다.

퍼스는 무의식적 단서를 제법 정확하게 포착하는 이 능력을 "새의 음악적 능력과 비행술적 능력"에 비유하면서 "새들에게 그런 능력이 고귀한 본능이듯이, 이것은 우리의 고귀한 본능적 능력"이라고 말했다. 또한 다른 지면에서는 그것을 "내면의 빛"으로 일컬으며, "그 빛이 없었다면 인류는 생존투쟁에서 무능력하여 오래 전에 절멸했을 것"이라고 말했다. 한마디로, 무의식이 수행하는 작업은 인류의 진화적 생존 메커니즘에서 결정적인 요소였다는 뜻이다.[4] 그로부터 100여 년이 지난 지금, 학계와 임상심리학자들은 누구에게나 풍요롭고 활동적인 무의식이 있다는 것을 잘 안다. 무의식 활동은 의식적 사고 및 감정과 동시에 전개되며, 그것들에 큰 영향을 미친다. 그러나 우리는 오늘날에서야 그 작동방식을 어느 정도 정확하게 측정하기 시작했다.

카를 융은 이렇게 썼다. "우리가 의식적으로 알아차리지 못하는 사건들이 있다. 말하자면 의식의 역치 아래에 잠겨 있는 사건들이다. 그런 사건들은 늘 벌어지지만, 역하적으로 흡수되고 만다."[5] "역하적"을 뜻하는 단어 "subliminal"의 라틴어 어원의 뜻은 "역치 아래의"이다.* 심리학자들은 의식의 역치 아래를 가리키는 말로 이 용어를 사용한다.

---

* "subliminal"의 어원은 이렇지만, 이 책에서는 "의식의 문턱 아래의"라는 일반적인 의미로 썼으므로 앞으로는 보다 친숙한 표현인 "의식 아래의"로 옮긴다/역주

이 책은 바로 그런 광범위한 의미에서의 역치 효과를 소개하고, 무의식의 과정은 어떤지, 그것이 어떻게 우리에게 영향을 미치는지 이야기할 것이다. 우리가 인간의 경험을 제대로 이해하려면 의식적 자아와 무의식적 자아를 둘 다 이해해야 하고, 양쪽이 어떻게 상호작용을 하는지도 파악해야 한다. 의식 아래의 뇌는 비록 눈에 보이지 않을지라도 매우 근본적인 방식으로 의식적 경험에 영향을 미친다. 우리가 자기 자신과 타인을 바라보는 방식, 일상의 사건들에 의미를 부여하는 방식, 때로는 생사를 가를 만큼 중요한 순간적 판단과 결정을 내리는 능력, 이런 본능적인 경험들의 결과로서 우리가 실시하는 모든 활동들에 영향을 미친다.

융과 프로이트를 비롯한 지난 세기의 여러 인물들이 인간 행동의 무의식적 측면을 활발하게 탐구했지만, 그들이 적용했던 기법 — 내성법(內省法, introspection), 외현적 행동 관찰, 뇌손상 환자 연구, 동물 뇌에 전극 삽입하기 등 — 에서는 애매하고 간접적인 지식만 탄생했을 뿐, 인간 행동의 진정한 기원은 여전히 모호했다. 요즘은 사정이 달라졌다. 세련된 신기술 덕분에, 의식 아래에서 기능하는 뇌의 일부, 즉 내가 이 책에서 의식 아래의 세계라고 일컫는 영역에 대한 연구가 혁신되었다. 그리하여 인류 역사상 최초로 엄밀한 무의식의 과학이 탄생했다. 이 책의 주제는 바로 그 무의식의 새로운 과학이다.

20세기가 되기까지, 물리학은 우리가 일상의 경험을 통해서 인식하는 물리적 우주를 제대로 묘사하는 데에 성공했다. 사람들은 높이 올라간 물체가 도로 내려오기 마련임을 알아차렸고, 그 방향 전환이 얼마나 빠르게 이루어지는지를 측정했다. 1687년에 아이작 뉴턴은 이런 일상적 현실에 대한 유효한 이해를 수학적으로 표현하여 『자연철학의 수학적 원리(Philosophiae Naturalis Principia Mathematica)』를 썼다. 뉴턴이 공식화한 법칙은 참으로 강력하여, 그것으로 달과 더 먼 행성들의 궤도를 계산할 수 있을 정도였다. 그러나 이 단정하고 안락한 세계관은 1900년 무렵에 뒤흔들렸다. 뉴턴이 묘사한 일상적인 그림 아래에 전혀 다른 현실이 숨어 있다는 사실을 과학자들이 발견했던 것이다. 오늘날 우리가 양자 이론과 상대성 이론이라고 부르는 것이 바로 그 더 깊은 진리였다.

과학자가 물리적 세계에 대해서 이론을 구축하듯이, 사회적 동물인 인간은 누구나 사회적 세계에 대해서 개인적인 "이론"을 구축한다. 그런 이론은 사회 참여라는 모험의 일부이다. 우리는 그 이론에 기반하여 타인의 행동을 해석하고, 그들의 행위를 예측하고, 그들에게서 내가 원하는 것을 얻어낼 방법을 생각해보고, 그들에게 어떤 감정을 느낄지를 결정한다. 나는 돈, 건강, 자동차, 경력, 자식을 맡길 정도로 그들을 신뢰하는가? 심지어 마음을 맡길 정도로? 물리적 세상과 마찬가지로, 사회적 우주에서도 우리가 순진하게 경험하는 현실의 이면에는 그와는 전혀 다른 현실이 깔려 있다. 19세기와 20세기 초의 물리학 혁명은 원자(原子)뿐만 아니라 광자(光子), 전자(電子)와 같은 갓 발견된 아원자(亞元子) 입자들의 기이한 행동까지 드러내어 보여주는 신기술 덕분에 가능했다. 마찬가지로, 오늘날 과학자들이 인류 역사에서 줄곧 우리 시야를 벗어났던 정신의 더욱 깊은 현실을 드러낼 수 있는 것은 신경과학의 신기술 덕분이다.

그중에서도 마음의 과학을 개조하는 데에 크게 기여한 기술을 꼽자면, 1990년대에 등장한 fMRI(functional magnetic resonance imaging,

기능적 자기공명 영상)를 들 수 있다. fMRI는 의사들이 흔히 사용하는 MRI(magnetic resonance imaging, 자기공명 영상)와 비슷하지만, 뇌를 대상으로 한다는 점이 다르다. fMRI는 뇌 활동의 강도가 달라질 때 발생하는 혈류의 미세한 변화를 감지함으로써 여러 뇌 구조들의 활동을 지도화한다. 작동 중인 뇌의 활동 수준을 약 1밀리미터의 해상도로 지도화함으로써 뇌의 안팎을 아우르는 삼차원 영상을 제공하는 것이다. fMRI의 능력은 당신의 뇌에서 수집한 데이터로부터 당신이 보고 있는 것을 재구성할 수 있을 정도이다.[6]

다음 쪽의 사진을 보자. 왼쪽의 사진들은 피험자가 실제로 응시하는 모습이고, 오른쪽의 사진들은 컴퓨터가 재구성한 영상이다. 재구성 영상은 fMRI가 피험자의 뇌 활동을 전자기적으로 읽은 데이터에 의존했을 뿐, 실제 모습은 전혀 참조하지 않았다. 컴퓨터는 우선 피험자의 시야에서 특정 부분에 해당하는 뇌 영역의 데이터를 여러 다양한 주제들에 반응하는 다른 뇌 영역들의 데이터와 통합했다. 다음으로 600만 장의 그림이 저장된 데이터베이스를 검색하여 그 판독 결과에 가장 잘 상응하는 그림을 골랐다.

이런 기술 응용은 양자혁명만큼이나 급진적인 변화를 일으켰다. 덕분에 우리는 뇌가 어떻게 기능하는지, 우리가 어떤 존재인지 새롭게 이해하게 되었다. 이 혁명에는 이름이 있다. 적어도 이 혁명이 낳은 새로운 학문에는 이름이 있다. 바로 사회 신경과학(social neuroscience)이다. 사회 신경과학을 전문적으로 다루는 최초의 공식학회는 2001년 4월에 열렸다.[7]

카를 융은 인간의 경험을 이해하려면 꿈과 신화를 연구해야 한다고 생

실제 모습 : 컴퓨터의 추측 :

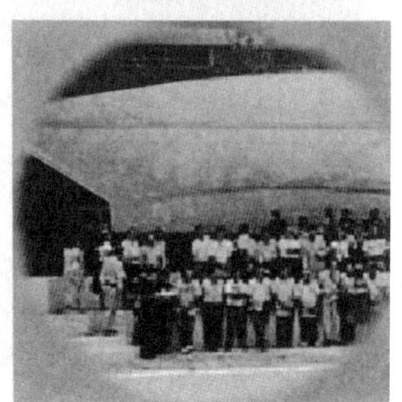

잭 갤런트 제공

각했다. 역사가 문명에서 벌어진 사건들을 기록한 이야기라면, 꿈과 신화는 우리 마음의 표현이다. 융은 꿈과 신화의 주제들과 원형(原型)들이 시간과 문화를 초월한다고 보았다. 그런 주제들과 원형들은 문명이 인간의 무의식적 본능을 가리고 흐리기 한참 전에 바로 그 본능으로부터 생겨났으므로, 가장 깊은 수준에서의 인간성이 무엇인지를 가르쳐준다고 했다. 그러나 오늘날 우리는 뇌의 작동을 종합적으로 이해하는 과정에서 그런 인간적 본능을 직접 조사할 수 있게 되었다. 그런 본능이 어떻게 뇌에서 생리적으로 발생하는지를 목격할 수 있게 되었다. 나아가 우리는 무의식의 작동방식을 밝혀냄으로써 인간과 다른 종들의 연관관계를, 또한 인간만의 독특한 특징을 더 깊이 이해하게 되었다.

이 책은 우리의 진화적 유산을 탐구할 것이다. 겉으로 드러난 마음 아래에서 작동하는 놀랍고 낯선 힘들을 탐구할 것이다. 그런 무의식적 본능들이 보통 자발적이고 합리적인 행동으로 여겨지는 일상의 활동에 어떤 영향을 미치는지를 탐구할 것이다. 그 영향은 우리가 이제까지 짐작했던 것보다 훨씬 더 강하다. 우리가 살아가는 사회를 제대로 이해하고 싶은가? 자신과 타인을 제대로 이해하고, 나아가 충실하고 풍요로운 삶을 가로막는 많은 장애물을 극복하고 싶은가? 그렇다면 우리는 먼저 각자의 마음에 숨어 있는 의식 아래의 세계의 영향력을 이해해야 한다.

1

두 층위로 구성된 뇌

1
새로운 무의식

마음에는 이성이 알지 못하는 이유가 있다.

― 블레즈 파스칼

나의 어머니는 여든다섯 살이 되시던 해에 손주(내 아들)로부터 미스 디너먼(Miss Dinnerman)이라는 이름의 애완용 러시아 거북을 넘겨받았다. 거북은 어머니의 집 뒷마당에서 살았다. 큼직한 우리 속에는 관목과 잔디가 깔려 있었고, 우리는 철망으로 둘러싸여 있었다. 어머니는 무릎 상태가 악화된 탓에 매일 2시간씩 하던 동네 산책을 줄이셔야 했다. 그래서 만나기 쉬운 새 친구가 필요했고, 거북이 그 역할을 맡았다. 어머니는 돌멩이와 나뭇가지로 우리를 꾸미고, 은행 직원이나 할인점 계산원을 만나러 가셨던 것처럼 매일 거북을 만나러 가셨다. 가끔은 미스 디너먼에게 꽃도 가져다주셨다. 어머니는 꽃 덕분에 거북의 집이 더 예뻐 보인다고 생각했지만, 거북은 그것을 동네 피자집에서 배달된 음식처럼 취급했다.

어머니는 거북이 꽃다발을 먹어치워도 신경쓰지 않으셨다. 오히려 귀엽다며, "얼마나 좋아하는지 보렴"이라고 말하셨다. 그러나 안락한 생활, 공짜 집과 식사, 막 꺾은 신선한 꽃다발에도 불구하고, 미스 디너면의 인생 목표는 탈출인 것 같았다. 거북은 먹거나 자지 않을 때면, 늘 우리 가장자리를 따라 걸으면서 철망에 구멍이 있는지 쑤셔보았다. 심지어 나선 계단을 오르려고 애쓰는 스케이트보드 선수처럼 꼴사나운 자세로 철망을 기어오르려고 했다. 어머니는 거북의 그런 행동마저 인간적인 관점에서 보고, 영화 「대탈주」에서 스티브 매퀸이 나치 포로수용소 탈출계획을 세웠던 것처럼 영웅적인 노력이라고 여기셨다. 어머니는 이렇게 말하셨다. "모든 생명체는 자유를 원한단다. 여기가 아무리 좋아도 갇혀 있기는 싫은 게지." 어머니는 미스 디너먼이 당신의 목소리를 알아듣고 반응하며, 당신의 말을 이해한다고 믿으셨다. 나는 이렇게 말했다. "어머니는 거북의 행동에 지나친 해석을 붙이고 있어요. 거북은 원시적인 동물이라고요." 나는 주장을 입증하기 위해서 시범도 보였다. 거북 앞에서 미친 사람처럼 손을 흔들면서 소리를 지른 뒤, 그래도 거북이 나를 깡그리 무시한다는 점을 지적했다. 어머니의 반응은 이랬다. "그게 뭐 어떻다는 거니? 네 자식들도 너를 무시하지만 그렇다고 걔들을 원시적인 동물이라고 부르지는 않잖니?"

자발적, 의식적 행동과 습관적, 자동적 행동을 구별하기는 쉽지 않다. 인간은 모든 행동에 의식적인 동기가 있다고 믿는 경향이 강해서, 자신의 행동은 물론이고 다른 동물의 행동에서도 의식을 읽는다. 반려동물에게는 당연히 그렇게 한다. 그것이 바로 의인화(擬人化)이다. 우리는 거북이 전쟁포로처럼 용감하다고 말하고, 고양이가 여행가방에 오줌을 싼 것은 우리가 자리를 비운 것이 미워서라고 말하고, 개가 집배원을 싫어하는 데에는 다 이유가 있다고 믿는다. 그보다 더 단순한 생물들도 인간과 비슷한 사고와 의도에 기반하여 행동하는 것처럼 보일 때가 있다. 하찮은 초파리를 보자. 초파리는 정교한 짝짓기 의식을 치른다. 수컷이 먼저 앞다리로 암컷을 톡톡 두드리면서 날개를 떨어 구애의 노래를 부른다.[1] 구애를 받아들인 암컷은 그냥 가만히 있는데, 그러면 수컷이 주도하여 짝짓기를 진행한다. 반면에 암컷이 성적으로 반응할 때가 아니라면, 날개나 다리로 수컷을 때리거나 휙 달아난다. 나 역시 오싹할 만큼 비슷한 반응을 인간 여성들로부터 끌어낸 역사가 있지만, 인간과는 달리 초파리의 짝짓기 의식은 철저히 프로그래밍된 것이다. 초파리들은 관계의 발전 따위는 걱정하지 않는다. 제 몸에 새겨져 있는 명령을 충실히 수행할 뿐이다. 수컷 초파리에게 어떤 화학물질을 주입하면 몇 시간 만에 이성애 초파리가 동성애 초파리로 바뀔 정도로, 초파리의 행동은 생물학적 기질에 직접적으로 좌우된다.[2] 심지어 겨우 1,000개가량의 세포로 이루어진 꼬마선충이라는 벌레조차도 어떤 의도를 품고 행동하는 것처럼 보일 때가 있다. 꼬마선충이 완벽하게 소화 가능한 세균을 못 본 척 지나치고 배양접시 저쪽의 다른 먹이로 향한다면, 우리는 사람이 먹음직스럽지 않은 채소나 고칼로리 디저트를 거부하는 것처럼 선충이 자유의지를 행사한다고 결론짓고 싶을 것이다. 그러나 선충에게 **뱃살 관리 좀 해야겠어**라는 생각은 없다. 선충은 그저 제 몸에 프로그래밍된 추적 명령에 따라서 영양소를 찾아갈 뿐이다.[3]

물론 초파리나 거북 같은 동물은 지능척도에서 낮은 쪽 끝에 가깝다. 그러나 자동적 정보처리의 역할은 원시적 생물들에게만 국한되지 않는다. 인간도 자동적, 무의식적 행동을 무수히 많이 한다. 다만 의식과 무의식의 상호작용이 몹시 복잡하기 때문에 우리가 그 사실을 의식하지 못할 뿐이다. 이 복잡성은 뇌의 생리(生理)에서 비롯된다. 우리는 포유류이므로, 뇌의 기반에 해당하는 원시적인 파충류 뇌 위에 신피질

(新皮質, 새겉질) 층이 있다. 더구나 우리는 인간이므로, 그 위에 대뇌 물질이 더 많이 있다. 무의식적 뇌 위에 의식적 뇌가 덧붙은 셈이다. 우리는 양쪽을 끊임없이 오가기 때문에, 우리의 감정, 판단, 행동이 어느 쪽에 얼마나 의존하는가 하는 문제는 답하기가 어렵다. 예를 들어보자. 어느 날 아침, 우리는 출근길에 우체국에 들르려고 마음먹고도 교차로에서 회사 쪽으로 우회전을 한다. 무의식이라는 자동 조종장치에 따라서 운전하고 있었기 때문이다. 그러다가 왜 우회전 후에 불법 유턴을 했는지를 경찰관에게 해명해야 할 처지가 되면, 의식이 최선의 변명을 지어내는 동안 자동적인 무의식은 동명사, 가정법 동사, 부정관사를 적절히 조작하여 변명을 문법적으로 깔끔하게 다듬는다. 차에서 내리라는 요청을 받으면, 우리는 의식적으로 그 말에 따르면서 본능적으로 경찰관으로부터 1.2미터쯤 떨어진 곳에 선다. 이에 비해서 우리가 친구와 대화를 나눌 때는 자동적으로 0.8미터쯤 떨어진 곳에 선다(대부분의 사람들은 굳이 생각해보지 않고서도 이런 암묵적인 대인거리 원칙을 지키고, 원칙이 위반되면 자기도 모르게 불편해한다).

일단 이런 사실을 깨달으면, 우리의 단순한 행동이 (가령 우회전이) 자동적인 행동일 때가 많다는 점은 비교적 흔쾌히 인정할 수 있다. 문제는 삶에 더 큰 영향을 미칠지도 모르는 복잡하고 중요한 행동들이 얼마나 자동적으로 이루어지는가 하는 점이다. 물론 스스로는 철저하게 합리적이고 세심하게 계획된 행동이라고 느끼겠지만 말이다. 어떤 집을 살까, 어떤 주식을 팔까, 저 사람을 아이의 보모로 고용할까 말까와 같은 질문들에 대해서 무의식은 어떤 영향을 미칠까? 자꾸 들여다보고 싶은 저 파란 눈동자는 과연 애정 넘치는 장기적 관계에 대한 근거로 충분할까 아닐까와 같은 질문도 마찬가지이다.

동물들에게서 자동적인 행동을 가려내기가 어렵다고 했는데, 우리 자신에게서 습관적인 행동을 가려내기란 그보다 더 어렵다. 내가 대학원에 다닐 때, 그러니까 어머니가 거북 단계에 들어서시기 한참 전에, 나는 매주 목요일 저녁 8시쯤 어머니에게 안부전화를 걸었다. 그러다가 하루는 전화를 빼먹었는데, 이럴 때 대부분의 부모들은 자식이 깜박했거나, 아니면 녀석이 드디어 "사람 사는 것처럼" 살게 되어서 외출했겠거니 생각할 것이다. 어머니의 해석은 달랐다. 어머니는 9시경부터 내가 살던 집으로 전화를 걸어서 나를 찾았다. 내 룸메이트는 처음 네다섯 번까지는 개의치 않았으나, 내가 이튿날 아침에 돌아와서 확인한 바, 그 이후에는 호의가 바닥났다. 특히 어머니가 친구를 비난하기 시작하면서부터 사태는 악화되었다. 어머니는 내가 심하게 다쳐서 병원에 누워 있느라고 전화를 걸지 못한 것인데, 친구가 그 사실을 숨기려고 한다면서 몰아세웠다. 자정 무렵에는 어머니의 상상력이 몇 단계 더 수위를 높였다. 어머니는 내가 죽었다는 사실을 숨기려고 한다면서 친구를 비난했다. "왜 거짓말을 하니? 내가 다 알아내고 말겠다."

보통의 자식들은 자신을 평생 가까이 지켜본 어머니가 자신이 데이트하러 갔다는 설명보다 죽었다는 설명을 더 그럴싸하게 받아들인다면, 아마 당황할 것이다. 그러나 나는 전에도 어머니가 그러시는 것을 본 적이 있었다. 남들이 볼 때 어머니는 귀신을 믿거나 아코디언 음악을 즐기는 등 몇몇 기벽이 있기는 해도 완벽하게 정상적인 사람이었고, 그런 기벽들도 어머니의 고향 폴란드의 문화적 잔재라고 하면 충분히 설명이 되었다. 그러나 사실 어머니의 마음은 다른 사람들과는 전혀 다르게 작동했다. 어머니 자신은 여전히 깨닫지 못하고 계시지만, 나는 그 이유를 안다. 수십 년 전, 어머니의 마음은 보통 사람들의 상상을 뛰어넘는 맥락으로 상황을 바라보도록 재편되었다. 때는 1939년이었고, 어머니는 열여섯 살이었다. 외할머니가 복강암에 걸려 1년 동안 집에서 끔찍한 통증에 시달리다가 세상을 뜨셨는데, 그로부터 얼마 지나지 않은 어느 날 어머니가 학교에서 돌아왔더니 외할아버지가 나치에게 끌려가고 없었다. 곧 어머니와 여동생 사비나도 강제 노동수용소로 끌려갔고, 사비나는 살아남지 못했다. 유복한 집안에서 풍족하게 사랑과 보살핌을 받는 소녀였던 어머니가, 그야말로 하룻밤 사이에 부모님을 잃고 남들에게 미움을 받으며 굶주리는 강제 노역자가 되었던 것이다. 어머니는 수용소에서 풀려난 뒤 미국으로 건너와서 결혼을 했고, 시카고의 평화로운 동네에 정착했으며, 안정적이고 안전한 중하층 계급의 가정을 영위했다. 따라서 느닷없이 소중한 것들을 몽땅 잃을지도 모른다는 걱정은 더 이상 할 필요가 없었다. 그런데도 어머니는 평생 일상적인 사건들을 해석할 때마다 그런 공포에 휘둘렸다.

어머니는 갖가지 사건들의 의미를 해석할 때 남들과는 다른 사전을 썼고, 자신만의 독특한 문법을 썼다. 어머니에게는 그런 해석이 의식적으로 노력한 결과가 아니라 자동적인 것이었다. 우리가 말을 이해할 때 문법을 의식적으로 적용하지 않는 것처럼, 어머니는 과거의 경험 때문에 세상에 대한 자신의 예측이 영영 바뀌었다는 사실을 깨닫지 못한 채 세상의 메시지를 해석했다. 정의, 확률, 논리 따위가 지금 당장이라도 그 힘과 의미를 잃을지도 모른다는 공포 때문에 자신의 인식이 영영 뒤틀렸다는 사실을 깨닫지 못했다. 내가 슬쩍 그런 말을 꺼내면서 심리학자를 만나보시라고 조언하면, 어머니는 코웃음을 치며 자신의 과거는 현재를 보는 시각에 전혀 악영향을 끼치지 않았다고 강변하신다. 나는 이렇게 대꾸한다. "정말 아니에요? 그렇다면 어째서 친구들

부모님 중에는 자식의 친구한테 자식의 죽음을 은폐한다는 누명을 씌우는 분들이 없죠?"

우리는 누구나 암묵적인 준거 틀을 가지고 있으며 — 운이 좋다면 나의 어머니보다는 덜 극단적인 틀일 것이다 — 그 틀에 따라서 습관적으로 사고하고 행동한다. 겉으로 보기에는 우리의 경험과 행동이 늘 의식적 사고에 의존하는 듯하기 때문에, 나의 어머니뿐만 아니라 어느 누구도 그 뒤에서 숨은 힘이 작동한다는 사실을 쉽게 받아들이지 못한다. 사실 그 힘은 드러나지 않을 뿐, 강한 영향력을 행사한다. 예전부터 사람들은 무의식에 대해서 이런저런 추측들을 내놓았지만, 뇌는 블랙박스나 다름없었고 뇌의 작동방식은 접근이 불가능한 문제였다. 최근 그런 시각에 혁명이 일어난 까닭은 우리가 현대적인 도구를 이용하여 뇌의 여러 구조들이 감정과 정서를 낳는 과정을 직접 목격하게 되었기 때문이다. 이제 우리는 개별 뉴런(신경세포)의 전기 출력강도를 잴 수 있고, 어떤 신경활동이 어떤 생각을 만드는지 상세히 기록할 수 있다. 오늘날의 과학자들은 나의 어머니에게 과거의 경험이 미친 영향을 추측하기 위해서 그저 어머니와 대화를 나누는 것 이상을 할 수 있다. 오래된 외상을 남긴 경험 때문에 뇌의 어느 부분이 변했는지를 구체적으로 짚어낼 수 있고, 스트레스에 민감한 뇌 영역들이 물리적으로 어떻게 변했는지를 알아낼 수 있다.[4]

그런 연구와 측정에 바탕을 둔 현대의 무의식은 종종 "새로운 무의식(new unconscious)"이라고 불린다. 신경학자 출신의 임상의 지그문트 프로이트가 유행시켰던 과거의 무의식 개념과 구별하기 위해서이다. 프로이트는 일찍이 신경학, 신경병리학, 마취학 분야에서 값진 기여를 많이 했다.[5] 일례로 그는 염화금(鹽化金)으로 신경조직을 물들이는 기법을 도입하여 연수(延髓, 숨뇌), 뇌간(腦幹, 뇌줄기), 소뇌(小腦)의 신경연결을 연구했다. 과학자들이 뇌 연결의 중요성을 깨우치고 연구에 쓸 도구를 개발한 것은 그로부터 수십 년 뒤였으므로, 프로이트는 시대를 앞선 셈이었다. 그러나 그는 그런 연구를 오래 하지는 않았고, 대신에 임상진료에 흥미를 품었다. 그는 환자들을 치료하면서, 환자들의 행동이 스스로 인식하지 못하는 정신적 과정에 지배될 때가 많다는 결론에 도달했다. 옳은 결론이었지만, 그에게는 그 발상을 과학적으로 탐구할 기술적 도구가 없었다. 그래서 그는 그저 환자들과 대화를 나누고, 그들의 마음 깊은 곳에서 무슨 일이 벌어지는지를 짐작하려고 했다. 그들을 관찰함으로써 스스로 유효하다고 판단한 여러 추측들을 끌어냈다. 그러나 그런 기법들은 믿을 만하지 않다. 게다가 무의식적 과정은 정신분석 요법이 추천하는 자성적(自省的) 기법(self-reflection)을 통해서는 **결코** 드러나지 않을 때가 많다. 무의식적 과정은 의식에게 공개되지 않는 뇌 영역에서 벌어지기 때문이다. 그렇다 보니 프로이트는 표적에서 한참 빗나가고 말았다.

인간의 행동은 의식과 무의식 양쪽에서 지각, 감정, 사고가 쉴 새 없이 흘러나와서 빚어진 산물이다. 우리가 자신의 대부분의 행동에 대해서 그 원인을 인지하지 못한다는 생각은 쉽게 받아들이기 어렵다. 프로이트와 그 추종자들은 분명히 무의식이 행동에 중요한 영향을 미친다고 믿었지만, 학계의 심리학자들은 얼마 전까지만 해도 그런 발상을 통속 심리학으로 간주하며 꺼렸다. 한 연구자는 이렇게 썼다. "많은 심리학자들이 '무의식'이라는 단어를 가급적 쓰지 않으려고 한다. 동료들이 자신을 정신 나간 사람으로 볼까 봐 두렵기 때문이다."[6] 예일 대학교의 심리학자 존 바그의 회상에 따르면, 1970년대 말에 그가 미시간 대학교 대학원에 입학했을 때만 해도 인간의 사회적 인식과 판단은 물론이고 행동도 의식적이고 의도적인 활동이라는 시각이 정설이었다.[7] 그 가정을 위협하는 발상은 무조건 조롱을 받았다. 바그도 성공한 전문가인 한 친척에게 인간은 종종 자각하지 못하는 이유에 따라서 행동한다는 초기의 연구 결과를 설명했다가 그런 반응을 들었다. 그의 친척은 자신은 자각하지 못하는 이유로 행동한 적이 단 한번도 없었다면서 그러니 연구가 틀렸다고 말했다.[8] 바그는 이렇게 설명한다. "우리는 자신이 자기 영혼의 주인이라는 생각을 소중히 여긴다. 그렇지 않다고 느끼는 것은 아주 무서운 기분이다. 그런 상태가 바로 정신병이다. 현실과 괴리된 기분, 자신에게 통제권이 없다는 기분, 그것은 누구에게나 무시무시한 느낌이다."

오늘날 심리과학이 마침내 무의식의 중요성을 깨닫기는 했지만, 이른바 새로운 무의식의 내적 힘들은 프로이트가 묘사했던 내적 추동들과는 아무런 관련이 없다. 가령 소년이 아버지를 죽이고 어머니와 결혼하고 싶어하는 욕망, 여성의 남근 선망 따위와는 무관하다.[9] 무의식의 크나큰 힘을 이해한 점에서는 마땅히 프로이트의 공 — 그것은 중요한 업적이었다 — 을 인정해야겠지만, 그가 구체적으로 의식을 형성하는 요인으로 지목했던 무의식적인 정서적, 동기적 요소들에 관해서는 과학이 이미 심각한 의혹을 제기했다.[10] 사회심리학자 대니얼 길버트가 썼듯이, "프로이트의 운베부스트(Unbewusst, 무의식)에는 초자연적 느낌이 깃들어 있기 때문에, 그 개념은 일반적으로 입맛에 맞기는 힘들다."[11]

어떤 신경과학자들의 표현을 빌리면, 프로이트가 마음에 그렸던 무의식은 "뜨겁고 축축하며, 갈망과 분노로 들끓고, 환각적이고, 원시적이고, 비합리적인" 것인 데에 비해서, 새로운 무의식은 "그보다 더 친절하고 부드럽고 현실에 매여 있다."[12] 새로운 시각에서 볼 때, 어떤 정신적 과정이 무의식적인 까닭은 뇌 구조상 의식이 접근하지 못하는 영역에 속하기 때문이지, 억압과 같은 동기적 힘에 붙잡혀 있기 때문은 아니다. 새로운 무의식의 접근 불가능성은 방어기제로도, 불건전한 것으로도 간주되지 않는다. 오히려 정상으로 여겨진다.

설령 내가 이 책에서 어떤 현상을 이야기하면서 막연하게 프로이트를 연상시키는 때가 있더라도, 현상 자체와 원인에 대한 현대적 이해는 결코 그렇지 않다는 것을 명심하자. 새로운 무의식은 우리를 (부모에 대한) 부적절한 성적 욕망이나 고통스러운 기억으로부터 보호하는 것 이상의 훨씬 더 중요한 역할을 한다. 새로운 무의식은 진화의 선물로서, 인간 종의 생존에 긴요하다. 우리가 자동차를 설계하거나 자연의 수학적 법칙을 해독할 때는 의식적 사고가 대단히 유용하지만, 뱀을 피하거나 불쑥 달려든 차를 피하거나 우리를 해치려는 사람에게서 도망칠 때는 무의식의 속도와 효율성만이 구원이다. 앞으로 살펴보겠지만, 자연은 우리가 물리적 세계와 사회적 세계 양쪽에서 매끄럽게 기능하도록 만들기 위해서 인식, 기억, 주의, 학습, 판단의 많은 과정을 의식적 자각의 바깥에 존재하는 뇌 구조들에게 위임했다.

지난 여름, 당신이 가족과 함께 디즈니랜드에서 휴가를 즐겼다고 하자. 지금 와서 돌아보면, 어린 딸이 거대한 찻잔 속에서 빙빙 도는 모습을 보기 위해서 엄청난 인파와 35도의 더위에 맞선다는 선택이 과연 합리적이었던가 싶다. 그러나 이런 기억도 떠오른다. 여행계획을 짤 때, 당신은 모든 가능성을 꼽아보았고, 딸의 함박웃음이면 더 이상 바랄 것이 없다고 결론을 내렸었다. 우리는 보통 자기 행동의 원인을 잘 안다고 자신한다. 그 확신이 정당할 때도 있지만, 만약 우리의 자각 바깥의 힘들이 판단과 행동에 큰 영향을 미친다면, 우리는 스스로 생각하는 것만큼 자신을 잘 알 수가 없다. 내가 이 직업을 선택한 건 새로운 도전을 원하기 때문이야. 내가 저 친구를 좋아하는 건 유머 감각 때문이야. 내 담당 소화기 전문의는 일밖에 모르는 사람 같아서 신뢰가 가. 우리는 이렇게 늘 자신의 감정과 선택에 대해서 질문을 던지고 스스로 답한다. 그 답은 대개 이치에 맞는 것처럼 느껴지지만, 사실은 말도 안 되게 틀렸을 때가 많다.

　당신을 어떻게 사랑하느냐구요? 이렇게 물었던 엘리자베스 배럿 브라우닝*은 사랑의 방식을 꼽을 수 있다고 생각했지만, 짐작컨대 그런 그녀라도 사랑의 이유를 정확하게 나열하지는 못했을 것이다. 요즘 과학자들은 그 답을 알아내기 시작했다. 다음 쪽의 표를 보면 알 수 있다. 미국 남동부의 세 주(州)에서 누가 누구와 결혼했는가를 조사한 표이다.[13] 누가 누구와 결혼했든 사랑해서였겠지! 물론 그럴 것이다. 그런데 그 사랑의 원천은 무엇일까? 연인의 미소, 너그러움, 우아함, 귀여움, 감수성일지도 모르고, 두꺼운 이두박근일지도 모른다. 수많은 연인들과 시인들과 철학자들이 영겁의 세월 동안 사랑의 원천을 궁리해왔지만, 그중에서 내가 설명할 이 요인을 멋지게 웅변한 사람은 아무도 없었으리라. 그 요인이란 바로 이름이다. 이 표는 이름이 사람들의 마음에 미묘한 영향을 미친다는 것을 보여준다. 단, 그 이름이 나와 같을 때만.

---

* 1806-1861, 영국의 시인/역주

	신랑의 성					
	스미스	존슨	윌리엄스	존스	브라운	합계
스미스	**198**	55	43	62	44	402
존슨	55	**91**	49	49	31	275
윌리엄스	64	54	**99**	63	43	323
존스	48	40	57	**125**	25	295
브라운	55	24	29	29	**82**	219
합계	420	264	277	328	225	**1514**

(신부의 성은 행 레이블)

가로축과 세로축에 나열된 이름들은 미국에서 가장 흔한 다섯 가지 성(姓)이다. 숫자는 해당 성을 가진 신부와 신랑이 결혼한 경우의 수이다. 눈여겨볼 점은 제일 큰 숫자들이 대각선으로 배열되어 있다는 사실이다. 즉, 스미스가 스미스와 결혼한 사례는 스미스가 존슨, 윌리엄스, 존스, 브라운과 결혼한 사례보다 3-5배 정도씩 더 많았다. 심지어 스미스가 스미스와 결혼한 사례는 스미스가 다른 성들과 결혼한 사례들을 몽땅 합한 것만큼 많았다. 성이 존슨, 윌리엄스, 존스, 브라운인 사람들도 비슷하게 행동했다. 이 결과가 더욱 충격적인 까닭은 이것이 가공하지 않은 수치이기 때문이다. 성이 스미스인 사람이 브라운인 사람보다 두 배 가까이 많으니, 다른 조건이 모두 같다면 브라운이 희귀한 브라운과 결혼하는 경우보다는 발에 차일 만큼 흔한 스미스와 결혼하는 경우가 더 많아야 한다. 그런데도 브라운은 같은 브라운과 결혼한 사례가 가장 많았다.

이것은 무슨 뜻일까? 사람들은 기본적으로 자신을 좋게 생각하려고

하므로, 자신과 비슷한 특질을 무의식적으로 선호하는 편향(偏向)이 있다. 그것이 성처럼 무의미해 보이는 특질일지라도 말이다. 과학자들은 뇌에서 그런 편향을 주로 중개하는 영역을 구체적으로 찾아내기까지 했다. 배측선조체(背側線條體, 등쪽 줄무늬체)라는 영역이다.[14]

인간은 자신의 감정을 이해할 때, 낮은 능력과 높은 확신이라는 묘한 조합을 발휘한다. 당신은 도전의식 때문에 현재의 직업을 택했다고 느끼지만, 사실은 높은 명성에 끌렸을지도 모른다. 당신은 친구의 유머 감각 때문에 그를 좋아한다고 맹세하겠지만, 사실은 그의 미소가 어머니를 연상시키기 때문일지도 모른다. 당신은 담당 소화기 의사가 유능한 전문가라서 믿는다고 생각하겠지만, 사실은 그녀가 당신의 말을 잘 들어주기 때문에 신뢰하는 것일지도 모른다. 대부분의 사람들은 스스로에 대한 자신의 이론에 만족하고 확신 있게 그것을 받아들이지만, 그 이론은 사실상 시험당할 일이 없다. 그러나 요즘 과학자들이 그런 이론들을 실험하여 확인해본 결과, 그것들은 충격적일 만큼 부정확했다.

당신이 영화를 보러 갔다고 하자. 극장 직원으로 보이는 사람이 다가와서 극장과 매점에 대한 몇 가지 설문에 답하면 공짜 팝콘과 음료로 사례하겠다고 제안한다. 그런데 그가 말해주지 않은 사실이 있다. 당신이 받을 팝콘은 크거나 작은 두 가지 크기 중 하나인데, 어느 쪽이든 워낙 크기 때문에 당신이 내용물을 싹 비우지 못할 가능성이 높다. 또한 팝콘은 두 가지 "맛"인데, 한쪽은 나중에 피험자들이 "맛있고", "고급스럽다"고 묘사할 맛이고, 다른 쪽은 "퀴퀴하고", "축축하고", "형편없다"고 묘사할 맛이다. 그가 비밀로 한 사실이 또 있다. 당신은 사람들이 팝콘을 왜, 얼마나 먹는지 알아보는 실험에 참가하게 되었다는 점이다. 연구자들의 의문은 팝콘의 맛과 양 중에서 사람들이 팝콘을 먹는

양에 더 크게 영향을 미치는 요소가 무엇일까였다. 연구자들은 네 가지 팝콘-상자 조합을 관객들에게 나누어주었다. 관객들은 작은 상자에 든 맛있는 팝콘, 큰 상자에 든 맛있는 팝콘, 작은 상자에 든 맛없는 팝콘, 큰 상자에 든 맛없는 팝콘 중에서 한 가지를 받았다. 결과는? 사람들은 맛뿐만 아니라 상자의 크기에 의존해서 먹을 양을 "결정하는" 것 같았다. 이후 다른 실험들도 이 결론을 지지했다. 과자의 용기를 두 배로 키우면 소비량이 30-45퍼센트 늘어난다는 결과들이 나왔다.[15]

내가 "결정하는"이라는 단어에 따옴표를 친 까닭은, 보통 이 단어가 의식적 행동을 뜻한다고 여겨지기 때문이다. 사실 피험자들이 결정하는 것은 그런 것이 아니었다. 피험자들은 **이 공짜 팝콘은 끔찍하게 맛이 없지만, 어쨌든 양이 많으니까 최대한 먹어야겠어**라고 생각한 것이 아니다. 오히려 이 연구의 결론은 광고업계가 오래 전부터 품어온 가정을 지지한다. 포장 디자인, 포장의 크기나 일인분의 양, 메뉴 설명과 같은 "환경 요인들"이 무의식중에 사람들에게 영향을 미친다는 가정이다. 더욱 놀라운 점은 그 효과가 대단히 크다는 것이고, 그런데도 사람들은 자신이 조작당할 수 있다는 가능성을 완강하게 부인한다는 것이다. 사람들은 남들은 그런 요인에 좌우될 수 있다고 인정하면서도 **자신**은 그럴 리가 없다고—잘못—믿는다.[16]

환경 요인은 먹는 양은 물론이고 음식의 맛에도 강력한—물론 무의식적인—영향을 끼친다. 예를 들어보자. 당신은 극장에서만 음식을 사 먹는 것이 아니라 가끔 식당에도 갈 것이다. 메뉴판에 햄버거만 여러 종류로 나열된 식당이 아니라 그보다 더 우아한 식당이다. 그런 식당의 메뉴 소개에는 "아삭아삭한 오이", "벨벳처럼 부드러운 으깬 감자", "천천히 익힌 사탕무를 샐러드 채소 위에 얹은 것" 따위의 표현이

난무한다. 마치 다른 식당들은 오이가 는적는적하고, 으깬 감자가 모직처럼 거칠고, 사탕무는 급속 튀김으로 익히고, 게다가 그 음식을 불편한 의자에서 먹어야 한다는 듯이 말이다. 그러나 아삭아삭한 오이는 다른 이름으로 불러도 아삭아삭하지 않을까? 베이컨 치즈버거를 에스파냐어로 소개하면 멕시코 음식이 되나? 시적인 묘사를 동원하면 마카로니 앤드 치즈가 속된 오행시에서 세련된 하이쿠로 돌변하나? 실험 결과, 미사여구 수식어를 접한 손님들은 시적으로 묘사된 음식을 더 많이 주문했다. 그뿐 아니라, 같은 음식이라도 평범한 메뉴로 소개되었을 때보다 화려한 묘사로 소개되었을 때 더 맛있다고 평가했다.[17] 누군가 당신에게 어떤 식당을 좋아하느냐고 물었을 때 "생생한 형용사와 함께 음식을 내주는 식당이요"라고 대답한다면, 보나마나 이상한 사람이라는 눈총을 받을 것이다. 그러나 정말로 요리에 대한 묘사는 맛에 중요하게 작용한다. 그러니까 다음에 친구들을 저녁식사에 초대하면 '저 아래 가게에서 사온 샐러드'가 아니라 '로컬 야채 멜랑주(mélange)'를 내놓자. 잠재의식의 효과를 노리는 것이다.

한발 더 나아가보자. 벨벳처럼 부드러운 으깬 감자와 **벨벳처럼 부드러운 으깬 감자** 중에서 어느 쪽이 더 맛있을까? 활자가 으깬 감자의 맛에 미치는 영향에 대해서는 아직 연구된 바가 없지만, 음식을 준비하는 태도에 대한 연구는 있었다. 실험 참가자들은 일식 요리를 만드는 조리법을 읽은 뒤, 그 조리법에 얼마만큼의 노력과 기술이 필요한지, 그리고 자신이 집에서 그 요리를 시도할지 안 할지를 평가했다. 이때 읽기 힘든 활자로 인쇄된 조리법을 받은 피험자들은 읽기 쉬운 활자를 본 피험자들보다 같은 조리법을 더 어렵다고 평가했으며, 집에서 요리를 시도할 가능성도 더 낮다고 대답했다. 연구자들은 다른 맥락에서도 실험을 반복해보았다. 조리법 대신에 운동법이 적힌 한 쪽짜리 지침을 다른 피험자들에게 보여주었는데, 결과는 비슷했다. 활자가 읽기 힘들면 피험자들은 그 운동을 더 어렵다고 평가했고, 자신이 시도할 가능성이 낮다고 대답했다. 심리학자들은 이런 현상을 "유창성 효과(fluency effect)"라고 부른다. 정보가 흡수하기 어려운 **형태**로 주어지면, 그것이 정보의 **내용**에 대한 판단에 영향을 미친다는 것이다.[18]

새로운 무의식의 과학에는 이처럼 사람과 사건에 대한 우리의 판단과 인식에 희한한 오류가 있다는 보고가 가득하다. 이것은 뇌의 자동적인 정보처리 방식에서 생겨난 결과이고, 보통은 그 방식이 우리에게 유익하게 작용한다. 한마디로, 사람은 비교적 직선적인 방식으로 데이터를 가공하고 결과를 계산하는 컴퓨터가 아니다. 사람의 뇌는 수많은 모듈의 집합이고, 모듈들은 복잡하게 상호작용하면서 병렬적으로 작동하며, 그런 작업의 대부분은 의식의 바깥에서 벌어진다. 그렇기 때문에 우리는 자신의 판단, 감정, 행동의 이면에 숨은 진정한 이유를 알고서 새삼 놀랄 때가 많다.

최근까지 학계의 심리학자들이 무의식의 힘을 인정하기를 꺼렸다고 말했는데, 그것은 다른 사회과학 분야들도 마찬가지였다. 경제학을 예로 들어보자. 경제학 교과서에 실린 이론들은 모든 행위자가 사익(私益)을 최대한 추구하면서 적절한 요인들을 의식적으로 평가하여 결정한다고 가정한다. 그러나 현대 심리학과 신경과학의 말처럼 새로운 무의식이 정말로 그토록 강력하다면, 경제학자들은 기존의 가정을 재고(再考)해야 마땅하다. 실제로 최근 몇몇 이단적인 경제학자들은 보수적인 동료들의 이론에 성공적으로 이의를 제기하고 있다. 아직은 그런 경제학자가 소수이지만, 점차 늘어나는 추세이다. 가령 캘리포니아 공과대학(California Institute of Technology, Caltech)의 안토니오 랑헬과 같은 행동경제학자들은 교과서 이론의 흠을 보여주는 강력한 증거를 제시함으로써 경제학자들의 사고방식을 바꾸고 있다.

랑헬은 일반적으로 사람들이 경제학자라고 하면 머리에 그리는, 데이터를 파고들며 시장 역학관계를 묘사하는 복잡한 컴퓨터 모형을 만드는 이론가와는 거리가 멀다. 에스파냐 출신으로 몸집이 통통한 그는 인생의 좋은 것들을 찬미하는 사람으로서, 연구도 현실의 인간들과 함께한다. 대개 학생 자원자들인데, 랑헬은 그들을 자기 연구실로 불러서 오전 내내 굶은 그들이 와인을 맛보거나 초콜릿 바를 쳐다보는 모습을 관찰한다. 랑헬과 동료들의 최근 실험에 따르면, 사람들은 정크푸드를 글이나 그림으로만 제시했을 때보다 실제로 제시했을 때 그 음식에 40-61퍼센트의 돈을 더 지불했다.[19] 그런데 음식을 직접 집을 수 있게 하지 않고 유리 덮개 밑에 넣어두자, 사람들의 지불 의향은 글과 그림으로 보았을 때의 수준으로 도로 떨어졌다. 이상하게 느껴지는가? 그렇다면 세제가 노랗고 파란 통에 들었다는 이유로 다른 세제들보다 우수하다고 평가하는 것은 어떤가? 주류 판매점에서 독일 비어홀 음악을 들었다는 이유로 사람들이 프랑스 와인보다 독일 와인을 더 많이 구매하는 것은 어떤가? 당신은 실크 스타킹의 향기가 마음에 든다는 이유로 그 품질을 더 높게 평가하겠는가?

이런 연구에서, 피험자들은 목적에 무관한 요인들에 크게 좌우되었다. 그것은 무의식적 욕망과 동기에 말을 거는 요인들이고, 전통적인 경제학자들이 무시해온 요인들이다. 게다가 피험자들에게 결정의 이유를 물어보면, 그들은 자신에게 영향을 미친 요인을 전혀 자각하지 못했다. 세제 실험을 살펴보자. 피험자들은 서로 다른 통에 든 세제를 세 가지씩 받고, 몇 주일 동안 모두 써본 뒤, 어느 것이 가장 좋고 왜 그런지를 보고했다. 한 통은 주로 노란색이었고, 다른 통은 주로 파란색이었고, 세 번째 통은 파란 바탕에 노란 무늬가 있었다. 피험자들은 색깔이 섞인 통의 세제를 압도적으로 선호했다. 그러면서 세제의 상대적 장점을 잔뜩 이야기했지만, 통을 언급한 사람은 아무도 없었다. 그야 당연하다. 통이 예쁘다고 세제가 더 좋은 것은 아니니까. 그러나 사실은 통만 달랐을 뿐, 속에 든 세제는 모두 같았다.[20] 우리는 제품을 포장으로 판단하고, 책을 표지로 판단하며, 기업의 연례 보고서를 반들거리는 광택으로 판단한다. 그렇기 때문에 의사들은 본능적으로 깔끔한 셔츠와 넥타이로 자신을 "포장하는" 것이고, 변호사들이 버드와이저가 그려진 티셔츠를 입고 의뢰인을 만나는 것은 권장할 일이 못 되는 것이다.

와인 연구를 보자. 가격과 드라이한 정도가 같은 프랑스 와인 네 종류와 독일 와인 네 종류를 영국의 어느 슈퍼마켓 선반에 진열했다. 진열장 맨 위 칸에는 카세트 플레이어를 두고, 프랑스 음악과 독일 음악을 하루씩 번갈아가며 틀었다. 그러자 프랑스 음악을 튼 날은 고객들이 구매한 와인의 77퍼센트가 프랑스산이었고, 독일 음악을 튼 날은 73퍼센트가 독일산이었다. 음악은 분명 와인 구매자들의 선택에 결정적인 영향을 미쳤지만, 구매자들에게 음악에 영향을 받았느냐고 물었을 때 그렇다고 답한 사람은 7명 중 1명꼴이었다.[21] 스타킹 연구를 보자. 피험자들은 네 종류의 실크 스타킹을 살펴보았다. 그들은 몰랐지만 사실은 전부 같은 스타킹이었는데, 각각 다른 향이 아주 옅게 뿌려져 있었다. 피험자들은 "어떤 스타킹이 제일 좋은지 술술 설명했고", 질감, 짜임새, 감촉, 광택, 무게 면에서 차이가 있다고 보고했다. 향기만 빼고 온갖 이유가 다 나오는 것 같았는데, 사실은 특정한 향의 스타킹이 다른 향의 스타킹들보다 훨씬 더 좋은 평가를 받았다. 그러나 피험자들은 향을 기준으로 삼지 않았다고 주장했다. 애초에 향수가 뿌려져 있다는 사실을 눈치챈 사람도 250명 중 6명뿐이었다.[22]

랑헬은 이렇게 말한다. "사람들은 자신이 제품의 품질을 즐긴다고 생각하지만, 사실 제품에 대한 경험은 마케팅에 크게 좌우됩니다. 똑같은 맥주를 다르게 설명하거나, 다른 상표를 붙이거나, 다른 가격을 매기면, 사람들은 전혀 다른 맛으로 느낍니다. 와인도 그렇습니다. 사람들은 포도의 품질과 와인 제조업자의 역량이 전부라고 믿고 싶어하지만 말입니다." 실험 결과는 정말로 그랬다. 와인을 블라인드 테이스팅(blind tasting)할 때는 맛과 가격 사이에 아무런 상관관계가 없었지만, 블라인드 테이스팅이 아닐 때는 강한 상관관계가 있었다.[23] 사람들은 보통 비싼 와인이 맛있으리라고 기대하는 법이라, 피험자들이 가격표만 붙은 여러 와인들을 한 모금씩 마신 뒤 10달러가 붙은 병보다 90달러가 붙은 병을 더 높게 평가했을 때 랑헬은 전혀 놀라지 않았다.[24] 그러나 사실 그것은 속임수였다. 피험자들은 두 와인이 다르다고 인식했지만, 실은 둘 다 한 병에 90달러짜리였다. 게다가 이 연구에는 또 하나의 반전이 있었다. 랑헬은 피험자들이 와인을 맛보는 동안 fMRI 기계로 그들의 뇌를 촬영했다. 그 결과 와인이 비쌀수록 눈 뒤쪽에 있는 안와전두엽피질(眼窩前頭葉皮質, 눈확이마엽겉질)의 활동이 증가했는데, 이 영역은 쾌락적 경험과 관련되어 있다.[25] 비록 같은 와인이었더라도, 맛은 정말로 달랐던 셈이다. 적어도 피험자가 맛에서 느낀 상대적인 즐거움은 달랐다.

두 음료가 물리적으로 같은데, 어떻게 뇌는 한 음료가 다른 음료보다 더 맛있다고 결론지을까? 뇌를 단순하게 바라보는 관점에서는, 맛과 같은 감각신호가 감각기관에서 뇌 영역으로 전달되면 우리는 그 신호를 비교적 직접적으로 경험한다고 말한다. 그러나 현실의 뇌는 그렇게 단순하지 않다. 설령 자각은 없을지라도, 우리는 차가운 와인을 혀에서 굴릴 때 그 화학적 조성만이 아니라 가격까지 맛본다. 이런 효과는 코크-펩시 전쟁에서도 드러났는데, 여기에서는 상표가 문제였다. 이것은 오래 전부터 "펩시 역설"이라고 불린 효과로, 블라인드 테이스팅에서는 펩시콜라가 일관되게 코카콜라(코크)를 누르지만 사람들이 상표를 알고 마실 때는 코크를 선호하는 현상이다. 그동안 이 현상에 대해서 갖가지 설명이 쏟아졌고, 그중 가장 분명한 이론은 상표가 영향을 미친다는 것이었지만, 사람들에게 당신이 음료에서 **실제로** 맛보는 것은 그동안 보아온 신나는 코크 광고가 아니냐고 물어보면 거의 대부분은 아니라고 부정했다. 그리고 2000년대 초, 뇌 영상 연구들은 우리가 친숙한 상표의 제품들을 떠올릴 때 아늑하고 몽롱한 느낌을 경험하게 하는 장소가 안와전두엽피질 옆의 복내측 전전두엽피질(腹內側 前前頭葉皮質, 배쪽안쪽 이마앞엽겉질[VMPC, ventromedial prefrontal cortex])이라는 것을 밝혀냈다.[26] 2007년, 과학자들은 뇌 스캔 결과 VMPC가 손상된 것으로 확인된 사람들과 VMPC가 건강한 사람들로 각각 피험자 집단을 꾸려서 실험해보았다. 예상대로, VMPC가 정상이든 손상되었든 음료의 상표를 모를 때는 모든 사람들이 코크보다 펩시를 선호했다. 그리고 역시 예상대로, 뇌가 건강한 사람들은 상표를 알고 나서는 선호를 바꾸었다. 그러나 VMPC가 손상된 사람들— 뇌의 "상표 인식"이 손상된 것이다— 은 선호를 바꾸지 않았다. 그들은 음료의 상표를 알든 모르든 펩시를 더 좋아했다. 상표에 대해서 무의식적으로 아늑하고 몽롱한 감정을 느끼는 능력이 없다면, 펩시 역설도 없다.

여기에서 우리가 얻을 교훈은 와인이나 펩시와는 상관이 없다. 중요한 점은, 음료와 상표에 적용되는 원리가 우리가 세상을 경험하는 다른 방식들에도 적용된다는 것이다. 정신적 경험(맛)은 직접적이고 외현적인 삶의 측면들(음료 자체)과 간접적이고 암묵적인 측면들(가격이나 상표)이 함께 창조하는 것이다. 여기에서 핵심은 "창조"라는 표현이다. 뇌는 맛과 같은 경험을 단순히 기록하기만 하는 것이 아니라 그것을 **창조한다**. 이것은 앞으로도 거듭 제기될 주제이다. 사람들은 자신이 이 과카몰레(guacamole)보다 저 과카몰레를 선호할 때 의식적 선택을 했다고 여긴다. 맛, 칼로리, 가격, 그 순간의 기분, 과카몰레에 마요네즈가 들어가면 안 된다는 원칙, 기타 자신이 통제하는 수많은 요인에 따라서 결정했다고 생각한다. 노트북이나 세제를 고를 때, 휴가계획을 짤 때, 주식을 고를 때, 직장을 잡을 때, 운동선수를 평가할 때, 친구를 사귈 때, 낯선 사람을 판단할 때, 심지어 사랑에 빠질 때조차, 우리는 자신에게 영향을 미치는 주요 요인들을 모두 안다고 믿는다. 그러나 그런 생각은 진실과 한참 거리가 멀 때가 많다. 우리가 자신과 사회에 대해서 품고 있는 기본적인 가정들은 대개 틀렸다.

무의식의 영향력이 그토록 크다면, 사생활의 독립적인 상황에서만이 아니라 사회 전체로도 입증 가능한 집단적 효과가 드러날 것이다. 정말 그렇다. 금융계를 예로 들어보자. 돈은 우리에게 대단히 중요하므로, 모든 개인은 전적으로 의식적이고 합리적인 숙고에만 기반하여 금전적 결정을 내릴 동기가 있다. 그렇기 때문에 고전 경제학 이론은 사람들이 사익 추구라는 길잡이에 따라서 합리적으로 행동한다는 가정에 바탕을 두고 형성되었다. 현실에서 사람들이 "합리적으로" 움직이지 않는다는 사실을 어떻게 일반 경제학 이론에 포함시킬 수 있을지 그 해법을 알아낸 사람은 아직 없다. 그러나 우리가 냉정한 의식적 계산으로부터 집단적으로 일탈하는 현상이 사회에 어떤 의미를 미치는지를 보여준 경제학 연구는 이미 많다.

앞에서 말한 유창성 효과를 떠올려보자. 사람들은 어떤 주식에 투자할까 말까 토론할 때, 그 산업 전체를 살펴보고, 기업 환경을 살펴보고, 회사 재정을 자세히 살펴본다. 그리고 나서야 투자 여부를 결정한다. 누구나 동의하겠지만, 합리적인 사람이라면 회사 이름이 발음하기 쉬운가 아닌가 하는 항목을 판단 근거의 목록에 올릴 리 없다. 만약 당신이 그런 항목에 의존하여 투자를 결정한다면, 당장 친척들이 나서서 당신을 정신적 무능력자로 몰고 투자금을 가로챌 꿍꿍이를 세울 것이다. 그러나 활자 사례에서 보았듯이, 정보처리의 용이성은 정보에 대한 평가에 실제로 무의식적인 영향을 미친다. 그야 일식 조리법에 대한 판단에서는 그럴 수도 있겠지만, 투자처 선택처럼 중요한 결정에서도 정보의 유창성 효과가 영향을 미칠까? 정말로 단순한 이름의 회사들이 혀가 꼬이게 하는 이름의 회사들보다 실적이 더 좋을까?

기업공개(initial public offering, IPO)를 준비하는 회사가 있다고 하자. 지도자들은 근사한 전망을 역설하며 선전할 테고, 데이터로 그 선전을 뒷받침할 것이다. 그러나 비공개 회사들은 보통 상장된 회사들보다 잠재적 투자자들에게 덜 친숙하다. 더구나 신생 회사들에는 오래된 공식 실적이 없다. 따라서 이런 투자에는 일반적인 경우보다 추측이 더 많이 개입하기 마련이다. 연구자들은 실제 투자를 담당하는 월스트리트의 약삭빠른 매매자들이 발음하기 어려운 회사 이름에 무의식적으

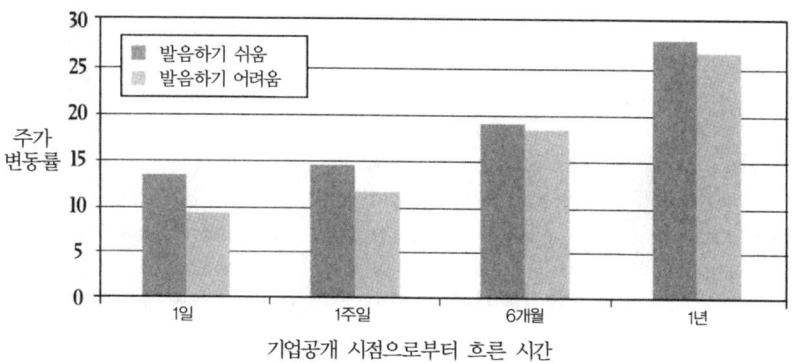

1990년에서 2004년까지 뉴욕 증권거래소(NYSE)에 상장된 회사들을 발음하기 쉬운 이름과 어려운 이름으로 나누어 상장 후 1일, 1주일, 6개월, 1년의 주가 실적을 살펴본 표. 아메리카 증권거래소(AMEX)의 기업공개 데이터에서도 비슷한 효과가 확인되었다.

로 편견을 보이는지 알아보기 위해서, 현실의 기업공개 데이터를 살펴보았다. 위의 도표가 보여주듯이, 투자자들은 정말로 이름이나 티커 심벌(ticker symbol)*의 발음이 어려운 회사보다 쉬운 회사에 더 많이 투자했다. 다만 시간이 갈수록 그 효과가 약해진다는 점에도 주목하자. 이것은 충분히 예상되는 일이다. 시간이 흐르면 기업들이 실적과 평판을 쌓아가기 때문이다(이 효과가 책과 저자에게도 적용될지 모르니, 내 이름이 얼마나 발음하기 쉬운지를 알아주기 바란다. 믈로디노프!).

연구자들은 금융과 무관하지만 (인간의 마음과는 관계가 있기 때문에) 주가에 영향을 미치는 요인을 또 하나 찾아냈다. 햇빛이다. 심리학자들은 햇빛이 인간 행동에 미묘하되 긍정적인 영향을 미친다는 사실을 오래 전부터 알고 있었다. 한 연구자는 시카고 쇼핑센터의 한 식당 여종업원 6명에게 봄에 무작위로 13일을 골라서 그날 받은 팁과 날씨를 기록하게 했다. 손님들은 자신의 행동이 날씨에 좌우된다는 것을 자각

---

* 주식 식별에 사용하는 고유의 알파벳 약어 기호/역주

하지 못했겠지만, 실제로 그들은 화창한 날에 훨씬 더 후했다.[27] 애틀랜틱시티의 카지노 종업원들이 손님들의 방으로 식사를 배달하고 받은 팁을 살펴본 연구에서도 비슷한 결과가 나왔다.[28] 이처럼 구운 감자를 가져다준 종업원에게 팁을 조금 더 주게 만드는 효과가 제너럴 모터스의 향후 수익전망을 판단하는 세련된 투자자들에게도 적용될까? 이 의문도 충분히 확인해볼 수 있다. 월스트리트의 거래들 중에서 상당수는 뉴욕이 아닌 다른 곳에 사는 사람들을 대신하여 이루어진 것이고, 실제 투자자는 전국에 흩어져 있다. 그러나 뉴욕에 거주하는 대리인들의 매매 패턴은 뉴욕 증권거래소의 전체 실적에 큰 영향을 미친다. 일례로, 2007-2008년에 세계 금융위기가 닥치기 전까지만 해도 월스트리트 거래의 상당수는 대형 회사들이 자기 자본을 써서 거래하는 프롭 트레이딩(proprietary trading, 자기소유 유가증권 거래)이었다. 그러니 뉴욕에 해가 났는지 나지 않았는지를 아는 사람들이 거래하는 자금이 막대했다. 그런 거래자들이 다들 뉴욕에 살고 있었으니까. 이 점에 착안하여, 매사추세츠 대학교의 한 금융학 교수는 뉴욕 날씨와 월스트리트 거래 주식의 일일 지수변동 사이에 상관관계를 살펴보았다.[29] 1927년에서 1990년까지의 데이터를 분석한 결과, 쨍하게 화창한 날씨와 잔뜩 찌푸린 날씨가 모두 주가에 영향을 미쳤다.

어쩌면 이 결과를 의심하는 사람이 있을지도 모르겠는데, 당연히 그럴 만하다. 여태까지 알려지지 않은 패턴을 발견하고자 데이터를 대대적으로 뒤지는 행위, 즉 데이터 마이닝(data mining)에는 위험이 내재되어 있기 때문이다. 우연의 법칙이라는 것이 있으므로, 충분히 많이 뒤져보면 으레 무엇인가 흥미로운 것이 발견되기 마련이다. 그 "흥미로운 것"은 무작위성의 산물일 수도 있고, 진정한 경향성일 수도 있다. 두 가지를 구별하려면 상당한 전문성이 필요하다. 데이터 마이닝에서 이른바 초보자의 행운이란, 실제로는 무의미한데도 겉으로는 놀랍고 심오한 통계적 상관관계가 발견되는 것이다. 그렇다면 햇빛 연구는 어떨까? 만약 주가와 날씨의 상관관계가 우연의 일치라면, 다른 도시의 주식시장 데이터에서는 그런 상관관계가 발견되지 않을 확률이 높다. 그래서 다른 두 연구자는 1982년에서 1997년까지 26개국의 주가를 대상으로 이 연구를 반복해보았다.[30] 그 결과는 상관관계를 입증했다. 그들의 통계에 따르면, 화창한 날이 이어졌던 해에는 뉴욕 증권거래소의 수익률이 평균 24.8퍼센트였지만 흐린 날이 이어졌던 해에는 겨우 8.7퍼센트였다(연구자들은 이 이론에 따라서 주식을 사고팔들 수익은 극히 적거나 아예 없다는 안타까운 사실도 확인했다. 날씨 변화를 따라가려면 거래량이 엄청나게 커야 하기 때문에, 거래비용이 수익을 다 잡아먹는다).

누구나 살면서 개인적, 금전적, 사업적 결정을 내리며, 자신은 중요한 요인들을 모두 적절히 가늠하고 그에 따라서 행동한다고 믿는다. 자신이 어떻게 결정에 도달했는지를 잘 안다고 믿는 것이다. 그러나 우리는 의식적 영향력만을 자각하고, 우리가 아는 정보는 부분적이다. 따라서 우리가 자신과 자신의 동기(動機)와 사회를 바라보는 시각은 흡사 대부분의 조각들이 사라진 퍼즐과 같다. 우리는 추측으로 그 빈칸을 메우지만, 사실 우리를 둘러싼 진실은 우리가 의식적, 합리적 마음의 단순한 계산으로 이해하는 것보다 훨씬 더 복잡하고 미묘하다.

우리는 인식한다. 경험을 기억한다. 판단한다. 행동한다. 그리고 이런 행위를 할 때, 자각하지 못하는 요인들의 영향을 받는다. 앞으로 나는 무의식의 여러 측면들을 이야기하면서 그런 사례를 더 많이 소개할 것이다. 지금부터는 뇌가 의식과 무의식이라는 두 평행한 층위를 통해서 정보를 처리한다는 것을 살펴보자. 당신은 무의식의 힘을 깨닫게 될 것이다. 무의식은 정말로 활동적이고, 목적적이고, 독립적이다. 비록 숨어 있지만, 그 효과는 전혀 그렇지 않다. 무의식은 의식이 세상을 경험하고 반응하는 방식에서 중대한 역할을 수행한다.

마음의 숨은 영역을 둘러보는 첫 단계로, 우리가 어떻게 감각신호를 받아들이는지부터 살펴보자. 우리가 물리적 세상에 관한 정보를 흡수하는 경로에는 의식적인 것과 무의식적인 것이 있다.

2
감각 더하기 마음이 곧 현실

> 눈은 단순한 물리적 기관이 아니라 그 소유자가 양육된 전통에 따라서 조건화
> 된 인식 수단이다.
> — 루스 베네딕트

고대 그리스 시대 이래, 사람들은 어떤 형태로든 의식과 무의식을 구별하려고 했다.[1] 의식의 심리학을 파고든 사상가들 중에서 가장 영향력이 컸던 사람은 18세기 독일 철학자 이마누엘 칸트이다. 그의 시대에 심리학은 독립된 학문이 아니었고, 철학자들이나 생리학자들이 마음에 대해서 추측한 내용을 있는 대로 다 포괄한 잡동사니 분류에 불과했다.[2] 그런 사상가들이 인간의 사고과정에 대해서 유추한 법칙은 과학적 법칙이 아니라 철학적 선언이었다. 이론에 경험적 근거를 댈 필요가 거의 없었으므로, 누구든 추측에 지나지 않는 자신의 이론이 역시 추측에 지나지 않는 경쟁자의 이론보다 더 낫다고 마음대로 주장할 수 있었다. 칸트의 이론은 우리의 마음이 객관적 사건을 충실히 기록하기보다는 세상에 대한 그림을 적극적으로 구성한다는 것이었다. 칸트는 인식이 실제 존재하는 것에만 의존하지 않는다고 했다. 인식은 마음의 일반적인 속성들에 의해서 어느 정도 창조—또한 제한—된다고 했다. 이런 믿음은 현대적인 시각과 놀랍도록 유사하다. 오늘날의 학자들은 무엇이 마음의

일반적인 속성인가 하는 문제에서 칸트보다 포괄적인 시각을 취하지만 말이다. 특히 욕망, 욕구, 신념, 과거 경험에서 비롯한 편향들까지 더 포괄적으로 아우른다. 오늘날의 시각에 따르면, 당신이 장모를 쳐다볼 때 마음에 맺히는 영상은 장모의 시각적 특징만이 아니라 당신의 머릿속에서 벌어지는 일들에도 의존한다. 장모의 양육방식은 참 희한하다는 생각, 옆집에 살기로 한 것이 잘한 일이었을까 하는 생각 등등.

칸트는 경험심리학이 과학이 될 수 없다고 보았다. 사람의 머릿속에서 벌어지는 사건은 어떤 방법으로도 측정할 수 없었기 때문이다. 그러나 19세기 과학자들은 과감히 그 일을 시도했다. 선봉에 나선 사람은 생리학자 베버였다. 1834년에 그는 촉감에 대한 단순한 실험을 했다. 피험자 피부의 정해진 위치에 작은 기준 분동을 올리고, 이어서 두 번째 분동을 올린 뒤, 두 번째가 첫 번째보다 더 무거운지 가벼운지 물었다.[3] 베버는 재미난 점을 발견했다. 사람이 감지하는 최소 무게 차이가 기준 분동의 무게에 비례했던 것이다. 예를 들어 피험자가 5그램짜리 기준 분동보다 6그램짜리 분동이 더 무겁다는 것을 가까스로 알아차렸다면, 감지 가능한 최소 무게 차이는 1그램이다. 그런데 기준 분동이 10배 더 무거워지면, 감지 가능한 최소 무게 차이도 10배 더 커져서 10그램이 된다. 비록 세상을 뒤흔든 발견으로 보이지는 않겠지만, 이것은 심리학의 발달에서 결정적인 사건이었다. 실험을 통해서 정신적 과정의 수학적, 과학적 법칙을 밝혀낼 수 있음을 보여주었기 때문이다.

1879년, 또다른 독일 생리학자 빌헬름 분트는 작센 왕국 교육부에 세계 최초의 심리학 연구소를 세울 자금을 요청했다.[4] 청원은 거절당했지만, 분트는 아랑곳하지 않고 1875년부터 이미 비공식적으로 사용해왔던 작은 교실 하나를 연구소로 삼기로 했다. 같은 해, 하버드 대학교의 의학박사 출신으로 모교에서 교수로 재직하며 비교해부학 및 생리학을 가르치던 윌리엄 제임스는 "생리학과 심리학의 관계"라는 새로운 과목을 가르치기 시작했다. 그는 또 로런스 홀 지하의 방 두 개에 비공식 심리학 연구소를 차렸는데, 그곳은 1891년에 하버드 심리학 연구소라는 공식 지위를 얻었다. 베를린의 한 신문은 두 사람의 선구적 노력을 기리는 의미에서 분트를 "구세계의 심리학 교황"으로, 제임스를 "신세계의 심리학 교황"으로 명명했다.[5] 심리학이 과학적 발판을 딛게 된 것은 이 두 사람의 실험과 베버에게서 영감을 받은 다른 연구자들의 실험 덕분이었다. 신생 분야는 "새로운 심리학"이라고 불렸고, 한동안 과학계에서 제일 잘나가는 분야였다.[6]

새로운 심리학의 개척자들은 무의식의 기능과 중요성에 대해서 의견이 갈렸다. 혜안이 가장 밝았던 사람은 영국의 생리학자이자 심리학자 윌리엄 카펜터였다. 그는 1874년에 『정신생리학의 원리(*Principles of Mental Physiology*)』에서 이렇게 썼다. "서로 구별되는 정신활동의 두 흐름이 동시에 달린다. 하나는 의식적 흐름이고, 다른 하나는 무의식적 흐름이다." 또한 그는 우리가 마음의 메커니즘을 더욱 철저하게 조사할수록 "자동적 활동뿐만 아니라 무의식적 활동도 모든 정신과정에 광범위하게 관여한다는 사실"이 분명해질 것이라고 말했다.[7] 이것은 심오한 통찰이었다. 오늘날의 과학자들은 이 발상을 이어서 발전시키고 있다.

카펜터의 책이 출간된 뒤, 유럽 지성계에서는 온갖 자극적인 발상들이 들끓기 시작했다. 그러나 카펜터의 이중 흐름과 비슷한 노선으로 뇌를 이해하며 한발 더 나아간 결정적 행보는 바다 건너에서 이루어졌다. 그 주인공은 미국의 철학자이자 과학자 찰스 샌더스 퍼스였다. 감지할 수 없어야 마땅한 무게 차이와 밝기 차이를 마음이 무의식적으로 감지하는지 살펴보았던 그 사람이다. 퍼스는 하버드 대학교에서 윌리엄 제임스의 친구였고, 실용주의(pragmatism)라는 철학적 신조를 제창했다(다만 이 개념을 다듬어 널리 알린 것은 제임스였다). 실용주의라는 이름이 붙은 까닭은, 퍼스가 철학적 발상이나 이론을 절대적 진리가 아니라 도구로 보아야 한다고 믿었으며 그 타당성도 삶에서의 현실적 결과에 따라서 판단해야 한다고 믿었기 때문이다.

퍼스는 신동이었다.[8] 열한 살에 화학의 역사에 대한 글을 썼고, 열두 살에 자신만의 실험실을 만들었으며, 열세 살에 형의 교과서로 형식논리학을 공부했다. 그는 양손잡이였고, 카드 트릭 발명을 즐겼다. 말년에는 아편을 상용했는데, 고통스러운 신경질환의 통증을 달래고자 처방받은 것이었다. 그래도 그는 꿋꿋하게 물리과학에서 사회과학에 이르기까지 온갖 주제에 대해서 1만2,000쪽에 달하는 글을 썼다. 의식이 모르는 정보를 무의식이 알고 있다는 그의 발견은 — 자신의 금시계를 훔친 범인을 직감으로 정확하게 지목했던 미심쩍은 사건에서 비롯한 발견이었지만 — 많은 모방 실험의 선조가 되었다. 오늘날의 이른바 "강제 선택(forced choice)" 실험들은 사람들이 스스로 답을 안다는 것을 자각하지 못하는 상태에서 마치 요행인 듯 정답에 도달하는 그 과정을 활용한다. 퍼스가 발견한 그 과정이 무의식 탐구의 표준 도구가 된 것이다. 무의식을 문화적으로 대중화한 영웅은 물론 프로이트겠지만, 우리가 무의식에 관한 현대의 과학적 방법론과 사상의 뿌리로 거슬러 올라갈 때 만나는 선각자는 분트, 카펜터, 퍼스, 재스트로, 윌리엄 제임스와 같은 이들이다.

오늘날 우리는 카펜터의 "서로 구별되는 정신활동의 두 흐름"이 두 열차보다는 두 철도체계에 더 가깝다는 것을 안다. 카펜터의 비유를 최신 정보에 맞게 다시 쓰면, 의식과 무의식의 철도는 각각 조밀하게 뒤얽힌 수많은 노선으로 구성되어 있고, 두 체계는 여러 지점에서 서로 연결되어 있다. 인간의 정신체계는 카펜터의 그림보다 훨씬 더 복잡하지만, 우리는 그 지도 속 노선들과 정거장들을 차츰차츰 해독해가는 중이다.

한 가지 확실한 점은, 이 이중체계에서 무의식이 더 근본적인 층위라는 것이다. 무의식은 진화의 역사에서 일찌감치 발달했다. 생물이 외부 세계를 느끼고 안전하게 반응함으로써 기능과 생존의 기초적인 요구들을 잘 처리하기 위해서였다. 무의식은 모든 척추동물의 뇌에 표준으로 갖추어진 하부구조이지만, 의식은 선택사항에 가깝다. 인간이 아닌 대부분의 다른 동물들은 의식적, 기호적 사고력이 거의 없거나 전혀 없어도 충분히 살 수 있고, 실제로 그렇게 산다. 반면에 무의식이 없다면 어떤 동물도 살 수 없다.

인간생리학 교과서에 따르면, 인간의 감각계는 1초마다 1,100만 비트의 정보를 뇌로 보낸다.[9] 그러나 일제히 시끄럽게 재잘대는 아이들 여러 명을 돌본 경험이 있는 사람이라면, 의식이 처리해내는 정보량은 절대로 그 문턱에도 미치지 못한다는 것을 잘 알 것이다. 사람이 실제로 다룰 수 있는 정보량은 1초에 16-50비트쯤이다. 그러므로 만일 의식이 모든 유입 정보를 다 처리해야만 한다면, 뇌는 당장 과부하가 걸린 컴퓨터처럼 멈출 것이다. 더군다나 우리는 스스로 깨닫지는 못하지만 매초마다 많은 결정을 내리고 있다. 입 안의 음식에서 이상한 냄새가 나는데 뱉어야 할까? 거꾸러지지 않고 가만히 서 있으려면 근육을 어떻게 조정해야 할까? 건너편 사람이 지껄이는 말은 무슨 뜻일까? 아니, 애초에 저 사람은 누구지?

진화가 인간에게 무의식을 갖추어준 까닭은 이처럼 엄청난 양의 정보를 받아들이고 처리해야 하는 세상에서 생존할 때 무의식이 필요하기 때문이다. 감각적 인식, 기억 회상, 일상적인 결정, 판단, 활동은 언뜻 아무런 노력 없이도 가능한 것처럼 보이지만, 사실은 자각의 바깥에서 기능하는 뇌 영역이 대신 노력을 기울여주기 때문에 가능한 일이다.

언어를 예로 들어보자. 우리는 "요리 선생님은 아이들이 맛있는 간식거리를 만들었다고 말했다(The cooking teacher said the children made good snacks)"라는 문장을 읽을 때 "만들었다(made)"가 무슨 뜻인지를 즉각 이해한다. 한편 "식인종은 아이들이 맛있는 간식거리가 되었다고 말했다(The cannibal said the children made good snacks)"라는 문장을 읽을 때 역시 자동적으로 "되었다(made)"라고 이해하고서, 걱정스러운 기분이 든다. 우리에게는 이런 구별이 쉽지만, 컴퓨터 과학자들이 자연언어에 반응하는 기계를 만들려고 분투하는 것을 보면, 이렇게 간단한 말을 이해하는 것조차 실은 몹시 까다로운 일이다. 과학자들의 좌절을 잘 보여주는 일화가 있다. 아마도 지어낸 이야기일 텐데, 초기의 컴퓨터에 "정신은 강인하나 육체는 쇠약하다(The spirit is willing but the flesh is weak)"라는 격언을 러시아어로 옮겼다가 도로 영어로 옮기라고 지시하자, 컴퓨터가 "보드카는 독하지만 고기는 썩었다"라고 답했다는 것이다.* 다행스럽게도 인간의 무의식은 그보다 훨씬 더 뛰어나다. 무의식은 놀라운 속도와 정확도로 언어를 다루고, 인식을 감지하고, 기타 수많은 작업들을 처리함으로써, 의도적이고 의식적인 마음으로 하여금, 가령 번역 소프트웨어를 그 따위로 만든 사람에게 불평하는 것 같

---

* spirit에는 정신 이외에 술이라는 뜻이 있고, flesh, willing, weak도 마찬가지로 여러 가지 뜻이 있다 보니 이렇게 되었다/역주

은 더 중요한 일에 집중하도록 해준다. 어떤 과학자들은 우리가 인지 기능의 5퍼센트만을 의식한다고 주장한다. 나머지 95퍼센트는 자각을 넘어서지만, 삶에 큰 영향을 행사한다. 애초에 삶이 가능하도록 만들어주는 것이다.

뇌에 대해서 간단히 에너지 소비 분석을 해보아도, 뇌에서 자각을 벗어난 활동이 많이 벌어진다는 것을 알 수 있다.[10] 당신이 소파에 퍼져서 텔레비전을 본다고 하자. 이때 몸은 그다지 많은 에너지를 요구하지 않는다. 이제 뭔가 육체적으로 버거운 일을 한다고 상상하자. 가령 도로를 달릴 때 근육의 에너지 소비는 소파에 늘어져 있을 때보다 100배 더 많다. 당신이 늘어져 있는 것도 힘든 일이라고 배우자에게 아무리 궤변을 늘어놓은들, 쉴 때보다 달릴 때 몸이 더 ― 100배 더 ― 힘들게 일한다는 것은 불변의 진리이다. 그렇다면 두 가지 정신적 활동의 에너지 소비 차이를 이것과 비교해보자. 빈둥거릴 때, 즉 의식이 느긋하게 쉴 때와 체스를 둘 때의 차이는 어떨까? 당신이 모든 수와 전략에 통달한 고수이고, 무섭게 집중한다고 하자. 그런 의식적 사고가 뇌에 주는 부담은 달리기가 근육에 주는 부담과 비슷할까? 아니다. 비교도 되지 않는다. 아무리 집중한다고 해도, 뇌의 에너지 소비는 겨우 1퍼센트 늘어날 뿐이다. 의식이 무엇을 하든, 정신활동의 대부분은 무의식이 장악하고 있다. 따라서 뇌의 에너지 소비도 무의식이 거의 다 차지한다. 의식이 빈둥거릴 때나 일할 때나, 무의식은 언제나 열심히 정신적 팔굽혀펴기, 쪼그려 앉기, 단거리 달리기를 하고 있는 것이다.

무의식의 중요한 기능 중의 하나는 눈이 전달하는 데이터를 처리하는 일이다. 사냥이든 채집이든, 동물은 앞을 잘 보면 더 잘 먹고, 위험을 더 효과적으로 피하며, 고로 더 오래 산다. 그래서 인간은 뇌의 약 3분의 1을 시각처리에 바치도록 진화했다. 뇌는 색깔을 읽고, 윤곽과 움직임을 감지하고, 깊이와 거리를 인식하고, 물체의 정체를 결정하고, 얼굴을 알아보고, 그밖에도 많은 작업을 한다. 생각해보라. 뇌의 3분의 1은 늘 이런 일로 바쁘지만, 우리는 그 과정을 거의 알지 못하고 접근할 수도 없다. 그런 고된 작업은 자각의 바깥에서 벌어지며, 무의식이 데이터를 전부 소화하고 해석하여 내놓은 결과만이 깔끔한 보고서처럼 의식에 제공된다. 덕분에 우리는 망막의 막대세포나 원뿔세포가 광자를 몇 개 흡수했다는 것이 무슨 뜻인지를 해독하느라고 골머리를 썩일 필요가 없다. 시신경 데이터로부터 빛의 강도와 주파수의 공간적 분포를 읽어낸 뒤, 그것을 다시 형태, 공간적 위치, 의미로 해독하려고 애쓸 필요가 없다. 무의식이 그런 일들을 열성적으로 처리해주므로, 우리는 침대에 느긋이 누운 채 마치 아무런 노력도 기울이지 않는 것처럼, 천장의 조명을 바라보거나 이 책의 글자를 읽을 수 있다. 시각계는 뇌에서 제일 중요한 체계일 뿐만 아니라 신경과학에서 가장 속속들이 연구된 영역이다. 그 작동방식을 이해하면, 마음의 두 층위가 어떻게 함께 기능하고 또한 따로 기능하는지를 많이 이해할 수 있다.

시각계에 대한 신경과학적 연구 중에서도 문헌에서 TN이라고 지칭되는 쉰두 살의 아프리카계 남성의 사례는 가히 환상적이다. 키가 크고 강인한 외모의 TN은 원래 의사였지만, 운명의 장난 때문에 환자로 더 유명해졌다. 그가 고통과 명성의 길에 첫 발을 들여놓은 것은 2004년의 어느 날이었다. 당시 스위스에서 살았던 그는 뇌졸중을 일으켜, 시각피질이라는 뇌 영역의 왼쪽이 완전히 파괴되었다.

뇌의 주요한 부분들은 크게 두 대뇌반구(大腦半球)로 나뉘며, 두 반

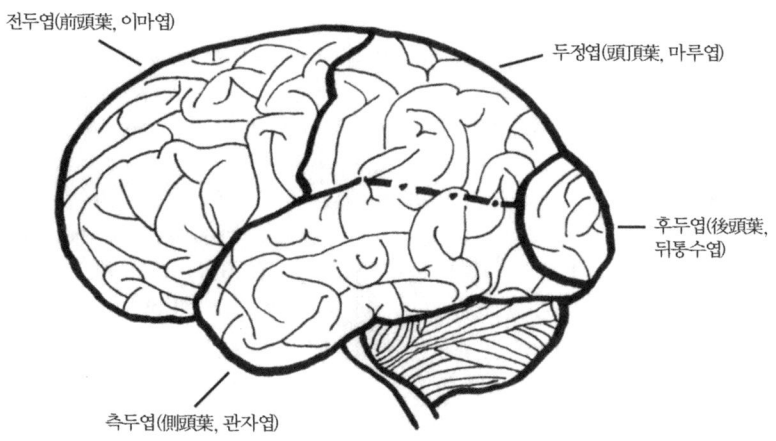

구는 거의 거울상이다. 각 반구는 4개의 엽(葉)으로 나뉘는데, 원래 엽 위의 두개골(頭蓋骨, 머리뼈)의 형태에 따라서 나눈 구분이었다. 엽의 겉면에는 두께가 냅킨 정도이고 구불구불 주름진 바깥층이 있다. 인간의 경우, 신피질이라는 이 표면층이 뇌에서 가장 많은 부분을 차지한다. 신피질은 더 얇은 여섯 층으로 구성된다. 그중 다섯 층에는 신경세포가 들어 있고, 층끼리 이어주는 투사체들도 들어 있다. 신피질과 뇌의 다른 영역, 혹은 다른 신경계 사이의 입출력을 전달하는 연결들도 있다. 신피질은 얇지만 대단히 치밀하게 접혀 있어서, 면적이 2,800제곱센티미터에 가까운 신경조직 — 큼직한 피자 한 판만 하다 — 이 머리에 욱여넣어져 있다.[11] 신피질의 여러 부분들은 서로 다른 기능을 수행한다. 그중 후두엽(後頭葉, 뒤통수엽)은 머리 뒤쪽에 있고, 그곳의 피질 — 시각피질 — 에 뇌의 주된 시각처리 중추가 들어 있다.

우리가 후두엽의 기능에 대해서 아는 내용은 그 부분이 손상된 생물들에게서 얻은 경우가 많다. 누군가 브레이크의 기능을 이해하기 위해서 브레이크가 없는 자동차를 몰아보겠다고 말하면 사람들은 그를 불신의 눈길로 바라볼 테지만, 과학자들은 실제로 동물의 뇌에서 일부를 선택적으로 파괴하는 방법으로 뇌를 연구한다. 어떤 부분의 기능을 알려면 그 부분이 없어서 어떤 기능을 수행하지 못하는 동물을 관찰하면 된다는 논리이다. 물론 인간 피험자의 뇌를 잘라내겠다고 하면 대학 윤리위원회가 눈살을 찌푸릴 테니, 연구자들은 선천성이든 사고 때문이든 연구에 적합한 뇌를 가진 환자를 찾아서 병원을 샅샅이 뒤진다. 수색은 지루하게 오래 늘어질지도 모른다. 자연은 인간에게 손상을 가할 때 과학적 유용성 따위는 염두에 두지 않기 때문이다. 그런데 TN의 뇌졸중은 시각 중추만을 깨끗하게 망가뜨렸다는 점에서 특기할 만했다. 유일한 단점이라면 — 연구자의 관점에서 하는 말이다 — 손상이 왼쪽에만 미쳐서 TN이 시야의 절반은 여전히 볼 수 있었다는 점이다. TN에게는 불행하게도, 그 상황은 겨우 36일만 지속되었다. 이후 비극적인 두 번째 뇌출혈이 발생하여, 가혹하게도 첫 손상 지역과 거의 거울상에 해당하는 부분이 망가졌다.

두 번째 뇌졸중 뒤에 의사들은 TN이 완전히 시력을 잃었는지 아닌지를 검사했다. 맹인이라도 사람에 따라서 잔여 시력이 약간 남아 있는 경우가 있다. 그런 사람은 빛과 어둠을 구별할 수 있거나, 차고 옆면만큼 커다랗게 써놓은 글씨를 읽을 수 있다. 그러나 TN은 글씨는 고사하고 차고조차도 보지 못했다. 두 번째 뇌졸중 후에 그를 검사한 의사들은 그가 형태를 분간하지 못하고, 움직임과 색깔을 감지하지 못하고, 강렬한 광원도 알아차리지 못한다고 기록했다. 그의 후두엽 시각 영역이 기능하지 않는다는 결론이었다. TN의 시각계에서 광학적인 부분은 여전히 기능했기 때문에 눈은 여전히 빛을 받아들이고 기록했지만, 망막이 전달한 정보를 뇌에서 처리하는 능력이 사라진 것이다.

이런 상태 — 광학계는 온전한데 시각피질이 망가진 상태 — 때문에 TN은 구미가 당기는 연구대상이었고, 그가 병원에 있는 동안 한 무리의 의사들과 연구자들이 그를 설득하여 실험에 참여시켰다.

TN과 같은 맹인 피험자에게 해볼 만한 실험으로 온갖 것들을 상상할 수 있다. 청각의 향상을 확인해볼 수도 있고, 과거의 시각 경험에 대한 기억을 시험해볼 수도 있다. 반면에 맹인이 타인의 얼굴을 응시함으로써 상대의 기분을 느낄 수 있는가 하는 문제는 후보 목록에조차도 절대로 끼지 못할 것 같은데, 놀랍게도 연구자들이 선택한 주제는 이것이었다.[12]

연구자들은 노트북 컴퓨터를 TN에게서 몇십 센티미터 떨어진 곳에 두고, 흰 바탕에 검은 도형 — 원이나 사각형 — 이 차례차례 등장하는 것을 보여주었다. 그리고 찰스 샌더스 퍼스의 전통에 따라서 그에게 강제 선택을 시켰다. 도형이 나타날 때마다 무엇인지 맞혀보라고 한 것이다. 연구자들은 그냥 한번 말해보라고 구슬렸고, TN은 그 말대로 했다. 그는 절반쯤 맞혔는데, 그것이 그가 정말로 아무것도 보지 못한다고 할 때 예상되는 결과였다. 실험의 흥미로운 부분은 그 다음이었다. 연구자들은 이제 성난 얼굴과 행복한 얼굴 그림을 차례차례 보여주었다. 게임의 규칙은 같았다. 과학자들이 쿡 찌르면, TN은 화면의 얼굴이 성난 얼굴인지 행복한 얼굴인지를 맞혀보았다. 그러나 표정 파악은 기하학적 도형 인식과는 전혀 다른 작업이다. 인간에게 얼굴은 흑백 도형보다 훨씬 더 중요하기 때문이다.

얼굴은 인간 행동에서 특별한 역할을 한다.[13] 남자들이 흔히 보이는 집착과는 달리, 트로이의 헬레네가 "1,000척의 배를 출범시킨 젖가슴"이 아니라 "1,000척의 배를 출범시킨 얼굴"이라고 불린 것은 그 때문이다. 우리가 저녁식사에 온 손님들에게 지금 맛보는 맛깔난 요리가 소의 췌장이라고 알려준 뒤, 내장육에 대한 그들의 반응을 순간적으로 정확하게 읽어내기 위해서 손님들의 팔꿈치가 아니라 — 심지어 말도 아니다 — 얼굴을 힐끗 살피는 것도 역시 그 때문이다. 우리는 누군가 행복한지 슬픈지, 만족스러운지 불만족스러운지, 우호적인지 위험한지를 잽싸게 판단하고 싶을 때 그의 얼굴을 본다. 어떤 사건에 대한 솔직한 반응은 대체로 무의식이 지배하는 얼굴 표정에 반영될 때가 많다. 제5장에서 살펴보겠지만, 표정은 인간의 핵심적인 소통방식일 뿐만 아니라 억누르거나 거짓으로 꾸미기가 어렵다. 세상에 뛰어난 배우가 흔치 않은 것은 이 때문이다. 얼굴이 얼마나 중요한가 하면, 남자들이 여자들의 몸매에 아무리 강하게 끌린들, 불룩 솟은 이두박근의 묘미나 탄탄한 엉덩이와 젖가슴의 굴곡을 분석하는 데만 쓰이는 뇌 영역은 존재하지 않는 데에 비해서, 얼굴 분석에만 쓰이는 뇌 영역은 존재한다. 방추얼굴 영역(fusiform face area, FFA)이라는 영역이다. 뇌가 얼굴을 특별하게 다룬다는 사실에 대한 증거로, 다음 쪽의 버락 오바마 대통령의 사진들을 보자.[14]

위아래가 바로 놓인 두 사진 중 왼쪽은 끔찍하게 일그러져 보이지만, 위아래가 뒤집힌 두 사진 중 왼쪽은 그다지 이상해 보이지 않는다. 사실 아래 사진들과 위 사진들은 똑같은 것이다. 위 사진들이 뒤집혀 있을 뿐이다. 나는 직접 사진을 뒤집었으니 알고 있지만, 혹시 못 믿겠다면 지금 책을 180도 뒤집어보라. 그러면 이제 위의 한 쌍 중에서 괴상한 사진이 있을 것이고, 아래 한 쌍의 사진은 괜찮아 보일 것이다. 뇌가 다른 시각 현상들보다 얼굴에 더 많은 주의를 (또한 더 많은 신경 영역을) 쏟는 이유는 얼굴이 더 중요하기 때문이다. 그러나 뒤집힌 얼굴은

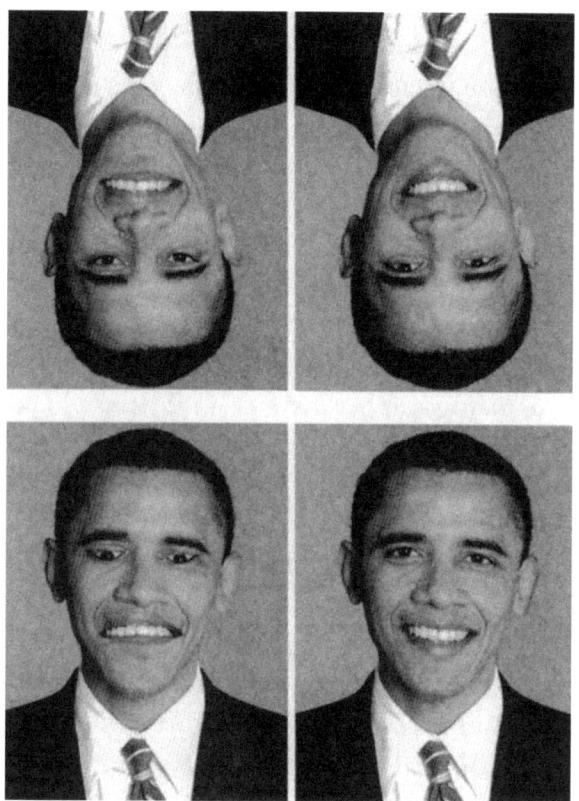

www.moillusions.com. 허가를 받아서 게재함.

중요하지 않다. 요가 수업에서 머리로 선 자세를 할 때가 아니고서야 그런 것과 마주칠 일이 드물다. 그래서 우리는 위아래가 뒤집힌 얼굴의 일그러짐보다 위아래가 제대로 된 얼굴의 일그러짐을 훨씬 더 쉽게 감지한다.

TN을 조사한 연구자들이 두 번째 그림으로 얼굴을 택한 까닭은 이 때문이었다. 뇌는 거의 무의식적으로 얼굴에 특별히 집중하므로, 설령 TN이 의식적으로 뭔가를 본다고 자각하지 못할지라도 실험 결과가 더 좋을지도 모른다고 기대했던 것이다. 누가 뭐래도 TN은 맹인이므로,

감각 더하기 마음이 곧 현실 57

응시하는 대상이 얼굴이냐, 기하학적 도형이냐, 잘 익은 복숭아냐 하는 점은 사실 전혀 영향을 미치지 않아야 한다. 그러나 TN은 행복한 얼굴과 성난 얼굴을 3번 중 2번꼴로 정확하게 맞혔다. 시각을 의식적으로 감각하는 뇌 부분이 분명히 망가졌는데도, 그의 방추 얼굴 영역은 여전히 영상을 받아들였다. 그리하여 TN도 모르는 사이에 그것은 강제 선택 실험에서 TN의 의식적 선택에 영향을 미쳤다.

몇 달 뒤, TN에 관한 첫 실험을 소문으로 들은 다른 연구진이 그를 찾아와서 다른 실험에 참가해달라고 부탁했다. 얼굴 읽기가 인간의 특별한 재주라면, 얼굴을 땅에 푹 처박지 않는 것은 더 특별한 재주이다. 우리는 새근새근 자는 고양이에 걸려 넘어질지도 모른다는 것을 알아채는 순간, 얼른 옆으로 비킨다. 의식적인 전략으로 피하는 것이 아니라, 그냥 저절로 그렇게 한다.[15] 무의식이 회피동작을 지배하는 것이다. 연구자들은 바로 그 기술을 TN에게 시험해보고 싶었다. 그들은 TN이 지팡이 없이 어질러진 복도를 걸어가는 것을 관찰하겠다고 했다.[16]

모든 관련자들이 이 발상에 들떴지만, 자칫 수직으로 서지 못하게 될 한 사람만은 예외였다. TN은 참여를 거부했다.[17] 대체 어떤 맹인이 얼굴 실험에서 조금 성공했다고 해서 장애물 피하기 실험에 동의하겠는가? 연구자들은 읍소하다시피 한번만 해달라고 매달렸고, 그가 넘어지지 않도록 호위자가 뒤를 따라가겠다고 제안했다. TN은 한참 부탁을 받고서 마음을 바꾸었다. 그리고 그 자신을 비롯한 모든 이들의 감탄 속에서, 그는 쓰레기통, 종이 더미, 상자 여러 개를 요리조리 피하면서 복도 끝까지 무사히 걸어갔다. 한번도 고꾸라지지 않았고, 물건과 부딪치지 않았다. 어떻게 해냈느냐고 묻자, TN은 설명하지 못했다. 모르기는 몰라도, 그저 지팡이를 돌려달라고만 말했을 것이다.

TN이 보여준 현상 — 눈이 온전한 사람은 의식적인 시각적 감각이 없어도 어떻게든 눈에 접수된 자극에 반응하는 현상 — 은 "맹시(盲視, blindsight)"라고 불린다. 이 중대한 발견은 처음 발표되었을 때 "불신과 조롱의 비웃음을 일으켰고", 최근에서야 사실로 인정되었다.[18] 그러나 어찌 보면 이것은 전혀 놀랄 일이 아니다. 의식적 시각계는 기능을 잃었으나 눈과 무의식 체계는 온전한 상황이라고 보면, 맹시는 완벽하게 말이 된다. 맹시라는 이 희한한 증후군은 뇌의 두 층위가 독립적으로 작동한다는 것을 유독 극적으로 보여준다.

시각이 다중적 경로로 발생한다는 사실에 대한 최초의 구체적 증거는 1917년에 영국 군의관 조지 리도크가 얻었다.[19] 19세기 말, 과학자들은 개와 원숭이의 뇌에 손상을 입힘으로써 후두엽이 시각에 얼마나 중요한지를 연구했다. 그러나 사람에 대한 데이터는 희귀했다. 그때 제1차 세계대전이 발발했고, 갑자기 독일군은 걱정스러울 만큼 빠른 속도로 영국 군인들을 유망한 연구대상으로 속속 바꾸어놓기 시작했다. 이는 영국군의 헬멧이 정수리 높이 까딱거린 탓도 있었는데, 그러면 세련되게 보일지는 몰라도 머리가 제대로 보호되지 않았다. 특히 뒤쪽이 노출되었다. 게다가 당시의 무력충돌은 참호전이 기본이었는데, 참호전에서 병사가 할 일은 온몸을 단단한 흙으로 보호하되 머리는 지시에 따라서 사선으로 쑥 내미는 것이었다. 그 탓에 영국 군인들이 겪은 관통상의 25퍼센트는 머리 부상이었고, 특히 후두엽 아래와 그 옆의 소뇌를 많이 다쳤다.

요즘의 총알이 그런 경로로 관통한다면, 뇌의 상당 부분이 소시지용 다진 고기처럼 변할 것이고, 피해자는 틀림없이 죽을 것이다. 그러나 당시의 총알은 느렸고, 효과가 국지적이었다. 주변 조직을 많이 망가뜨리지 않은 채 회색질에 깨끗하게 터널을 뚫고 빠져나가는 경우가 많았다. 그러면 피해자는 목숨을 건졌고, 머리의 위상(位相)이 도넛처럼 변한 사람치고는 상태가 괜찮았다. 러일 전쟁에 참전했던 한 일본 군의관은 그렇게 다친 환자를 하도 많이 본 나머지, 두개골의 외부 지표들을 기준으로 총알구멍이 어느 위치인지를 확인함으로써 내부 손상 — 더불어 그로 인해서 예상되는 문제점 — 을 정확하게 지도화하는 기법을 고안했다(그의 공식 임무는 뇌 손상을 입은 군인들에게 연금을 얼마나 지불할지 결정하는 일이었다).[20]

리도크 박사의 가장 흥미로운 환자는 T. 중령이었다. 중령은 부하들을 전장으로 이끌던 중에 오른쪽 후두엽을 관통당했다. 그는 총알을 맞은 뒤에도 용감하게 털고 일어나서 계속 부하들을 이끌었다. 사람들이 기분을 묻자 그는 조금 아찔할 뿐 괜찮다고 대답했으나, 그것은 틀린 말이었다. 그는 15분 뒤에 쓰러졌다. 그가 다시 깼을 때는 11일이 지난 뒤였고, 인도의 병원에 누운 채였다.

T. 중령은 의식을 찾았지만, 뭔가 잘못되었다는 첫 신호가 저녁식사 자리에서 나타났다. 접시 왼쪽에 놓인 고기 덩어리를 볼 수 없었던 것이다. 사람의 눈은 시야 왼쪽의 시각 정보는 우뇌로 전달하고 시야 오른쪽의 시각 정보는 좌뇌로 전달하도록 연결되어 있다. 정보를 왼눈이 받느냐 오른눈이 받느냐와는 무관하다. 우리가 정면을 바라볼 때, 왼쪽에 있는 물체는 모조리 뇌의 우반구로 전달된다는 말이다. 중령이 총알을 맞은 곳도 우반구였다. 그는 영국 병원으로 이송된 뒤에 시야 왼쪽이 완전히 멀었다는 진단을 받았는데, 기묘한 예외가 하나 있었다. 시야 왼쪽에서 발생하는 움직임만은 감지할 수 있었던 것이다. 일반적인 의

미에서 볼 수는 없었으나—"움직이는 것"에 형태나 색깔은 없었다— 무엇인가 움직인다는 사실만은 알 수 있었다. 그런 부분적인 정보는 별 소용이 없다. 그에게는 오히려 성가셨다. 특히 기차를 타면 왼쪽에서 무엇인가 획획 지나간다는 것은 느낄 수 있었지만 아무것도 보이지는 않았다.

T. 중령은 뇌가 감지한 움직임을 의식적으로 자각했으므로 TN과 같은 진정한 맹시는 아니었다. 그래도 그것은 시각이 의식과 무의식의 다중경로로 전달된 정보들의 누적적 효과임을 보여주었다는 점에서 획기적인 증례(證例)였다. 리도크는 T. 중령을 비롯하여 다른 비슷한 환자들에 대한 논문을 발표했으나, 불행하게도 리도크보다 훨씬 더 유명한 다른 영국 군의관이 그 연구를 비웃었다. 논문은 문헌에서 사실상 사라지다시피 했고, 수십 년 뒤에야 재등장했다.

맹시 환자는 몹시 드물기 때문에, 얼마 전까지만 해도 무의식적 시각을 조사하기는 극히 어려웠다.[21] 그러던 2005년, 안토니오 랑헬의 캘리포니아 공과대학 동료교수인 크리스토프 코흐가 공동 연구자와 함께 건강한 피험자를 대상으로 무의식적 시각을 탐구하는 강력한 기법을 개발했다. 코흐가 무의식에 관한 발견을 한 것은 원래 그 이면인 의식의 의미에 관심이 있었기 때문이다. 불과 얼마 전까지만 해도 무의식 연구는 바람직한 경력으로 간주되지 못했다. 그런데 코흐에 따르면 의식 연구는 그보다 더 심해서, 적어도 1990년대까지 의식을 연구한다는 것은 "인지 저하의 징후로 간주되었다." 그러나 요즘 과학자들은 두 주제를 나란히 다룬다. 특히 시각계 연구는 기억이나 사회적 인식 연구보다 어떤 면에서 더 단순하다는 이점이 있다.

코흐 연구진의 기법은 양안경합(兩眼競合, binocular rivalry)이라는 시각 현상을 활용한다. 적절한 조건에서 피험자의 왼눈과 오른눈에 서로 다른 그림을 보여주면, 피험자는 두 그림을 겹쳐진 형태로 모두 보는 것이 아니라 그중 한쪽만을 인식한다. 그러다가 잠시 후에는 다른 쪽을 보고, 또 잠시 후에는 첫 번째 그림을 다시 본다. 이렇게 두 그림이 끊임없이 교차한다. 코흐 연구진은 이때 한쪽 눈에 **변하는** 그림을 제시하고 다른 쪽 눈에 정적인 그림을 제시한다면, 피험자가 **오직** 변하는 그림만을 보고 정적인 그림은 전혀 보지 못한다는 것을 발견했다.[22] 가령 누군가의 오른눈에 원숭이 두 마리가 탁구를 치는 동영상을 보여주고 왼눈에 100달러 지폐를 보여주면, 왼눈이 데이터를 기록하여 뇌로 전달하더라도 그 사람은 정적인 사진을 인식하지 못한다. 이 기법은 인위적 맹시를 만드는 강력한 도구나 마찬가지였고, 뇌를 전혀 망가뜨리지 않고도 무의식적 시각을 연구할 수 있는 새로운 방법이었다.

이 기법을 써서, 또다른 연구진은 예전에 표정 연구자들이 TN에게 했던 실험과 비슷한 것을 일반 사람들에게 실시했다.[23] 연구진은 피험자의 오른눈에는 다채롭고 현란하게 바뀌는 모자이크 그림을 보여주고, 왼눈에는 정적인 물체의 사진을 보여주었다. 사진 속 물체는 화면의 오른쪽이나 왼쪽의 끄트머리에 있었다. 물론 피험자들은 정적인 사진을 의식적으로 인식하지 못할 테지만, 연구자들은 어쨌든 물체가 어느 쪽에 있는지를 추측해보라고 요구했다. TN과 마찬가지로 이 피험자들의 경우에도, 사진 속 물체가 인간의 뇌에 결정적으로 흥미로운 대상일 때만 무의식적 단서가 강력하게 작동하리라는 것이 연구자들의 예상이었다. 그런 대상이라면 뻔했다. 연구자들은 정적인 그림으로 쓸 포르노 사진들, 전문용어로 말하면 "높은 성적 각성을 일으키는 그림들"을 골라두었다. 그냥 야한 사진은 아무 가판대에서나 쉽게 구할 수 있겠지만, 과학적으로 통제된 야한 사진은 어떻게 구할까? 심리학자들에게는 이럴 때 쓰는 데이터베이스가 있다. 국제 감정사진 시스템(International Affective Picture System)이라는 것으로, 노골적인 성애 사진에서 절단된 신체 사진, 아이나 자연을 찍은 유쾌한 사진에 이르기까지 총 480장의 그림들이 각성 수준에 따라서 분류되어 있다.

예상대로, 피험자들에게 자극적이지 않은 사진을 보여주고 물체가 화면의 왼쪽과 오른쪽 중 어디에 있느냐고 물으면, 피험자들은 절반쯤 맞혔다. 이것은 사전 정보 없이 완전히 무작위적으로 찍었을 때 나올 법한 결과로, TN이 원인지 사각형인지 마구 찍었을 때와 같은 상황이었다. 그러나 이성애 남성 피험자들에게 여성의 알몸을 보여주면, 사진 속 여성이 어느 쪽에 있는지를 분간하는 능력이 상당히 좋아졌다. 여성들에게 남성의 알몸을 보여주어도 마찬가지였다. 남성에게 남성의 알몸을 보여주거나 여성에게 여성의 알몸을 보여주면 그렇지 않았다. 물론 예외가 있었다. 동성애 피험자들에게서는 예상 가능한 방식으로 결과가 뒤집혔다. 피험자들의 성적 취향이 결과에 반영되었던 것이다.

이처럼 성공적인 성과를 거두었음에도 불구하고, 나중에 피험자들에게 무엇을 보았느냐고 물으면 그들은 연구진이 오른눈에 제시했던 현란한 모자이크 그림만을 묘사하며, 그것이 단조롭게 계속 변하더라고 대답할 뿐이었다. 자신의 의식이 지켜운 일련의 모자이크를 보는 동안 무의식은 **포르노**를 즐겼다는 사실을 깜깜 모르는 듯했다. 이것은 야한 그림의 처리과정이 의식에는 전달되지 않았지만 무의식에는 충분히 강하게 입력되어서 피험자들이 의식 아래에서 자각했다는 뜻이다. 이 대목에서 퍼스의 교훈이 떠오른다. 우리는 뇌에 입력된 정보를 모조리의식적으로 인식하지는 못하므로, 의식이 눈치채지 못한 것을 무의식은 알지도 모른다. 이때 우리는, 퍼스가 그랬던 것처럼, 원인은 전혀 모르면서도 사업 제휴에 대해서 야릇한 예감을 느끼거나 낯선 사람에게 모종의 직감을 느낀다.

나는 그런 직감을 따르는 것이 좋다는 교훈을 오래 전에 배웠다. 스무 살 때 나는 욤 키푸르 전쟁 직후의 이스라엘에 있었는데, 어느 날 이스라엘이 점령한 시리아 골란 고원에 가보았다. 황량한 길을 걷던 중 나는 밭에서 흥미로운 새를 목격했고, 새 관찰자답게 가까이 가서 살펴보기로 했다. 밭에는 울타리가 둘러져 있었다. 대개 울타리 따위는 새 관찰자를 가로막지 못하는 법이지만, 이 울타리에는 약간 희한한 표지판이 매달려 있었다. 나는 뭐라고 적혀 있는지 살펴보았다. 그러나 내 히브리어 실력으로는 읽을 수가 없었다. 보통 "출입금지"라고 적혀 있기 마련인데, 그 표지판은 어쩐지 달라 보였다. 얼씬대지 않는 편이 좋을까? 마음속에서 무엇인가가 그래야 한다고 말했다. 지금 생각해보면, 그것은 퍼스에게 시계 도둑을 가르쳐준 목소리와 비슷한 무엇이었다. 그러나 내 지성은, 의식적이고 의도적인 내 마음은, **가봐, 빨리 갔다오면 되잖아**라고 말했다. 나는 울타리를 넘었고, 밭으로 들어가서 새에게 다가갔다. 그때 누군가 히브리어로 내게 외치는 소리가 들렸다. 뒤를 돌아보니, 트랙터를 탄 남자가 흥분한 손짓을 해대고 있었다. 나는 길로 돌아갔다. 남자의 시끄러운 말을 알아듣기는 어려웠지만, 내 변변찮은 히브리어와 남자의 손짓이 오가자 곧 사태를 파악할 수 있었다. 나는 표지판을 다시 보았다. 그러자 이제는 그 히브리어를 읽을 수 있었다. 그것은 "위험, 지뢰밭!"이었다. 내 무의식은 진작 메시지를 접수했지만, 나는 의식으로 그것을 억눌렀던 것이다.

이전에 나는 구체적이고 합리적인 근거가 떠오르지 않는 한, 본능을 믿지 않는 편이었으나, 그 경험으로 버릇을 고쳤다. 우리는 누구나 조금쯤은 TN을 닮았다. 어떤 일에 대해서는 눈이 먼 상태로, 무의식이 왼쪽, 오른쪽으로 피하라고 알려주는 조언에 따를 뿐이다. 그 조언은 종종 우리를 구해준다. 우리가 그 정보에 기꺼이 마음을 연다면.

철학자들은 "현실"이란 무엇인가, 우리가 경험하는 세상은 현실인가 망상인가 하는 문제를 수백 년 전부터 토론했다. 그러나 현대 신경과학에 따르면, 모든 인식이 어떤 면에서는 망상이나 다름없다. 왜냐하면 우리는 감각이 제공한 원 데이터를 처리하고 해석하여 간접적으로만 세상을 인식하기 때문이다. 무의식적 처리과정은 바로 그 일을, 즉 세상에 대한 모형을 창조하는 일을 도맡는다. 혹은 칸트의 말처럼, 물체 그 자체에 해당하는 "물(物) 자체(Das Ding an sich)"가 있고 우리가 아는 그 물체에 해당하는 "우리에 대한 물(Das Ding für uns)"이 있다고 말해도 좋다. 예를 들어보자. 우리는 주변의 공간이 삼차원이라고 느낀다. 그러나 사실 우리는 삼차원을 직접 감각하지 못한다. 대신, 망막이 보내는 평평한 이차원의 데이터 배열을 뇌가 읽어서 삼차원 감각으로 만들어낸다. 무의식은 영상처리에 정말로 능하다. 위아래가 뒤집혀 보이는 안경을 쓰면, 잠시 뒤에는 곧 사물이 제대로 보일 정도이다. 그러다가 안경을 벗으면 다시 세상이 위아래가 뒤집힌 것처럼 보이지만, 그것도 잠시뿐이고 곧 정상으로 돌아간다.[24] 시각은 늘 이런 처리과정을 겪으므로, "의자를 본다"라는 말은 사실 엄밀하게 표현하면 뇌가 의자에 대한 심적 모형을 창조했다는 뜻이다.

무의식은 감각 데이터를 해석할 뿐만 아니라 강화한다. 그럴 수밖에 없다. 감각이 전달하는 데이터는 질이 나쁘기 때문에, 조금 손을 보아야만 유용하게 쓸 수 있다. 일례로 눈이 공급하는 데이터에는 맹점(盲點, blind spot) 때문에 생기는 오류가 있다. 맹점이란 망막과 뇌를 이어주는 신경이 붙어 있는 눈알 뒤쪽의 한 지점으로, 그 때문에 시야에는 사각지대가 있다. 보통은 뇌가 주변 영역의 데이터에 기반하여 그림의 빈 곳을 메우기 때문에 우리는 사각지대를 전혀 눈치채지 못한다. 그러나 인위적인 상황을 설계하여 그 구멍이 보이게 만들 수 있다.

자, 오른눈을 감고, 아래의 숫자열에서 제일 오른쪽에 적힌 1을 바라보자. 그리고 왼쪽의 슬픈 얼굴 그림이 사라질 때까지 책을 몸 가까이(혹은 멀리) 움직이자. 그 지점이 당신의 맹점이다. 이제 머리를 가만히 두고, 여전히 왼눈만으로 숫자 2를 보고, 다음에는 3을 보고, 이렇게 계속 옮겨가자. 아마도 4 부근에서 슬픈 얼굴이 다시 나타날 것이다.

☹   9 8 7 6 5 4 3 2 1

눈은 이런 불완전한 점을 보완하기 위해서 1초에 여러 번 미세하게 위치를 바꾼다. 이 가벼운 흔들림을 미세도약 안구운동(microsaccades)* 이라고 부르는데, 이것은 어떤 장면을 전체적으로 쳐다볼 때 눈이 그보다 더 크고 빠르게 쉼 없이 흔들리는 일반적인 도약 안구운동(saccades)과는 다르다. 이런 안구운동은 인체에서 가장 빠른 움직임이다. 특수한 도구가 없으면 관찰할 수 없을 정도로 빠르다. 당신이 이 글을 읽을 때, 눈은 글자의 방향을 따라서 여러 번 도약 안구운동을 한다. 당신이 나와 대화를 나눈다면, 당신의 시선은 내 얼굴 위에서 획획 옮겨다닐

---

* 미세단속성 안구운동이라고도 부른다/역주

것이다. 주로 내 눈 근처에서. 눈알을 통제하는 여섯 근육은 이런 식으로 매일 약 10만 번을 움직인다. 심장박동수와 비슷하다.

눈이 단순한 비디오 카메라라면, 이런 흔들림 때문에라도 그것으로 찍은 비디오는 볼 만한 것이 못 될 것이다. 그러나 우리에게는 뇌가 있다. 뇌는 눈이 이동 중에 찍은 부분을 편집하고, 우리가 눈치채지 못하는 방식으로 인식의 빈틈을 메운다. 이런 편집을 사뭇 극적으로 보여주는 실험이 있다. 당신도 할 수 있지만, 친한 친구에게 도와달라고 해야 한다. 별로 친하지 않은 사람이라도 술이 몇 잔 들어간 상태라면 괜찮다. 방법은 이렇다. 친구와 서로의 코가 10센티미터쯤 떨어진 거리에서 마주 보자. 친구에게 당신의 두 눈 사이의 한 점을 가만히 응시하라고 한 다음, 당신의 왼쪽 귀로 시선을 옮겼다가 다시 중앙으로 돌아오라고 하자. 이것을 두어 번 반복하자. 당신은 그동안 상대의 눈을 바라보자. 상대의 눈동자를 따라서 옆으로 갔다가 가운데로 돌아오는 것이 전혀 어렵지 않을 것이다. 이제 질문이 있다. 우리가 자기 자신과 코를 맞대고서 이 과정을 실시한다면 어떨까? **자기 눈이 움직이는 것을 볼 수 있을까?** 눈이 이동 중일 때의 시각 정보를 뇌가 편집하는 것이 사실이라면, 우리는 자기 눈이 움직이는 것은 볼 수 없을 것이다. 어떻게 확인할까? 거울 앞에 서면 된다. 코를 거울에서 5센티미터 떨어뜨리고 서자(그러면 다른 사람과 10센티미터 거리에서 선 것에 해당한다). 먼저 두 눈을 똑바로 바라본 뒤, 왼쪽 귀로 시선을 옮겼다가 다시 돌아오자. 두어 차례 반복하자. 신기하게도, 처음과 끝의 두 장면은 보이겠지만 도중에 눈이 움직이는 모습은 보이지 않을 것이다.

눈이 제공하는 원 데이터에는 주변 시야와 관련된 빈틈도 있다. 우리는 주변 시야가 상당히 나쁘다. 팔을 쭉 뻗어서 자신의 엄지손톱을 응

PZLEFA ✱ AFEQCA

G C D E F A ✱ A F E Z P O

P G L E FA ✱ A F E D C R

시해보자. 시야에서 해상도가 좋은 부분은 손톱 안쪽, 혹은 손톱 테두리까지뿐일 것이다. 시력이 양쪽 모두 좋은 사람이라도, 그 바깥의 영역에서는 평소 두꺼운 안경을 쓰는 사람이 안경을 쓰지 않았을 때 경험하는 선명도에 지나지 않을 것이다.

자, 이제 이 책을 눈에서 몇십 센티미터 떨어뜨려놓은 뒤에, 위의 첫 번째 문자열에서 중앙에 있는 별표를 응시해보자(쉽지 않을 테니, 대충 하지 말자!). 그 줄에서 F는 별표와 엄지손톱 너비만큼 떨어져 있다. A와 F는 그럭저럭 잘 보이겠지만, 나머지 글자는 전혀 알아볼 수 없을 것이다. 이제 두 번째 줄로 내려가자. 여기에서는 글자들이 점차 커지기 때문에 약간 도움이 된다. 그러나 만약 당신이 나와 시력이 비슷하다면, 세 번째 줄처럼 글자가 확 커져야만 비로소 모든 글자를 또렷하게 알아볼 수 있을 것이다. 주변부 글자들을 이렇게 확대해야만 읽을 수 있다는 것은 곧 우리의 주변 시야가 그만큼 형편없다는 뜻이다.

맹점, 도약 안구운동, 침침한 주변 시야. 이렇게 문제가 많으니 응당 심각한 장애가 있어야 한다. 예를 들면, 우리가 상사를 바라볼 때 실제로 망막에 맺히는 영상은 얼굴 중앙에 검은 구멍이 난 사람이 흐릿하게 떨리는 모습이다. 감정적으로야 그 모습이 딱 어울린다 싶겠지만, 우리가 현실적으로 인식하는 것은 그런 영상이 아니다. 뇌가 두 눈의 정보를

 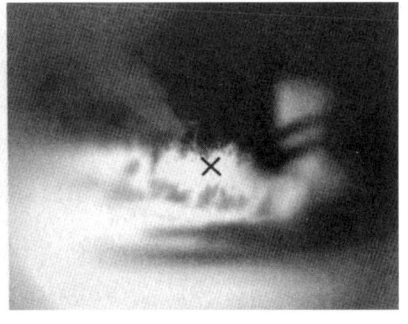

왼쪽은 카메라로 찍은 원래의 영상이다. 오른쪽은 (오른눈을 × 지점에 고정하고) 같은 영상을 망막으로 본 것이다. 로랑 이티 제공.

통합하고, 떨림 효과를 제거하고, 빈 부분의 시각적 성질은 그 근처와 비슷하다는 가정하에 틈을 메우며 데이터를 자동적으로 처리하기 때문이다. 위의 두 그림을 보면, 뇌가 우리를 위해서 수행하는 처리과정의 일부를 맛볼 수 있다. 왼쪽은 카메라로 찍은 장면이다. 오른쪽은 우리에게 추가적인 처리과정이 전혀 없을 경우 망막에 기록될 장면이다. 그러나 다행스럽게도 실제로는 무의식에서 처리가 이루어진다. 우리가 본 영상이 다듬어지고 개선되어, 카메라가 포착한 영상처럼 바뀐다.

청각도 비슷한 방식으로 작동한다. 우리는 무의식적으로 청각 데이터의 빈틈을 메운다. 이 사실을 증명한 실험에서, 연구자들은 "주지사들이 각각의 주도에서 소집된 주의회들과 면담했다(The state governors met with their respective legislatures convening in the capital city)"라는 문장을 녹음한 뒤에 "legislatures(주의회들)"이라는 단어의 첫 번째 "s" 부분에서 120밀리 초를 지우고 그 자리에 기침 소리를 씌웠다. 그러고는 20명의 피험자에게 기침 소리가 담긴 녹음을 들려주겠노라고 미리 말하고, 인쇄된 문장에서 기침이 들린 위치를 찾아서 동그라미를 치라고 했다. 그 부분의 말소리를 기침 소리가 가렸는지 아닌지도 보고하라고 했다. 피험자들은 모두 기침을 들었다고 보고했으나, 20명 중 19명이 문장에서 누락된 부분은 없었다고 말했다. 음소가 가려졌다고 대답한 유일한 피험자는 잘못된 음소를 짚었다.[25] 후속 실험에서, 숙련된 청취자들조차도 사라진 소리를 가려내지 못했다. 기침의 정확한 위치를 지목하지 못함은 물론이거니와 비슷하게 맞히지도 못했다. 기침은 문장 속의 어느 분명한 지점에서 발생한 것처럼 들리지 않았고, 이해도에 영향을 미치지 않은 채 발성과 공존한 것처럼 들렸다.

심지어 "legislatures"에서 "gis"라는 음절을 기침이 통째로 가린 경우에도, 피험자들은 소리가 사라진 것을 알아차리지 못했다.[26] 이것을 음소복원 효과(phonemic restoration effect)라고 부른다. 이것은 뇌가 망막의 맹점을 가리거나 주변 시야의 낮은 해상도를 향상시켜서 시각의 빈틈을 메우는 현상과 개념적으로 유사하다. 뇌가 타인의 개성을 파악할 때 그의 외모, 인종, 제리 삼촌을 연상시킨다는 사실 따위에서 얻은 단서로 정보의 빈틈을 메우는 것과도 비슷하다(이 이야기는 나중에 하겠다).

음소복원 효과에는 충격적인 특징이 있다. 복원은 제대로 들린 단어들의 맥락에 의존하여 이루어지므로, 우리가 문장 첫머리에서 들었다고 생각했던 내용이 마지막에 오는 단어에 따라서 달라질 수 있다. 또다른 유명한 실험을 보자. 여기에서 별표는 기침 소리를 가리킨다. 피험자들에게 "It was found that the *eel was on the axle(*가 축 위에 있었다)"라는 문장을 들려주자, 그들은 "wheel(바퀴)"이라는 단어를 들었다고 보고했다. 그러나 "It was found that the *eel was on the shoe(*가 신발 위에 있었다)"라는 문장을 들려주었을 때는 "heel(발꿈치)"이라고 들었다고 답했다. 비슷한 방식으로, 문장의 마지막 단어가 "orange(오렌지)"일 때는 "peel(까다)"이라고 들었다고 했고, "table(식탁)"일 때는 "meal(식사)"이라고 들었다고 했다.[27] 어느 경우나 피험자의 뇌에 제공된 데이터에는 "*eel"이라는 동일한 소리가 있었을 뿐이다. 뇌는 맥락에 관한 단서를 더 얻을 때까지 참을성 있게 그 정보를 보류해두었다가, "축", "신발", "오렌지", "식탁"을 들은 뒤에 적절한 자음으로 빈칸을 메웠다. 정보는 그제서야 피험자의 의식으로 이동했고, 피험자는 내용 변경을 자각하지 못한 채 기침이 부분적으로 가린 단어를 똑똑히 들었다고 믿었다.

물리학자들은 우주에 대한 관찰 데이터를 묘사하고 예측하기 위해서 모형이나 이론을 발명한다. 뉴턴의 중력 이론이 한 예이고, 아인슈타인의 중력 이론이 또다른 예이다. 두 이론은 같은 현상을 묘사하지만, 서로 다른 현실을 창조한다. 이를테면, 뉴턴은 질량들이 서로 힘을 행사하여 영향을 미친다고 상상했다. 그러나 아인슈타인 이론에서는 시공간의 굽음 때문에 그런 효과가 발생할 뿐, 힘으로서의 중력이라는 개념은 없다. 우리가 사과의 낙하를 묘사할 때는 어느 이론을 적용해도 모두 정확하지만, 뉴턴 이론이 좀더 사용하기 편하다. 반면에 운전자에게 방향을 알려주는 위성 위치확인 시스템용 계산을 할 때는 뉴턴 이론이 틀린 답을 내므로, 아인슈타인 이론을 써야만 한다. 사실 오늘날 우리는 두 이론이 모두 틀렸다는 것을 안다. 둘 다 자연에서 실제로 벌어지는 일을 근사적으로 묘사한 것에 지나지 않기 때문이다. 그러나 각자 적용되는 분야에서만큼은 자연을 정확하고 유용하게 묘사하므로, 그 점에서는 두 이론이 모두 옳다고도 할 수 있다.

앞에서 말했듯이, 인간의 마음은 어떤 면에서 과학자나 다름없다. 뇌는 우리가 감각을 통해서 감지하는 주변 세상에 대해서 모형을 창조하기 때문이다. 중력 이론들처럼, 감각적 세상에 대한 이 심적 모형은 근사적인데다가, 마음이 발명한 개념들에 의존한다. 또한 역시 중력 이론들처럼, 주변 환경에 대한 이 심적 모형은 완벽하지는 않을지라도 보통은 제법 잘 작동한다.

우리가 인식하는 세상은 인공적으로 구성된 환경이다. 그 세상의 특징과 성질은 실제 데이터의 산물인 동시에, 무의식적인 정신적 처리과정의 결과이다. 자연은 우리에게 어떤 인식을 깨닫기 전에 무의식에서 미리 불완전한 부분을 다듬어내는 뇌를 제공함으로써 정보의 빈틈을 극복하도록 도왔다. 우리가 높은 의자에 앉아서 체에 거른 콩을 이유식으로 먹을 때도, 나이가 들어 소파에 파묻혀서 맥주를 홀짝일 때도, 뇌는 그 모든 작업을 의식적으로 애쓰지 않은 채 해낸다. 무의식이 날조한 시각을 우리는 아무런 의심 없이 받아들인다. 그것이 하나의 해석에 지나지 않는다는 사실을 깨닫지 못한 채. 그 해석은 우리의 전반적인 생존 확률을 극대화하도록 구성되었지만, 언제나 가장 정확한 그림인 것은 아니다.

이 대목에서 한 가지 의문이 떠오른다. 시각이든, 기억이든, 타인을 판단하는 방식이든, 어떤 맥락에서든 거듭 돌아보게 되는 의문이다. 정말로 무의식의 핵심 기능이 불충분한 정보의 빈틈을 메워서 현실에 대한 유용한 그림을 그리는 것이라면, 그 그림은 과연 얼마나 정확할까? 우리가 낯선 사람을 만났다고 하자. 짧은 대화를 나눈 뒤, 우리는 상대의 외모, 복장, 인종, 억양, 몸짓에 기반하여 — 어쩌면 자신에게 유리한 약간의 희망도 섞일지 모른다 — 그를 평가한다. 그러나 우리는 그 그림의 진실성을 얼마나 확신할 수 있을까?

이번 장에서는 뇌의 데이터 처리체계가 두 층위로 구성된다는 것을 시각과 청각에 집중하여 살펴보았다. 뇌가 주어진 원 데이터로부터는 끌어낼 수 없는 정보를 어떻게 우리에게 제공하는지도 살펴보았다. 그러나 무의식적 수준에서 작동하는 뇌가 처리과정에서 기교를 부림으로써 부족한 데이터를 메우는 분야는 비단 감각적 인식만이 아니다. 그밖에도 여러 분야가 있으며, 기억도 그중 하나이다. 무의식은 기억 형성에도 적극 관여한다. 뇌가 사건에 대한 기억을 꾸며내고자 동원하는 무의식적 기교들— 그야말로 상상력의 기예들이다— 은 눈과 귀가 제공한 감각 데이터에 대한 변형 못지않게 과감하다. 풍부한 상상력으로 생각해낸 속임수들로 기초적인 기억을 보완하는 그 과정은 우리에게 실로 광범위한 영향을 미치며, 그 영향은 늘 긍정적이라고만 할 수는 없다.

3
기억과 망각

남자는 세계를 묘사하는 임무를 스스로에게 부과했다. 그는 오랜 세월에 걸쳐서 지방, 왕국, 산맥, 만(灣), 배, 섬, 물고기, 방, 도구, 별, 말, 사람들로 공간을 채웠다. 죽기 직전, 그는 그 끈기 있는 선들의 미로가 자신의 얼굴을 따라 그린 것임을 깨달았다.
— 호르헤 루이스 보르헤스

노스캐롤라이나 중부의 호 강 남쪽에 벌링턴이라는 오래된 공장도시가 있다. 청왜가리, 담배, 덥고 습한 여름밤을 품은 농촌 지역이다. 브룩우드 가든 아파트는 전형적인 벌링턴식 주거단지로, 회색 벽돌로 지어진 쾌적한 단층 건물이다. 아파트는 엘론 칼리지에서 동쪽으로 몇 킬로미터 떨어진 곳에 있는데, 지금은 엘론 대학교로 바뀐 그 사립학교는 공장들이 쇠락한 뒤에 도시에서 가장 중요한 존재가 되었다. 1984년 7월의 어느 무더운 밤, 엘론에 다니는 스물두 살의 제니퍼 톰프슨이 침대에서 자고 있을 때, 한 남자가 뒷문으로 슬며시 다가왔다.[1] 새벽 3시였다. 에어컨이 윙윙거리고 덜덜거리는 동안 남자는 그녀의 집 전화선을 자르고, 문 밖의 전구를 깨고, 집으로 숨어들었다. 그 소리는 톰프슨을 깨울 만큼 크지는 않았지만, 집 안에서 울리는 남자의 발소리에 결국 톰프슨은 눈을 떴고, 누군가 자기 옆 컴컴한 곳에서 웅크리고 있는 것을 보았다. 남자는 바로 뛰어올라서 그녀를 덮쳤고, 칼을 목에 대면서 반항하면 죽이겠다고 협박했다. 침입자가 자신을 강간하는 동안, 그녀는 그의 얼굴을 열심히 뜯어보았다. 여기에서 살아남는다면 그를 알아볼 수 있어야 한다고 생각하며 집중했다.

톰프슨은 불을 켜고 마실 것을 한잔 주겠다고 강간범을 구슬리는 데에 성공했다. 그러고는 그 틈을 타서 알몸으로 뒷문으로 탈출했다. 그녀는 미친 듯이 옆집 문을 두드렸다. 그러나 집주인은 자는지 소리를 듣지 못했고, 대신에 강간범이 쫓아왔다. 톰프슨은 잔디밭을 가로질러 불이 켜진 다른 벽돌집으로 달려갔다. 그러자 강간범은 포기하고 더 이상 쫓지 않았다. 남자는 이후 근처의 다른 건물에 침입하여 그곳에서도 다른 여자를 강간했다. 그동안 톰프슨은 메모리얼 병원으로 옮겨졌고, 경찰은 그녀의 머리카락과 질액을 채취했다. 이후 그녀는 경찰서로 보내졌고, 경찰서 몽타주 전문가에게 열심히 외워두었던 강간범의 얼굴을 자세히 설명했다.

다음 날, 제보가 밀려들기 시작했다. 그중에는 톰프슨의 집 근처 식당에서 일하는 스물두 살의 로널드 코튼을 지목한 제보가 있었다. 코튼은 전과가 있었다. 주거침입죄로 유죄를 선고받았었고, 10대 때 성폭행 전력도 있었다. 사건 발생 사흘 뒤, 마이크 골딘 형사는 톰프슨을 경찰본부로 불러서 탁자에 늘어놓은 사진 6장을 보여주었다. 경찰 기록에 따르면, 톰프슨은 사진들을 5분 동안 꼼꼼히 뜯어보았다. 나중에 그녀는 "수능시험을 보는 기분이었죠"라고 말했다. 그중 한 장은 코튼의 사진이었고, 그녀는 그를 지목했다. 며칠 뒤, 골딘 형사는 한 줄로 세운 다섯 남자 앞에 톰프슨을 데려왔다. 남자들은 차례차례 한 발짝 앞으로 나와서 대사를 읊고, 뒤로 돌아서 제자리로 들어갔다. 처음에 톰프슨은 네 번째 남자인지 다섯 번째 남자인지 확실치 않아했으나, 결국 다섯 번째로 정했다. 역시 코튼이었다. 톰프슨은 그 남자가 사진으로 지목했던 남자와 같은 사람이라는 말을 듣고서 이렇게 생각했다고 한다. '빙고, 내가 맞혔군.' 톰프슨은 법정에서도 손가락으로 코튼을 가리키고 한번 더 그를 강간범으로 지목했다. 배심원단은 40분 만에 평결을 내렸고, 판사는 코튼에게 종신형 더하기 50년형을 선고했다. 톰프슨은 그날이 평생 가장 행복한 날이었다고 말했다. 그녀는 샴페인으로 자축했다.

　피고의 완강한 부정은 차치하더라도, 무엇인가 잘못되었음을 알린 첫 징후 역시 피고에게서 나왔다. 코튼은 형무소 주방에서 일하던 중에 바비 풀이라는 남자를 만났다. 풀은 코튼과 닮았고, 따라서 경찰이 톰프슨의 설명에 따라 그린 몽타주와도 닮았다. 게다가 풀 역시 강간으로 수감되었다. 코튼은 풀에게 톰프슨 사건을 추궁해보았지만, 풀은 연관을 부인했다. 그러나 코튼에게는 다행스럽게도, 풀은 다른 동료 수감자에게 자신이 톰프슨과 또다른 여성을 강간했노라고 떠벌렸다. 코튼은 정말로 요행히 진짜 강간범과 마주쳤던 것이다. 풀의 형무소 내 자백 덕분에 코튼은 새로운 재판의 기회를 얻었다.

　두 번째 재판에서 제니퍼 톰프슨은 다시금 강간범을 알아보겠느냐는 질문을 받았다. 그녀는 풀과 코튼으로부터 4.5미터 떨어진 곳에서 두 사람을 보았다. 그리고 코튼을 가리키면서 그가 자신을 강간했다고 재확인했다. 풀과 코튼은 비슷하게 생겼지만, 그녀는 강간 이후의 경험 — 사진에서 코튼을 지목한 것, 라인업에서 코튼을 지목한 것, 법정에서 코튼을 지목한 것 — 때문에 그날 밤의 기억 속에 코튼의 얼굴을 영원히 아로새기게 된 것이다. 코튼은 두 번째 재판으로 자유의 몸이 되기는커녕 더 가혹한 처벌을 받았다. 두 번의 종신형이었다.

그로부터 7년이 더 흘렀다. 10년 된 톰프슨 사건의 증거물은 벌링턴 경찰서 선반에서 시들어가고 있었다. 그 속에는 침입자의 정액이 약간 있었다. 그동안 세상에서는 O. J. 심프슨의 이중살인 재판 때문에 DNA 검사라는 신기술이 널리 알려졌다. 코튼은 변호사를 채근하여 정액 검사를 요청하게 했고, 변호사는 검사 결과를 얻어냈다. 그 결과, 제니퍼 톰프슨을 강간한 범인은 로널드 코튼이 아니라 바비 풀임이 증명되었다.

우리가 톰프슨 사건에서 알 수 있는 사실은 피해자가 공격자를 잘못 기억했다는 것뿐이다. 그녀가 공격의 다른 세부사항을 얼마나 정확하게, 혹은 부정확하게 기억했는지는 영원히 알 수 없다. 범죄에 대한 객관적 기록이 없기 때문이다. 그렇더라도 제니퍼 톰프슨보다 더 믿을 만한 증인은 상상하기 어렵다. 그녀는 똑똑했다. 성폭행을 당하는 동안에도 비교적 침착했다. 공격자의 얼굴을 뜯어보았다. 얼굴을 외우려고 애썼다. 코튼에 대한 사전 지식이나 편견도 없었다. 그러나 그녀는 잘못된 사람을 지목했다. 이것은 분명 심란한 일이다. 톰프슨이 신원 확인에서 실수할 수 있다면, 미지의 공격자를 지목함에 있어서 확실히 믿을 만한 목격자란 세상에 존재하지 않을 것이기 때문이다. 정말로 그렇다고 말해주는 증거도 많다. 심지어 코튼 체포의 근거였던 라인업을 손수 조직하는 사람들로부터 나온 증거도 있다.

경찰은 매년 약 7만5,000건의 라인업을 실시한다. 그러나 통계에 따르면, 그중 20-25퍼센트는 목격자의 선택이 틀렸다는 것을 경찰이 뻔히 아는 경우이다. 경찰이 머릿수를 채우려고 포함시킨 "확실한 무고자" 혹은 "땜빵"을 목격자가 선택한 경우이기 때문이다.[2] 가끔은 형사들이 직접 그 역할을 할 때도 있고, 근처 구치소에서 데려온 수감자를 세울 때도 있다. 잘못된 지목이 누구에게도 해를 주지는 않지만, 그 의미를 한번 생각해보라. 경찰은 목격자가 절대로 범인이 아닌 사람을 지목하는 경우가 전체의 5분의 1에서 4분의 1이라는 사실을 잘 안다. 그런데도 목격자가 **용의자**로 여겨지는 사람을 가리키는 경우에는 경찰— 법정도 마찬가지이다— 이 **그러한** 지목을 믿을 만하다고 가정한다. 그러나 위의 통계에서 알 수 있듯이, 현실은 다르다. 또한 피험자들에게 가짜 범죄를 보여준 실험들에서, 목격자의 절반 이상은 라인업에 진범이 없을 때도 제니퍼 톰프슨과 같은 행동을 했다. 즉, 어쨌든 한 명을 골랐는데, 범인에 대한 기억과 가장 가까운 사람을 선택했다.[3] 사정이 이러하니, 잘못된 목격자 증언은 잘못된 선고의 제일가는 원인인 듯하다. 결백 프로젝트(Innocence Project)라는 단체의 조사에 따르면, 유죄 선고 후 DNA 검사로 무죄 방면된 수백 명의 피고들 중 75퍼센트는 목격자의 부정확한 지목으로 감옥에 갇힌 경우였다.[4]

그렇다면 응당 목격자 확인의 과정과 그 사용에 대해서 대대적인 정비가 이루어져야 하지 않는가 하는 생각이 들 것이다. 안타깝게도 사법 체계는 변화를 싫어하고, 근본적이고 불편한 변화라면 더 싫어한다. 그래서 잘못된 기억의 정도와 확률에 대한 발견은 지금도 사실상 무시되고 있다. 그나마 법은 말로나마 간간이 목격자 실수의 가능성을 언급하고 있지만, 대부분의 경찰서들은 라인업에 크게 의존한다. 여전히 생소한 사람의 목격자 증언만으로도 누군가에게 유죄를 선고할 수 있다. 판사들은 피고 측이 목격자 확인의 결함에 관한 연구 결과를 증언으로 제출하지 못하도록 방해하기도 한다. 『결백한 자에게 내려진 유죄 선고(Convicting the Innocent)』의 저자 브랜던 개럿에 따르면, "판사들은 가끔 그것이 배심원들이 이해하기에 너무 복잡하고 추상적이며 관련이 없다고 말하고, 또 가끔은 그것이 지나치게 단순화된 내용이라고 말한다."⁵ 심지어 법정은 배심원들이 법정에서 들었던 증언을 정확히 떠올리는 방편으로, 토의할 때 재판 필기록을 참고하는 것을 장려하지 않는다. 캘리포니아 주는 판사들로 하여금 배심원단에게 이렇게 일러주도록 권고한다. "필기록보다 여러분의 기억을 우선으로 삼으십시오."⁶ 변호사들이 보기에는 이 정책에 현실적인 이유가 있을지도 모른다. 가령 배심원단이 필기록을 놓고서 고심할 때는 시간이 너무 많이 걸릴 수 있다. 그러나 내가 볼 때 이것은 사건을 기록한 영상보다는 사건에 대한 누군가의 증언을 믿으라고 말하는 것만큼이나 터무니없는 소리이다. 우리는 삶의 다른 부분에서는 절대로 그런 생각을 받아들이지 않는다. 상상해보라. 미국 의학협회가 의사들에게 환자의 차트에 의존하지 말라고 권고한다면 어떻겠는가? "심장 잡음(heart murmur)? 나는 그런 걸 들은 기억이 없는데요. 그 처방은 뺍시다."

우리가 어떤 사건에 대한 실제 증거를 가지고 있는 경우는 드물기 때문에, 평소에 우리는 자신의 기억이 얼마나 정확한지를 전혀 모르고 살아간다. 그러나 가끔 예외적인 경우가 있다. 설령 기억 왜곡 연구자들이 직접 설계했더라도 그보다 더 훌륭한 자료를 얻지는 못했을 것 같은 경우가 실제로 있었다. 바로 1970년대의 워터게이트 스캔들(Watergate scandal)이다. 그것은 공화당 공작반이 민주당 선거운동 본부에 불법 침입한 사건을 리처드 닉슨 대통령 행정부가 은폐함으로써 야기된 스캔들이었다. 닉슨의 백악관 고문 중에서 존 딘이라는 사내가 은폐에 깊이 관여했고, 닉슨은 결국 이 일로 사임했다. 딘은 기억력이 탁월한 사내라고 했다. 그가 상원 공청회에 출두하여 증언하는 모습을 전 세계 수백만 시청자가 텔레비전 생중계로 지켜보았다. 그는 닉슨을 비롯한

기억과 망각 79

주역들이 나누었던 결정적인 유죄의 대화를 자세히 회상했고, 그 덕분에 "인간 녹음기"라는 별명을 얻었다. 딘의 증언이 과학적으로 중요한 이유는 따로 있었다. 대통령의 대화를 도청한 **진짜** 녹음기가 나중에 발견되었던 것이다. 그것은 닉슨이 혹시 나중에 쓸 데가 있을까 해서 몰래 자신의 모든 대화를 녹음한 것이었다. 그러니 연구자들은 인간 녹음기와 사실을 비교하여 확인해볼 수 있었다.

그 작업을 한 사람은 울리크 나이서라는 심리학자였다. 그는 딘의 증언을 실제 녹음내용과 일일이 대조했고, 발견한 내용을 목록화했다.[7] 알고 보니, 딘은 녹음기라기보다 역사 소설가였다. 그의 회상은 맞는 대목이 전혀 없었고, 대개는 비슷하지조차 않았다.

스캔들이 백악관까지 삼키기 전이었던 1972년 9월 15일, 대배심은 7명을 정식 기소하는 것으로 조사를 마감했다. 7명 중 5명은 워터게이트 빌딩에 숨어들었던 사람들이었지만, 그들 중 계획을 짜는 데에 가담한 사람은 둘뿐이었다. 그것도 하워드 헌트와 고든 리디라는 "잔챙이들"이었다. 법무부는 그보다 더 높은 사람들을 기소할 증거는 없다고 말했다. 이것은 닉슨의 승리로 보였다. 딘은 이때 대통령이 보였던 반응을 아래와 같이 증언했다.

그날 오후 늦게, 대통령 집무실로 오라는 통지를 받았습니다. 집무실에 갔더니 홀드먼[닉슨의 수석보좌관]과 대통령이 있었습니다. 대통령은 내게 앉으라고 말했습니다. 둘 다 기분이 썩 좋았고, 나를 따뜻하고 다정하게 맞아주었습니다. 대통령은 밥— 홀드먼 말입니다— 이 자신에게 워터게이트 사건에 대한 나의 처리경과를 죽 보고해왔다고 말했습니다. 나더러 어려운 일이었을 텐데 잘 처리했다고 하면서, 사건이 리디에서 멈추어서 기쁘다고 했습니다.

나는 다른 사람들이 훨씬 더 어려운 일을 많이 해주었기 때문에 내 공이 아니라고 대답했습니다. 대통령은 현 상황을 논의하기 시작했습니다. 나는 백악관이 연루되지 않도록 사건을 최대한 저지하는 것이 내가 할 수 있는 최선이었다고 말하고, 일이 마무리되려면 한참 더 있어야 하며 그러고도 언젠가 발각되는 날이 오지 않으리라는 보장은 없다고 말했습니다.

대통령과의 만남에 대한 딘의 꼼꼼한 회상을 실제 녹음과 대조한 결과, 딘의 말은 한마디도 사실이 아니었다. 닉슨은 딘이 회상한 발언을 하나도 하지 않았다. 딘에게 앉으라고 말하지 않았고, 홀드먼이 죽 보고해왔다고 말하지도 않았고, 딘에게 일을 잘 처리했다고 말하지도 않았으며, 리디나 기소에 대해서도 한마디도 하지 않았다. 딘 역시 스스로가 회상한 발언을 하나도 하지 않았다. 그는 사건이 발각되지 않으리라는 "보장은 없다"고 말하기는커녕 그 반대로 말했다. "한 조각도 무너지지 않을 것"이라고 닉슨에게 다짐했던 것이다. 물론 딘의 증언은 이기적 편향으로 보인다. 어쩌면 그는 자신의 역할에 대해서 일부러 거짓말을 했을지도 모른다. 그러나 그것이 거짓말이었다면, 한심한 거짓말이었던 셈이다. 그가 상원에서 했던 증언은 녹음된 실제 대화내용과는 딴판이었지만, 그것 못지않게 자신의 죄를 인정하는 내용이었기 때문이다. 게다가 그의 증언에서 가장 흥미로운 대목은 죄를 인정하거나 부인하는 내용이 아니라 그와는 무관한 사소한 세부사항들이었다. 그는 그런 세부사항들을 대단히 확신했지만, 실제로는 말짱 틀렸다.

어쩌면 당신은 중범죄의 희생자들이 (혹은 딘처럼 범죄를 은폐하려는 사람들이) 자주 겪는 기억 왜곡은 우리의 일상과는 별 관계가 없고, 우리가 타인과의 사적인 상호작용을 기억하는 데에는 그런 왜곡이 영향을 미치지 않는다고 생각할지도 모르겠다. 그러나 기억 왜곡은 모든 사람들의 일상에서 발생한다. 업무 협상을 예로 들어보자. 참가자들 사이에서 며칠 동안 이야기가 오간다. 나는 그동안 내가 한 말과 남들이 한 말을 모두 기억한다고 믿는다. 그러나 실제 기억을 구성해보면, 내가 한 말과 내가 전달한 메시지가 다르고, 남들이 내 메시지를 해석한 내용이 다르고, 그들이 그 해석을 회상한 내용이 다르다. 이렇게 꼬리를 물다 보면, 사람들마다 각자 사건에 대한 회상이 다르다. 우리가 중요한 대화를 나눌 때 변호사가 참석해서 메모를 하는 것은 그 때문이다. 그렇다고 기억의 오류가 없어지지는 않지만, 적어지기는 한다. 그러나 당신이 다른 사람들과의 상호작용을 일일이 메모하면서 살기로 결심한다면, 안타깝지만 상호작용 자체가 거의 없어질지도 모른다.

존 딘 사건과 제니퍼 톰프슨 사건은 그동안 수천 건의 법정소송에서 줄기차게 제기되었던 문제들을 떠올리게 한다. 인간의 기억은 대체 어떤 방식으로 작동하기 때문에 그런 왜곡이 생길까? 우리는 일상의 나날에 대한 자신의 기억을 얼마나 믿을 수 있을까?

기억에 대한 전통적인 견해이자 지금도 대부분의 사람들이 믿는 견해는 그것이 컴퓨터 하드 드라이브에 저장된 영화와 비슷하다는 것이다. 이 개념은 제2장에서 이야기했던 단순한 비디오 카메라로서의 시각 모형과 유사하며, 그 못지않게 잘못된 생각이다. 전통적인 견해에서는 뇌가 사건을 정확하고 완전하게 기록한다고 본다. 기억이 잘 떠오르지 않아서 애를 먹는다면, 그것은 올바른 파일을 찾지 못해서이거나 (혹은 내심 원치 않아서이거나) 하드 드라이브가 오염되었기 때문이다. 1991년에 심리학자 엘리자베스 로프터스가 실시한 조사에서도 많은 심리학자를 비롯한 대부분의 사람들이 여전히 전통적인 기억 개념을 믿었다. 접근 가능한 기억이든 억압된 기억이든, 또렷한 기억이든 희미한 기억이든, 모든 기억은 사건을 있는 그대로 기록한다는 생각이다.[8] 그러나 정말로 기억이 카메라와 같다면, 기억이 잊히거나 희미해져서 더 이상 또렷하거나 생생하지 않은 것은 설명할 수 있어도, 왜 사람들이 — 톰프슨이나 딘처럼 — 또렷하고 생생하면서도 깡그리 틀린 기억을 가지고 있는지는 설명할 수 없다.

전통적인 견해가 기억의 작동방식을 제대로 설명하지 못한다는 것을 누구보다 먼저 깨달았던 한 과학자는 위증 사건을 겪은 뒤에 그런 깨달음을 얻었다. 더구나 자기 자신의 위증이었다. 후고 뮌스터베르크라는 독일 심리학자가 그 장본인이었다.[9] 그는 처음부터 마음을 연구할 생각은 아니었지만, 라이프치히 대학교를 다니던 중에 빌헬름 분트 교수의 강의를 들었다. 분트가 유명한 심리학 연구소를 세운 때로부터 몇 년이 지난 1883년이었다. 분트의 강의는 뮌스터베르크의 마음을 움직였을 뿐만 아니라 인생을 바꾸었다. 2년 뒤에 뮌스터베르크는 분트 밑에서 심리생리학 박사학위를 받았고, 1891년에는 프라이부르크 대학교의 조교수가 되었다. 그리고 같은 해에 파리에서 열렸던 제1차 국제학회에 참석했다가 윌리엄 제임스를 만났다. 뮌스터베르크의 연구는 제임스에게 좋은 인상을 주었다. 당시 제임스는 신생 하버드 심리학 연구소의 소장이었으나, 철학 연구에 집중하고 싶어서 사임을 원했다. 그래서 제임스는 뮌스터베르크를 대서양 너머로 꾀어 자신의 후임으로 앉혔다. 뮌스터베르크는 영어를 읽기만 할 뿐, 말도 할 줄 몰랐는데 말이다.

뮌스터베르크가 기억에 관심을 품게 된 사건은 그로부터 15년 뒤인 1907년에 벌어졌다.[10] 그가 가족과 해변에서 휴가를 즐기는 동안, 시내의 그의 집에 도둑이 들었다. 경찰에게 소식을 전해들은 그는 얼른 돌아와서 집 상태를 꼼꼼하게 확인했고, 나중에 법정에서 선서를 하고서 그때의 관찰을 증언했다. 그는 자신이 살펴보았던 내용을 상세하게 이야기했다. 2층 바닥에 촛농이 흘러 있었던 것, 도둑이 대형 탁상시계를 가져가려고 포장지로 싸서 식탁 위에 놓아둔 것, 지하실 창문으로 침입자가 들어온 흔적 등등. 그는 대단히 확신에 차서 증언했다. 과학자이자 심리학자로서 면밀한 관찰에 훈련이 되어 있었고, 적어도 건조한 사실적 정보에 대해서는 기억력이 좋았기 때문이다. 뮌스터베르크는 이렇게 쓴 적이 있다. "지난 18년 동안 나는 약 3,000번의 대학강의를 했다. 3,000번의 조리 있는 강의를 하면서도 단 한번도 손으로 쓰거나 인쇄한 강의록 혹은 메모를 가지고서 연단에 선 적이 없었다.……나의 기억력은 비교적 너그럽게 나를 보필해온 셈이다." 그러나 그것은 대학 강의가 아니었다. 이 사건에서 그의 발언은 죄다 틀린 것으로 밝혀졌다. 그의 자신만만한 증언은 딘의 증언과 마찬가지로 오류투성이였다.

뮌스터베르크는 이 오류에 경각심을 느꼈다. 만약 그의 기억이 그를 오도(誤導)할 수 있다면, 다른 사람들도 같은 문제를 겪을 것이 틀림없었다. 그의 오류는 예외가 아니라 정상일지도 몰랐다. 그는 산더미 같은 목격자 보고서를 파고들었고, 기억의 작동을 더 일반적으로 탐구하기 위해서 초기의 선구적 연구들을 찾아보았다. 그가 조사한 사례들 가운데 이런 연구가 있었다. 베를린의 한 교실에서 범죄학 강의가 있은 뒤, 한 학생이 자리에서 일어나 저명한 연사에게 도전하는 발언을 했다. 연사는 작곡가 프란츠 리스트의 사촌인 프란츠 폰 리스트 교수였다. 그러자 다른 학생이 벌떡 일어나 폰 리스트를 옹호했다. 논쟁이 이어졌다. 첫 번째 학생이 총을 꺼냈다. 다른 학생이 그에게 덤벼들었다. 폰 리스트도 실랑이에 끼었다. 혼란의 와중에 총이 발사되었다. 방은 아수라장으로 변했다. 그러나 폰 리스트가 소리를 쳐서 질서를 되찾았고, 사실은 전부 계획된 연기였다고 밝혔다. 격분한 두 학생은 학생이 아니라 대본에 따라서 연기한 배우였다. 언쟁도 거대한 실험의 일부였다. 실험의 목적? 사람들의 관찰력과 기억력을 시험하는 것이었다. 심리학 수업 도중에 벌어진 가짜 총격만큼 활기를 북돋우는 사건이 또 있을까?

사건 직후, 폰 리스트는 청중을 몇 집단으로 나누었다. 한 집단에게는 방금 본 것을 즉시 글로 쓰라고 했고, 다른 집단에게는 일대일 면담을 했고, 나머지에게는 조금 지난 뒤에 보고서로 쓰라고 했다. 그는 보고서의 정확도를 정량화하기 위해서 가짜 사건을 14개의 구성요소로 나누었다. 사람들이 취했던 행동에 관한 항목도 있었고, 사람들이 했던 말에 관한 항목도 있었다. 누락, 변경, 첨가는 오류로 간주했다. 그 결과, 학생들의 오류율은 26–80퍼센트 사이였다. 배우들이 하지도 않은 행동을 했다고 보고하는 경우도 있었고, 중요한 행동을 빠뜨린 경우도 있었다. 학생들이 입씨름을 하면서 이런저런 말을 했다고 지어내는가 하면, 한마디도 하지 않은 사람들에게도 대사를 부여했다.

어쩌면 당연하게도, 이 사건은 널리 알려졌다. 금세 독일 심리학계 전체에서 가짜 분쟁이 유행했다. 폰 리스트의 실험처럼 권총을 쓴 사례도 많았다. 한 모방 실험에서는, 붐비는 과학 모임에 광대가 달려들어온 뒤 다른 남자가 총을 휘두르면서 쫓아왔다. 남자와 광대는 언쟁을 벌였고, 그러다가 싸웠고, 급기야 총이 발사된 뒤, 둘 다 달려나갔다. 전부 합쳐서 20초도 채 걸리지 않았다. 과학 모임에 광대가 등장하는 것은 드문 일이 아니지만, 복장까지 어엿하게 갖추어 입은 경우는 거의 없다. 그러니 청중들은 이것이 짜고 벌인 연극임을 금세 눈치챘을 것이고, 그 이유도 알았을 것이다. 그러나 이처럼 관찰자들이 곧 질문을 받을 것이라고 예상하는 경우에도 그들의 보고는 몹시 부정확했다. 관찰자들은, 가령 광대의 복장을 저마다 다르게 묘사했고, 총잡이가 썼던 근사한 모자를 자세히 묘사하기도 했다. 물론 당시에 모자가 흔하기는 했지만, 총잡이는 모자를 쓰지 않았다.

뮌스터베르크는 이런 연구에서 드러난 기억 오류의 특성들과 직접 조사한 다른 사건들에서 발견한 특성들을 근거로, 기억에 대한 이론을 구축했다. 그는 사람이 매순간 접하는 무수한 세부사항을 전부 기억할 수는 없다고 믿었다. 또한 기억 오류의 원인은 모두 같다고 보았다. 즉 기억 오류는 마음이 기억의 불가피한 빈틈을 메우려고 동원하는 기술 때문에 생긴다고 했다. 그런 기술이란 자신이 품고 있는 기대에 의존하는 것, 나아가 좀더 일반적으로 기존의 신념체계와 지식에 의존하는 것이다. 그러니 자신이 품고 있던 기대, 신념, 지식이 실제 사건과 어긋날 때는 뇌가 속아넘어간다.

뮌스터베르크의 사건을 예로 들어보자. 그는 경찰들끼리 도둑이 지하실 창문으로 들어왔을 것이라고 말하는 소리를 듣고 저도 모르게 그 정보를 범죄 현장의 기억에 통합시켰다. 그러나 나중에 경찰이 살펴보니 그런 증거는 없었다. 첫 추측이 잘못된 것이었고, 도둑은 정문 자물쇠를 따고 들어왔다. 한편 뮌스터베르크가 포장지에 싸여 있었다고 기억한 시계는 사실 식탁보로 싸여 있었다. 뮌스터베르크는 자신의 "상상력이 개입하여, 포장지로 물건을 싼다는 더 일반적인 방법으로 기억을 교체했다"고 적었다. 그가 2층 바닥에서 보았다고 생생하게 기억한 촛농은 사실 다락에 있었다. 그는 그것을 처음 보았을 때는 중요성을 몰랐고 나중에야 그 문제를 상기했는데, 그때 마침 서류가 흩어져서 난장판이 된 2층에 집중하던 상태였기 때문에 촛농을 2층에서 본 것으로 기억했던 것이다.

뮌스터베르크는 기억에 대한 의견을 책으로 썼다. 『증인석에서 : 심리학과 범죄에 관하여(On the Witness Stand : Essays on Psychology and Crime)』는 베스트셀러가 되었다.[11] 그가 제시한 몇 가지 핵심 개념은 오늘날 많은 연구자가 기억의 실제 작동방식이라고 믿는 내용이다. 그는 이렇게 주장했다. 첫째, 사람들은 사건의 일반적인 요지는 잘 기억하지만 세부는 기억하지 못한다. 둘째, 기억에 없는 세부를 억지로 회상해야 한다면, 설령 선한 의도로 정확하게 떠올리려고 진심으로 노력하는 사람이라도, 부지불식간에 이야기를 지어내어 빈틈을 메운다. 셋째, 사람들은 자신이 만들어낸 기억을 믿는다.

후고 뮌스터베르크는 1917년 12월 17일에 쉰세 살의 나이로 죽었다. 래드클리프 대학교의 강의 도중에 뇌출혈로 쓰러지고는 얼마 지나지 않아서였다.[12] 그는 기억에 관한 이론, 그리고 법, 교육, 사업에 심리학을 응용한 선구적 연구로 유명했고, 시어도어 루스벨트 대통령이나 철학자 버트런드 러셀과 같은 명사들과 친구로 지냈다. 그러나 그가 말년에 친구로 간주하지 않은 사람이 한 명 있었는데, 한때 그의 후원자이자 조언자였던 윌리엄 제임스였다.[13] 제임스가 심령술, 죽은 사람과의 소통, 기타 신비주의적 활동에 빠진 것이 한 원인이었다. 뮌스터베르크를 비롯한 다른 학자들은 그런 것을 엉터리로 여겼다. 또다른 이유는 제임스가 비록 정신분석으로 완전히 전향하지는 않았어도 프로이트의 작업을 흥미롭게 지켜보며 가치가 있다고 판단했기 때문이다. 반면에 뮌스터베르크는 무의식에 대해서 다음과 같이 퉁명스럽게 말했다. "잠재의식에 대해서는 세 마디로 다 말할 수 있다. 그런 것은 없다."[14] 1909

년 프로이트가 하버드에서 — 독일어로 — 강연하기 위해서 보스턴에 왔을 때, 뮌스터베르크는 불참함으로써 그에 대한 자신의 반대 의견을 분명히 드러냈다.

　프로이트와 뮌스터베르크는 마음과 기억에 관해서 각자 중요한 이론을 구축했지만, 안타깝게도 서로에게 영향을 미치지는 못했다. 프로이트는 무의식의 막강한 힘을 뮌스터베르크보다 훨씬 더 잘 이해했다. 그러나 그는 기억의 빈틈과 부정확성은 무의식의 역동적 창조활동이 아니라 억압 때문에 생긴다고 보았다. 뮌스터베르크는 기억의 왜곡 및 소실의 메커니즘과 이유를 프로이트보다 훨씬 더 잘 이해했다. 그러나 그것을 창조하는 무의식적 과정에 대해서는 전혀 몰랐다.

이처럼 경험의 많은 부분을 내다버리는 우리의 기억체계가 어떻게 엄혹한 진화과정에서 살아남았을까? 기억이 재구성 과정에서 왜곡되는 것은 사실이지만, 그런 의식 아래의 왜곡이 우리 선조들의 생존에 심각한 해를 끼쳤다면 기억체계는 물론이고 종 자체가 살아남지 못했을 것이다. 기억체계는 물론 완벽과는 거리가 멀다. 그러나 대부분의 상황에서는 그럭저럭 괜찮다. 그리고 그것이 바로 진화가 요구하는 수준이다. 사실 거시적으로 보면, 우리의 기억은 놀랍도록 효율적이고 정확한 편이다. 선조들이 어떤 생물을 피할지, 어떤 생물을 사냥할지, 최고의 송어가 있는 개울은 어디인지, 야영지로 돌아가는 안전한 길은 어느 쪽인지 기억할 만큼은 되었으니 말이다. 현대적인 용어로 말하자면, 기억의 작동을 이해하는 첫 단추는 뮌스터베르크가 깨달았던 바, 마음은 쉴새 없이 무수한 데이터를 받기 때문에 그것들을 죄다 다루기는 불가능하다는 사실이다. 제2장에서 말했듯이, 1초에 약 1,100만 비트의 데이터가 쏟아지니까 말이다. 그래서 우리는 완벽한 회상 대신에 엄청난 양의 정보를 수월하게 다루고 처리하는 능력을 얻었다.

우리가 공원에서 아기의 생일 파티를 열었다고 하자. 우리는 2시간 동안 많은 장면과 소리를 강렬하게 경험할 텐데, 만약 그것을 전부 기억에 쑤셔넣는다면 머릿속 창고는 금세 미소와 설탕 묻은 콧수염과 똥 묻은 기저귀로 가득할 것이다. 경험의 중요한 측면들과 부적절한 잡동사니들, 가령 엄마들의 블라우스 무늬, 아빠들이 돌아가면서 했던 인사말, 아기들의 울음과 비명 소리, 피크닉 탁자에서 차츰 수가 늘어가던 개미떼 등이 뒤섞여 저장될 것이다. 그러나 우리는 개미나 인사말 따위는 신경쓰지 않는다. 모든 것을 기억하기를 원하지도 않는다. 마음이 직면한 과제는, 달리 말해서 무의식이 직면한 과제는, 이런 데이터들을 체로 걸러서 정말 중요한 부분만 남기는 것이다. 체질을 하지 않는다면, 우리는 데이터 더미에 파묻힐 것이다. 나무만 보고 숲은 보지 못할 것이다.

여과되지 않은 기억의 단점을 보여준 유명한 사례가 있다. 실제로 그런 기억력을 가졌던 사람에 대한 연구였다. 그것은 러시아 심리학자 A. R. 루리아가 1920년대부터 30년 동안 실시한 연구였고,[15] 아무것도 잊지 못하는 그 연구대상은 이름난 기억술사였던 솔로몬 셰레솁스키였다. 셰레솁스키는 자신에게 벌어진 모든 일을 굉장히 세세하게 기억했다. 한번은 루리아가 두 사람의 첫 만남을 회상해보라고 했다. 그러자 셰레솁스키는 그 장소가 루리아의 아파트였다고 떠올리며, 어떤 가구들이 있었고 루리아가 무슨 옷을 입고 있었는지를 정확하게 묘사했다. 또한 루리아가 그때 — 15년 전 — 에 셰레솁스키에게 읽어주면서 암송해보라고 했던 단어 70개를 조금도 틀리지 않고 다시 외웠다.

셰레솁스키가 가진 완벽한 기억력의 단점은 세부가 이해를 방해한다는 점이었다. 이를테면 셰레솁스키는 얼굴 인식에 애를 먹었다. 우리는 보통 타인의 얼굴에서 일반적인 속성만을 기억에 저장하고, 아는 사람을 만나면 눈앞에 보이는 얼굴을 한정된 목록 속의 한 얼굴과 동일시함으로써 그 사람을 알아본다. 그러나 셰레솁스키의 기억은 살면서 만난 모든 얼굴들의 수많은 버전을 일일이 저장했다. 그에게는 하나의 얼굴도 표정이 바뀌거나 조명이 달라지면 다른 얼굴이 되었고, 그는 그것들을 모두 기억했다. 그러니 한 사람의 얼굴이 하나가 아니라 수십 개였다. 셰레솁스키가 아는 사람을 만나서 그 얼굴을 기억 속 얼굴들과 비교할 때는 방대한 이미지 저장고를 뒤져서 눈앞의 이미지와 정확히 같은 것을 발견하는 지난한 작업을 거쳐야 했다.

셰레솁스키는 언어에 대해서도 비슷한 문제를 겪었다. 그는 누군가 자신에게 한 말을 정확하게 따라 읊을 수는 있었지만, 말의 요지를 이해하는 데에는 애를 먹었다. 기억과 언어의 비교는 적절하다. 언어도 나무와 숲의 문제이기 때문이다. 언어학자들에 따르면, 언어 구조에는 표층 구조와 심층 구조라는 두 종류가 있다. 표층 구조는 어떤 생각이 표현되는 특정한 방식으로, 가령 사용된 단어들이나 그 순서를 말한다. 심층 구조는 생각의 요지를 가리킨다.[16] 보통 사람들은 요지를 남기되 세부를 마음대로 버림으로써 잡동사니에 뒤덮이는 문제를 피한다. 따라서 심층 구조 — 말의 뜻 — 는 오래 보유하지만, 표층 구조 — 말에 사용된 단어들 — 는 겨우 8–10초 정도만 정확하게 기억한다.[17] 셰레솁스키는 표층 구조의 모든 세부사항에 대해서 정확한 장기기억을 가지고 있었지만, 바로 그 세부사항들이 말의 요지를 뽑아내는 능력을 방해했다. 그는 가끔 부적절한 것들을 잊지 못하는 스스로의 현실에 사무치게 좌절할 때면, 종이에 그것들을 적어서 태웠다. 불꽃과 함께 기억도 타버리기를 바랐던 것이지만, 효과는 없었다.

자, 다음에 나열된 단어들을 읽어보자. 주의를 기울여 찬찬히 읽기 바란다. 사탕, 시큼한, 설탕, 쓴, 맛있는, 맛, 이빨, 좋은, 꿀, 소다, 초콜릿, 하트, 케이크, 먹다, 파이. 혹시 첫 몇 단어를 읽은 뒤에 참을성이 떨어져서, 또는 책에게 이러쿵저러쿵 지시를 받는 것이 한심하게 느껴져서 나머지를 건너뛰었는가? 그렇다면 다시 생각해보라. 중요한 실험이다. 부디 목록을 끝까지 읽어보기를. 30초쯤 들여다본 후에 단어들이 보이지 않도록 가리고, 아래의 문단으로 넘어가자.

당신이 셰레솁스키라면, 조금도 어렵지 않게 목록의 모든 단어들을 떠올릴 수 있을 것이다. 그러나 아마도 당신의 기억은 그와는 조금 다르게 작동할 것이다. 나는 지금 제안한 이 실험을 그동안 10여 개의 집단에 실시해보았는데, 결과는 늘 같았다. 그 결론은 실험을 마저 설명한 뒤에 이야기하겠다. 실험은 간단하다. 다음 세 단어 중에서 목록에 등장했던 것이 있는지 찾아보자. 맛, 점, 달콤한. 대답이 꼭 하나일 필요는 없다. 셋 다 목록에 있었는가? 아니면 하나도 없었는가? 잠시 생각해보라. 단어를 하나하나 따져보라. 그 단어를 목록에서 보았던 기억이 나는가? 확실한가? 목록에서 보았던 장면이 머릿속에 떠오르지 않는다면 선택하지 말자. 이제 마음을 정하자. 위의 문단을 가렸던 것을 치우고, 성적을 매겨보자.

압도적인 다수의 사람들이 "점"은 확실히 목록에 없었다고 말한다. 역시 대부분의 사람들이 "맛"은 있었다고 회상한다. 실험의 핵심은 마지막 단어인 "달콤한"에 있다. 만약 당신이 이 단어를 보았다고 회상했다면, 그것은 당신의 기억이 목록 **자체**가 아니라 목록의 **요지**에 의존했다는 뜻이다. "달콤한"은 목록에 **없지만**, 목록의 단어들이 대개 달콤함이라는 개념과 연관되어 있기 때문이다. 기억을 연구하는 대니얼 색터는 이 실험을 수많은 청중에게 실시했는데, 그 결과 대부분이 목록에 없는 "달콤한"을 보았다고 주장했다.[18] 나도 이 실험을 여러 대규모 집단들에게 실시해보았는데, 색터의 경우처럼 대부분이 "달콤한"을 보았다고 회상하지는 않았지만 일관되게 절반 정도는 그렇다고 대답했다. "맛"이 확실히 목록에 있었다고 대답한 사람의 수도 대강 비슷했다. 이 결과는 도시와 국가를 불문하고 일관되었다. 나와 색터의 결과가 약간 다른 까닭은 나의 질문방식 때문이었을지도 모른다. 나는 피험자들에게 **확실하지 않은** 단어는 지목하지 말라고 강조했고, 목록을 머릿속에 그려서 그 단어가 있는 모습을 생생하게 볼 수 있을 때에만 지목하라고 말했다.

기억의 과정은 컴퓨터가 이미지를 저장하는 과정과 비슷하다고 봐도 좋다. 기억 데이터는 일단 저장된 뒤에도 시간에 따라 변한다는 점에서 컴퓨터보다 좀더 복잡하지만, 이 점은 나중에 이야기하겠다. 컴퓨터는 저장공간을 아끼기 위해서 종종 영상을 "압축한다." 원래 영상에서 핵심적인 속성들만 보존한다는 뜻이다. 압축 기술을 쓰면, 파일 크기를 메가바이트에서 킬로바이트 수준으로 줄일 수 있다. 컴퓨터가 그 이미지를 다시 보여줄 때는 압축된 파일의 제한적 정보를 바탕으로 하여 원래 이미지를 예측한다. 따라서 고도로 압축된 데이터 파일을 작은 "섬네일"로 볼 때는 원본과 무척 비슷하게 보이지만, 크기를 키워서 세부를 자세히 살펴볼 때는 오류가 많이 눈에 들어온다. 소프트웨어가 잘못 추측한 부분에는 색깔이 단색으로 덩어리지거나 줄이 그어져 있고, 사라진 세부를 부정확하게 메운 부분도 있다.

제니퍼 톰프슨과 존 딘은 이런 방식으로 속았던 것이다. 그 과정은 요지를 기억하고, 세부를 메우고, 결과를 믿는다는 뮌스터베르크의 이론과 사실상 같았다. 톰프슨은 강간범의 얼굴에서 "요지"만을 기억했다. 그랬다가 이후 나열된 사진들 중에서 기억의 일반적인 변수들과 맞아떨어지는 남자를 보자, 그녀는 눈앞의 얼굴로 기억의 세부를 메웠다. 경찰이 자신에게 그 사진들을 보여줄 때는 당연히 그 속에 강간범의 사진이 있다는 뜻이겠지 하는 스스로의 기대에 부응했던 것이다(사실은 그 속에 없었는데도). 마찬가지로, 딘은 사적인 대화의 세부사항을 거의 기억하지 못했다. 그러나 기억해야 할 상황에 닥치자, 그의 마음은 닉슨이라면 이렇게 말했겠지 하는 스스로의 기대를 활용하여 빈틈을 메웠다. 톰프슨도 딘도 조작을 자각하지는 못했다. 그리고 두 사람은 현재의 기억을 연거푸 재현해야 했기 때문에 기억이 더욱 강화되었다. 이처럼 기억을 거듭 재창조해야 하는 상황에서는 매번 그것이 강화되어, 결국에 우리는 사건이 아니라 기억을 기억하게 된다.

우리 삶에서도 이런 일이 벌어진다는 것을 쉽게 알 수 있다. 예를 들면, 당신의 뇌는 4학년 때 아끼는 곰인형을 학교에 가져갔다가 남자아이에게 놀림을 받아서 창피했던 기분을 신경세포에 기록했을지도 모른다. 그러나 곰인형의 생김새, 소년의 얼굴, 당신이 땅콩버터 샌드위치(아니면 햄치즈 샌드위치였나?)를 소년에게 던졌을 때 그 얼굴에 떠올랐던 표정 등등은 저장하지 않았을 것이다. 그러다가 세월이 흐른 뒤에 그 순간을 재현할 기회가 있었다고 하자. 그때 문득 그런 세부사항들이 머리에 떠올라서 무의식을 메웠을지도 모른다. 그리고 어떤 이유에서든 그 사건을 반복하여 떠올린다면 — 예를 들어, 지금 생각해보니 그것이 제법 재미난 유년기의 일화라서 친구들에게 들려줄 때마다 반응이 좋다면 — 당신은 지워지지 않을 만큼 생생하고 또렷한 그림을 창조하게 될 것이다. 그래서 자신조차도 모든 세부사항들이 정확하다고 굳게 믿어버릴 것이다.

정말로 그렇다면, 왜 우리는 자기 기억의 실수를 전혀 눈치채지 못할까? 그것은 우리가 존 딘과 같은 상황에 처할 일이 좀처럼 없기 때문이다. 우리가 기억한다고 주장하는 사건에 대해서 정확한 기록이 남아 있는 상황이 별로 없으므로, 우리가 기억을 의심할 이유가 없는 것이다. 그러나 기억을 진지하게 조사하는 것을 직업으로 삼은 연구자들이 보여준 것처럼, 우리가 스스로의 기억을 의심해야 할 근거는 수없이 많다. 일례로 심리학자 댄 시먼스는 자신의 기억 오류가 몹시 궁금했던 나머지, 누가 과학자가 아니랄까 봐, 인생에서 하나의 일화 — 2001년 9월 11일의 경험 — 를 골라서 보통 사람은 시도하지 않을 일을 해보았다.[19] 그날 실제로 어떤 일이 있었는지를 그로부터 10년 뒤에 조사했던 것이다. 시먼스는 그날 일을 또렷하게 기억했다. 그의 기억에 따르면, 그는 하버드 대학교의 자기 연구실에서 대학원생 3명 — 셋 다 이름이 스티브였다 — 과 함께 있었고, 그들은 하루 종일 뉴스를 보면서 같이 있었다. 그러나 시먼스의 조사 결과, 실제로는 세 스티브 중 한 명만 그 자리에 있었다. 다른 한 명은 친구들과 함께 시외로 나가 있었고, 나머지 한 명은 학교 내의 다른 곳에서 발표를 하고 있었다. 뮌스터베르크라면 이렇게 말했으리라. 보통은 세 학생이 연구실에 같이 있을 때가 많았기 때문에, 시먼스는 과거의 경험에 의존하여 기대한 장면을 기억하게 되었다고. 그러나 그것은 실제 사건에 대한 정확한 그림이 아니었다.

후고 뮌스터베르크는 사례 연구와 현실에서의 상호작용에 관심을 쏟음으로써, 기억의 저장과 인출방식에 대한 지식의 범위를 넓혀주었다. 그러나 그의 연구는 한 가지 중요한 문제에 답하지 않았다. 기억은 시간에 따라서 어떻게 변할까? 알고 보니 뮌스터베르크가 책을 쓰던 때와 비슷한 시기에, 또다른 학자가 뮌스터베르크처럼 프로이트적 대세를 거스르며 기억의 진화를 연구하고 있었다. 영국의 시골 마을 스토온더월드에서 구두장이의 아들로 태어난 프레더릭 바틀릿은 고등학교에 해당하는 마을의 기관이 문을 닫자 어린 나이에 독학을 해야 했다.[20] 그것이 1900년이었다. 그는 잘 해냈다. 이윽고 케임브리지 대학교에 입학했고, 대학원까지 진학했으며, 결국에는 모교에서 신생 실험심리학 분야의 첫 교수가 되었다. 뮌스터베르크처럼 바틀릿도 처음부터 기억을 연구할 요량은 아니었다. 바틀릿은 인류학에 대한 흥미를 거쳐서 이 주제로 넘어왔다.

바틀릿은 사람에서 사람으로, 세대에서 세대로 문화가 전승되면서 점차 변화하는 방식에 흥미를 느꼈다. 그는 그 과정이 개인적 기억의 진화과정과 비슷하리라고 생각했다. 예를 들어보자. 당신은 고등학교 때 결정적인 농구 시합에서 자신이 4점을 올렸다고 기억하고 있었으나, 세월이 흐르자 기억 속에서 그 숫자는 14점이 되었다. 한편 당신의 누나는 당신이 팀의 마스코트로서 비버 옷을 입고 있었다고 우긴다. 바틀릿은 이처럼 한 사건에 대해서 서로 다른 기억을 가진 사람들이 사회적으로 상호작용을 하면서 시간이 흐르면 그 기억이 어떻게 변하는지를 연구했다. 그는 이 작업으로써 "집단 기억" 혹은 문화의 발달방식을 통찰할 수 있기를 바랐다.

바틀릿은 문화적 기억과 개인적 기억의 진화가 둘 다 귓속말 전하기 놀이를 닮았다고 상상했다(전화 놀이라고도 한다). 무슨 놀이인지 짐작이 갈 것이다. 한 줄로 늘어선 사람들 중 첫 번째 사람이 옆 사람에게 문장 한두 개를 귓속말로 전한다. 그가 또 옆 사람에게 전하고, 이런 식으로 계속된다. 결국 끝에 가서는 처음의 말과 전혀 닮지 않은 말로 변한다. 바틀릿은 이 놀이의 패러다임을 이용하여, 이야기가 기억에서 기억으로 전달되며 진화하는 방식을 연구했다. 그런데 그의 진정한 혁신은 이야기가 한 사람의 기억 속에서 진화하는 과정을 연구하는 데에 이 방법을 적용했다는 점이다. 한마디로, 그는 피험자들이 혼자서 귓속말 전하기 놀이를 하게 했다. 가장 유명한 연구에서, 바틀릿은 피험자들에게 "유령들의 전쟁"이라는 아메리카 원주민 설화를 읽어주었다. 줄거리는 이렇다. 두 소년이 강에서 물개를 사냥하려고 마을을 나섰다. 그때 카누를 탄 다섯 남자가 다가와서 함께 상류 마을을 공격하러 가자고 말하고, 두 소년 중 한 명만 그들을 따라간다. 공격 도중에 소년은 한 전사가 자신 — 소년 — 을 가리키며 화살에 맞았다고 말하는 소리를 듣는다. 그러나 소년은 아무런 느낌이 없었기 때문에, 그 전사들이 유령이라고 결론을 내린다. 소년은 마을로 돌아오고, 사람들에게 자신이 겪은 모험을 들려준다. 그리고 이튿날 해가 떠오르자, 소년은 풀썩 쓰러져 죽는다.

　바틀릿은 피험자들에게 이야기를 읽어주고, 15분 뒤에 각자 기억하는 내용을 이야기해보라고 시켰다. 그 다음에는 몇 주일 뒤, 혹은 몇 개월 뒤, 이렇게 불규칙한 간격을 두고서 간간이 다시 이야기를 시켰다. 피험자들의 회상은 시간이 갈수록 달라졌고, 그는 그 방식을 조사하면서 기억 진화의 중요한 경향성을 깨달았다. 기억이 소실되기만 하는 것이 아니라 추가되기도 한다는 점이었다. 피험자들은 처음에 읽었던 이야기가 점차 희미해짐에 따라서 새로운 기억 데이터를 만들어냈는데,

그 조작과정은 구체적인 원칙에 따라서 진행되었다. 그들은 이야기의 전반적인 형태를 유지한 채, 세부를 약간 제거하거나 변경했다. 이야기는 갈수록 짧아지고 단순해졌다. 시간이 흐르자 초자연적 요소들은 모조리 사라졌고, 대신에 다른 요소들이 덧붙거나 새롭게 해석되었다. 만약 "이해하기 힘든 대목이 있다면" 내용을 좀더 첨가함으로써 그것을 "누락시키거나 어떻게든 설명하는" 식이었다.[21] 스스로는 깨닫지 못했지만, 피험자들은 기이한 이야기를 더 쉽고 친근한 이야기로 바꾸려는 것 같았다. 줄거리에 나름의 질서를 부여함으로써 일관성을 높였다. 부정확성은 예외가 아니라 법칙이나 다름없었다. 바틀릿은 피험자들의 이야기에서 "놀랍고, 변덕스럽고, 이치에 닿지 않는 형태가 모두 제거되었다"고 썼다.

이처럼 기억을 회화적으로 "매끄럽게 다듬는" 과정은 1920년대 게슈탈트 심리학자들이 기하학적 도형에 대한 사람들의 기억을 연구하면서 발견했던, 문자 그대로의 다듬기 과정과 놀랍도록 유사하다. 사람들에게 불규칙하고 들쑥날쑥한 도형을 보여주고 나중에 질문을 하면, 그들은 그것을 실제보다 훨씬 더 규칙적이고 대칭적인 모습으로 회상한다.[22] 바틀릿은 19년의 연구 끝에 1932년에 결과를 발표했다. 그는 기억을 편안한 형태로 끼워 맞추는 과정이 "적극적 과정"이며, 세상에 대한 피험자의 기존 지식과 신념에 의존하는 과정이라고 말했다. 즉, 피험자가 "사전에 형성된 경향성과 편향을 기억 작업에 끌고 들어온다"고 했다.[23]

바틀릿은 영광스러운 경력을 쌓으며 영국의 차세대 실험심리학자들을 길러냈지만, 그의 기억 연구는 오랫동안 잊혔다. 그러다가 이후 재발견되었고, 현대적 맥락에서 재현되었다. 일례로, 존 딘을 연구했던 심리학자 울리크 나이서는 우주왕복선 챌린저 호가 폭발한 날 아침에 에모리 대학교 학생들에게 어떻게 그 뉴스를 접했느냐고 물었다. 학생들은 자신의 경험을 분명하게 적어냈다. 3년 뒤, 나이서는 아직 학교에 있는 학생 44명을 찾아서 그날 일을 회상해보라고 했다.[24] 학생들 중에서 완벽히 정확하게 회상한 사람은 한 명도 없었고, 완전히 틀리게 회상한 사람이 약 4분의 1이었다. 실제 경험에서 무작위적인 면은 깎여나갔고, 이야기는 흔히 예상할 수 있는 극적인 사연이나 클리셰처럼 바뀌었다. 바틀릿이 예측했던 대로였다. 이를테면 한 피험자는 실제로는 카페에서 친구들과 수다를 떨다가 뉴스를 들었지만, 나중에는 "여학생 몇 명이 홀을 뛰어다니면서 '우주왕복선이 방금 터졌어'라고 소리를 질렀다"고 회상했다. 다른 학생은 실제로는 종교 수업에서 여러 학생들과 함께 뉴스를 들었지만, 나중에는 "신입생 기숙사에서 룸메이트와 함께 텔레비전을 보는데 속보가 떴고, 둘 다 큰 충격을 받았다"고 회상했다. 이런 왜곡보다 더 충격적인 것은 원래의 기록을 보여주었을 때 학생들의 반응이었다. 많은 학생들이 나중의 기억이 더 정확하다고 고집했던 것이다. 그들은 자신이 직접 손으로 썼던 것인데도 과거의 기록을 인정하지 않았다. 한 학생은 "내 글씨가 맞기는 하지만, 어쨌든 내 기억은 다르다고요!"라고 말했다. 이런 사례들과 연구들이 그저 희한한 통계적 우연이 아니라면, 우리는 마땅히 자신의 기억을 따져보아야 할 것이다. 그것이 다른 사람의 기억과 충돌할 때는 더욱더. 정말로 우리는 "자주 틀리지만 전혀 의심하지 않고" 살아가는 것일까? 아무리 또렷하고 생생하게 느껴지는 기억일지라도 지나치게 믿지 않는 편이 좋을 것이다.

당신은 얼마나 뛰어난 목격자일까? 심리학자 레이먼드 니커슨과 메릴린 애덤스는 깔끔한 도전과제를 제안했다. 1센트 동전을 떠올려보자.

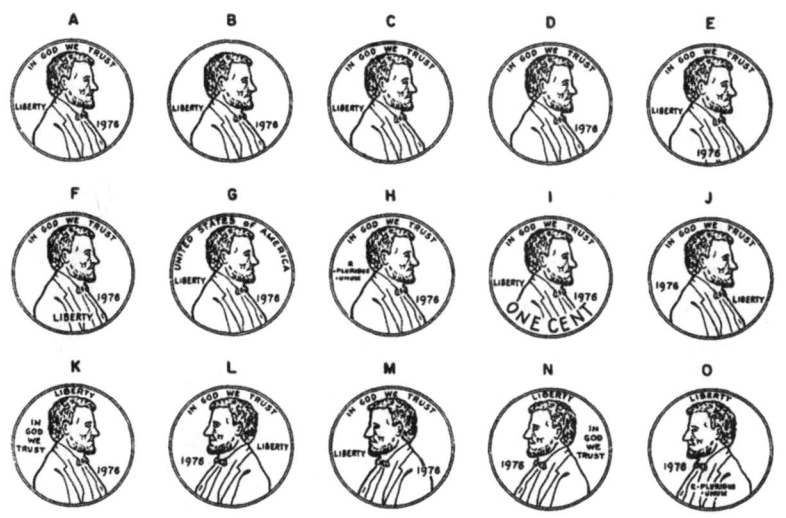

R. S. 니커슨과 M. J. 애덤스의 "평범한 물체에 대한 장기기억"(『인지심리학(Cognitive Psychology)』 11, 287-307, 1979년)에 실린 그림을 엘즈비어 사의 허가로 재인용.

실제로 보지는 말고, 떠올리기만 하자. 당신이 수없이 자주 본 것이다. 당신은 그것을 얼마나 잘 알까? 그림으로 그릴 수 있겠는가? 한번 시도해보라. 아니면 머릿속에서 상상이라도 해보자. 동전 양면의 주된 특징들은 무엇인가? 그리기를 마쳤으면, 위의 그림을 보면서 좀더 쉬운 과제를 풀어보자. 니커슨과 애덤스가 친절하게 제공한 아름다운 스케치들 중에서 정확한 1센트 동전을 골라보자.[25]

A를 골랐다면, 당신은 니커슨과 애덤스의 실험에서 정확한 동전을 선택했던 소수의 피험자들에 속하는 셈이다. 그리고 당신이 직접 그렸거나 상상한 그림에 동전의 8가지 속성들— 한 면에 에이브러햄 링컨의 옆모습이 있는 것, "IN GOD WE TRUST"와 "E PLURIBUS UNUM"이라는 문구들이 적혀 있는 것 등등 — 이 모두 존재한다면, 당신은 세부적 기억력 분야에서 상위 5퍼센트에 드는 셈이다. 당신이 이 과제에서

성적이 나쁘더라도 기억력이 나쁘다는 뜻은 아니다. **일반적인 속성에 대한 기억력은 뛰어날 수도 있기 때문이다.** 실제로 대부분의 사람들은 한 번 보았던 사진을 오랜 시간이 흐른 뒤에도 놀라울 만큼 잘 기억한다. 그러나 일반적인 내용을 기억하는 것이지, 정확한 형태를 기억하는 것은 아니다.[26] 보통 사람에게는 1센트 동전의 세부를 기억에 저장하지 않는 것이 오히려 이득이다. 막대한 상금이 걸린 퀴즈쇼에서 질문을 받은 사람이 아닌 이상, 1센트 동전에 무엇이 그려져 있는지 일일이 기억할 필요는 없다. 어쩌면 더 중요한 것을 기억하는 데에 방해만 될지도 모른다.

우리가 눈으로 본 영상의 세부를 모두 보유하지 않는 한 가지 이유는, 그런 세부를 기억하려면 우선 의식적 주의가 그곳으로 쏠려야 하기 때문이다. 그러나 의식은 눈이 전달하는 수많은 세부사항 가운데 대부분을 접수하지 않는다. 따라서 우리가 보는 것과 우리가 접수하는 것, 달리 말해서 우리가 기억하는 것 사이의 불일치는 엄청날 수 있다.

그 불일치를 조사했던 한 실험에서는, 우리가 여러 물체들이 주어진 영상을 볼 때 한 물체에서 다른 물체로 자꾸만 눈을 움직인다는 사실이 그 결정적인 요인이었다. 꽃병이 놓인 탁자에 두 사람이 앉아 있는 그림이라고 하자. 우리는 한 사람의 얼굴을 보고, 다음에 꽃병을 보고, 다음에 다른 사람의 얼굴을 보고, 다시 꽃병을 보고, 탁자를 보고, 이런 식으로 계속 잽싸게 시선을 옮긴다. 그런데 제2장에서 거울 앞에 서서 했던 실험을 기억하는가? 눈이 움직이는 동안에는 인식에 공백이 생긴다는 것을 보여주었던 실험 말이다. 그 현상을 조사했던 연구자들은 기발한 생각을 하나 해냈다. 피험자의 눈동자가 움직이는 짧은 순간에 눈앞의 그림이 미묘하게 바뀐다면, 그가 아마도 눈치채지 못하리라는

댄 시먼스 제공

생각이었다. 연구자들은 이렇게 실험해보았다. 피험자가 컴퓨터 화면으로 그림을 본다. 그의 시선은 한 물체에서 다른 물체로 옮겨가면서 장면의 여러 측면들에 초점을 맞출 것이다. 잠시 뒤, 피험자의 잦은 시선이동 중에 한순간을 틈타서, 연구자가 원래의 그림을 약간 다른 그림으로 바꾼다. 피험자의 시선이 새로운 표적 물체에 정착했을 때는 그림의 몇몇 세부사항들이 달라져 있다. 가령 그림 속 두 남자가 썼던 모자가 서로 바뀌어 있다. 그래도 대다수의 피험자들은 그 사실을 눈치채지 못했다. 심지어 두 남자의 머리가 바뀌어도 피험자들 중 절반만이 그 사실을 알아차렸다![27]

그렇다면 어떤 세부사항이 얼마나 중요한 것이라야 우리에게 접수될까? 흥미로운 문제이다. 사람들이 주의를 집중하고 있었던 물체가 다음 장면에서 바뀐 경우에도 기억의 빈틈이 발생하는지 알아보기 위해서, 댄 시먼스와 동료 심리학자 대니얼 레빈은 어떤 인물이 간단한 사건을 겪되, 장면 전환 시에 배우가 바뀌는 영상들을 제작했다.[28] 그리고 코넬대학교 학생 60명을 모집하여, 수고비로 사탕을 주기로 하고 비디오를 시청하게 했다. 위의 두 사진은 전형적인 비디오의 장면을 따온 것이다. 주인공이 책상에 앉아 있다가 전화 벨 소리를 듣고, 자리에서 일어나

기억과 망각 101

문 쪽으로 걸어간다. 이 대목에서 장면이 바뀌어 비디오에서는 통로가 등장하는데, 이제 아까와는 다른 배우가 전화기로 걸어가서 수화기를 든다. 브래드 피트가 메릴 스트립으로 바뀐 것만큼 극적인 변화는 아니지만, 두 배우가 구분하기 어려울 정도로 닮은 것도 아니었다. 학생들은 사람이 바뀐 것을 눈치챘을까?

비디오를 본 뒤, 학생들은 그 내용을 간단히 적어내라는 숙제를 받았다. 학생들이 배우의 변화를 언급하지 않은 경우에는 연구자들이 직접 물어보았다. "책상에 앉아 있던 사람과 전화를 받은 사람이 다른 것을 눈치챘습니까?" 3분의 2가량의 학생들이 눈치채지 못했다고 말했다. 학생들은 각 장면에서 배우의 존재와 행동을 충분히 인식하고 있었지만, 그녀에 대한 세부사항은 기억에 저장하지 않았던 것이다.

연구자들은 충격적인 발견에 고무되어, 한 단계 더 나아가보았다. 변화 맹시(change blindness)라는 이 현상이 현실의 상호작용에서도 벌어지는지 조사해보기로 했다. 이번에는 코넬 대학교 교내에서의 야외 실험이었다.[29] 교내 지도를 든 한 연구자가 수상쩍은 기색을 전혀 느끼지 못하는 행인에게 다가가서 근처 건물로 가는 길을 물었다. 연구자와 행인이 10-15초쯤 대화한 뒤, 커다란 문짝을 양쪽에서 붙잡은 두 남자가 무례하게 그들 사이를 가르고 지나갔다. 행인은 문에 시선이 가려져 1초쯤 연구자를 보지 못했다. 그동안 원래의 연구자는 문 뒤에 숨어서 걸어갔고, 똑같은 지도를 든 다른 연구자가 슬쩍 다가서서 계속 길을 묻는 대화를 나누었다. 바뀐 연구자는 처음 사람보다 키가 5센티미터 더 작았고, 다른 옷을 입었으며, 목소리도 확연히 달랐다. 행인의 대화상대가 갑자기 다른 사람으로 변신한 것이었다. 그래도 대부분의 행인들은 눈치채지 못했고, 사람이 바뀐 것을 알려주면 상당히 놀랐다.

댄 시먼스 제공

이처럼 우리는 실제로 벌어진 장면의 세부를 알아차리거나 기억하는 일에 서툰데, 아예 벌어지지 않은 일을 회상하는 문제는 그보다 더 심각하다. 내가 청중에게 단어 목록을 보여주었을 때 그들이 마음의 눈으로 "달콤한"이라는 단어를 생생하게 그려냈던 것을 기억하는가? 그들은 진짜처럼 **느껴지지만** 사실은 그렇지 않은 "거짓 기억(오[誤]기억)"을 품은 것이었다. 거짓 기억은 실재에 기반한 기억과 전혀 다르지 않게 느껴진다. 그동안 연구자들은 단어 목록 실험을 여러 형태로 수행해왔는데, 실험에서 유령 단어를 "기억한다"고 주장했던 피험자들은 막연하게 어둠 속을 더듬는 것처럼 그것을 느낀 것이 아니었다. 그들은 그 단어가 생생하게 떠오른다고 자신 있게 회상했다. 생각할 거리를 많이 남기는 또다른 실험을 살펴보자. 연구자들은 두 가지 단어 목록을 남자

기억과 망각   103

와 여자의 목소리로 피험자들에게 들려준 뒤,[30] 낭독된 단어와 낭독되지 않은 단어가 섞인 또다른 목록을 나누어주었다. 피험자들은 목록 속의 각 단어가 낭독되었는지 아닌지를 알아맞혀야 했다. 또한 들었다고 기억하는 단어에 대해서는 낭독자가 남자였는지 여자였는지도 말해야 했다. 피험자들은 실제로 들었던 단어를 회상할 때, 그 단어를 읽었던 목소리가 남자였는지 여자였는지 꽤 정확하게 기억했다. 그런데 놀랍게도, 그들은 들었다고 **잘못** 기억한 단어에 대해서도 그것을 읽은 목소리가 남자였는지 여자였는지 자신만만하게 보고했다. 즉, 실제로는 낭독되지 않았던 단어를 기억할 때도 그 소리에 대한 피험자들의 기억은 생생하고 구체적이었다. 실험이 끝난 뒤 피험자들에게 그들이 들었다고 생각한 단어가 사실 낭독되지 않았다고 알려주면, 못 믿겠다는 반응이 많았다. 연구자들이 실험과정을 녹화한 비디오테이프를 재생하여 확인시켜주어도, 일부 피험자들은 로널드 코튼의 두 번째 재판 때 제니퍼 톰프슨이 그랬던 것처럼, 자신이 틀렸다는 증거를 받아들이지 않고 연구자들이 테이프를 바꿔치기했다고 맞받아쳤다.

일어나지 않았던 사건을 기억한다는 생각은 필립 K. 딕의 유명한 단편 "도매가로 기억을 팝니다"에서 핵심적인 플롯으로 쓰였다. 한 남자가 신나는 화성 여행의 추억을 뇌에 이식하려고 어느 회사를 찾아가는 것으로 시작되는 이야기이다. 그러나 알고 보면, 단순한 거짓 기억의 이식은 정말로 그다지 어렵지 않다. 딕이 상상했던 최첨단 기술도 필요 없을 정도이다. 아주 오래 전의 사건으로 여기는 기억이라면 특히 심기가 쉽다. 물론 누군가에게 화성 여행의 기억을 심어줄 수는 없을 테지만, 만약 아이의 꿈이 열기구 탑승이라면, 비용을 들이거나 번거롭게 실제 경험을 시켜주지 않고도 그 기억을 제공할 수가 있다.[31]

과학자들은 열기구를 탄 적이 없는 피험자 20명을 모집하고, 각자 가족을 한 명씩 데려오게 했다. 가족들은 몰래 연구자들에게 피험자의 사진 3장씩을 제출했는데, 피험자가 4-8세 사이에 겪었던 그럭저럭 의미 있는 사건에 대한 사진들이었다. 가족들은 그밖의 다른 사진들도 몇 장씩 제공했고, 연구자들은 그것을 이용해서 피험자가 열기구에 탄 사진을 위조해냈다. 그러고는 진짜 사진과 가짜 사진을 피험자들에게 보여주었다. 물론 피험자들은 이 계략을 전혀 몰랐다. 연구자들은 그들에게 사진 속 장면에 대해서 기억나는 것을 몽땅 회상해보라고 했다. 생각할 시간이 필요하다면 몇 분쯤 여유를 주었다. 피험자가 아무것도 떠오르지 않는다고 말하면, 눈을 감고서 그 사진 속에 들어간 당신의 모습을 그려보라고 했다. 이 과정을 3일에서 7일의 간격을 두고 두 차례 더 실시했다. 그러자 결국 피험자 중의 절반이 열기구에 탔던 기억을 회상해냈다. 몇몇은 당시 느꼈던 세부적인 감각까지 떠올렸다. 한 피험자는 사진이 가짜였다는 말을 들은 후에도 이렇게 말했다. "그래도 정말로 내가 그곳에 있었던 것처럼 느껴져요. 장면들이 눈앞에 떠오른다고 할까······."

거짓 기억과 거짓 정보를 심는 것은 워낙 쉬운 일이라, 생후 3개월 된 영아, 고릴라, 심지어 비둘기와 쥐에게도 성공적으로 시도되었다.[32] 특히 인간은 거짓 기억에 취약하다. 실제로 벌어지지 않았던 사건에 대해서 누군가에게 짐짓 자연스럽게 말하는 것만으로도 거짓 기억을 유도할 수 있다. 시간이 흐르면 그는 그 사건은 "기억하되" 기억의 원천은 잊는다. 그래서 상상의 사건을 실제 과거로 혼동한다. 심리학자들이 피험자들에게 이런 조작을 가했을 때 성공률은 보통 15-50퍼센트였다. 최근의 한 실험에서 연구자들은 디즈니랜드에 가본 적이 있는 피험자들에게 놀이공원에 대한 가짜 광고물을 주면서 거듭 읽고 생각해보라고 했다.[33] 가짜 광고문구에는 이렇게 적혀 있었다. "당신이 눈앞에서 처음으로 벅스 버니를 보았을 때의 기분을 상상해보세요.……엄마가 당신을 벅스 버니 쪽으로 밀면서 악수를 하라고 말합니다. 그리고 그 순간을 사진으로 담으려고 기다립니다. 엄마가 재촉하지 않아도 당신은 그렇게 했겠지만, 어쨌든 벅스 버니에게 다가갈수록 그는 점점 더 커집니다.……텔레비전으로 볼 때는 이렇게 크지 않았는데 하는 생각이 듭니다.……당신은 정말로 강렬한 인상을 받습니다. 텔레비전으로 보면서 좋아했던 캐릭터 벅스 버니가 불과 몇십 센티미터 떨어진 곳에 있다니.……심장이 멈춘 것 같지만, 손에서는 계속 땀이 납니다. 당신은 손바닥의 땀을 문질러 닦은 뒤에 그를 향해서 손을 내밀고……." 나중에 피험자들에게 디즈니랜드에 대한 개인적 기억을 설문으로 묻자, 4분의 1 이상이 벅스 버니를 만났었다고 보고했다. 62퍼센트는 벅스 버니와 악수를 했다고 기억했고, 46퍼센트는 포옹을 했다고 회상했으며, 한 명은 그가 당근을 쥐고 있었다고 떠올렸다. 그러나 그런 만남이 실제로 벌어졌을 가능성은 없다. 벅스 버니는 워너브라더스 사의 캐릭터이기 때문이다. 디즈니가 벅스 버니를 초청하여 디즈니랜드에서 활개치게 한다는 것은 사우디아라비아의 왕이 유대인들의 유월절 축제를 주최하는 것이나 마찬가지이다.

다른 연구에서 피험자들은 옛날에 쇼핑몰에서 길을 잃었던 기억, 인명구조원에게 구출되었던 기억, 난폭한 동물에게 공격당했던 기억, 플루토가 귀를 핥아대서 불편했던 기억을 믿도록 유도되었다.[34] 또한 쥐덫에 손가락이 끼었던 기억,[35] 결혼식 피로연에서 펀치 그릇을 엎었던 기억,[36] 고열로 하룻밤 입원했던 기억을 믿도록 유도되었다.[37] 그러나 비록 전적으로 위조된 것일지라도, 이런 기억은 보통 진짜 경험에 바탕을 두고 형성된다. 아이에게 열기구를 탔던 기억을 가짜로 유도하더라도, 아이가 가짜 사진을 보면서 세부적 빈틈을 채울 때 동원하는 설명은 아이의 무의식, 즉 아이에게 저장된 감각적이고 심리적인 경험들, 그 경험에서 비롯한 기대와 믿음이 배어나온 것이다.

잠시 당신의 인생을 돌아보라. 어떤 기억이 떠오르는가? 나는 기억이 충분하지 않다는 느낌이다. 아버지에 대해서라면, 20년도 더 전에 돌아가셨기 때문에 그분에 대한 기억은 빈약한 파편뿐이다. 아버지가 뇌졸중을 겪으신 뒤에 함께 산책했던 일, 그때 아버지가 처음으로 지팡이를 짚으셨던 일, 혹은 자주 찾아뵙지 않았던 내가 가끔 들를 때면 아버지가 눈을 반짝거리시며 따뜻한 미소를 지으셨던 일. 그보다 더 옛날에 대해서는 떠오르는 것이 더 적다. 젊었던 아버지가 새로 산 시보레 앞에서 환하게 웃으셨던 일, 내가 당신의 담배를 던져버렸을 때 벌컥 화를 내셨던 일이 기억난다. 더 옛날로 돌아가서 유년기를 떠올리려고 하면, 기억나는 것은 그보다 더 적다. 초점이 흐린 사진들이 떠오를 뿐이다. 아버지가 가끔 나를 안아주셨던 것, 어머니가 나를 안고 머리를 쓰다듬으며 노래를 불러주셨던 것.

내가 나의 아이들에게 언제나처럼 지나친 포옹과 키스를 퍼부을 때, 나는 이 순간이 아이들의 기억에 남지 않을 것임을 잘 안다. 아이들은 잊을 것이다. 정당한 이유에서. 나도 아이들이 셰레셉스키처럼 잊지 못하는 인생을 살기를 바라지 않는다. 그러나 나의 포옹과 키스는 종적 없이 사라지는 것이 아니다. 그것은 전체적으로 뭉뚱그려져서나마 다정한 감정과 정서적 유대가 되어 남는다. 부모님에 대한 나의 기억은 의식이 알고 있는 구체적인 일화들로 만들어진 작디작은 그릇에서 철철 흘러넘친다. 나는 나의 아이들도 마찬가지이기를 바란다. 순간은 영원히 잊힐지도 모르고, 뿌옇거나 왜곡된 렌즈를 통해서 비칠지도 모른다. 그럼에도 불구하고 그런 순간의 무엇인가가 우리에게 남고, 무의식에 스며든다. 그것들은 무의식에 존재하면서, 우리가 소중한 사람을 떠올릴 때 풍성한 감정이 퐁퐁 샘솟도록 한다. 우리가 한두 번 만나본 사람들을 떠올릴 때, 한때 살았거나 방문했던 이국적인 장소들과 평범한 장소들을 떠올릴 때, 자아를 형성했던 사건들을 떠올릴 때도 마찬가지이다. 비록 완벽하지는 않을지라도, 뇌는 우리가 겪은 인생 경험에 대해서 그럭저럭 일관된 그림을 보여준다.

제2장에서는 무의식이 감각에 어떻게 작용하는지 살펴보았다. 무의식은 감각이 제공하는 불완전한 데이터를 받아서 빈틈을 메우고, 그 인식을 의식으로 전달한다. 우리는 어떤 장면을 볼 때 사진처럼 선명하고 윤곽이 뚜렷한 그림을 본다고 생각하지만, 실제로는 그림의 작은 일부만 또렷할 뿐이고 나머지는 의식 아래의 뇌가 마음대로 그려낸 것이다. 뇌는 기억에도 그런 기교를 쓴다. 우리에게 인간의 기억체계를 설계할 기회가 주어진다면, 지금처럼 많은 데이터를 튕겨내고서 인출할 때 마구 꾸며내는 과정을 선택하지는 않을 것이다. 그러나 이 기법은 대부분의 사람들에게 대부분의 경우에 충분히 잘 먹힌다. 그렇지 않다면 우리 종은 지금껏 생존하지 못했을 것이다. 진화과정에서 완벽함은 포기되어도 괜찮지만, 충분함은 반드시 성취되어야 한다. 그리고 나는 여기에서 겸손과 감사의 교훈을 배운다. 우리는 겸손해야 한다. 제아무리 굳게 믿는 기억이라도 충분히 틀릴 수 있기 때문이다. 한편으로 우리는 감사해야 한다. 우리가 기억을 보유할 수 있다는 점을, 또한

모든 기억을 보유하지는 않는다는 점을 감사해야 한다. 의식적 기억과 인식은 무의식에 깊게 의존함으로써 기적과도 같은 일들을 해내는 것이다. 자, 그러면 다음 장에서는 인간의 삶에서 가장 중요한 측면이라고도 할 수 있는 복잡한 사회적 기능에 대해서 두 층위의 체계가 어떤 영향을 미치는지를 살펴보자.

4
사회성의 중요성

> 우리가 세상을 살아가는 상황은 참으로 이상하다. 누구나 짧게 이 세상을 방문할 뿐이고, 그 이유도 모르지만, 가끔은 신성한 목적이 있는 것처럼 보인다. 어쨌든 일상의 관점에서는 확실한 사실이 있다. 우리는 남들을 위해서 이 세상에 존재한다는 사실이다.　　　　　　　　　　— 알베르트 아인슈타인

어느 날 저녁, 나는 굶주리고 침울한 채로 늦게 귀가했다. 나는 바로 옆집인 어머니 댁에 들렀다. 어머니는 냉동식품을 저녁으로 드시면서 뜨거운 물을 홀짝이고 계셨다. 텔레비전에서는 CNN 뉴스가 우렁차게 울려댔다. 어머니는 내게 좋은 하루를 보냈느냐고 물으셨고, 나는 "괜찮았어요"라고 대답했다. 그러자 어머니가 검은 플라스틱 쟁반에서 고개를 들고 잠깐 나를 쳐다보시다가 말씀하셨다. "아냐, 아닌 걸. 무슨 일이니? 고기찜 좀 들려무나." 어머니는 여든여덟 살이셨다. 귀는 어두우셨고, 오른눈은 반쯤 먼 것이나 마찬가지인데, 그나마 그쪽이 잘 보이는 눈이었다. 그러나 아들의 기분을 알아차리는 일에서라면, 어머니의 엑스 선과도 같은 시력은 조금도 손상되지 않았다.

　어머니가 능숙하게 나의 기분을 읽는 순간, 나는 그날 나와 함께 일했고 함께 좌절감도 맛보았던 사람을 떠올렸다. 물리학자 스티븐 호킹

이었다. 호킹은 운동 뉴런 질병을 45년간 앓은 탓에 근육을 거의 하나도 움직이지 못한다. 병이 진전된 지금은 오른눈 아래의 뺨 근육을 고통스럽게 씰룩이는 방법으로만 의사소통이 가능하다. 그가 쓴 안경의 감지기가 그 씰룩거림을 탐지하여 휠체어에 달린 컴퓨터로 전달한다. 여기에 특수 소프트웨어가 더해져 그가 화면에서 글자나 단어를 선택할 수 있고, 그런 방법으로 자신이 표현하려는 내용을 타이핑한다. 그가 컨디션이 "좋은" 날은, 마치 생각소통 능력을 겨루는 비디오 게임이라도 하는 듯하다. 반면에 컨디션이 "나쁜" 날은, 마치 문자 하나를 칠 때마다 모스 부호의 점과 선 부호표를 찾아가면서 진행하는 것 같다. 그런 날—그날이 그랬다—은 공동작업이 우리 둘 모두에게 좌절을 안겼다. 그러나 설령 호킹이 우주의 파동함수에 대한 생각을 수월하게 말로 표현하지 못하는 날에도, 그의 관심이 우주에서 벗어나 "이제 그만 마무리하고 맛있는 커리로 저녁을 먹자"는 생각으로 옮겨가는 순간에는 나는 전혀 어렵지 않게 그것을 감지했다. 나는 그의 눈빛만으로도 그가 만족스러운지, 지쳤는지, 흥분했는지, 언짢은지 알 수 있었다. 그의 도우미도 그런 능력이 있었다. 그녀는 그동안 익힌 여러 가지 표정들을 내게 설명해주었는데, 그중 가장 마음에 드는 것은 호킹이 강하게 반대하는 사람에게 보낼 강력한 반박을 작성할 때 드러낸다는 "냉혹한 기쁨의 기색"이었다. 언어는 유용하다. 그러나 우리에게는 말을 초월하는 사회적, 정서적 관계성이 있고, 우리는 구태여 의식적으로 고려하지 않아도 그것을 이해하고 주고받는다.

다른 사람들과 연결되어 있다고 느끼는 경험은 인생의 매우 초기 단계에서부터 시작되는 듯하다. 영아들에 대한 연구 결과, 생후 6개월 된 아기들도 사회적 행동인 듯한 장면을 보면 그에 대해서 판단을 내렸다.[1]

한 실험에서, 연구자들은 아기들에게 "오르는 것"의 행동을 지켜보게 했다. 그것은 나무판으로 만든 둥근 "얼굴"에 커다란 눈을 붙인 물체에 지나지 않았다. 그것은 언덕 밑에서 꼭대기로 올라가려고 거듭 시도했지만 매번 실패했다. 한참 뒤, 삼각형 나무판에 역시 눈이 붙어 있는 "돕는 것"이 나타났다. "돕는 것"은 아래에서 다가와서 간간이 "오르는 것"을 위로 밀어주었다. 또 가끔은 사각형으로 생긴 "방해하는 것"이 위에서 나타나서 둥근 "오르는 것"을 아래로 밀어뜨렸다.

연구자들은 아기들이 그 물체들과 아무런 관계가 없는 방관자임에도 방해꾼 사각형에 대해서 벌하는 태도를 취할까 하는 점이 궁금했다. 생후 6개월 된 아기들은 어떻게 나무 얼굴에 반대 의견을 표명할까? 그것은 여섯 살짜리 아이들이 (또한 예순 살 노인들이) 사회적 불쾌감을 표현하는 방식과 다르지 않았다. 바로 함께 놀기를 거부하는 것이다. 실험자가 아기들에게 도형을 만질 기회를 주자, 아기들은 도우미 삼각형에는 선뜻 손을 내밀었지만 방해꾼 사각형에는 확실히 내키지 않는다는 태도를 보였다. 나아가 도우미와 중립적인 방관자 도형으로, 다음에는 방해꾼과 중립적인 도형으로 실험을 반복했을 때, 아기들은 중립적인 도형보다는 친절한 삼각형을 선호했고, 짜증나는 사각형보다는 중립적인 도형을 선호했다. 다람쥐들은 광견병 근절 재단을 세우지 않고, 뱀들은 낯선 뱀이 길을 건너는 것을 돕지 않지만, 사람은 친절에 높은 가치를 둔다. 심지어 인간이 협동행위에 참여할 때는 뇌에서 보상과정에 연관된 부분이 관여한다. 친절은 친절을 베푸는 사람에게 그 자체로 보상이 되는 셈이다.[2] 인간은 끌림이나 반감을 말로 표현할 수 있게 되기 전부터 친절한 사람에게 끌리고, 불친절한 사람에게 반발한다.

사람들이 서로 돕는 응집된 사회에 속할 때의 이점은 무엇일까? 연결되지 않은 개인들의 집합보다는 그런 집단이 외부의 위협에 더 잘 대처한다는 점이다. 우리는 머릿수가 곧 힘임을 본능적으로 알아차리고, 다른 사람을 곁에 둠으로써 안심한다. 불안하거나 곤란한 상황에서는 더욱 그렇다. 패트릭 헨리의 유명한 말처럼,* "뭉치면 살고 흩어지면 죽는다"(얄궂게도 헨리는 이 문장을 읊자마자 연단에서 떨어져 구경꾼들에게 안겼다고 한다).

1950년대에 실시된 한 실험을 보자. 미네소타 대학교의 연구자들은 30명쯤 되는 여학생들을 한 방으로 안내했다. 학생들은 이전에 서로 만난 적이 없었고, 그곳에서도 대화하지 말라는 지시를 받았다.[3] 방에는 "거동이 엄숙하고, 뿔테 안경을 끼고, 흰 실험복을 입고, 호주머니에서 청진기를 늘어뜨린 신사가 무시무시한 전기기구들을 등지고" 서 있었다. 피험자들의 불안을 조성하기 위해서, 그는 멜로 드라마처럼 거드름을 피우며 자신을 "의대 신경정신 의학부의 그레고르 질슈타인 박사"라고 소개했다. 사실 그는 스탠리 샤흐터라는 무해한 사회심리학 교수였다. 샤흐터는 학생들에게 여기 모인 사람들은 전기충격 효과에 대한 실험대상자들이라고 말한 뒤, 그들에게 전기충격을 주고 그 반응을 조사할 것이라고 말했다. 그는 연구의 중요성에 대해서 7-8분 정도 설명한 뒤, 끝으로 이렇게 말했다.

"전기충격은 아플 겁니다. 고통스러울 겁니다.······충격이 강렬해야만 실험이 제대로 됩니다.······[우리는] 여러분을 이런 [등 뒤의 무시무시한 기구들을

---

* 1736-1799, 미국의 독립혁명을 이끌었던 변호사이자 정치인. 사실 이 말은 헨리가 처음 한 말은 아니다/역주

가리키며] 기기에 연결하고, 연속적으로 충격을 준 뒤, 맥박이나 혈압 등 다양한 반응을 측정할 겁니다."

이어서 샤흐터는 기기를 좀더 들여놓고 준비하는 데에 10분쯤 더 걸릴 테니 그동안 그들은 방에서 나가달라고 말했다. 빈 방은 많으니, 각자 혼자 있어도 좋고 다른 피험자들과 한 방에 있어도 좋다고 했다. 나중에 샤흐터는 다른 약 30명의 학생들에게 이 시나리오를 반복했는데, 이번에는 거꾸로 그들의 긴장을 풀어주었다. 강한 충격을 무시무시하게 설명하는 대신에 이렇게 말했다.

"우리가 여러분에게 부탁하는 것은 아주 간단합니다. 우리는 여러분에게 매우 약한 전기충격을 가할 겁니다. 장담하건대 전혀 아프지 않을 겁니다. 불쾌한 느낌이라기보다는 간지럽거나 따끔한 느낌일 겁니다."

샤흐터는 이 학생들에게도 혼자 기다리거나 다른 사람들과 함께 기다릴 수 있다는 선택권을 주었다. 사실은 그 선택이 이 실험의 핵심이었다. 어느 집단이든 실제로 전기충격을 받지는 않을 것이었다.

이 계략의 핵심은 아픈 충격을 기대하는 집단이 그 불안 때문에 충격을 기대하지 않는 집단에 비해서 다른 사람들과 함께 있는 쪽을 선호하는가를 살펴보는 것이었다. 그 결과, 충격을 걱정하는 학생들은 약 63퍼센트가 다른 사람들과 함께 기다리기를 원했고, 간지럽거나 따끔한 충격을 예상하는 학생들은 33퍼센트만이 그런 선호를 보였다. 학생들은 본능적으로 자신을 뒷받침해줄 지원단체를 형성했던 것이다. 이것은 자연스러운 본능이다. 인터넷에서 로스앤젤레스의 지원단체 목록만

훑어보아도, 학대 행동, 여드름, 애더럴(Adderall) 중독, 중독, ADHD(주의력 결핍 과잉행동 장애), 입양, 광장 공포증, 알코올 중독, 색소 결핍증, 알츠하이머, 앰비엔(Ambien) 사용자, 절단 환자, 빈혈, 분노 관리, 거식증, 불안, 관절염, 아스퍼거 증후군, 천식, 아티반(Ativan) 중독, 자폐 지원단체가 있다. A로 시작하는 항목만 나열했는데도 이 정도이다. 지원단체를 찾는 행동은 타인과 관계를 맺으려는 인간적 요구를 반영한다. 지지, 인정, 우정에 대한 인간의 근본적인 욕망을 반영한다. 어쨌거나 인간은 사회적 종이니까.

사회적 연결은 인간 경험의 기본적 속성이기 때문에, 그것이 박탈되면 인간은 고통을 느낀다. 사회적 거절의 고통을 육체적 손상의 고통과 비교해서 ㅡ "감정을 다치다"와 같이 ㅡ 표현하는 언어가 많은데, 이것은 그저 비유만이 아니다. 뇌 영상 연구에 따르면, 물리적 고통에는 두 요소가 있다. 불쾌한 감정을 느끼는 요소와 감각적 고통을 느끼는 요소이다. 두 요소는 뇌에서 서로 다른 구조와 연관된다. 한편 사회적 고통은 전방 대상피질(前方 帶狀皮質, 앞띠다발겉질)이라는 뇌 구조와 연관되는데, 이것은 물리적 고통의 감정적 요소에 관여하는 부분이기도 하다.[4]

발가락을 찧은 통증과 구애를 야박하게 거절당했을 때의 쓰라림이 뇌에서 같은 공간을 차지하다니, 놀랍지 않은가? 두 고통이 룸메이트라는 사실에 착안하여, 과학자들은 언뜻 말도 안 되는 발상을 하나 떠올렸다. 혹시 물리적 통증에 대한 뇌 반응을 줄여주는 진통제가 사회적 고통도 가라앉힐까?[5] 연구자들은 25명의 건강한 피험자를 모집하여, 3주일 동안 하루에 2번씩 알약 2개를 먹게 했다. 피험자들 중 절반은 초강력 타이레놀(아세트아미노펜)을 받았고, 나머지 절반은 위약(僞藥)

을 받았다. 실험의 마지막 날, 연구자들은 피험자를 한 명씩 연구실로 불러서 컴퓨터를 활용한 가상의 공 주고받기 놀이를 시켰다. 피험자에게는 다른 방에 있는 다른 피험자 두 명과 함께하는 것이라고 알렸지만, 사실은 컴퓨터가 그 역할을 맡았다. 컴퓨터는 세심하게 정해진 방식으로 피험자와 상호작용을 했다. 1라운드에서는 사람 행세를 하는 게임 상대들이 피험자와 화기애애하게 공놀이를 했다. 그러나 2라운드에서는 피험자에게 가상의 공을 몇 번만 던져주고, 이후부터는 무례하게 그를 배제하면서 자기들끼리만 놀았다. 마치 축구선수들이 한 동료를 쏙 빼놓고 공을 주고받는 것과 같았다. 놀이가 끝난 뒤에 피험자는 사회적 스트레스를 측정하는 설문을 작성했다. 그 결과, 타이레놀을 복용한 피험자들은 위약을 먹은 피험자들에 비해서 상심을 덜 느꼈다.

  이 실험에는 또다른 반전이 있었다. 안토니오 랑헬이 피험자들의 뇌를 fMRI로 찍으면서 와인을 마시게 했던 실험을 기억하는가? 이 연구자들도 그 기법을 썼다. 피험자들을 fMRI 기계에 눕힌 채 가상의 공놀이를 시켰던 것이다. 피험자들이 게임 상대에게 무시당하는 동안 기계가 그들의 뇌를 찍은 결과, 타이레놀을 먹은 피험자들은 사회적 배제와 연관된 뇌 영역의 활동이 줄었다. 타이레놀은 정말로 사회적 거부에 대한 신경반응을 누그러뜨리는 것 같았다.

  "상처 입은 마음은 어떻게 고치나요?"라고 노래했던 비지스는 그 답이 타이레놀 두 알이리라고는 미처 예상하지 못했을 것이다. 타이레놀이 도움이 된다는 사실은 너무 황당했기 때문에, 뇌 연구자들은 타이레놀이 실험실 밖에서도, 즉 현실의 사회적 거부에서도 같은 효과를 발휘하는지를 임상적으로 확인해보았다. 그들은 60명의 지원자들에게 3주일 동안 매일 "고통스러운 감정"을 측정하는 설문을 작성하게 했다. 이 설문은 심리학적 표준 도구이다. 이번에도 지원자들 중 절반은 하루에 두 번씩 타이레놀을 먹었고, 나머지는 위약을 먹었다. 결과는? 타이레놀을 복용한 피험자들은 그 기간 동안 사회적 고통을 현저히 덜 느낀 것으로 보고되었다.

사회적 고통과 물리적 통증의 연관성은 우리의 정서와 몸의 생리적 과정들 사이에 관련이 있음을 시사한다. 사회적 거부는 정서적 고통만을 유발하는 것이 아니라 물리적 존재에도 영향을 미친다. 인간에게는 사회적 관계가 워낙 중요하기 때문에, 사회적 관계의 결핍은 건강을 해치는 중요한 요인이다. 흡연, 고혈압, 비만, 활동 부족과 맞먹을 정도이다. 일례로, 샌프란시스코 근처 앨러미다 카운티의 성인 4,775명을 조사한 연구가 있었다.[6] 연구자들은 그들을 대상으로 결혼, 확대가족이나 친구와의 접촉, 집단적 사교와 같은 사회적 유대들에 관한 설문을 실시한 뒤, 그들의 대답을 "사회관계망 지수"로 변환했다. 이 지수가 높으면 그 사람에게 정기적이고 친밀한 사회적 접촉이 많다는 뜻이고, 지수가 낮으면 상대적으로 사회적 고립 상태라는 뜻이다. 이후 연구자들은 피험자들의 건강을 9년 동안 추적했다. 피험자들의 배경이 다양했기 때문에, 연구자들은 수학적 기법을 적용함으로써 위에서 언급한 흡연 등의 다른 위험요인들을 사회적 연결성의 효과로부터 분리했다. 또한 사회경제적 지위, 피험자가 스스로 보고한 삶의 만족도와 같은 요인들로부터도 분리했다. 결과는 충격적이었다. 사회관계망 지수가 낮았던 사람들은 다른 요인들이 모두 비슷하되 사회관계망 지수가 높았던 사람들에 비해서 그 기간 동안 사망률이 두 배나 높았다. 은둔자는 생명보험 회사에 탐탁지 않은 고객인 셈이다.

어떤 과학자들은 사회적 상호작용에 대한 요구가 인간의 뛰어난 지능을 진화시킨 동인(動因)이었다고 생각한다.[7] 인간이 뛰어난 지적 능력 덕택에 이 세상이 굽은 사차원 시공간 다양체임을 깨달은 것은, 그야 물론 멋진 일이다. 그러나 초기 인류의 생존이 GPS 기기로 가까운 초밥집을 잘 찾아가는 것에 좌우되지 않았던 이상, 그런 지식을 발달시키는 능력은 종의 생존에 중요하지 않았다. 따라서 뇌의 진화를 이끈 동인일 수 없었다. 반면에 사회적 협동에 필요한 사회적 지능은 인간의 생존에 결정적이었을 것이다. 다른 영장류도 사회적 지능을 보여주기는 하지만, 그 수준은 인간의 발치에도 미치지 못한다. 그들이 인간보다 더 강하고 빠를지는 몰라도, 인간에게는 하나로 결속하여 복잡한 행동을 조정하는 탁월한 능력이 있다. 그런 사회성을 띠려면 똑똑해야 할까? 인간은 사회적 상호작용 기술을 타고날 필요성 때문에 "고등한" 지능을 발달시킨 것일까? 우리가 흔히 지성의 개가로 여기는 과학이나 문학은 그 부산물에 불과한 것일까?

까마득한 과거에는 초밥을 먹을 때 "고추냉이 좀 줘"라고 말하는 것 이상의 어려운 기술이 필요했다. 우선 생선을 잡아야 했다. 약 5만 년 전만 해도 인류는 그런 일을 하지 않았다. 꼭 생선만이 아니라, 주변에 있되 잡기 어려운 동물을 굳이 잡아먹지 않았다. 그러던 인류가 어느 순간 (진화적 시간 규모에서 그렇다는 말이다) 행동을 바꾸었다.[8] 유럽에서 발굴된 증거에 따르면, 불과 수천 년 만에 인간은 물고기를 잡기 시작했고, 새를 잡기 시작했고, 위험하지만 맛있고 영양분이 많은 대형 동물을 사냥하기 시작했다. 또한 비슷한 시기에 거주용 구조물을 짓기 시작했고, 상징예술과 정교한 매장지를 만들기 시작했다. 인간은 힘을 합쳐서 매머드에 맞서는 법을 알아냈고, 오늘날 문화라고 불리는 것의 기초에 해당하는 의례와 의식을 거행하기 시작했다. 고고학적 기록에 따르면, 인류의 활동은 이전 수백만 년보다 그 짧은 기간 동안 더 많이 바뀌었다. 문화, 관념적 복잡성, 협동적 사회 구조와 같은 현대적 능력이 갑자기 등장했다는 것 — 인체 구조에서는 그 현상을 설명할 만한 적절한 변화가 없었다 — 은 인간의 뇌에 중요한 변이가 발생했다는 증거이다. 말하자면 종의 생존에 유리한 사회적 행동을 가능하게 해주는 방향으로 소프트웨어가 업그레이드되었던 것이다.

사람들은 흔히 인간을 개나 고양이 혹은 원숭이와 비교할 때, 아이큐(지능지수)가 인간과 그들의 차이점이라고 생각한다. 그러나 지능이 정말로 사회적인 목적에서 진화했다면, 인간과 다른 동물을 구분하는 주된 특징은 사회적 아이큐인 셈이다. 특히 인간에게는 타인의 생각과 감정을 이해하려는 욕구와 능력이 있다는 점이 특별하다. "마음의 이론(theory of mind)"이라고 불리는 이 능력이 있기 때문에, 인간은 타인의 과거 행동을 이해하고 현재나 미래에 그들이 어떻게 행동할지 예측하는 기량이 뛰어나다. 물론 마음의 이론에는 의식적, 이성적으로 따지는 요소도 있다. 그러나 타인의 생각과 느낌을 "이론화하는" 과정은 대체로 의식 아래의 활동으로서, 민첩하고 자동적인 무의식적 과정을 통해서 이루어진다. 가령 어떤 여자가 버스를 향해서 달려가는데 그녀가 타기 전에 버스가 출발해버리는 광경을 보면, 우리는 일부러 생각해보지 않아도 그녀가 낙심했을 것이고 제때 버스를 타지 못해서 화도 났을 것이라고 짐작한다. 혹은 어떤 여자가 초콜릿 케이크로 포크를 가져가다가 그냥 내려놓는 광경을 보면, 그녀가 몸무게를 걱정하는 것이라고 짐작한다. 인간은 심적 상태(mental state)를 자동적으로 유추해보려는 경향이 매우 강하기 때문에, 사람뿐만 아니라 동물에게도 그런 추측을 적용한다. 심지어 앞에서 보았던 나무원반 실험의 6개월 된 아기들처럼, 기하학적 도형과 같은 무생물에도 그렇게 한다.[9]

마음의 이론이 우리 종에게 얼마나 중요한지는 아무리 강조해도 지나치지 않다. 우리는 사회의 작동을 당연하게 여기지만, 사실 일상의 많은 활동은 사람들이 대규모로 협동하는 집단적 노력의 결과로만 가능하다. 자동차 제조를 예로 들면, 수천 명의 사람들이 다양한 기술로 다양한 장소에서 다양한 작업을 수행하며 참여해야 한다. 철을 비롯한 여러 금속을 땅에서 캐고 가공해야 하고, 유리, 고무, 플라스틱을 수많은 화학적 전구물질로부터 만들어내야 한다. 배터리, 라디에이터, 그밖에도 숱한 부속을 제작해야 하고, 전자적, 기계적 체계들을 설계해야 한다. 그리고 널리 흩어진 이 모든 것들을 잘 조정하고 한자리에 모아서 차를 조립해야 한다. 우리가 출근길에 운전하면서 먹는 커피와 베이글마저 요즘은 전 세계 사람들의 활동이 집약된 결과이다. 밀 농부와 제빵사가 서로 다른 주(州)에 있을 것이고, 낙농업자는 또다른 주에 있을 것이다. 커피 재배 노동자들은 다른 나라에 있을 것이고, 로스팅을 한 사람은 우리와 좀더 가까운 곳에 있을 것이다(그렇기를 바란다). 트럭 운전수와 상선 선원이 그것들을 한데 모아주었으며, 로스팅 기계, 트랙터, 트럭, 배, 비료, 그밖에 갖가지 장치와 재료를 만든 사람들도 관여했다. 인간이 농업 공동체에서 대기업까지 크고 복잡한 사회적 체계들을 이룰 수 있는 것은 모두 마음의 이론 덕분이며, 세상은 그런 체계들에 기반을 두고 있다.

사람이 아닌 다른 영장류도 사회적 활동에서 마음의 이론을 사용할까? 이 문제는 지금도 논의되는 중이지만, 만약 사용하더라도 지극히 기초적인 수준일 것이다.[10] 인간은 상호관계와 사회조직이 개개인의 마음의 이론에 크게 의존하는 유일한 동물이다. 순수한 지능은 (또한 손재주는) 둘째치고라도, 바로 그 이유 때문에 물고기는 배를 만들지 못하고, 원숭이는 과일 노점을 차리지 못한다. 그런 기예를 해내는 점이야말로 인간이 다른 동물들과 다른 독특한 점이다. 우리 종에게서는 기본적인 마음의 이론이 생후 첫 해에 발달한다. 네 살이 되면, 거의 모든 아이들이 타인의 심적 상태를 평가하는 능력을 갖춘다.[11] 자폐증처럼 마음의 이론이 훼손된 경우, 인간은 사회에서 기능하는 데에 어려움을 겪는다. 임상 신경학자 올리버 색스는 『화성의 인류학자(An Anthropologist on Mars)』에서 템플 그랜딘이라는 고기능 자폐증(high-functioning autism)* 여성을 소개했다. 그녀는 어릴 때 놀이터에서 자신은 인식하지 못하는 사회적 신호에 다른 아이들이 반응하는 모습을 보았다고 말했다. 색스는 이렇게 썼다. "다른 아이들 사이에는 무엇인가 있었다. 신속하고, 미묘하고, 쉼 없이 변하는 것. 의미의 교환, 협상, 재빠른 이해. 그것이 너무나 뚜렷했기 때문에, 이따금 그녀는 다른 아이들이 텔레파시를 쓰는 것이 아닐까 생각했다."[12]

　마음의 이론을 재는 한 가지 척도는 의도성이다.[13] 생물이 자신의 심적 상태, 신념, 욕구에 대해서 성찰할 수 있다면, 가령 **나는 어머니의 고기찜을 한 입 먹고 싶어**와 같은 생각을 한다면, 그것은 "일차 의도성"이다. 대부분의 포유류가 여기에 포함된다. 그러나 자신을 아는 것과 타인을 아는 것은 전혀 다른 기술이다. 이차 의도성을 가진 생물은 타인의 심적 상태에 대한 믿음을 형성할 줄 안다. 가령 **우리 아들이 내 고기찜을 한 입 먹고 싶어하는 것 같아**와 같은 식이다. 이차 의도성은

---

* 고기능 자폐증은 '저기능' 자폐증과 대비하여 '고기능'이라고 불리지만, 지능지수가 정상이라는 뜻이지 반드시 천재적 재능을 가졌다는 뜻은 아니다/역주

마음의 이론에서 가장 기본적인 수준으로 간주되며, 건강한 인간이라면 누구나 (적어도 모닝커피를 마신 뒤에는) 이 능력을 가지고 있다. 한편, 삼차 의도성은 그보다 한 단계 더 나아간다. 다른 사람이 또다른 사람의 생각에 대해서 어떻게 생각하는지를 추론할 줄 아는 것이다. 어머니는 내가 당신의 고기찜을 한 입 먹고 싶어한다고 생각하시는 것 같아와 같은 식이다. 그보다 더 높은 수준으로 갈 수 있다면, 가령 이렇게 된다. 내 친구 샌퍼드는 그의 아들 조니가 자신을 귀엽다고 생각한다고 내 딸 올리비아가 생각한다고 생각하는 것 같아. 혹은 내 상사 루스는 내 동료 존이 루스의 예산과 수입 예측을 못 미더워한다고 우리 CFO 리처드가 생각하는 것을 알고 있는 것 같아. 이것이 사차 의도성이다. 이보다 더 나아갈 수도 있다. 사차 의도성을 글로 적으면 상당히 복잡하지만, 잠시만 따져보면 알 수 있듯이 누구나 이런 생각을 자주 한다. 인간의 사회적 관계에 자주 관여하는 전형적인 생각이기 때문이다.

   사차 의도성은 문학작품을 쓸 때도 필요하다. 작가들은 사차 의도성에 대한 자신의 경험을 바탕으로 삼아서 판단한다. 이 장면의 단서를 통해서 독자들은 메리가 자신을 차버리려고 한다고 호러스가 생각한다는 뜻이라는 것을 읽어낼 것 같아 하는 식이다. 정치가나 기업가에게도 사차 의도성이 필수적이다. 그런 기술이 없으면 남에게 쉽게 조종될 테니 말이다. 내가 아는 한 여성 — 앨리스라고 부르자 — 은 컴퓨터 게임 회사에 새 임원으로 고용된 직후, 고도로 발달된 마음의 이론을 써서 민감한 사안을 처리했다. 앨리스는 자신의 새 회사와 장기적 프로그래밍 서비스 계약을 맺은 어느 외부업체가 금전적 부정행위를 저지르고 있다고 직감했다. 그러나 증거가 없었다. 게다가 그 업체는 빈틈없는 장기계약을 맺고 있어서, 계약이 사전에 종료될 때는 50만 달러의 배상금을 받게 되어 있었다. 앨리스는 밥(외부업체의 CEO)이 자신을 새로 업무를 맡았기 때문에 과실을 저지르기를 두려워하는 사람으로 생각한다는 것을 알고 있었다. 이것은 삼차 의도성이다. 그리고 앨리스가 생각하기에, 밥은 앨리스가 자신(밥)을 결전을 불사하는 사람으로 평가한다고 생각하는 것 같았다. 이것은 사차 의도성이다. 이 점을 이해한 앨리스는 책략을 세웠다. 그녀가 부정의 증거를 가지고 있는 척 허세를 부리면서 밥의 계약을 종료시키겠다고 으름장을 놓으면 어떨까? 밥은 어떻게 반응할까? 그녀는 마음의 이론을 통해서 이 상황을 밥의 시점에서 분석해보았다. 밥은 그녀를 될 대로 되라는 식으로 밀어붙이지 못할 사람으로 보았고, 자신이 싸움꾼이라는 사실을 그녀가 잘 알고 있다고 보았다. 앨리스 같은 사람이 중요한 주장을 근거도 없이 입 밖에 낼까? 밥은 분명 그렇지 않다고 생각했다. 앨리스의 고용주와 합의하여 약정 금액의 일부만 받고서 계약을 종료하기로 한 것을 보면 말이다.

비인간 영장류에 관한 연구를 보면, 그들은 아마도 일차 의도성과 이차 의도성 사이에 놓인 듯하다. 침팬지는 속으로 이렇게 생각할지도 모른다. 나는 바나나를 먹고 싶어. 심지어 이렇게 생각할지도 모른다. 조지는 내 바나나를 먹고 싶어하는 것 같아. 그러나 이렇게까지 생각하지는 않을 것이다. 조지는 내가 그의 바나나를 원한다고 생각하는 것 같아. 이에 비해서 사람은 삼차, 사차 의도성을 흔하게 떠올리며, 육차 의도성까지 생각할 줄 안다고 한다. 그런 고차원적 마음의 이론 문장들과 씨름하는 것은 이론물리학 연구의 사고활동과 비슷한 것 같다. 후자에서도 상호연관된 개념들로 구성된 긴 사슬을 풀어헤칠 수 있어야 하기 때문이다.

마음의 이론이 사회적 연결을 돕는 것이 사실이고 특별한 지능을 요구하는 것도 사실이라면, 포유류의 뇌와 사회집단의 크기 사이에 묘한 연관성이 있다는 현상도 더불어 설명될지 모른다. 정확히 말하면, 어느 종의 신피질— 뇌에서 가장 늦게 진화한 부분이다— 이 뇌 전체에서 **차지하는 비율**은 그 종의 구성원들이 어울려다니는 사회집단의 크기와 비례한다.[14] 고릴라는 집단 크기가 10마리 미만이고, 거미 원숭이는 20마리에 가까우며, 짧은꼬리 원숭이는 40마리에 가깝다. 이 숫자들이 각 종의 뇌 전체에 대한 신피질의 비율을 정확하게 반영하는 것이다.

비인간 영장류에게서 집단 크기와 신피질의 상대적 크기의 관계를 묘사하는 수학식을 유도한 뒤 그것으로 인간의 사회관계망을 예측한다면, 결과가 유효할까? 달리 말해서, 뇌에서 신피질이 차지하는 비율을 써서 인간관계망의 크기를 계산할 수 있을까?

이 질문에 답하려면, 인간의 집단 크기를 규정하는 방법부터 정해야 한다. 다른 영장류의 집단 크기는 털손질 집단이라고 불리는 무리의 전형적인 개체수로 정의된다. 이것은 우리 아이들이 학교에서 형성하는 무리나 어른들이 학부모회에서 곧잘 형성한다고 하는 파벌과 비슷한 사회적 동맹이다. 영장류는 같은 무리에 속하는 구성원들끼리 정기적으로 서로 몸을 청소해준다. 털을 쓸고, 긁고, 마사지하면서 먼지, 각질, 곤충, 기타 더러운 물질을 제거해준다. 그들은 자신이 누구의 털을 골라주고 누가 자신의 털을 골라주는지에 대해서 까다롭다. 그 동맹은 같은 종의 다른 무리로부터의 괴롭힘을 막아주는 연합처럼 기능하기 때문이다. 이에 비해서 인간 집단의 크기는 정확하게 정의하기가 어렵다. 인간은 크기, 상호이해 수준, 유대 정도가 다양한 여러 종류의 집단들과 관계를 맺기 때문이다. 게다가 인간은 대규모 사회적 소통을 돕는 특수한 기술들을 개발해왔다. 잘 알지도 못하는 이메일 연락상대

따위는 집단 크기의 측정에서 세심하게 제외해야 하는 것이다. 결국 과학자들은 비인간 영장류의 털손질 무리와 인지적으로 같아 보이는 집단들— 오스트레일리아 원주민들의 씨족, 부시먼족 여성들의 머리 손질 집단, 사람들이 크리스마스 카드를 보내는 상대의 수— 을 살펴봄으로써 인간 집단의 크기는 약 150명이라고 결론내렸다. 이것은 신피질 크기 모형의 예측과 꼭 들어맞았다.[15]

어째서 뇌의 능력과 사회관계망 속 구성원의 수가 관계가 있을까? 친구, 친척, 동료로 구성된 사람의 사회적 동아리를 생각해보자. 그런 동아리가 우리에게 의미 있는 존재가 되려면, 우리의 인지 능력을 넘어설 만큼 규모가 커서는 안 된다. 그러면 누가 누구인지, 그들이 무엇을 원하는지, 그들끼리 관계는 어떤지, 누구를 믿을 수 있는지, 호의를 청할 만한 상대가 누구인지 등을 모두 기억할 수 없을 테니까.[16]

사람들이 어떻게 연결되어 있는지 살펴보기 위해서, 1960년대에 심리학자 스탠리 밀그램은 네브래스카와 보스턴에서 무작위로 약 300명을 모집하여 각자 연쇄편지를 개시하라는 과제를 주었다.[17] 지원자들은 연구에 대한 설명과 "표적 인물"의 이름이 동봉된 꾸러미를 하나씩 받았다. 그 표적 인물은 밀그램이 매사추세츠 주 샤론의 거주자 중에서 무작위로 고른 사람으로, 보스턴에서 주식중개인으로 일하는 남자였다. 지원자들이 그 남자를 직접 아는 경우에는 꾸러미를 바로 그에게 보내면 되고, 그를 모르는 경우에는 자신의 지인들 중에서 그를 알 것 같은 사람을 골라서 전달하는 방식이었다. 그러면 꾸러미를 받은 지인이 역시 지침에 따라서 그것을 다른 사람에게 전달하고, 이렇게 계속 이어지다가 결국 표적 인물을 아는 사람이 나타나서 그에게 직접 전달하게 되리라는 것이 실험자의 의도였다.

도중에 낀 사람들 중에는 귀찮은 일이 싫어서 사슬을 끊는 사람도 많았다. 그러나 300명가량의 최초 전달자들 중에서 64명의 사슬은 결국 매사추세츠 주 샤론에 사는 그 남자를 찾아냈다. 표적 인물을 아는 사람을 아는 사람을 아는 사람을……발견하기까지 중간 단계를 몇 번이나 거쳤을까? 그 중간값은 고작 5였다. 바로 이 연구에서 "6단계 분리(six degrees of separation)"라는 용어가 만들어졌다. 세상의 어떤 두 사람 사이도 6단계만 거치면 이을 수 있다는 생각이다. 이 실험은 2003년에 반복되었는데, 이때는 이메일 덕분에 훨씬 더 수월했다.[18] 연구자들은 100여 개국에 거주하는 2만4,000명의 이메일 사용자를 시작점으로 삼고, 폭넓게 분포한 18명의 표적 인물을 제시했다. 피험자들이 개시한 2만4,000개의 이메일 사슬 중 표적에 닿은 것은 400개뿐이었지만, 결과는 비슷했다. 표적에 접촉하기까지 거치는 단계의 중간값은 5에서 7 사이였다.

우리는 물리학이나 화학과 같은 과학 분야에 노벨 상을 준다. 그러나 기업, 정부기관, 농구 팀 등의 사회적 네트워크를 만들고 유지하는 탁월한 능력을 기려서 우리의 뇌에도 금메달을 수여해야 마땅하다. 인간은 그런 집단들 속에서 오해와 갈등을 최소화하면서, 공통 목표를 달성하고자 매끄럽게 협동하며 살아간다. 인간이 형식적인 조직 구조나 소통 기술을 빌리지 않은 채 야생에서 유지할 수 있는 자연적 집단의 크기는 아마도 150명이겠지만, 그런 문명의 혁신들 덕분에 우리는 150명이라는 자연적 장벽을 뚫고 수천 명이 함께 노력해야만 달성할 수 있는 기예를 이루어낸다. 물론 스위스의 입자 가속기인 LHC(Large Hadron Collider, 거대 강입자 충돌기)를 뒷받침하는 물리학은 인간의 정신이 만들어낸 금자탑이다. 그러나 LHC를 건설한 인간 조직의 규모와 복잡성도 마찬가지이다. LHC를 통해서 수행되는 한 가지 실험에만도 37개국에서 모인 2,500명의 과학자, 공학자, 기술자가 관여한다. 그들은 끊임없이 변화하는 복잡한 환경에서 힘을 합쳐 문제를 푼다. 과학적 성취를 위한 조직을 형성하는 능력도 성취 자체만큼이나 인상적인 것이다.

인간의 사회적 행동은 다른 종들의 사회적 행동보다 분명 더 복잡하지만, 같은 종의 구성원들끼리 관계를 맺는 방식에서 몇몇 기본적인 측면은 모든 포유류들이 놀랍도록 비슷하다. 비인간 포유류의 흥미로운 특징 중 하나는 "뇌가 작다"는 점이다. 과학자들이 이런 표현을 쓸 때는, 사람에게서 의식적 사고를 담당하는 뇌 영역을 다른 포유류에게서 확인해보면 무의식적 과정에 관여하는 뇌 영역에 비해서 상대적으로 작다는 뜻이다.[19] 의식적 사고가 정확히 어떻게 발생하는지는 아무도 모르지만, 아마도 신피질의 전두엽이 중추적으로 기능하는 듯하다. 특히 전전두엽피질(前前頭葉皮質, 이마앞엽겉질)이라는 영역이 관여한다. 그런데 다른 동물은 그 영역이 사람보다 훨씬 작거나 아예 없다. 한마디로 동물들은 생각한다기보다는 반응한다. 매트 삼촌이 케밥 꼬챙이로 자신의 팔을 찌르려는 광경을 보면, 우리의 무의식은 경고를 울린다. 그러나 곧 의식이 개입하여, 삼촌은 놀라운 마술을 보여주고 싶어하는 것뿐이라고 일깨운다. 이에 비해서 애완 토끼의 반응은 의식적, 합리적 고려로 누그러지지 않을 것이다. 토끼의 반응은 자동적일 것이며, 본능에 따라서 매트 삼촌과 꼬챙이로부터 도망칠 것이다. 그러나 비록 토끼가 농담을 이해하지는 못할지라도, 토끼의 **무의식적** 처리를 담당하는 뇌 영역은 우리와 그다지 다르지 않다.

무의식을 담당하는 뇌 영역의 구조와 화학은 여러 포유류 종들이 공유하는 특징이다. 유인원, 원숭이, 그보다 더 하등한 포유류들의 자동적인 신경 메커니즘 가운데 많은 부분이 인간과 비슷하며, 놀랍도록 인간과 비슷한 행동을 빚어낸다.[20] 그러므로 다른 동물들을 대상으로 마음의 이론을 연구할 수는 없을지라도, 인간의 사회적 경향성 중에서 자동적이고 무의식적인 몇몇 측면들에 대해서는 동물들로부터 약간의 통찰을 얻을 수 있다. 사람들이 남녀의 사회적 역할을 이해하기 위해서 『화성에서 온 남자, 금성에서 온 여자(Men Are from Mars, Women Are from Venus)』를 읽을 때, 내가 "모자(母子) 유대와 포유류의 사회관계의 진화"와 같은 논문을 보는 것은 그 때문이다. 혹자는 나처럼 행동하면 실생활에서의 포유류적 사회관계가 축소되기 딱 좋다고 말하지만 말이다.

그 논문에는 아래와 같은 문장이 등장한다.

> 일반적으로 수컷의 생식적 성공은 다른 수컷들과 경쟁하여 가급적 많은 암컷들과 짝짓기를 하는 데에 달려 있다. 따라서 수컷들은 좀처럼 강한 사회적 유대를 형성하지 않는다. 수컷들의 연합은 친화적 행동보다는 공격적 행동이 강조되는 위계적 관계일 때가 많다.[21]

우리가 술집에서 흔히 보는 장면을 묘사한 것처럼 들리지만, 이 논문은 사실 **비인간** 포유류들의 행동을 논하고 있다. 어쩌면 인간 남성과 수소, 수고양이, 숫양의 차이는 다른 포유류들에게는 술집이 없다는 점이 아니라 그들에게는 온 세상이 술집이라는 점일지도 모른다. 논문에서 여성은 이렇게 묘사되어 있다.

> 암컷의 생식 전략은 상대적으로 적은 수의 자손 생산에 투자하는 것이고……
> 그 성공은 보살핌의 질과 젖을 뗄 때까지 새끼를 살려두는 능력에 달려 있다.
> 따라서 암컷들은 새끼들과 강한 사회적 유대를 맺고, 암컷들끼리도 강한 친화
> 적 관계를 맺는다.

이것도 친숙한 이야기이다. 물론 포유류의 행동에 대해서 "일반적으로" 지나친 해석을 하는 것은 경계할 일이지만, 위의 사실을 알면 어째서 파자마 파티를 열거나 독서 클럽을 조직하는 것이 대체로 여성들인지, 그리고 어째서 내가 공격적이지 않고 친화적으로 행동하겠노라고 굳게 맹세해도 그들이 나를 어느 모임에도 끼워주지 않는지를 이해할 수 있을 것 같다. 물론 인간과 비인간 포유류가 어떤 면에서 비슷하게 행동한다고 해서 소가 촛불 아래에서 식사를 즐긴다거나, 어미양이 새끼들의 행복과 적응만을 바란다거나, 설치류(齧齒類)가 영혼의 짝과 함께 토스카나로 은퇴하기를 바란다거나 한다는 말은 아니다. 다만 인간의 사회적 행동이 다른 동물들보다 훨씬 더 복잡함에도 불구하고 인간 행동의 진화적 뿌리는 다른 동물들에게서도 똑같이 발견되고, 따라서 동물들을 연구함으로써 인간에 대해서 조금쯤 알 수 있다는 말이다.

다른 포유류들의 사회적 행동은 어느 정도로 프로그래밍된 것일까? 양을 예로 들어보자.[22] 암양은 타고난 기질상 새끼양에게 심술궂다. 새끼양이 젖을 빨려고 다가오면, 암양은 새되게 매애매애 울고 머리로 한두 번 받아버릴 수도 있다. 그러나 출산을 겪은 어미는 태도가 바뀐다. 신경질쟁이가 양육자로 바뀌는 과정은 실로 마법과도 같지만, 그것은 어미가 새끼에게 사랑을 느껴서 의식적으로 겪는 변화는 아닌 듯하다. 그것은 마법이 아니라 화학이다. 그 과정은 산도(産道)가 늘어나면

서 시작되는데, 그때 암양의 뇌에서 옥시토신이라는 단순한 단백질이 분비되고, 이후 두어 시간 정도 암양은 유대에 개방적이다. 그 시기에 새끼가 다가오면, 암양은 그것이 자기 새끼이든, 이웃의 새끼이든, 저 멀리 다른 농장의 새끼이든, 그 새끼와 유대를 맺는다. 시간이 지나서 옥시토신의 분비가 끝나면, 암양은 더 이상 다른 새끼와 유대를 맺지 않는다. 암양은 그 기간에 유대를 맺은 새끼에게는 계속 젖을 물리고 어르듯이 말을 건다. 나지막하게 매애매애 운다는 뜻이다. 그러나 다른 새끼들에게는 예전처럼 계속 심술궂게 군다. 자기 새끼라도 그 기간 중에 유대를 형성하지 못했다면 그렇게 대한다. 그러나 과학자들은 암양에게 옥시토신을 주입하거나 암양의 옥시토신 생성을 억제함으로써 유대기간을 마음대로 열었다 닫았다 할 수 있다는 것을 발견했다. 흡사 로봇의 스위치를 켜고 끄는 것과 같다.

과학자들이 화학적 조작으로 포유류의 행동을 프로그래밍한 또다른 유명한 실험은 대상이 밭쥐였다. 밭쥐는 생쥐를 닮은 작은 설치류로, 150여 종이 있다. 그중 프레리 밭쥐는 인간사회에서 모범적인 시민으로 통할 만하다. 프레리 밭쥐는 평생 일부일처를 지킨다. 상대에게 충성스러워서, 짝을 잃은 프레리 밭쥐 중에서 30퍼센트 미만만이 다른 상대와 관계를 맺는다.[23] 수컷은 책임감 있는 아버지로, 둥지를 맴돌며 지키고 양육에 참여한다. 과학자들이 프레리 밭쥐를 연구한 까닭은 이 종이 산 밭쥐와 초원 밭쥐라는 두 연관 종과 환상적인 대조를 이루기 때문이다. 프레리 밭쥐와는 달리, 산 밭쥐와 초원 밭쥐는 혼자 살고, 난교(亂交)한다.[24] 두 종의 수컷들은, 인간의 표현을 빌리면, 식충이들이다. 근처에 있는 아무 암컷하고나 짝짓기를 한 뒤, 양육의 책임은 암컷에게 맡기고 훌쩍 떠난다. 과학자들이 넓은 방에 무작위로 쥐들을 풀어놓으면, 산 밭쥐와 초원 밭쥐는 같은 종의 다른 개체들을 피하면서, 구석으로 가서 혼자 있는 편을 선호한다(반면에 프레리 밭쥐는 소규모 집단으로 뭉쳐서 수다를 떤다).

이 밭쥐들에게서 놀라운 점은, 과학자들이 종 사이의 행동 차이를 빚어내는 뇌의 특징을 알아냈고, 그 지식을 활용하여 한 종의 행동을 다른 종의 행동으로 바꿀 수 있었다는 점이다. 이때도 옥시토신이 문제의 화학물질이었다. 옥시토신이 뇌세포에 영향을 미치려면, 세포막에 존재하는 특수한 분자인 수용기와 결합해야 한다. 일부일처인 프레리 밭쥐는 뇌의 특정 영역에 옥시토신 수용기가 많고, 바소프레신이라는 또다른 연관 호르몬의 수용기도 많다. 다른 포유류 중에서도 일부일처를 지키는 종들은 뇌의 그 영역에 옥시토신과 바소프레신 수용기가 많다. 반면에 난교성 밭쥐는 그 수용기가 적다. 과학자들이 초원 밭쥐의 뇌를 조작하여 수용기를 늘렸더니, 혼자 다니던 초원 밭쥐가 갑자기 사촌 프레리 밭쥐처럼 외향적이고 사교적인 성격으로 바뀌었다.[25]

당신이 해충 구제업자가 아닌 이상, 지금까지 들은 내용만으로도 프레리 밭쥐에 대해서 충분히 알고도 남았을 것이다. 양도 마찬가지로, 대부분의 사람들은 민트젤리를 곁들인 형태 외에는 녀석들과 접촉할 일이 없다. 그런데도 내가 그들의 옥시토신과 바소프레신을 자세하게 이야기한 까닭은 이 호르몬들이 인간을 포함한 다른 포유류의 사회적, 생식적 행동 조절에도 중요하게 기능하기 때문이다. 이 호르몬들과 연관된 화합물들은 최소한 7억 년 전부터 생물체에게서 역할을 맡아왔으며, 심지어 벌레나 곤충과 같은 무척추동물에게도 작용한다.[26] 물론 인간의 사회적 행동은 밭쥐나 양보다는 더 발전되고 미묘한 형태이다. 그들과 달리, 인간에게는 마음의 이론이 있다. 인간은 의식적 결정으로 무의식적 충동을 누르는 능력이 훨씬 더 뛰어나다. 그러나 인간에게서도 역시 옥시토신과 바소프레신이 유대를 조절한다.[27] 인간 산모에게서도 암양에게서처럼 산고와 분만 시에 옥시토신이 분비된다. 여성이 성적으로 친밀한 상황에서 젖꼭지나 자궁경부에 자극을 느낄 때도 옥시토신이 분비되고, 절정에 도달했을 때는 남녀 모두에게서 분비된다. 섹스 후에도 남녀의 뇌에서 옥시토신과 바소프레신이 분비되어 친밀감과 애정을 북돋운다. 옥시토신은 가벼운 포옹을 할 때도 분비되는데, 특히 여성이 더 그렇다. 지성적이고 의식적인 관계로 맺어지지 않은 사람들끼리 가벼운 물리적 접촉만 해도 정서적 친근함을 느끼는 것은 그 때문이다.

좀더 넓은 사회적 환경에서는 옥시토신이 신뢰를 북돋우는 역할을 한다. 우리가 다른 사람들과 긍정적인 사회적 접촉을 경험할 때 옥시토신이 분비되는 것이다.[28] 이런 실험이 있었다. 서로 모르는 두 사람에게 함께 협력하여 돈을 버는 게임을 시켰다. 그러나 게임은 각자 상대를 희생하고 이득을 볼 수도 있게 설계되었다. 따라서 관건은 신뢰였다. 게임이 진행되면 선수들은 상대의 성격을 헤아려볼 수 있었다. 상대가 공정하게 경기를 하는 편인지 아닌지 평가하여, 그에 따라서 자신도 둘 다 이득을 보도록 행동하거나, 아니면 상대를 희생하고 자신이 더 많은 이득을 보도록 이기적으로 행동할 수 있었다.

이 실험의 독특한 점은 선수들이 결정을 내릴 때마다 연구자들이 그들의 혈액을 채취해서 옥시토신 농도를 확인했다는 것이다. 그 결과, 상대가 신뢰를 암시하는 방식으로 행동할 때는 선수의 뇌에서 그에 반응하여 옥시토신이 분비되었다. 또다른 실험에서는 피험자들에게 투자 게임을 시켰는데, 이때 옥시토신 스프레이를 코로 흡입한 피험자들은 상대에게 더 많은 신뢰를 드러내어 더 많은 돈을 투자했다. 피험자들에게 낯선 사람들의 얼굴을 보여주며 표정에 따라서 분류해보라고 시킨 실험도 있었다. 이때 옥시토신을 흡입한 피험자들은 흡입하지 않은 피험자들에 비해서 낯선 얼굴들을 좀더 믿을 만하고 매력적인 사람으로 평가했다(아마도 기대했겠지만, 요즘은 옥시토신 스프레이를 인터넷으로 구입할 수 있다. 그러나 옥시토신을 상대의 콧구멍에 곧장 뿌려야 하기 때문에 그다지 효과는 없다).

인간 본성이 자동적이고 동물적이라는 것을 보여주는 가장 충격적인 증거는 뇌에서 바소프레신 수용기를 다스리는 유전자에 있다. 남성이 그 유전자의 특정 형태를 두 개 가지고 있는 경우에는 바소프레신 수용기의 수가 적다고 한다. 난교성 밭쥐와 비슷한 상태인 셈이다. 실제로 그런 남성들의 행동은 난교성 밭쥐와 비슷했다. 바소프레신 수용기가 적은 남성들은 수용기가 많은 남성들에 비해서 결혼생활에서 문제를 겪거나 이혼 위기를 겪을 가능성이 두 배 높았고, 결혼을 할 가능성은 절반이었다.[29] 인간의 행동이 양이나 밭쥐보다 훨씬 더 복잡하다고 해도, 우리 역시 무의식적인 사회적 행동을 타고나는 것이다. 그것은 우리가 동물이었던 과거의 유물이다.

사회 신경과학은 새로운 분야이다. 그러나 인간의 사회적 행동의 기원과 성격에 대한 토론은 인류 문명만큼 오래되었을 것이다. 수세기 전 철학자들은 양이나 밭쥐 실험 따위는 할 수 없었지만, 어쨌든 마음에 대해서 연구하는 사람들은 인간이 어느 정도까지 삶을 의식적으로 통제하는가 하는 문제를 늘 토론해왔다.[30] 그들은 저마다 다른 개념 틀을 썼지만, 플라톤에서 칸트까지 대부분의 관찰자들은 인간 행동의 직접적 원인 — 스스로 내성법을 통해서 접촉할 수 있는 동기 — 과 추론으로만 짐작되는 숨은 내적 영향력을 구분해야 한다고 생각했다.

앞에서도 말했듯이, 현대에 와서는 프로이트가 무의식을 대중화했다. 그의 이론이 임상적 응용과 대중문화에서 대단히 부각된 것은 사실이지만, 그는 사실 심리학 실험보다는 책과 영화에 더 큰 영향을 미쳤다. 실험심리학자들은 거의 20세기 내내 무의식을 무시했다.[31] 지금 돌아보면 참 이상한 일이지만, 행동주의 운동이 지배했던 20세기 초반에는 심리학자들이 마음이라는 개념 자체를 없애버리려고까지 했다. 그들은 인간 행동을 동물 행동에 비견했던 것은 물론, 인간과 동물은 모두 자극에 대해서 예측 가능한 방식으로 반응하는 복잡한 기계일 뿐이라고 여겼다. 그러나 프로이트와 추종자들이 제안한 내성법이 미덥지 않다고 해도, 또한 당시에는 뇌의 내부 작동을 직접 관찰할 수 없었다고 해도, 마음의 사고과정을 몽땅 부정하는 발상은 많은 사람의 눈에 어리석은 짓으로 비쳤다. 1950년대 말에는 행동주의가 잦아들었고, 그 대신에 새로운 두 가지 운동이 융성했다. 하나는 컴퓨터 혁명에서 영감을 받은 인지심리학이었다. 인지심리학은 행동주의와 마찬가지로 내성법을 대체로 거부했지만, 인간에게 가령 신념과 같은 내적인 심적 상태가 있다는 생각만큼은 받아들였다. 인간은 컴퓨터가 데이터를 처리하듯이 그런 심적 상태를 처리하는 정보체계라고 여겼다. 또다른 줄기는 사회심리학이었다. 이것은 인간의 심적 상태가 어떻게 타인으로부터 영향을 받는지를 이해하려는 움직임이었다.

심리학은 이런 운동들과 더불어 다시 마음의 연구를 끌어안았다. 그러나 두 운동은 신비로운 무의식에 대해서는 여전히 수상쩍다는 입장이었다. 우리가 의식 아래의 과정을 자각하지 못한다면, 또한 뇌에서 그 과정을 추적할 수도 없다면, 애초에 그런 심적 상태가 존재한다는 증거가 어디 있는가? 인지심리학과 사회심리학은 "무의식"이라는 용어를 꺼렸다. 그래도 소수의 과학자들은, 마치 아버지에 대한 기억을 집요하게 묻고 또 묻는 심리치료사처럼, 무의식에 관한 실험을 끈질기게 수행했다. 그런 실험의 결과를 보면 무의식적 과정이 사회적 상호작용에서 몹시 중요한 역할을 수행하는 것이 분명했기 때문에, **반드시 그런 과정은 조사되어야** 했다. 오늘날 고전이 된 1980년대의 그 실험들은 사회적 행동의 무의식적, 자동적 요소에 대해서 강력한 증거를 주었다.

초기의 인간 행동 연구들 중에서 일부는 프레더릭 바틀릿의 기억 이론을 바탕으로 삼았다. 바틀릿은 자신이 목격한 기억 왜곡 현상을 설명하기 위해서는 사람의 마음이 사전에 정해진 무의식적 심적 "대본"을 따른다는 가정이 필요하다고 보았다. 그 대본의 목적은 빈틈을 메우는 것, 그리고 자신이 생각하는 세상의 이치에 부합하도록 정보를 다듬는 것이다. 인지심리학자들은 인간의 사회적 행동도 그런 무의식적 각본을 따르는지 궁금해졌다. 그들은 일상의 많은 행동이 아무 생각 없는 행동이라는 가설, 즉 사전에 정해진 심적 대본을 따라서 진행되는 행동이라는 가설을 세웠다.[32]

이 가설을 확인하는 실험은 이런 식이었다. 실험자가 도서관에 앉아서 복사기를 예의 주시했다. 누군가 다가오면, 급히 달려가서 그 앞에 끼어들면서 이렇게 말했다. "미안하지만, 제가 5장을 복사해야 하는데 먼저 써도 될까요?" 아무리 양보가 미덕이라지만, 그 사람의 복사량이 5장보다 훨씬 더 많지 않은 다음에야, 왜 정당한 이유도 없이 새치기하는 실험자에게 양보한단 말인가? 많은 피험자가 그렇게 느꼈던 것 같다. 피험자의 40퍼센트가 그렇게 말하면서 거절했기 때문이다. 이때 승낙 가능성을 높이는 한 가지 확실한 방법은 피험자가 실험자에게 양보해주어야 할 타당하고 설득력 있는 이유를 대는 것이었다. 실제로 실험자가 "미안하지만, 제가 5장을 복사해야 하는데 먼저 써도 될까요? 제가 좀 급해서요"라고 말했을 때는 거절률이 40퍼센트에서 6퍼센트로 현저히 낮아졌다. 충분히 말이 되는 현상이었으나, 연구자들은 여기에 뭔가 다른 요인이 있을지도 모른다고 추측했다. 어쩌면 사람들은 상대의 변명이 가치 있는 이유인지 아닌지를 의식적으로 판단하는 것이 아닐지도 모른다. 어쩌면 아무 생각 없이 — 자동적으로 — 심적 대본에 따르는 것일지도 모른다.

대본은 이런 식으로 진행되는 듯하다. 누군가 당신에게 작은 호의를 요청하되 정당한 이유를 대지 않으면, 안 된다고 말하라. 누군가 당신에게 작은 호의를 요청하되 이유를 대면, 된다고 말하라. 로봇이나 컴퓨터 프로그램 같은 이 대본이 정말로 사람에게 적용될까? 확인은 쉽다. 복사기로 다가가는 사람에게 "미안하지만, 제가 5장을 복사해야 하는데 먼저 써도 될까요? 제가 OOO해서요"라고 말하되, "OOO"은 요청에 대한 이유처럼 제시되었지만 사실은 정당성이 없는 내용이라고 하자. 연구자들은 "OOO"에 넣을 말로 "제가 복사를 좀 해야 해서요"를 골랐다. 이것은 뻔한 내용을 되풀이한 것일 뿐, 새치기에 대한 타당한 이유가 되지 못한다. 만약 피험자들이 이 이유 같지 않은 이유와 자신의 처지를 의식적으로 저울질해서 판단하는 것이라면, 거절률은 이유가 전혀 주어지지 않았던 상황과 비슷하게 약 40퍼센트일 것이다. 반면에 이유를 대는 행동 자체가 대본에 적힌 "좋습니다" 대사를 유도하기에 충분하다면, 이유가 유효하지 않은 경우라도 피험자의 6퍼센트만이 거절할 것이다. 즉, 설득력 있는 이유 — "제가 좀 급해서요" — 가 제시되었던 상황과 비슷할 것이다. 결과는 정확히 그랬다. 실험자가 "미안하지만, 제가 5장을 복사해야 하는데 먼저 써도 될까요? 제가 복사를 좀 해야 해서요"라고 말했을 때, 피험자의 7퍼센트만이 거절했다. 타당하고 설득력 있는 이유를 제시했던 상황과 사실상 같은 비율이었다. 변변찮은 이유도 적절한 이유 못지않게 사람들의 마음을 흔들었다.

실험자들이 보고서에서 말했듯이, 어쩌면 미리 정해진 대본을 무의식적으로 따르는 것은 "사회적 상호작용에서 가장 흔한 형태일지도 모른다. 생각 없는 행동이 가끔은 문제를 일으키겠지만, 이처럼 선택적으로 주의를 쏟고 그밖의 세상을 무시하는 능력은 성취일지도 모른다." 진화적으로 보면, 이것은 무의식이 일상적 임무를 수행하는 상황인 셈이다. 무의식이 작업을 자동적으로 처리함으로써, 의식은 자유롭게 다른 환경적 요구에 반응할 수 있도록 만들어주는 것이다. 이것은 현대사회에서 멀티태스킹(multitasking)의 핵심이기도 하다. 한 작업에 집중하면서 자동 대본의 도움으로 다른 작업들도 동시에 수행하는 능력이 곧 멀티태스킹이니까.

우리가 사실은 무의식의 영향 때문에 스스로의 감정, 행동, 타인에 대한 판단, 비언어적 소통방식의 이유를 제대로 알지 못한다는 것을 보여주는 연구가 1980년대에 잇달아 나왔다. 심리학자들은 결국 사회적 상호작용에서 의식적 사고가 차지하는 역할을 재고(再考)하게 되었고, "무의식"이라는 용어가 부활했다. 가끔은 "무의식" 대신에 다른 의미로 더럽혀지지 않은 "비(非)의식"이나 "자동적", "암묵적", "비통제적" 의식과 같은 좀더 구체적인 표현이 쓰이기도 했다. 그러나 이 실험들은 주로 영리한 방식의 행동 연구였고, 심리학자들은 피험자의 반응을 야기하는 심적 과정이 정확히 무엇인가에 대해서는 여전히 추측만

할 수 있을 뿐이었다. 우리가 식당에서 요리를 맛보는 것으로도 조리법의 많은 부분을 알아낼 수 있지만, 정말로 어떻게 만들어지는지를 알려면 부엌을 들여다보아야 한다. 인간의 뇌는 여전히 굳게 닫힌 두개골 너머에 숨어 있었다. 그 내부의 작동방식은 한 세기 전과 다름없이 여전히 접근이 불가능했다.

뇌 활동을 직접 관찰할 수 있다는 첫 신호는 19세기에 등장했다. 과학자들은 신경활동이 혈류와 산소농도의 변화를 일으킨다는 것을 알았다. 그 변화를 감시하면, 이론적으로는 뇌 작동이 투영된 현상을 목격하는 셈이었다. 윌리엄 제임스는 1890년에 저서 『심리학 원리(The Principles of Psychology)』에서 이탈리아 생리학자 안젤로 모소의 연구를 언급했다. 모소는 뇌 수술 후 두개골에 틈이 생긴 환자들의 뇌의 박동을 관찰했다.[33] 그는 환자가 정신활동을 하는 동안 특정한 뇌 영역의 박동이 증가하는 것을 보았고, 그 변화는 그 영역의 신경활동 때문이라는 올바른 추론을 끌어냈다. 안타깝게도 당시의 기술로는 두개골이 물리적으로 잘려나가서 뇌에 직접 접근할 수 있을 때만 그런 관찰과 측정이 가능했다.[34] 인간의 뇌를 조사하기에 바람직한 전략은 아니었다. 그러나 1899년 케임브리지 대학교의 과학자들은 그 전략을 개, 고양이, 토끼에게 적용했다. 그들은 동물에게 전류를 가해서 다양한 신경경로들을 자극한 뒤, 살아있는 조직에 직접 도구를 적용하여 뇌 반응을 측정했다. 그래서 뇌 순환과 대사 사이에 연관성이 있다는 것을 보여주었지만, 이 기법은 조잡하고 잔인했기 때문에 오래가지 못했다. 엑스 선의 발명도 대안이 되지 못했다. 엑스 선은 뇌의 물리적 구조를 탐지할 뿐, 끊임없이 역동적으로 변하는 전기적, 화학적 과정은 탐지하지 못하기 때문이다. 뇌의 실제 작동은 이후에도 한 세기 동안 출입금지 지역으로 남았다. 그러다가 프로이트의 『꿈의 해석(*Die Traumdeutung*)』으로부터 약 100년이 지난 1990년대 말, fMRI가 널리 쓰이게 되었다.

서문에서 말했듯이, fMRI는 의사들이 쓰는 일반적인 MRI 기계를 약간 변형한 것이다. 19세기 과학자들은 신경세포가 활동할 때 혈액순환이 증가한다는 점이야말로 뇌의 어느 부분이 어느 시점에서 작동하는지를 알아내는 열쇠라고 보았는데, 정확한 판단이었다. 세포가 활동을 할 때는 산소 소비가 늘기 때문이다. 오늘날 과학자들은 fMRI로 두개골 외부에서 뇌의 산소 소비를 지도화할 수 있다. 뇌 속 원자들의 양자전자기적 상호작용을 이용하는 것이다. fMRI는 정상적인 뇌가 가동하는 모습을 비침습적(非侵襲的, noninvasive)으로, 삼차원으로 탐구할 수 있다. 뇌의 지도를 제공함은 물론, 그중에서 어느 부분이 어느 순간에 활동하는지도 알려준다. 활동 영역이 시간에 따라서 어떻게 변하는지도 추적할 수 있다. 과학자들은 이런 방식으로 특정 정신과정을 특정 신경경로나 특정 뇌 구조와 짝지었다.

앞에서 나는 연구자들이 피험자의 뇌를 찍었다느니, 특정 뇌 영역이 특정 상황에서 활동했다느니 하지 않았다느니 하는 표현을 썼다. 환자 TN의 후두엽이 기능하지 않았다고 말하면서, 쾌락적 경험이 후두엽과 연관된다고 말했다. 뇌 영상 연구에 의하면 물리적 고통에 두 가지 중추가 있다고도 말했다. 이런 모든 발언들은 fMRI 덕분에 가능한 것이다. 최근에 개발된 더욱 새롭고 흥미진진한 기술들도 있지만, 마음 연구의 방식을 바꾸어놓은 것은 fMRI였다. fMRI는 여전히 기초 연구에서 비길 데 없이 중요한 역할을 수행한다.

우리가 당신의 fMRI 데이터를 저장한 컴퓨터 앞에 앉아 있다고 하

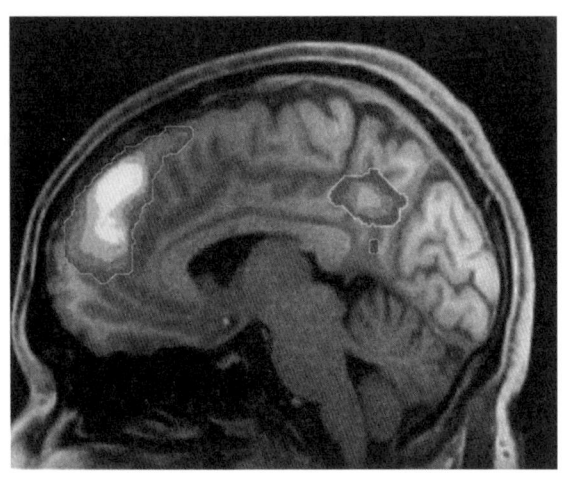

마이크 티즈카 제공

자. 과학자들은 당신의 뇌를 어느 방향으로든 어느 단면으로든 잘라서 보여줄 수 있다. 마치 뇌를 직접 해부한 것처럼 말이다. 일례로 위의 사진은 피험자가 몽상에 잠겨 있을 때 뇌의 정중앙면을 가른 단면이다. 왼쪽과 오른쪽에 따로 표시된 부분은 내측 전전두엽피질(內側 前前頭葉皮質, 안쪽 이마앞엽겉질)과 후방 대상피질(後方 帶狀皮質, 뒤띠다발겉질)의 활동을 뜻한다.

  오늘날 신경과학자들은 흔히 뇌를 세 영역으로 나누는데, 기능, 생리, 진화적 발달을 기준으로 삼아서 거칠게 나누는 것이다.[35] 그중 가장 원시적인 영역은 "파충류 뇌(reptilian brain)"이다. 파충류 뇌는 먹기, 숨 쉬기, 심장박동과 같은 기초적인 생존 기능을 담당하고, 싸움 혹은 도주(flight-or-fight) 본능을 끌어내는 두려움이나 공격성과 같은 원시적 감정들도 담당한다. 모든 척추동물 — 조류, 파충류, 양서류, 어류, 포유류 — 에게는 파충류 뇌가 있다.

  두 번째 영역인 변연계(邊緣系, limbic system)는 좀더 세련된 구조로, 무의식적인 사회적 인식의 근원이다. 이 복잡한 체계에 대한 정의는 연구자마다 조금씩 다르다. 원래는 해부학적으로 규정되었지만 이후에는 기능적으로, 즉 사회적 감정 형성에 필수적인 뇌 체계를 가리키는 말로 정의되고 있기 때문이다. 인간의 변연계는 동그란 고리형 구조로 정의될 때가 많은데, 그중 일부는 앞에서 이미 이야기했다. 복내측 전전두엽피질, 배측전방 대상피질, 편도, 해마, 시상하부, 바닥핵 구성 요소들, 그리고 가끔 안와전두엽피질까지 포함된다.[36] 변연계는 반사적인 파충류적 감정을 강화하고, 사회적 행동의 탄생에 중요하게 작용한다.[37] 변연계의 여러 구조를 이따금 "오래된 포유류 뇌"라고도 통칭하는데, 모든 포유류가 가지고 있는 구조이기 때문이다. 반면에 세 번째 영역인 신피질(neocortex), 즉 "새로운 포유류 뇌"는 그렇지 않다. 원시적인 포유류에게는 보통 신피질이 없다.

신피질은 변연계의 대부분을 위에서 덮고 있다.[38] 제2장에서 설명했듯이, 신피질은 여러 엽으로 나뉘고 인간은 그 크기가 매우 크다. 우리가 뇌라고 하면 보통 떠올리는 것이 바로 이 신피질의 회색질이다. 제2장에서 나는 후두엽을 언급하면서 머리 뒤쪽의 그곳에 주 시각처리 중추가 들어 있다고 말했고, 이번 장에서는 이름 그대로 머리 앞쪽에 있는 전두엽을 언급했다.

인간이 속한 호모 속(屬)은 약 200만 년 전에 진화하기 시작했다. 호모 속에서 살아남은 종은 우리 호모 사피엔스가 유일하다. 호모 사피엔스가 해부학적으로 지금의 형태를 갖춘 것은 약 20만 년 전부터였지만, 앞에서 말했듯이 행동 면에서 문화와 같은 현재의 인간적 특징을 띤 것은 불과 약 5만 년 전부터였다. 선조 호모 종에서 우리까지 오는 동안, 뇌는 두 배로 커졌다. 성장한 부분들 중 불균형할 만큼 많은 부분이 전두엽의 몫이었으므로, 인간을 인간답게 만드는 몇몇 특징들을 관장하는 장소가 전두엽이라고 보아도 좋을 것이다. 이 확장된 구조가 인간의 생존력을 높이는 데에 얼마나 기여했기에 자연이 그 진화를 선호했을까?

전두엽에는 미세운동의 선택과 실행을 담당하는 영역들이 들어 있다. 특히 손가락, 손, 발가락, 발, 혀의 움직임을 담당한다. 이런 움직임이 야생에서의 생존에 중요하다는 것은 자명한 사실이다. 한 가지 흥미로운 점은 얼굴 움직임의 제어도 전두엽에 의존한다는 것이다. 제5장에서 살펴보겠지만, 얼굴 표정의 섬세한 변화 역시 사회적 소통에서 중요한 역할을 하기 때문에 인간의 생존에 중요한 요소이다. 전두엽에는 운동관련 영역들 외에도 전전두엽피질이라는 구조가 있다. "전전두엽(前前頭葉)"이란 말 그대로 "전두엽의 앞"이라는 뜻이고, 실제로 전전두엽은 이마 바로 뒤에 있다. 인간성이 가장 뚜렷하게 드러나는 것은 바로 이 구조에서이다. 전전두엽피질은 목표에 따라서 생각과 행동을 계획하고 조정하며 의식적 사고와 인식과 감정을 통합하기 때문에, 전전두엽피질을 의식의 장소로 여기는 사람도 있다.[39] 변연계에 해당하는 복내측 전전두엽피질과 안와전두엽피질은 전전두엽피질에 포함된 하부구조들이다.

파충류 뇌, 변연계 혹은 오래된 포유류 뇌, 신피질 혹은 새로운 포유류 뇌. 이것은 유용한 해부학적 구분이고, 나도 간간이 이 용어들을 말할 것이다. 그러나 이것은 단순화한 그림이라는 점을 명심해야 한다. 실제 이야기는 좀더 복잡하다. 가령 이런 구분은 뇌가 깔끔한 단계를 거치며 진화했다는 인상을 주지만, 현실은 사뭇 다르다. 이른바 원시적인 생물들 중에서도 일부는 신피질과 비슷한 조직을 가지고 있다.[40] 따라서 그

동물들의 행동은 과거 우리의 짐작처럼 철저히 본능적이지만은 않을 것이다. 또한 앞에서는 세 영역이 거의 독립적인 것처럼 묘사했지만, 현실에서는 세 영역이 하나로 통합되어 협동적으로 기능한다. 수많은 신경연결이 세 영역을 잇고 있다. 뇌의 복잡성은 해마라는 깊숙한 곳의 작은 구조 하나를 두고도 두께가 몇 센티미터나 되는 교과서가 쓰인다는 점만 보아도 알 수 있다. 해마의 신경세포 가운데 한 종류에 대한 연구들을 정리한 최근의 한 논문은 100쪽이 넘는데다가, 복잡한 실험을 700개나 언급했다. 수많은 연구들에도 불구하고 마음이 의식적이든 무의식적이든 여전히 크나큰 신비를 간직한 까닭은 뇌가 그토록 복잡하기 때문이다. 그렇기 때문에 여전히 전 세계 수만 명의 과학자들이 여러 뇌 영역들의 기능을 분자, 세포, 신경, 심리 수준에서 밝혀내려고 애쓰는 것이고, 뇌 경로들의 상호작용이 어떻게 생각, 감정, 행동을 빚어내는지를 연구함으로써 갈수록 심오한 통찰을 제공하고 있는 것이다.

fMRI가 등장함에 따라서, 또한 뇌 구조들이 생각, 감정, 행동에 기여하는 바를 연구하는 능력이 커짐에 따라서, 행동주의를 뒤이었던 두 운동은 힘을 합치기 시작했다. 사회심리학자들은 심리적 과정에 대한 자신들의 이론을 뇌에서 그 과정을 일으키는 구조들과 연결지음으로써 이론을 더 잘 풀어내고 확인할 수 있다는 것을 깨달았다. 인지심리학자들은 심적 상태의 기원을 추적할 수 있다는 것을 깨달았다. 한편 물리적 뇌에 집중하는 신경과학자들은 서로 다른 구조들이 어떤 심적 상태와 심리적 과정을 일으키는지를 배움으로써 자신이 연구하는 구조의 기능을 더 깊이 이해할 수 있다는 것을 깨달았다. 그리하여 사회인지 신경과학, 줄여서 사회 신경과학이라는 새로운 분야가 탄생했다. 이 분야는 사회심리학, 인지심리학, 신경과학으로 구성된 "삼각관계"이다.

앞에서 나는 최초의 사회 신경과학 학회가 2001년 4월에 열렸다고 말했다. 이 분야의 눈부신 팽창속도는 다음 사실에서 알 수 있다. fMRI를 활용한 최초의 학술 문건은 1991년에 발표되었고,[41] 1992년에는 한 해를 통틀어 4건이 발표되었다. 2001년만 해도 인터넷에서 "사회인지 신경과학"을 검색한 결과는 고작 53건이었는데, 똑같은 검색을 2007년에 했을 때는 3만 건이 넘었다.[42] 이때쯤 신경과학자들은 3시간에 하나씩 fMRI 연구를 쏟아내는 판국이었다.

뇌의 작동을 실시간으로 관찰하는 능력, 그리고 무의식의 기원과 깊이를 새로이 이해하는 방법이 등장함에 따라서, "새로운 심리학"이 엄밀한 실험과학이 되기를 바랐던 분트나 제임스와 같은 선구자들의 꿈은 드디어 현실이 되고 있다. 프로이트의 무의식 개념에는 비록 흠이 있었지만, 무의식의 중요성을 강조했던 그의 관점은 갈수록 더 타당해 보인다. 이드(id), 에고(ego)와 같은 모호한 개념들은 뇌 구조, 연결성, 기능적 지도 등에 길을 내주었다. 우리는 대부분의 사회적 인식도 — 시각, 청각, 기억처럼 — 우리의 자각, 의도, 의식적 노력과는 무관한 경로를 따라서 전개된다는 사실을 알게 되었다. 그렇다면 이런 의식 아래의 프로그래밍은 우리 삶에, 우리가 자신을 내보이는 방식에, 타인과 소통하고 타인을 판단하는 방식에, 사회적 상황에 반응하는 방식에, 스스로를 생각하는 방식에 어떤 영향을 미칠까? 이것이 제2부에서 탐구할 영역이다.

2

사회적 무의식

5
사람의 마음 읽기

아무리 우호적인 말을 하더라도, 몸이 다른 말을 한다면 아무 소용이 없다.
— 제임스 보그

아인슈타인의 "기적의 해"가 시작되기 몇 달 전이었던 1904년 늦여름, 「뉴욕 타임스(*New York Times*)」는 또다른 독일산 과학적 기적을 소개했다. "말하는 것 외에는 거의 무엇이든지 할 수 있는" 말[馬]이 있다는 것이었다.[1] 이것은 상상으로 지어낸 이야기가 아니었고, 프로이센 교육부가 임명한 위원회에 의해서 확인된 사실임은 물론이요, 기자 본인도 목격한 사건이라고 기자가 독자에게 장담했다. 그 주인공은 나중에 "똑똑한 한스"라고 불리게 되는 종마였다. 한스는 오늘날의 3학년 학생들 수준의 산수 문제와 지적 과제를 풀 줄 알았다. 한스가 당시 아홉 살이었으니, 나이로는 맞는 셈이었다. 종을 감안하면 이야기가 달라지지만 말이다. 보통의 아홉 살 아이들처럼 한스도 그때까지 4년 동안 교육을 받았다. 주인인 빌헬름 폰 오스텐이 집에서 가르쳤던 것이다. 폰 오스텐은 — 오늘날의 고등학교와 비슷한 — 김나지움(gymnasium)에서 수학을 가르쳤는데, 괴짜 늙은이라는 점과 남들의 시선을 상관하지 않는다는 점에서 정평이 자자했다. 그는 매일 정해진 시각에 한스 앞에 서서 — 이웃들이 뻔히 보는 앞에서 — 다양한 소도구와 칠판을 사용하여 한스를 가르쳤고, 당근이나 각설탕으로 보상했다.

한스는 오른발굽을 굴러서 주인의 질문에 대답하는 방법을 익혔다. 「뉴욕 타임스」 기자에 따르면, 한번은 한스에게 금, 은, 구리로 만들어진 동전이 각각 몇 개인지 말하라는 과제가 주어졌다. 금에는 발을 한 번 구르고, 은에는 두 번 구르고, 구리에는 세 번 구르라는 것이었다. 한스는 비슷한 방식으로 알록달록한 모자들의 색깔도 구분했고, 발굽 구르기라는 기호언어로 시간도 말했다. 그날이 몇 월인지, 무슨 요일인지 말했다. 8, 16, 32 속에 4가 몇 번 포함되었는지 말했다. 5와 9를 더했고, 7을 3으로 나눈 나머지가 얼마인지도 말했다. 기자가 묘기를 구경했던 시점에 한스는 이미 유명인사였다. 폰 오스텐은 독일 전역을 다니며 사람들을 모아서 한스를 구경시켰다. 황제 앞에서 공연한 적도 있었다. 입장료는 받지 않았다. 그의 목적은 동물에게도 사람과 같은 지능의 잠재력이 있다는 것을 대중에게 확인시키는 것이었기 때문이다. 아이큐가 높은 말이라는 진기한 현상에 대한 대중적 관심이 얼마나 컸던지, 급기야 폰 오스텐의 주장을 평가할 위원회가 소집되었다. 위원회는 한스의 묘기에 아무런 농간도 개입되지 않았다고 결론내렸다. 성명서에 따르면, 말의 능력은 폰 오스텐이 쓴 우수한 교수법 덕분이었다. 프로이센의 학교들이 채택한 바로 그 교수법 말이다. "우수한 교수법"이 각설탕을 말하는지 당근을 말하는지는 분명하지 않았으나, 위원회에 속했던 프로이센 자연사 박물관 관장은 "폰 오스텐 씨가 한스의 진미(珍味)에 대한 욕구를 계발함으로써 훈련시켰다"고 말했다. 그러나 "말이 정말로 공부에 재미를 느끼는지는 의심스럽다"고도 덧붙였다. 이런 말이 더 한스가 놀랍도록 인간과 비슷하다는 증거로 보이지 않았을까?

모든 사람들이 위원회의 결론을 믿은 것은 아니었다. 한스의 묘기가 말 교수법의 성과 이상일지도 모른다는 것을 강하게 암시하는 증거가 있었다. 가끔 한스가 폰 오스텐이 질문을 꺼내기도 전에 대답한다는 점이었다. 폰 오스텐의 말은 주인의 마음을 읽는 것처럼 보였다. 심리학자 오스카 풍스트는 이 점을 조사해보기로 했다. 풍스트는 폰 오스텐의 지원을 받아서 한스에게 이런저런 실험을 실시해보았다. 말은 주인이 아닌 다른 사람이 내는 문제에도 대답했는데, 단 질문자가 답을 아는 경우에만, 또한 한스가 발을 구르는 동안 질문자를 눈으로 볼 수 있을 때만 그랬다.

추가로 세심한 실험들을 실시한 끝에, 풍스트는 질문자가 저도 모르게 무의식적으로 드러내는 단서들이 말의 지적 묘기를 가능하게 하는 열쇠임을 알아냈다. 풍스트가 보니, 질문자는 문제를 제시하는 순간에 자기도 모르게 거의 눈에 띄지 않을 정도로 몸을 앞으로 기울였다. 한스는 그 단서를 보고서 발을 구르기 시작하는 것이었다. 그러다가 정답이 가까워지면, 질문자가 드러내는 또다른 사소한 신체언어가 발을 그만 구르라는 신호가 되었다. 사람의 심적 상태에 대한 단서가 되어주는 무의식적인 태도 변화, 즉 포커에서 말하는 "텔(tell)"이 있었던 것이다. 풍스트는 말에게 질문을 던진 사람들이 한 명도 빠짐없이 엇비슷한 "근육의 미약한 움직임"을 보였다고 지적했다. 스스로는 의식하지 못하는 행동이었다. 한스는 경주마는 아니지만, 포커 선수의 자질은 가지고 있었다.

풍스트는 피험자 25명에게 **자신**에게 질문을 던져보라고 하고 자신이 한스의 역할을 함으로써 주장을 화려하게 증명해 보였다. 피험자들은 실험의 정확한 목적은 몰랐지만, 자신이 은연 중에 답을 누설하는 단서를 내는지 아닌지 관찰당한다는 것은 알았다. 그런데도 25명 중 23명이 (물론 본인들은 부정했지만) 그런 움직임을 보였다. 참고로 폰 오스텐은 풍스트의 결론을 인정하지 않았고, 한스와 함께 독일 순회공연을 계속하면서 열광적인 만원 관중을 끌어모았다.

다른 운전자가 쳐든 가운뎃손가락의 희생자가 되어본 사람이라면, 비언어적 소통이 때로 상당히 분명하고 의식적이라는 것을 알 것이다. 그러나 이런 순간도 있다. 배우자가 당신에게 "그런 눈으로 보지 마"라고 말할 때, 당신은 "그런 눈이라니 무슨 말이야?"라고 모른 척 대꾸하면서도 속으로는 스스로 잘 숨겼다고 믿었던 어떤 감정을 또렷하게 느끼고 있다. 또는 당신이 입맛을 다시며 배우자가 만든 요리가 맛있다고 말해도, 상대는 왠지 모르게 "왜, 맛없어?"라고 반응한다. 그래도 괜히 속 태울 것은 없다. 말이 사람의 마음을 읽는 판국에 배우자가 당신의 마음을 못 읽겠는가?

과학자들은 인간의 언어 능력을 매우 중요하게 여긴다. 그러나 인간은 그와 더불어 비언어적 소통을 주고받는다. 비언어적 메시지가 세심하게 고른 말보다 더 많은 뜻을 전달할 때도 있고, 심지어 아예 반대되는 뜻을 전달할 때도 있다. 비언어적 신호를 발산하고 읽는 과정은 전부는 아니라도 대체로 자동적이며, 의식적 자각이나 통제를 벗어나서 행해진다. 따라서 우리는 자신도 모르는 와중에 비언어적 단서를 통해서 심적 상태에 대한 정보를 남들에게 풍성하게 전달한다. 우리가 취하는 몸짓, 몸을 가누는 자세, 얼굴에 떠오른 표정, 말의 비언어적 특징. 이런 것들은 타인이 우리를 보는 시각에 영향을 미친다.

비언어적 단서의 영향력은 인간과 동물의 관계에서 극명하게 드러난다. 현실이 픽사 영화가 아닌 이상, 다른 동물 종들은 인간의 말을 이해하는 능력이 제한적이기 때문이다. 그러나 많은 동물들이 한스처럼 사람의 몸짓과 신체언어에 **정말로** 민감하다.[2] 최근의 한 연구는 늑대를 적절히 훈련시킬 경우 인간에게 괜찮은 친구가 될 수 있으며, 녀석들이 인간의 비언어적 신호에 반응한다는 것을 보여주었다.[3] 그렇다고 해서 늑대에게 파이도라는 이름을 붙이고 한 살짜리 아기와 놀도록 내버려둘 사람은 없겠지만, 늑대는 사실 대단히 사회적인 동물이다. 늑대가 사람의 비언어적 단서에 반응할 줄 아는 까닭은 녀석들의 공동체에서 그런 신호를 풍부하게 사용하기 때문이다. 늑대는 많은 협동 행동을 하는데, 그런 행동에는 동료들의 신체언어를 예측하고 해석하는 기술이 필요하다. 만약 내가 늑대라면, 동료 늑대가 귀를 쫑긋 앞으로 세우고 꼬리를 수직으로 세울 때는 우위를 과시하는 행동이라고 이해할 것이다. 귀를 뒤로 젖히고 눈을 가늘게 뜨면 의심을 드러내는 것이고, 귀를 머리에 착 붙이고 꼬리를 다리 사이로 감아넣으면 두려워하는 것이다. 늑대에게 명시적인 실험을 해본 예는 없지만, 그런 행동을 보면 늑대에게는 적어도 낮은 수준의 마음의 이론이 있는 듯하다. 그래도 인간의 가장 좋은 친구는 늑대가 아니다. 그것은 개의 몫이다. 늑대에서 유래한 개야말로 인간의 사회적 신호를 가장 잘 읽는 동물이고, 그 점에서는 심지어 다른 영장류보다도 더 낫다. 많은 사람이 이 발견에 놀랐다. 문제풀이나 속이기와 같은 다른 전형적인 인간적 행동에서는 영장류가 개보다 훨씬 더 뛰어나기 때문이다.[4] 이것은 개들의 가축화 과정에서 우리에게 더 좋은 친구가 되어주는 방향으로 적응한 개체들이 진화적으로 선호되었다는 뜻이다.[5] 그리하여 개들은 단란한 가정이 주는 편익을 누리게 되었다.

인간의 비언어적 소통에 시사점을 제공한 연구들 중에는 인간이 가급적 한집에서 살려고 하지 않는, 최소한 일부러 같이 살려고는 하지 않는 동물을 활용한 것이 있었다. 쥐이다. 연구자들은 실험심리학 수업을 듣는 학생들에게 각각 쥐 5마리, T자 미로, 언뜻 간단해 보이는 과제를 나누어주었다.[6] 미로의 T자에서 한 팔은 흰색이었고, 다른 팔은 회색이었다. 쥐가 할 일은 회색 통로로 달려가는 법을 배우는 것으로, 그곳으로 가면 먹이로 보상을 받았다. 학생들이 할 일은 매일 한 쥐당 10번씩 기회를 주어서 회색 통로에 먹이가 있음을 가르치고, 학습의 진전을 객관적으로 기록하는 것이었다. 그런데 사실 실험의 기니피그는 쥐가 아니라 학생들이었다. 연구자들은 학생들에게 세심한 교배를 통해서 미로 찾기에 천재인 쥐 계통과 둔재인 쥐 계통을 만들 수 있었다고 말했다. 학생들 절반에게는 그들의 쥐가 바스쿠 다 가마를 뺨치는 미로 탐험가라고 말했고, 나머지 절반에게는 그들의 쥐가 방향감각이 엉망이라고 말했다. 그러나 사실 그런 선택적 교배는 없었다. 동물들은 서로 바꾸어도 무방했다. 제 어미 외에는 아무도 몰랐을 것이다. 실험의 진짜 목적은 두 집단의 **사람들**이 얻은 결과를 비교해서, 사람들의 기대가 쥐의 성과에 편향적인 영향을 끼치는지 알아보는 것이었다.

그 결과, 자기 쥐가 똑똑하다고 생각한 학생들의 쥐는 멍청하다고 생각한 학생들의 쥐보다 성과가 눈에 띄게 더 좋았다. 연구자들은 학생들에게 쥐를 어떻게 다루었는지 보고하도록 했는데, 분석 결과 두 학생 집단이 동물과 관계를 맺은 태도가 달랐다. 쥐가 성취 능력이 뛰어나다고 믿은 학생들은 쥐를 더 많이, 더 부드럽게 만짐으로써 자신의 태도를 전달했다. 그러나 어쩌면 이것은 의도적인 행동이었을 수도 있다. 우리의 관심은 의도적이지 않고 통제하기 어려운 단서들인데 말이다.

다행스럽게도 다른 두 연구자가 우리와 같은 문제의식을 느꼈다.[7] 그들은 위의 실험을 반복하되, 학생들에게 쥐의 계통에 대해서 전혀 모르는 듯이 공평하게 다루는 것이야말로 이 과제의 핵심이라고 엄중하게 훈계했다. 다루는 방식이 달라지면 결과가 왜곡된다고 경고했고, 그것은 곧 성적에 영향이 있으리라는 뜻이었다. 주의에도 불구하고, 우월한 성과를 기대한 학생들의 쥐가 역시 우월한 성과를 보였다. 학생들은 공평무사하게 행동하려고 했지만 그럴 수 없었다. 그들은 무의식적으로 기대에 바탕한 단서를 전달했고, 쥐들은 그것에 반응했다.

인간도 그와 비슷할 것이라고 가정하여 무의식적으로 소통된 기대가 성과에 영향을 미친다고 말하기는 쉽다. 그러나 이런 가정이 과연 사실일까? 쥐 실험에 참가했던 로버트 로젠탈은 이 의문을 알아보기로 했다.[8] 그는 이번에도 학생들에게 실험을 시켰는데, 이번에는 쥐가 아니라 사람이 대상이었다. 물론 사람 피험자에게 알맞은 내용으로 실험을 조금 바꾸어야 했다. 로젠탈은 이런 방법을 떠올렸다. 그는 학생 실험자들 — 사실은 이들이 진정한 피험자들이었다 — 에게 다양한 얼굴들이 찍힌 사진을 다른 피험자들에게 보여주도록 하고, 각각의 얼굴에서 성공 혹은 실패가 느껴지는 정도를 평가시키라고 지시했다. 로젠탈은 사전에 수많은 사진들을 시험하여 중립적이라고 판단된 사진들만 학생들에게 제시했지만, 학생들에게는 그렇게 말하지 않았다. 학생들에게는 사전 실험의 결과를 재확인하려는 것이라고 말하면서, 학생 절반에게는 그들이 받은 사진이 모두 성공한 사람의 얼굴로 평가된 것이라고 말하고, 나머지 절반에게는 그들이 받은 사진이 모두 실패한 얼굴로 평가된 것이라고 말했다.

학생 실험자가 자신의 기대를 언어로 소통하지 못하도록, 로젠탈은 대본을 주고서 그것을 따라 읽으라고 했다. 거기에서 벗어나거나 다른 말을 덧붙여서는 안 된다고 경고했다. 학생들이 할 일은 그저 피험자들에게 사진을 보여주고, 지침을 읽어주고, 피험자의 반응을 기록하는 것이었다. 실험자의 편향을 억제하는 사전 조치로 이보다 더 강력한 방법은 떠올리기 어렵다. 그런데도 비언어적 소통이 학생들의 기대를 드러낼까? 사람 피험자들은 쥐들과 마찬가지로 그런 단서에 반응할까?

자신의 피험자가 사진에 높은 점수를 매기리라고 기대한 학생들은 정말로 그런 평가를 얻어냈다. 그뿐만이 아니었다. **한 명도 예외 없이 그들 모두가**, 낮은 점수를 기대한 **어느** 학생보다도 높은 점수를 피험자로부터 얻어냈다. 학생들은 어떤 방식으로든 자신의 기대를 의식 아래에서 소통한 것 같았다. 그러나 대체 어떻게?

1년 뒤, 다른 연구자들이 로젠탈의 실험을 약간 비틀어 반복했다.[9] 이들은 실험자가 피험자에게 지침을 읽어주는 목소리를 녹음한 뒤에, 이어서 이번에는 사람이 아니라 녹음기로 피험자에게 지침을 전달하는 **별도**의 실험을 진행했다. 목소리로 전달되는 단서 외에는 모든 단서를 제거한 셈이었다. 이때도 결과는 편향을 드러냈지만, 그 정도는 원래의 절반 수준이었다. 그렇다면 실험자가 기대를 전달하는 한 가지 통로는 말투와 음색이라는 뜻이다. 그러나 그것이 요인의 절반이라면, 나머지 절반은 무엇일까? 아무도 모른다. 이후 많은 과학자가 그 답을 찾기 위해서 다양한 형태로 실험을 수행했지만, 모두 이 효과를 재확인했을 뿐 그밖의 비언어적 신호가 무엇인지 정확히 짚어낸 사례는 없었다. 어쨌든 그 단서는 미묘하고 무의식적일 것이며, 개인마다 편차가 상당할 것이다.

이 실험의 교훈은 우리가 개인적, 직업적 삶에서 가족, 친구, 직원,

고용주를 대할 때도, 나아가 마케팅의 표적집단으로서 면담하는 사람들을 대할 때도 분명히 적용된다. 우리는 원하든 원하지 않든 자신의 기대를 다른 사람들에게 전달하며, 그들은 종종 그 기대를 충족시키는 방향으로 반응한다. 누구나 드러내어 말하든 말하지 않든 자신과 상호 작용하는 사람들에게 모종의 기대를 품고 있고, 그들도 우리에게 기대를 품고 있다. 나의 부모님이 내게 주신 선물은 바로 그것이었다. 나를 바스쿠 다 가마 쥐처럼 대해주신 것, 내가 무슨 일을 하기로 결심하든 성공을 향해서 항해할 수 있다는 자신감을 가지게 해주신 것. 부모님이 당신들의 믿음을 나에게 말로 표현한 것은 아니었다. 그러나 어쨌든 나는 그것을 느꼈고, 그것은 언제나 내 힘의 원천이었다.

로젠탈은 바로 그 점을, 즉 어른의 기대가 아이에게 어떤 영향을 미치는가 하는 점을 연구해보았다.[10] 그 결과, 교사의 기대는 학생들의 학업 성취에 큰 영향을 미쳤다. 교사가 학생들을 공평하게 대하려고 노력해도 마찬가지였다. 한 실험에서, 로젠탈은 동료와 함께 18개 학급의 아이들에게 아이큐 검사를 실시한 뒤, 그 결과를 학생들이 아니라 교사들에게 보여주었다. 그러면서 검사 결과, 몇몇 아이들이 유독 뛰어난 지적 잠재력을 가지고 있는 것으로 드러났다고 말해주었다.[11] 그러나 교사들이 모르는 비밀이 있었다. 우수하다고 거명된 아이들의 아이큐는 실제로 평균보다 높지 않았고 딱 평균이었다는 점이다. 그후 교사들은 우수하다고 분류된 학생들에 비해서 그렇지 않은 학생들이 호기심과 관심도가 뒤진다고 평가했고, 학생들의 성적은 그 기대를 반영했다.

정말로 충격적인 점 — 또한 정신이 번쩍 들게 만드는 사실 — 은 8개월 뒤에 실시한 두 번째 아이큐 검사의 결과였다. 원래 아이큐 검사를 두 번 실시하면 점수가 조금씩 달라지기 마련이다. 보통 절반은 점수가 높아지고, 절반은 낮아진다. 개개인의 지적 발달속도가 친구들에 비해서 상대적으로 달라서일 수도 있고, 그저 무작위적인 변이일 수도 있다. 로젠탈의 두 번째 검사에서도 "보통"으로 분류된 아이들 중 절반은 아이큐가 높아졌다. 그러나 우수하다고 지목되었던 아이들은 조금 달랐다. 그들 중에서는 약 80퍼센트가 아이큐가 10 이상 높아졌다. 심지어 "우수한" 집단의 약 20퍼센트는 아이큐가 30 이상 높아졌다. 반면에 보통 아이들 중에서 그만큼 점수가 높아진 경우는 5퍼센트뿐이었다. 우수한 아이라는 딱지를 붙여주는 것이 강력한 자기 충족적 예언이었던 셈이다. 로젠탈은 현명하게도 아이들에게 가짜로 평균 이하라는 딱지를 붙이지는 않았다. 그러나 슬프게도 현실에서는 그런 일이 자주 벌어지며, 자기 충족적 예언은 반대 방향으로도 작용한다고 보는 것이 합리적이다. 요컨대, 아이에게 학습 부진아라는 딱지를 붙이는 것은 아이가 정말로 그렇게 되도록 거드는 일이다.

인간은 풍성한 언어체계를 써서 소통한다. 언어의 발달은 우리 종의 진화에서 결정적인 순간이었고, 인간사회의 특징을 재규정한 혁신이었다. 이것은 인간만의 독특한 능력인 듯하다.[12] 다른 동물들의 소통은 서로를 알아보거나 경고를 울리는 단순한 메시지로 제한되고, 복잡한 구조는 거의 없다. 한스에게 완벽한 문장으로 대답하라고 했다면, 공연은 당장 막을 내렸을 것이다. 영장류라도 몇몇 신호를 배우고 그것을 기초적인 방식으로 결합하는 것 이상의 능력을 자연적으로 습득하는 종은 없다. 반면에 인간은 비록 평범한 사람이라도 수만 개의 단어를 익히고, 그것을 복잡한 규칙에 따라서 꿰어낸다. 더군다나 의식적인 노력을 할 필요가 거의 없고, 공식적인 가르침을 받을 필요도 없다.

언어는 어떻게 진화했을까? 과학자들도 아직은 모른다. 호모 하빌리스나 호모 에렉투스와 같은 초기 인간 종들은 원시언어를 닮은 소통체계나 기호 소통체계를 갖추었을 것이라고 보는 사람이 많다. 그러나 우리가 아는 형태의 언어는 현대 인류가 등장하고서야 비로소 발달했을 것이다. 언어가 10만 년 전에 생겨났다고 보는 사람도 있고, 그보다 나중이었다는 사람도 있다. 어쨌든 5만 년 전, "행동 면에서 현대적인" 사회적 인간이 발달하고부터는 세련된 소통의 욕구가 더욱 절실해졌을 것이다. 앞에서 살펴보았듯이, 우리 종에게는 사회적 상호작용이 몹시 중요하다. 사회적 상호작용은 소통의 욕구과 나란히 간다. 그 욕구가 어찌나 강한지, 귀가 먼 아기들조차 언어와 비슷한 몸짓체계를 발달시킬 정도이다. 아기들에게 수화를 가르쳐주면, 아기들은 손으로 서로 재잘거린다.[13]

왜 사람은 **비언어적 소통**을 발달시켰을까? 이 문제를 처음 진지하게 연구했던 사람은 어느 영국인이었고, 그의 동기는 진화 이론에 대한 관심이었다. 스스로의 평가에 따르면, 그는 천재가 아니었다. "민첩한 이해력이나 재치를 갖추지" 못했고, "길고 철저하게 추상적 사고의 흐름을 쫓는 능력"도 갖추지 못했다.[14] 나는 가끔 그와 비슷한 기분을 느낄 때면, 이 말을 곱씹으면서 기운을 차린다. 그 영국인은 사실 그럭저럭 잘 해냈기 때문이다. 그의 이름은 찰스 다윈이다. 『종의 기원(The Origin of Species)』 출간 후 13년이 흘렀을 때, 다윈은 또다른 급진적인 책을 발표했다. 『인간과 동물의 감정표현(The Expression of the Emotions in Man and Animals)』이었다. 그는 감정 — 또한 감정표현의 방식 — 이 생존에 유리하게 작용한다고 주장했고, 이것은 인간만의 독특한 특성이 아니라 많은 종이 공유하는 특성이라고 주장했다. 따라서 여러 종들의 비언어적 감정표현이 서로 얼마나 비슷하고 다른지를 조사하면 감정의 역할에 대한 단서를 발견할 수 있다고 말했다.

다윈은 스스로를 영리한 사람으로 여기지 않았지만, 자신에게도 한 가지 훌륭한 지적 장점이 있다고 믿었다. 그것은 세심하고 상세한 관찰력이었다. 실제로 그는 감정표현의 보편성을 처음 말한 사람은 아니었지만,[15] 심적 상태들의 물리적 표현을 수십 년 동안 철두철미하게 관찰했다. 자국인들과 외국인들을 관찰했고, 그들의 문화적 유사성과 차이점을 살펴보았다. 가축들을 조사했고, 런던 동물원의 동물들도 조사했다. 책에서 그는 인간의 수많은 표정과 감정적 몸짓을 분류한 뒤, 그 기원에 관한 가설을 제시했다. 다윈은 하등 동물도 표정, 자세, 몸짓으로 의도와 감정을 드러낸다는 점을 지적하며, 인간의 비언어적 소통들 중 많은 부분이 선천적이고 자동적인 것으로서 과거의 진화 단계에서 남은 유물이라고 추측했다. 가령 인간은 다른 동물들처럼 애정을 담아서 가볍게 깨문다. 또한 다른 영장류들처럼 콧구멍을 넓히고 이빨을 드러내어 코웃음을 친다.

미소도 인간과 하등 영장류가 공유하는 표현이다. 내가 공공장소에 앉아 있다가, 나를 지켜보는 누군가의 시선을 눈치챘다고 하자. 내가 되받아 응시했을 때 그가 미소를 지으면, 나는 그 시선 교환에 기분이 좋아질 것이다. 그러나 상대가 웃을 기색 없이 계속 빤히 바라보면, 나는 불편한 기분이 들 것이다. 이런 본능적인 반응은 어디에서 올까? 인간은 미소를 주고받을 때, 많은 영장류 사촌들이 경험하는 기분을 공유하는 셈이다. 다른 영장류들의 사회에서 정면 응시는 공격적인 신호이다. 그것은 공격에 앞서는 행위일 때가 많고, 따라서 공격을 야기하는 행동이 되기 쉽다. 그래서 복종하는 원숭이는 서열이 높은 원숭이를 슬쩍 확인하고 싶을 때 평화의 신호로서 이빨을 드러낸다. 원숭이 언어에서 이빨 드러내기는 내 시선을 용서해주세요, 내가 쳐다보는 것은 공격하겠다는 뜻이 아니니까, 제발 먼저 나를 공격하지는 마세요라는 뜻이다. 침팬지 사이에서는 미소가 다른 뜻으로도 통한다. 우위에 있는 개체가 복종하는 개체에게 미소를 보이는데, 그것은 걱정 마, 너를 공격하려는 것은 아니니까라는 뜻이다. 그러니 복도에서 지나친 낯선 사람이 우리에게 설핏 미소를 비칠 때, 우리는 영장류의 전통 깊숙이 뿌리 내린 의사교환을 경험하는 셈이다. 심지어 인간사회에서처럼 침팬지 사회에서도 미소 주고받기는 우정의 신호라는 증거가 있다.[16]

미소는 진정한 감정의 척도로서는 조금 조잡하지 않느냐고 생각할지도 모르겠다. 가짜로 미소를 꾸며내는 것쯤은 누구나 할 수 있지 않은가? 우리가 의식적으로 미소를 보일 수 있는 것은 사실이다. 또한 어떤 표정도, 훈련된 방식으로 얼굴 근육을 움직여서 꾸며낼 수 있다. 덕분에 우리는 칵테일 파티에 참석했을 때 내심 지겨우면서도 남들에게 좋은 인상을 주려고 노력할 수 있다. 그러나 표정은 의식 아래에서 제어되는 부분이 있다. 의식적으로 통제할 수 없는 근육들에 의해서 제어되는 부분이 있다. 따라서 누구도 진정한 표정을 가짜로 꾸밀 수는 없다. 물론 입꼬리를 광대뼈로 끌어올리는 대관골근(大觀骨筋, 큰광대근)을 수축시켜서 거짓 미소를 띨 수는 있다. 그러나 진정한 미소가 되려면 안륜근(眼輪筋, 눈둘레근)이라는 한 쌍의 보조배우도 수축해야 하는데, 이 근육은 눈을 둘러싼 피부를 잡아당겨서 눈가에 잔주름이 지게 하지만, 그 효과는 대단히 미세한 편이다. 이 점을 처음 지적한 사람은 19세기의 프랑스 신경학자 뒤셴 드 불로뉴였다. 그는 다윈에게 영향을 미쳤던 인물로, 웃는 사람들의 사진을 엄청나게 많이 수집했다. 미소근육을 움직이는 신경경로에는 두 종류가 있다. 수의적(隨意的) 경로는 대관골근을 움직이고, 불수의적(不隨意的) 경로는 안륜근을 움직인다.[17] 그러니 미소를 갈구하는 사진사가 우리에게 "치즈"라고 말하라고 외치면 우리의 입은 고분고분 미소의 위치로 움직이겠지만, "치즈"라고 말하라는 소리를 듣고 실제로 즐거워지는 사람이 아닌 이상, 그 미소가 진짜처럼 보이지는 않을 것이다.

다윈은 뒤셴 드 불로뉴가 분류한 두 가지 미소의 사진들을 본 뒤, 우리가 그 차이를 느낄 수는 있어도 정확하게 어떤 차이인지를 의식적으로 지적하기는 어렵다고 말했다. "우리가 그토록 다양한 색조의 표정들을 의식적 과정 없이 즉각적으로 인지한다는 것은 참으로 신기한 일이다."[18] 다윈 이후에는 이 주제에 관심을 쏟은 사람이 별로 없었으나, 최근의 연구를 보면 다윈의 관찰은 옳았던 것 같다. 미소를 분석하는 훈련을 받지 않은 사람들이라도 누군가의 진짜 미소와 가짜 미소를 관찰했을 때 직감적으로 둘을 구별해낸다.[19] 중고차 판매원이나 정치인처럼 속뜻과 다른 미소를 띤 사람들이 얄팍해 보인다는 평을 듣는 까닭은 우리가 이처럼 가짜 미소를 본능적으로 인지하기 때문이다. 메소드 연기 전통을 따르는 배우들은 자신이 표현해야 하는 감정을 실제로 **느끼도록** 훈련함으로써 이 문제를 해소한다. 성공한 정치인들 중에는 낯선 사람들이 운집한 장소에서 말할 때 진심으로 친근감과 공감을 느끼는 재능을 타고난 이가 많다고 한다.

다윈은, 만약 인간의 표정이 종의 역사와 함께 진화한 것이라면, 기본적인 감정 — 행복, 두려움, 분노, 혐오, 슬픔, 놀람 — 을 표현하는 방식이 다양한 문화에서 공통되게 나타날 것임을 깨달았다. 1867년에 그는 다섯 대륙의 토착민들에게 돌릴 설문지를 마련했다. 응답자 중의 일부는 유럽인과 거의 접촉이 없는 사람들이었다.[20] 질문은 가령 "놀람을 표현할 때 눈과 입이 크게 벌어지고 눈썹이 치켜올라가는가?"라고 묻는 식이었다. 다윈은 수집한 대답들을 보고, "특정한 마음 상태를 표현하는 방식은 전 세계적으로 놀랍도록 일관된다"라고 결론을 내렸다. 물론 이 조사에는 편향이 있었다. 유도질문을 하는 설문이었기 때문이다. 그리고 심리학의 초기 업적들이 대체로 그렇듯이, 그의 이론은 이후 표정은 학습된 행동으로서, 아기가 영아기에 보호자나 주변의 다른 사람들을 모방하여 습득하는 것이라는 이론으로 교체되었다. 그러나 최근의 방대한 비교문화 연구를 보면, 결국 다윈이 옳았다는 증거가 많다.[21]

심리학자 폴 에크먼의 일련의 연구는 특히 유명하다. 그는 첫 연구에서 칠레, 아르헨티나, 브라질, 미국, 일본의 피험자들에게 다양한 표정을 찍은 사진들을 보여주었다.[22] 그가 동료와 함께 몇 년에 걸쳐서 21개국 사람들에게 사진을 보여준 결과는 다윈과 같았다. 다양한 문화의 사람들이 여러 표정들의 정서적 의미를 서로 비슷하게 이해하더라는 것이었다. 그러나 그런 조사만으로는 표정의 선천성을 주장할 수 없었고, 표정이 정말로 보편적이라고 주장할 수도 없었다. "학습된 표정" 이론을 지지하는 사람들은 에크먼의 결과에 대해서, 그것은 조사의 대상이었던 사회의 사람들이 공통적으로 "길리건의 섬"과 같은 드라마나 영화, 텔레비전 쇼를 보았다는 사실을 말해줄 뿐, 다른 어떤 심오한 진리도 알려주지 못한다고 반론했다. 그래서 에크먼은 뉴기니로 갔다. 그곳에서는 고립된 신석기 문화가 막 발견된 참이었다.[23] 그곳의 원주민은 문자언어가 없었고, 여전히 석기를 사용했다. 사진이라는 것을 본 사람도 극히 적었고, 영화나 텔레비전을 본 사람은 더 적었다. 에크먼은 외부 문화에 노출된 경험이 없는 수백 명의 피험자를 모집한 뒤, 통역의 도움을 받아서 기본적인 감정을 드러내는 미국인들의 얼굴 사진을 그들에게 보여주었다.

원시적인 수렵채집인들은 감정을 드러낸 미국인들의 얼굴에서 행복, 두려움, 분노, 혐오, 슬픔, 놀라움을 민첩하게 읽어내는 데에 있어서, 문해력을 가진 다른 21개국 사람들에게 뒤지지 않았다. 과학자들은 실험의 설계를 뒤집어보기도 했다. 뉴기니 사람들에게 만약 아이가 죽었다면, 혹은 죽은 지 오래된 돼지 시체를 보았다면 어떻게 반응하겠는지 묻고 그들의 연기를 사진으로 찍었다. 에크먼이 기록한 그 표정들을 다른 나라 사람들도 명쾌하게 제대로 읽어냈다.[24]

표정을 짓고 이해하는 인간의 보편적 능력은 출생 당시부터, 혹은 직후부터 드러난다. 아기는 어른이 감정을 드러낼 때 사용하는 얼굴 근육의 움직임을 거의 전부 해낸다. 또한 다른 사람의 표정을 분간하고, 어른과 마찬가지로 자신이 본 것에 따라서 자신의 행동을 바꿀 줄 안다.[25] 이것을 학습된 행동으로 보기는 어렵다. 선천적으로 눈이 먼 아이들은 찡그린 얼굴이나 미소 띤 얼굴을 한번도 본 적이 없는데도 앞이 보이는 사람들과 거의 같은 방식으로 다양한 감정을 얼굴에 자연스레 드러낸다.[26] 인간의 다채로운 표정은 모두에게 기본으로 갖추어진 표준 장비인 듯하다. 그리고 이것은 대체로 선천적이고 무의식적인 일이기 때문에, 감정의 소통은 자연스러운 일인 데에 비해서 감정의 은폐는 노력을 기울여야 하는 일이다.

사람의 경우, 신체언어와 비언어적 소통은 단순한 몸짓과 표정에만 국한되지 않는다. 우리에게는 대단히 복잡한 비언어적 언어체계가 있다. 우리는 의식적으로 깨닫지 못하는 와중에도 늘 정교한 비언어적 의사 교환에 참여한다. 이성 간의 가벼운 접촉을 예로 들어보자. 어떤 남자가 데이트를 하는 날이라서 영화표를 사려고 맨해튼의 극장 줄에 서 있다. 이때 웬 남성 여론조사원이 다가온다고 해서, 남자가 그에게 의식적으로 위협을 느낄 만큼 불안해할까? 예전에 누가 나에게 이렇게 물었다면, 나는 그 극장의 1년 정기권을 걸고 그럴 리 없다고 대답했을 것이다. 그러나 다음 실험을 보자. 어느 온화한 가을의 주말 저녁, 맨해튼의 "중상계급" 동네에서 두 차례 실시되었던 실험이다.[27] 실험자가 접근한 피험자들은 모두 커플이었고, 정말로 영화표를 사려고 줄을 서서 기다리는 사람들이었다.

실험자들은 2명씩 짝지어 작업했다. 한 사람이 가까운 곳에서 관찰하는 동안, 다른 한 사람은 커플 중 여성에게 다가가서 설문에 응해달라고 요청했다. 일부 여성들에게는 "좋아하는 도시는 어디이고, 이유는 무엇입니까?"와 같은 중립적인 질문을 했고, 다른 여성들에게는 "어린 시절의 기억 중에서 가장 창피한 것은 무엇입니까?"와 같은 개인적인 질문을 했다. 연구자들은 남자친구가 개인적인 질문에 더 위협을 느낄 것이고, 그것을 자신의 사적 공간에 대한 침범으로 느낄 것이라고 예상했다. 남자친구들은 어떻게 반응했을까?

개코원숭이 수컷은 다른 수컷이 자기 집단의 암컷에게 가까이 다가와 앉으면 당장 싸움을 건다.[28] 인간 남자친구들은 그처럼 노골적으로 공격적인 행동은 하지 않았지만, 구체적인 비언어적 단서를 드러냈다. 질문자가 위협적이지 않을 때 ― 여성이거나 남성이더라도 사적이지 않은 질문을 할 때 ― 남자친구는 그냥 옆에서 서성거렸다. 그러나 질문자가 사적인 질문을 하는 남성일 때, 남자친구는 대화에 미묘하게 끼어들면서 자신이 여성과 관계가 있음을 암시하는 비언어적 단서, 즉 "유대 신호(tie-sign)"를 슬쩍 내보였다. 파트너를 향해서 몸을 돌리는 것, 파트너가 다른 남자와 상호작용을 할 때 그녀의 눈을 응시하는 것 등이 그런 은근한 신호이다. 남자친구들이 정중한 질문자로부터 자신의 관계를 지켜야겠다고 의식적으로 느낀 것은 아닐 것이다. 그러나 비록 개코원숭이처럼 얼굴에 한방 먹이는 행동에는 한참 못 미치더라도, 그런 유대 신호는 남자친구들의 마음속 영장류가 겉으로 밀고 나왔음을 암시하는 징후임에 **분명하다**.

좀더 복잡한 또다른 비언어적 "대화"는 위계서열과 관련이 있다. 비인간 영장류들은 이 방면에서 세밀한 구별을 지킨다. 군대의 계급처럼 정확한 위계서열을 유지하는 것이다. 그런데 어떻게 침팬지들은 예쁜 계급장 따위도 없으면서 경례를 붙일 상대를 알아볼까? 우위에 있는 영장류 개체는 제 가슴을 두드리거나 목소리를 비롯한 여러 신호를 써서 자신의 계급이 높다는 것을 알린다. 한편 침팬지가 자신의 낮은 계급을 인정한다고 신호하는 한 가지 방법은, 앞에서 말했듯이 미소를 짓는 것이다. 또다른 방법은 높은 상대 앞에서 뒤로 돌아 허리를 굽히며 엉덩이를 까보이는 것이다. 오늘날 사람들도 곧잘 이 행동을 하지만, 알다시피 그 의미는 진화의 노상 어느 지점에서 바뀌었다.

현대 인간사회에는 두 종류의 우위가 있다.[29] 하나는 공격이나 공격 위협에 기반을 둔 물리적 우위이다. 인간의 물리적 우위는 다른 영장류의 우위와 비슷하지만, 그것을 신호하는 방식은 다르다. 어떤 사람들을 보면 알 수 있듯이, 인간은 휴대용 칼이나 .357 구경 매그넘 권총을 가지고 다니는 것으로, 혹은 착 달라붙는 민소매 티셔츠를 입는 것으로 우위를 선전하는 보기 드문 영장류이다. 그러나 인간은 다른 종류의 우위도 얻을 수 있다. 사회적 우위이다.

사회적 우위는 두려움이 아니라 감탄에 기반을 둔다. 물리적 완력보다는 사회적 업적으로 얻는 우위이다. 사회적 우위의 신호 — 롤렉스 시계를 차거나 람보르기니 자동차를 운전하는 것 — 는 수컷 개코원숭이가 가슴을 두드리는 것처럼 분명하고 노골적일 때도 있지만, 훨씬 더 은근할 때도 있다. 이를테면 부유함을 노골적으로 과시하기를 거부하는 것이다. 의외로 디자이너 제품이 아닌 찢어지고 바랜 청바지와 낡은 갭 티셔츠를 입고 나타난다거나, 상표가 찍힌 물건은 절대 걸치지 않는다거나 하는 식이다(프라다나 루이뷔통 가방을 들고 다니는 한심한 족속들, 맛 좀 봐라!).

인간에게는 엉덩이를 까보이거나 별 달린 견장을 차는 것 외에도, "대장은 네가 아니라 나야"라고 신호할 방법이 많다. 다른 영장류 사회처럼 인간사회에서도 시선의 방향과 긴 응시는 중요한 우위 신호이다.[30] 부모가 야단을 치는 동안 아이가 딴전을 부리면, 부모는 "내가 말할 때는 나를 봐!"라고 말한다. 나도 가끔 그렇게 말했는데, 사실 사람이 눈으로 이야기를 듣는 것은 아니기 때문에 이것은 기능적인 목적은 전혀 없는 요구이다. 이것은 부모가 아이의 존중을 요구하는 상호작용이고, 영장류의 언어로 말하면, 우위를 표현하는 행위이다. 그 말의 진짜 뜻은 **차려, 경례!** 내가 너보다 우위에 있으니까 내가 말할 때는 나를 봐!이다.

스스로는 깨닫지 못하겠지만, 우리는 이런 눈 맞추기 게임을 아이하고만 하는 것이 아니다. 친구와 지인, 상사와 부하와도 한다. 여왕이나 대통령과도, 정원사나 점원과도, 파티에서 만난 낯선 사람과도 한다.

우리는 사회적 상대지위에 대한 함수를 써서 상대의 눈을 응시하는 시간을 자동으로 조정하는데, 보통은 스스로 전혀 자각하지 못한다.[31] 어쩌면 직관에 반하는 말로 들릴지도 모르겠다. 상대가 CEO이든 동네 식료품점에서 장바구니에 포장 닭다리살을 넣어주는 사내이든, 상대의 눈을 응시하기를 좋아하는 사람은 언제나 눈을 응시하고, 다른 곳을 보기를 좋아하는 사람은 언제나 다른 곳을 보는 것이 아닐까? 어떻게 눈 맞추기 행동이 사회적 우위와 연관될까?

중요한 점은 상대의 눈을 일반적으로 얼마나 오래 쳐다보는가가 아니다. 그 사람이 청자일 때와 화자일 때 태도가 어떻게 달라지는가 하는 점이다. 심리학자들은 하나의 정량적 척도로 그 행동을 평가하는데, 그 척도로 조사한 데이터는 꽤 충격적이다.

원리는 이렇다. 당신이 말하는 동안 상대의 눈을 쳐다본 시간의 비율을 퍼센트로 구한 뒤, 당신이 듣는 동안 상대의 눈을 쳐다본 시간의 비율로 나누자. 누가 말하느냐에 무관하게 당신이 늘 같은 시간만큼 다른 곳을 바라본다면, 당신의 비는 1.0이다. 그러나 들을 때보다 말할 때 다른 곳을 더 자주 바라본다면, 비는 1.0 미만이다. 한편 들을 때보다 말할 때 다른 곳을 덜 바라본다면, 비는 1.0보다 크다. 심리학자들은 이 비가 시사점이 많은 통계값이라는 것을 발견했다. "시각우위 비율(visual dominance ratio)"이라고 불리는 이 비는 사회적 위계관계에서 당신과 대화상대의 상대적 위치를 반영한다. 시각우위 비율이 1.0에 가깝거나 더 큰 것은 상대적으로 사회적 우위를 점한 사람들의 특징이다. 시각우위 비율이 1.0 미만인 것은 위계가 낮은 사람이라는 뜻이다. 달리 말해서, 시각우위 비율이 1.0 근처이거나 그보다 크다면 아마도 사람을 부리는 쪽일 것이고, 0.6 근처라면 지시를 받는 쪽일 것이다.

무의식은 우리에게 훌륭한 서비스를 무수히 제공하고, 근사한 묘기를 무수히 부린다. 나는 그것을 익히 알면서도 이 사실에 놀라지 않을 수 없었다. 이 데이터에서 충격적인 점은 우리가 자신의 위계에 걸맞도록 의식 아래에서 눈 맞추기 행동을 조정한다는 사실만이 아니다. 우리가 끊임없이 그런 행동을 하며, 심지어 수치적으로 정확하게 행동한다는 점도 놀랍다. 몇몇 표본을 예로 들어보자. 학군사단(學軍事團) 장교끼리 대화할 때는 비가 1.06이었고, 후보생이 장교에게 말할 때는 0.61이었다.[32] 심리학 입문수업을 듣는 대학생들이 고등학교 선배이지만 대학에 진학할 계획이 없는 듯한 사람들과 대화할 때는 0.92였고, 대학에서 화학을 전공하는 우등생이며 이름난 의대에 진학할 계획이라고 여기는 사람들과 대화할 때는 0.59였다.[33] 전문직 남성이 여성과 자신의 분야에 대해서 대화할 때는 0.98이었고, 남성이 전문직 여성과 그 여성의 분야에 대해서 대화할 때는 0.61이었다. 전문직 여성이 비전문직 남성과 대화할 때는 1.04였으며, 비전문직 여성이 전문직 남성과 대화할 때는 0.54였다.[34] 이 연구들은 모두 미국인을 대상으로 했는데, 문화에 따라서 수치는 조금씩 달라지겠지만 아마도 현상 자체는 변함없을 것이다.

어느 문화에서든 사람들은 무의식적으로 이런 신호를 감지하므로, 논리적으로 생각하면 우리가 **의식적으로** 상대를 쳐다보거나 시선을 돌림으로써 상대에게 주는 인상을 조정할 수 있다. 이를테면 일자리에 지원했을 때, 상사에게 말할 때, 거래를 협상할 때, 약간의 복종을 신호하는 것이 유리할지도 모른다. 물론 그 정도는 상황에 따라서 다르다. 일자리 면접이라면, 그 일이 뛰어난 지도력을 요구하는 경우에는 지나친 복종을 드러내는 것이 오히려 나쁜 전략이다. 그러나 만약 면접관이 당신에게 확신을 가지지 못하는 것처럼 보인다면, 적절한 정도의 복종을 기분 좋은 방식으로 드러냄으로써 그를 안심시켜 당신에게 호의를 품도록 만들 수도 있다. 성공한 할리우드 에이전트가 나에게 이렇게 말한 적이 있다. 자신은 협상을 반드시 전화로만 하는데, 상대방과의 시선 접촉으로 영향을 받는 것 ─ 혹은 무심코 자기 속내를 드러내는 것 ─ 을 피하기 위해서라는 것이다.

나의 아버지는 부헨발트 집단수용소에 수감되었을 때, 단순한 시선의 위력과 위험을 모두 배웠다고 말씀하셨다. 당시 아버지는 몸무게가 45킬로그램도 나가지 않아서, 걸어다니는 시체나 마찬가지였다. 수용소에서는 억류자가 호명하지 않은 이상, 그들과 눈을 마주쳐봐야 분노만 돋울 뿐이었다. 하등 인종은 지배 인종과 함부로 눈을 마주칠 수 없었다. 나는 가끔 인간과 "하등 영장류"라는 이분법적 용어에서 아버지의 경험을 떠올린다. 문명화된 인간과 짐승 같은 동물을 구분하는 기준이라는 전두엽의 얇은 여분 물질을 떠올린다. 만약에 우리에게 여분의 뇌가 존재하는 목적이 인간을 향상시키기 위해서라면, 뇌는 그 목적 달성에 이따금 실패하는 것이 분명하다. 그러나 아버지는 이런 이야기도 해주셨다. 어떤 감시원에게는 적절한 시선 접촉이 오히려 한마디 말이나 대화, 심지어 사소한 친절을 끌어냈다고 말이다. 아버지는 시선 접촉이 당신을 인간의 지위로 끌어올렸기 때문이라고 설명하셨지만, 내 생각은 다르다. 감시원의 인간적인 반응을 일깨운 시선 접촉은 오히려 그 **억류자**의 인간성을 끌어올린 것이었다.

오늘날 대부분의 사람들은 크고 붐비는 도시에서 산다. 한 동네의 인구가 그 옛날 위대한 사회적 전환기의 전 세계 인구와 맞먹는 도시도 많다. 우리는 한마디 말도 없이, 교통신호에 걸리는 일도 없이, 인도(人道)나 붐비는 쇼핑몰이나 건물의 인파를 헤치고 걷는다. 그러면서도 다른 사람들과 부딪치지 않고, 누가 회전문에 먼저 들어설 것이냐를 두고 다투지 않는다. 모르는 사람, 잘 모르는 사람, 알고 싶지도 않은 사람과 대화를 나누고, 자동적으로 서로가 용인하는 간격을 지킨다. 문화와 개인에 따라서 구체적인 그 거리는 다르지만, 어쨌든 우리는 별다른 말도 없이, 보통은 별다른 생각도 없이, 서로 편안한 거리로 잘 조정한다(혹은 대부분의 사람들이 그렇다고 말해야 할지도 모르겠다. 예외는 늘 있는 법이니까!). 대화를 할 때는, 내 말을 멈추고 남이 끼어들 기회를 주어야 할 시점이 언제인지를 자동적으로 감지한다. 발언권을 넘기려는 사람은 보통 목소리가 작아지고, 끝 단어를 길게 끌고, 몸짓을 멈추고, 상대를 쳐다본다.[35] 이런 기술들은 마음의 이론과 더불어 우리 종의 생존을 도왔다. 오늘날 우리가 복잡한 사회를 그럭저럭 헤쳐가는 것도 이런 기술들 덕분이다.

  비언어적 소통은 여러 면에서 말보다 더 풍성하고 근본적인 사회적 언어이다. 우리는 비언어적 감지력이 워낙 뛰어나기 때문에, 신체언어와 연관된 움직임만 보아도 — 실제 신체는 보지 못해도 — 그 감정을 인식하는 능력을 발휘한다. 한 실험에서, 연구자들은 10여 개의 작은 전구나 발광 패치를 신체의 몇몇 핵심적인 위치에 부착한 뒤에 그들의 움직임을 짧은 비디오 영상으로 찍었다. 다음 쪽의 그림을 보라.[36] 비디오를 찍을 때는 조명을 몹시 어둡게 해서 패치만 보이게 만들었다. 사람이 가만히 서 있을 때, 패치들은 무의미한 점들의 집합이라는 인상을 주었다. 그러나 사람이 살살 움직이면, 관찰자들은 움직이는 광원들로부터 놀랄 만큼 많은 정보를 읽어냈다. 그 사람의 성별을 파악했고, 아

사람의 마음 읽기 169

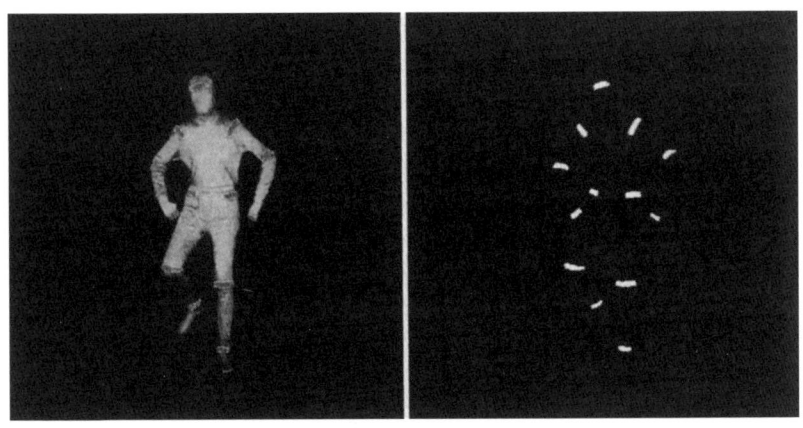

앳킨슨의 허가로 다음 자료에서 재인용. A. P. 앳킨슨 외, "점광원이나 전체 조명에서의 역동적, 정적 신체표현에 대한 감정 인식," 『인식(Perception)』 33, 724. Copyright 2004.

는 사람일 때는 걸음걸이만 보고도 누구인지 알아냈다. 배우, 마임 배우, 무용수가 패치를 붙인 채 기본적인 감정을 표현하는 움직임을 하면, 관찰자들은 조금도 어렵지 않게 그 감정을 짚어냈다.

아이들이 학교에 갈 나이가 되면, 벌써부터 친구들과의 약속으로 바쁜 아이와 하루 종일 씹어 뭉친 종이를 천장에 뱉으며 노는 아이로 나뉜다. 비언어적 단서를 감지하는 능력은 유년기부터 사회적 성공을 좌우하는 중요한 요인이다. 유치원생 60명을 대상으로 한 조사에서, 연구자들은 아이들에게 어느 친구와 나란히 앉아서 이야기를 듣고 싶은지, 놀이를 하고 싶은지, 그림 그리기를 하고 싶은지 물었다. 다음으로 같은 아이들에게 어른과 아이의 다양한 표정을 찍은 12장의 사진을 보여주면서, 그 속의 감정이 무엇인지 알아맞히는 능력을 조사해보았다. 두 척도는 연관성이 있었다. 아이의 인기와 아이가 타인의 감정을 읽는 능력 사이에는 강한 상관관계가 있었다.[37]

성인의 경우, 비언어적 능력은 사생활에서나 사업에서나 유리하게 작용한다. 그리고 다른 사람들이 그 사람의 온정,[38] 신뢰성,[39] 설득력[40]을 평가하는 데에 중요한 영향을 미친다. 아무리 스투 삼촌이 세상에서 제일 친절한 사람이라도, 삼촌이 코스타리카에서 목격한 이끼 이야기를 장황하게 늘어놓으면서 듣는 사람들의 얼굴에 이끼가 끼기 시작한 것을 조금도 눈치채지 못한다면, 함께 어울리고 싶은 인기만점의 상대로는 꼽히지 못할 것이다. 우리는 타인의 생각과 기분에 대한 신호를 감지하는 능력이 있기 때문에, 갈등을 최소화하면서 사회적 상황을 매끄럽게 진행시킨다. 그 신호를 능숙하게 주고받는 사람일수록 어려서부터 더 쉽게 사회적 구조를 형성하고, 사회적 상황에서 자신의 목표를 더 쉽게 달성한다.

1950년대 초에는 많은 언어학자, 인류학자, 정신과의사가 마치 언어를 분류하는 것처럼 비언어적 단서들을 분류하려고 시도했다. 한 인류학자는 표기체계까지 개발했다. 인간의 거의 모든 몸짓들에 기호를 부여하여, 말을 글로 적듯이 몸짓을 적을 수 있게 한 것이었다.[41] 오늘날 사회심리학자들은 비언어적 소통을 세 가지 기본적인 종류로 나누고는 한다. 첫 번째는 표정, 몸짓, 자세, 시선 등 신체적 움직임과 관련된 것들이다. 두 번째는 준(準)언어(paralanguage)라고 불리는 것으로, 목소리의 특징과 높이, 도중에 말을 멈춘 횟수와 길이, 헛기침이나 "음"과 같은 비언어적 소리를 포함한다. 마지막 종류는 근접공간학(proxemics), 즉 개인 공간을 활용하는 단서들이다.

서점에 가보면, 이런 요소들을 어떻게 해석할지 알려주겠다고 말하는 책들이 많다. 이런 요소들을 어떻게 하면 유리하게 활용할 수 있는지 조언하겠다는 것이다. 그런 책에 따르면, 사람이 단단히 팔짱을 낄 때는 상대의 말에 마음이 닫혀 있다는 뜻이다. 거꾸로 상대의 말이 마음에 들 때는 열린 자세를 취하고, 심지어 앞으로 약간 몸을 기울인다. 어깨를 앞으로 기울이는 행동은 혐오, 절망, 두려움을 뜻하고, 자신이 말하는 동안 대인거리를 넓게 유지하는 것은 사회적 지위가 낮다는 신호라고 한다.[42] 이런 책이 제공하는 하고많은 행동 지침은 과연 효과가 있을까? 이 문제에 대한 연구는 많지 않다. 그러나 우리의 태도가 우리에 대한 타인의 인식에 은근하게나마 영향을 미친다는 것, 그리고 그런 비언어적 단서들을 이해함으로써 자칫 무의식만 접수하고 의식은 모른 채 넘어갈 수도 있는 요소를 의식적으로 깨달을 수 있다는 것은 아마도 사실일 것이다. 그러나 우리는 굳이 의식적으로 이해하지 않더라도 비언어적 단서에 대한 정보를 이미 많이 가지고 있다. 다음에 모르는 외국어로 된 영화를 보거든, 자막을 한번 가려보라. 한마디 설명 없이도 줄거리를 꽤 파악할 수 있다는 데에 놀랄 것이다.

6
사람을 외모로 판단하기

우리에게는 지성을 거치지 않고 눈에서 심장으로 곧장 가는 길이 있다.
— G. K. 체스터턴

당신이 남성이라면, 찌르레기에 비교되는 것이 썩 칭찬으로 들리지 않을 것이다. 그리고 그것은 정말로 칭찬이 아닐 것이다. 수컷 찌르레기는 진짜 게으름뱅이이다. 제 구역을 감시하지도 않고, 새끼를 돌보지도 않고, 집에 월급(과학자들은 "자원"이라고 부른다)을 가져오지도 않는다. 어느 논문의 말을 빌리면, 찌르레기 사회에서 "암컷은 수컷으로부터 직접적인 편익을 거의 얻지 못한다."[1] 수컷 찌르레기가 잘하는 일 — 혹은 추구하는 일은 — 은 하나뿐이다. 그러나 수컷이 제공하는 그 하나의 서비스가 굉장히 바람직하기 때문에, 암컷은 수컷을 찾아다닌다. 적어도 번식기에는.

몸이 달아오른 암컷 찌르레기에게 수컷 찌르레기의 노래는 사람으로 따지면 조각 같은 얼굴이나 근사한 가슴 근육에 해당한다. 부리로는 미소 짓기가 힘들다 보니, 암컷은 매력적인 노래를 들을 때 자신도 유혹적인 "지저귐" 소리를 내어 관심의 신호를 보낸다. 우리 종의 열렬한 10대 소녀들처럼, 암컷 찌르레기는 다른 암컷들이 어떤 수컷을 매력적으로 여긴다고 믿게 되면 자신도 그 수컷에게 매력을 느낀다. 번식기를 앞둔 소녀 찌르레기에게 소년 찌르레기의 울음소리 녹음을 들려준 뒤, 혼기가 찬 다른 암컷들이 그를 칭송하듯이 지저귀는 소리를 연이어 들려주는 과정을 반복한다고 하자. 소녀 찌르레기는 세상의 모든 냉정한 부모들이 강조하는 독립적인 판단을 행사할까? 아니다. 그 암컷은 번식기가 되어 그 수컷의 노래를 들으면, 자동적으로 짝짓기를 하자고 초대하는 반응을 드러낸다. 나는 왜 **자동적인** 반응이라고 말했을까? 암컷이 노후에 새모이를 함께 나누고 싶은 수컷에게 구애하고자 사려 깊은 전략에 따라서 행동한 것이 아니란 말인가? 아니다. 왜냐하면 암컷은 수컷의 노래를 듣기만 하면 무조건 유혹 행동을 개시하기 때문이다. 노래가 살아 있는 새에게서 나오든, 스테레오 스피커에서 나오든.[2]

인간과 하등 동물은 많은 행동을 공유하지만, 스테레오 스피커에 대고 꼬리를 치는 행동은 분명 공유하지 않을 것이다. 아니, 혹시 그럴지도? 우리는 사람들이 비밀로 하고 싶은 생각과 감정까지도 무심코 **표현하는** 모습을 본다. 그러나 우리가 비언어적 단서에도 자동적으로 **반응할까**? 혹시 우리도 노래에 반한 찌르레기와 같을까? 논리적, 의식적 마음이 부적절하거나 바람직하지 못하다고 간주하는 반응을 자신도 모르게 취하고 있을까?

몇 년 전, 스탠퍼드 대학교에서 커뮤니케이션을 가르치는 클리퍼드 나스 교수는 컴퓨터에 능숙한 학생 200명을 모집하여 그들에게 녹음된 목소리로 말을 거는 컴퓨터 앞에 앉혔다.[3] 학생들에게는 컴퓨터 활용 수업으로 시험을 준비하는 것이 실험의 목적이라고 말했다. 컴퓨터가 가르치는 주제는 "매스 미디어"에서 "사랑과 인간관계"까지 다양했다. 수업과 시험을 마친 뒤, 학생들은 각자의 성과에 대한 평가를 받았다.

평가는 학생을 가르쳤던 그 컴퓨터가 주기도 했고, 다른 컴퓨터가 주기도 했다. 마지막으로, 학생들은 강의평가에 해당하는 설문을 작성하여 수업과 컴퓨터 교사를 평가했다.

사실 나스는 매스 미디어나 사랑과 인간관계에 대한 컴퓨터 수업을 실시하는 데에는 관심이 없었다. 이 근면한 학생들은 나스의 찌르레기였다. 나스와 동료들은 실험이 진행되는 동안 학생들을 꼼꼼하게 관찰했고, 학생들이 생명이 없는 전자 컴퓨터에 반응하는 방식에 대한 자료를 수집했으며, 그들이 기계의 목소리에 대해서 인간적인 감정, 동기, 심지어 성별이 있는 것처럼 반응하는지 아닌지를 살펴보았다. 물론 학생들이 모니터를 툭 쳤을 때 "죄송합니다"라고 말하기를 기대하는 것은 바보 같은 일이다. 그것은 의식적 반응인데, 학생들은 적어도 의식적으로는 기계가 사람이 아니라는 것을 잘 알고 있다. 그러나 나스는 그들의 행동에서 다른 차원이 궁금했다. 학생들이 의도적으로 추구하지 않는 행동, 나스가 "자동적이고 무의식적인" 행동이라고 묘사한 사회적 행동이었다.

여러 실험들 가운데 한 실험에서, 피험자들 중 절반은 남자 목소리가 나오는 컴퓨터로 수업과 평가를 받았고, 나머지 절반은 여자 목소리를 들었다. 그외에는 수업에 다른 점이 전혀 없었다. 남자 컴퓨터와 여자 컴퓨터는 같은 정보를 같은 순서로 제시했고, 남자 컴퓨터든 여자 컴퓨터든 학생의 성과에 대해서 동일한 평가를 내렸다. 제7장에서 살펴보겠지만, 교사가 진짜 사람일 때 학생들의 교사평가는 성별 고정관념을 반영하기 마련이다. 가령 여성은 남성보다 인간관계에 대한 주제에 더 정통하다는 고정관념이 있다. 여성에게 커플을 묶어주는 것이 무엇이냐고 물으면 "솔직한 소통과 친밀감의 공유"라고 대답하리라는 기대가 있고, 남성에게 물으면, "어?"라고 말하리라는 기대가 있다. 연구에 따르면, 이런 고정관념 때문에 설령 남녀가 그 분야에서 동등한 능력을 가졌더라도 여성이 더 유능하다고 인식될 때가 많다. 나스는 학생들이 이런 성별 고정관념을 컴퓨터에도 적용하는지 알고 싶었다.

정말로 그랬다. 여자 목소리로 사랑과 인간관계에 대한 강의를 들은 학생들은 남자 목소리를 들은 학생들보다 교사가 그 주제에 더 해박하다고 평가했다. 두 컴퓨터가 똑같은 수업을 진행했는데도 말이다. 반면에 매스 미디어처럼 성별 중립적인 주제일 때는 "남자"와 "여자" 컴퓨터가 같은 평가를 받았다. 또다른 유감스러운 성별 고정관념으로, 강압성은 남자에게는 바람직한 속성이지만 여자에게는 흉하다는 생각이 있다. 과연 이번에도, 남녀의 목소리가 같은 내용을 말했는데도 강압적인 남자 목소리로 컴퓨터 수업을 들은 학생들이 강압적인 여자 목소리를 들은 학생들보다 교사에게 호감이 간다는 평가를 눈에 띄게 더 많이 했다. 학생들은 설령 컴퓨터에서 나오는 목소리라도 여자의 단호한 성격은 남자의 단호한 성격보다 더 고압적이거나 으스대는 것으로 느끼는 것 같았다.

또한 연구자들은 학생들이 정중함이라는 사회적 규범을 컴퓨터에도 적용하는지 조사해보았다. 우리는 누군가를 면전에서 비판하는 상황일 때, 대개 솔직한 의견을 꺼내기를 망설이거나 좋은 말로 포장한다. 내가 학생들에게 "누(wildebeest)의 먹이채집 습관의 추계학적(推計學的) 성질에 관한 내 강의가 좋았나요?"라고 묻는다고 하자. 나의 경험에 비추어볼 때, 무수한 끄덕거림과 약간의 들릴락 말락한 웅얼거림이 돌아올 것이다. 누구도 정직하게 이렇게 말하지는 않을 것이다. "누? 선생님의 지루한 강의는 한마디도 안 들었어요. 하지만 단조롭게 웅웅거리는 선생님의 목소리가 웹 서핑을 하는 데는 좋은 배경음악이 되어주었죠." 맨 앞줄에 앉아서, 분명히 노트북으로 웹 서핑을 했던 학생조차 그렇게 퉁명스러운 말은 하지 않을 것이다. 대신에 학생들은 익명으로 작성하는 강의평가를 위해서 그런 비판을 남겨둔다. 그러나 의견을 묻는 것이 말하는 컴퓨터라면 어떨까? 학생들은 기계의 "면전에서도" 가혹한 판단을 억제할까? 나스와 동료들은 학생들 절반에게는 그들을 가르쳤던 컴퓨터에 강의평가를 입력하라고 했고, 나머지 절반에게는 다른 목소리를 가진 다른 컴퓨터에 입력하라고 했다. 이때 학생들은 기계의 감정을 해칠까 봐 의식적으로 자신의 말을 포장하지는 않았을 것이다. 그러나 충분히 예측할 수 있다시피, 학생들은 정말로 컴퓨터의 "면전에서" 비판하기를 꺼렸다. 자신을 가르쳤던 컴퓨터에 직접 의견을 제시할 때는 다른 컴퓨터에 입력할 때보다 자신을 가르쳤던 컴퓨터 교사를 훨씬 더 호감이 가고 유능한 선생으로 평가했다.[4]

녹음된 목소리와 사회적 관계를 맺는다는 것은 이력서에 적을 만큼 자랑스러운 성질은 아니다. 그러나 학생들은 마치 찌르레기처럼, 진짜 사람이 결부된 것이 아닌데도 녹음된 목소리를 자기 종의 구성원처럼 취급했다. 믿기 힘든가? 실제 피험자들도 믿기 힘들어했다. 연구자들은 일부 실험이 끝난 뒤에 학생들에게 진짜 목적을 알려주었는데, 학생들은 모두 자신은 절대로 컴퓨터에 사회적 규범을 적용하지 않는다고 자신만만하게 주장했다.[5] 그러나 결과를 보면, 그들이 틀렸다. 우리의 의식은 남들이 하는 말의 의미를 읽느라고 바쁘지만, 그동안 무의식은 다른 기준에서 화자를 판단하느라고 바쁘다. 그리고 사람의 목소리는 사람에게서 나오든 다른 곳에서 나오든 뇌 깊숙한 곳에서 청자에게 연결된다.

우리는 이성의 외모에 대해서 말하고 생각하느라고 많은 시간을 쏟지만, 이성의 목소리에 관심을 기울이느라고 시간을 쏟지는 않는다. 그러나 무의식에서는 목소리가 무척 중요하다. 우리가 속한 호모 속의 진화 역사는 약 200만 년이고, 뇌의 진화 역사는 수천, 수백만 년 이상이다. 그러나 인간이 문명사회에 살게 된 것은 그 기간의 1퍼센트도 채 되지 않는다. 그것은 곧 우리 머릿속에 21세기의 지식이 가득 들어 있을지라도 두개골 속 뇌는 여전히 석기시대의 것이라는 뜻이다. 우리는 스스로를 문명화된 종으로 여기지만, 우리 뇌는 지나간 시대의 과제를 충족시키도록 설계되었다. 새를 비롯한 많은 동물에게는 그런 과제들 중의 하나 — 번식 — 를 달성할 때 목소리가 중요한 것 같고, 인간에게도 목소리가 그에 못지않게 중요한 듯하다. 우리는 말투와 음질과 억양에서 세밀한 신호를 많이 간파한다. 그러나 어쩌면 인간과 목소리의 관계에서 가장 중요한 측면은 찌르레기와 곧장 비교해도 될 만한 반응, 즉 인간 여성들도 남성들의 "노래(call)"에서 특정한 속성에 매력을 느낀다는 점이다.

여성들은 피부가 짙고 수염을 기른 남자가 좋은지, 깔끔하게 면도한 금발의 남자가 좋은지, 그도 아니면 외모야 어떻든 페라리 운전석에 앉은 남자가 좋은지에 대해서 의견이 분분할 것이다. 그러나 눈으로 볼 수 없고 목소리만 들을 수 있는 남자들을 평가해보라고 하면, 여성들의 의견이 보통 기적적으로 일치한다. 목소리가 낮은 남자를 더 매력적이라고 평가하는 것이다.[6] 그런 목소리의 남자가 육체적으로 어떻게 생겼을 것 같은지 물으면, 여성들은 키가 크고, 근육질이고, 가슴에 털이 난 남자와 낮은 목소리를 결부시키는 경향이 있다. 사람들이 흔히 섹시하다고 간주하는 특징들이다.

남성들은 어떨까? 최근의 발견에 따르면, 남성들은 자신과 잠재적 경쟁자가 위계서열에서 어느 위치에 있는가에 따라서 무의식적으로 목소리를 더 높거나 낮게 조절한다. 이 실험에서, 연구자들은 20대 남성 200명에게 옆방에 있는 매력적인 여성과의 점심 데이트를 놓고 다른 남자와 경쟁해야 한다고 알려주었다.[7] 경쟁자는 또다른 방에 있는 남자라고 했다.

참가자는 여성과 대화할 때는 디지털 비디오 방송을 이용했지만, 다른 남자와 대화할 때는 상대를 보지 못하고 듣기만 했다. 사실 경쟁자와 여성은 모두 연구자들과 공모하여 정해진 대본에 따라서 연기했다. 참가자에게 주어진 과제는 자신이 상대 남성에게 존경이나 감탄을 받아야 마땅한 이유를 설명하는— 여성에게도 설명하고, 경쟁자에게도 설명해야 했다— 것이었다. 남자들이 자신의 농구 솜씨, 노벨 상을 받을 가능성, 아스파라거스 키슈(quiche) 요리법에 관한 심중을 털어놓으면, 그것으로 끝이었다. 피험자들은 이어서 자신, 경쟁자, 여성을 평가하는 몇 가지 질문에 대답한 뒤에 모두 해산했다. 유감스럽지만, 누구도 승자로 간택받는 일은 없었다.

연구자들은 피험자들의 목소리 녹음과 그들의 설문 결과를 비교하여 분석해보았다. 설문지에는 피험자들에게 자신의 육체적 우위를 경쟁자와 비교해보라고 요청하는 항목이 있었다. 그 결과, 피험자가 자신의 육체적 우위를 믿을 때— 자신이 더 세고 공격적이라고 생각할 때— 는 목소리를 살짝 낮추었다는 사실이 드러났다. 반면에 우위에 있지 않다고 믿을 때는 목소리가 높아졌다. 물론 스스로는 깨닫지 못하는 것 같았다.

이와 비슷한 현상들 중에서 진화적 관점에서 가장 흥미로운 것은 여성이 가임기일 때 낮은 목소리의 남성에 대한 선호가 두드러진다는 점이다.[8] 생식주기에 따라서 달라지는 것은 목소리 선호만이 아니었고, 여성들 자신의 목소리 — 음높이와 매끄러움 — 도 달라졌다. 연구에 따르면, 남성들은 여성이 임신할 위험이 큰 시기일수록 그녀의 목소리를 더 섹시하다고 느꼈다.[9] 요컨대, 여성이 가임기일 때는 여성도 남성도 상대의 목소리를 평소보다 더 매력적으로 느낀다. 그렇다면 목소리는 섹슈얼리티를 선전하는 잠재의식적 광고로 기능하는 것이 분명하다. 여성이 가임기일 때는 광고들이 양쪽에서 환하게 반짝이며, 짝은 물론이고 추가(선행) 비용 없이 아이까지 얻기 쉬운 시기에 어서 "구매" 단추를 누르라고 유혹하는 것이다.

그러나 여전히 설명되지 않는 점이 있다. 왜 하필 굵은 목소리가 여성을 매료시킬까? 높고 새된 목소리나 중간 높이의 목소리는 왜 안 될까? 그것은 자연의 무작위적 선택이었을까, 아니면 굵은 목소리와 남성 생식력에 모종의 상관관계가 있는 것일까? 앞에서 보았듯이 여성들에게 굵은 목소리는 키가 크고, 털이 많고, 근육이 많은 남자를 뜻한다고 여겨지지만, 사실 낮은 목소리는 그런 특질들 중의 어느 하나와도 상관관계가 거의 없거나 전혀 없다.[10] 그러나 **정말로** 낮은 목소리와 상관관계가 있는 특질이 하나 있기는 하다. 바로 테스토스테론의 농도이다. 목소리가 낮은 남성은 그 남성 호르몬의 농도가 높은 경향이 있다.[11]

자연의 계획이 제대로 작동하는지, 즉 테스토스테론이 많은 남성이 정말로 자식을 많이 두는지 우리가 확인해보기는 어렵다. 요즘은 산아제한 기법 때문에 남성의 생식력을 그의 자녀 수로 판단할 수 없기 때문이다. 그래도 하버드 대학교의 한 인류학자와 동료들은 방법을 찾아냈다. 2007년, 그들은 아프리카로 가서 하드자(Hadza) 부족의 목소리와 가족 규모를 연구했다. 하드자 부족은 탄자니아 사바나 삼림지에 사는 인구 1,000명가량의 일부일처 수렵채집인이다. 그곳에서 남자는 여전히 남자답고, 덩이줄기 식물은 풍부하고, 아무도 피임을 하지 않는다. 사바나에서는 정말로 바리톤이 테너를 눌렀다. **여성들의 목소리 높이**는 생식적 성공에 대한 예측 잣대가 되지 않는 반면, 목소리가 낮은 **남성들**은 평균적으로 더 많은 자녀를 두었다.[12] 여성이 남성의 낮은 목소리에 성적으로 끌리는 현상은 진화적으로 깔끔하게 설명되는 것으로 보인다. 그러니 당신이 대가족을 원하는 여성이라면, 본능에 따라서 모건 프리먼 타입을 고르라.

"나는 당신을 귀하게 여기며 당신의 봉급을 인상할 수 있도록 최선을 다하겠습니다"라고 말하면, "예산을 삭감해야 하는데 가장 쉬운 방법은 당신에게 최대한 돈을 적게 주는 것입니다"라고 말하는 것보다 당연히 직원을 만족시키기가 더 쉽다. 그러나 우리는 말하는 **방식만으로도** 두 정서를 모두 전달할 수 있다. 정확한 뜻을 소통하기는 어렵겠지만 말이다. 어떤 사람은 "그는 통통한 포도알을 즐거이 씹으면서 모노그램을 수놓은 봅슬레이로 쌩하게 산을 내려갔다"라는 문장을 읊조리면서도 심오하다는 인상을 주는 데에 비해서, 어떤 사람은 "우주의 대규모 기하학은 그 속에 든 물질의 밀도에 따라서 결정된다"라고 말하면서도 칭얼대는 것처럼 들리는 것은 그 때문이다. 목소리의 높이, 음색, 성량, 억양, 속도, 그리고 높이와 성량을 **조절하는** 방식은 화자의 설득력에, 나아가 화자의 심적 상태와 개성에 대한 타인의 판단에 크나큰 영향을 미친다.

과학자들은 말의 내용을 제거한 채 목소리 자체의 영향력만을 확인할 수 있는 환상적인 컴퓨터 도구들을 개발했다. 한 기법은 단어를 알아듣기 힘들 만큼만 전자적으로 음절을 뒤섞는 것이다. 또다른 기법은 최고(最高) 주파수들만 삭제함으로써 자음을 정확하게 알아들을 수 없도록 방해하는 것이다. 어떤 방법을 쓰든, 말뜻은 이해할 수 없지만 느낌은 유지된다. 그렇게 "내용이 제거된" 말을 피험자들에게 들려주면, 그들이 화자의 인상과 말의 정서에 대해서 받는 느낌은 변조되지 않은 말을 들은 피험자들과 똑같았다.[13] 왜 그럴까? 우리가 발성언어의 뜻을 열심히 해독하는 동안에도 우리의 마음은 단어와는 무관한 목소리의 특징을 분석하고, 판단하고, 그것에 영향을 받기 때문이다.

한 실험에서, 과학자들은 24명의 사람들이 두 가지 질문에 답하는 것을 녹음했다. 하나는 정치적 질문이었고, 다른 하나는 개인적 질문이었다. "당신은 소수 집단에 유리하게 설계된 대학입학 전형을 어떻게 생각합니까?"와 "당신이 갑자기 거금을 따거나 물려받는다면 어떻게 하겠습니까?"였다.[14] 연구자들은 각각의 대답에서 목소리의 높이를 전자적으로 20퍼센트 더 높이거나 낮추고, 속도를 30퍼센트 더 높이거나 늦추어서, 네 가지 추가 버전을 제작했다. 그렇게 만든 목소리들은 여전히 자연스럽게 들렸고, 음향적 특성들도 정상적인 범위 내에 있었다. 그런데도 변조가 청자들의 인식에 영향을 미쳤을까?

다음으로 연구자들은 수십 명의 지원자를 모아서 표본들을 평가하게 했다. 모든 피험자는 한 목소리의 한 가지 버전만을 듣고 평가했다. 원래의 녹음과 변조한 녹음들 중에서 무작위로 하나를 들은 것이었다. 버전이 달라도 답변 내용은 변하지 않고 목소리의 특징만 변하므로, 만약 피험자의 평가에 차이가 있다면 그것은 발언 내용이 아니라 목소리의 특징에 영향을 받은 셈이었다. 결과는 어땠을까? 높은 목소리를 들은 사람들은 낮은 목소리를 들은 사람들에 비해서 말이 덜 믿음직하고, 덜 단호하고, 덜 설득력이 있고, 더 신경질적이라고 평가했다. 또한 느린 목소리를 들은 사람들은 좀더 빠른 목소리를 들은 사람들에 비해서 말이 덜 믿음직하고, 덜 설득력이 있고, 더 수동적이라고 평가했다. 보통 "말이 빠른 사람"이라는 표현은 얄팍한 판매원을 묘사하는 말로 통하지만, 사실은 약간 빠르게 말하는 편이 더 똑똑하고 믿을 만하게 들리는 것이다. 두 화자가 정확히 똑같은 말을 하되 한쪽은 약간 더 빠르게, 더 크게, 자주 멈추지 않고, 성량을 바꾸어가면서 말한다면, 그 사람이 더 활기차고, 박식하고, 지적인 것으로 평가된다. 표현력이 풍부한 말투, 즉 높이와 성량에 변화가 있고 상대가 알아차릴 만큼 멈추는 대목이 적은 말투는 믿음직하고 지적인 인상이 강화된다. 우리가 표정뿐만 아니라 목소리를 통해서도 기초적인 감정을 알린다는 것을 보여준 연구는 그밖에도 많다. 일례로, 사람들은 상대의 목소리가 평소보다 낮을 때는 슬퍼하는 것임을 본능적으로 감지하고, 평소보다 높을 때는 화가 났거나 겁을 먹은 것임을 감지한다.[15]

목소리가 그토록 큰 인상을 준다면, 이런 질문이 중요해진다. 사람은 어느 정도까지 의식적으로 목소리를 바꿀 수 있을까? 마거릿 힐다 로버츠의 사례를 들어보자. 1959년에 그녀는 북런던 선거구에서 보수당 하원의원으로 당선되었다. 그녀는 야심이 컸으나, 당 내부에서 그녀의 목소리가 문제가 되었다.[16] 보수당 홍보 캠페인을 지휘했던 팀 벨은 "그녀의 목소리는 여교사 같고, 아주 약간 고압적이며, 다소 호통을 치는 듯했다"고 회상했다. 그녀의 홍보 고문이었던 고든 리스는 좀더 시각적으로 표현했다. 그녀의 목소리가 하도 높아서 "하늘을 나는 참새에게 위험할" 정도였다는 것이다. 마거릿 힐다 로버츠는 자신이 정견은 확고 해도 목소리는 유연하다는 것을 보여주고자 친구들의 조언대로 목소리를 낮추었고, 그리하여 사회적 우위를 강화했다. 목소리 변화가 얼마나 큰 차이를 빚어냈는지 측정할 도리는 없지만, 어쨌든 그녀는 이후 승승장구했다. 마거릿 대처 — 그녀는 1951년에 부유한 사업가 데니스 대처와 결혼했다 — 는 1974년 보수당의 패배 이후에 당수가 되었고, 마침내는 총리가 되었다.

내가 고등학교에 다닐 때, 몇 번 안 되지만 용기를 내어 여자아이에게 접근할라 치면, 내가 낸 선다형 시험에서 상대가 자꾸만 "해당항목 없음"에 표기를 하는 기분이 들었다. 나는 쉬는 시간에 비유클리드 기하학 책을 읽는 소년은 "학교 최고의 인기인"으로 뽑힐 리 없다는 사실을 받아들이고, 그럭저럭 체념했다. 그러던 어느 날, 나는 도서관에서 수학책을 찾다가 방향을 잘못 꺾어서 희한한 책에 맞닥뜨렸다. 『데이트 하는 법』이라나 뭐라나 하는 제목이었다. 나는 사람들이 **그런** 주제로도 책을 쓴다는 것을 미처 몰랐다. 머릿속에서 맹렬하게 의문이 솟아났다. 내가 이런 책에 관심이 있다는 사실 자체가 내가 이 제목이 말하는 바를 영원히 충족시키지 못하리라는 뜻이 아닐까? 터치다운 패스가 아니라 굽은 시공간에 대해서 이야기하는 소년이 과연 한 번이라도 득점을 올릴 수 있을까? 정말로 이런 기술이 있는 것일까?

 책은 상대 여자아이가 나를 잘 모를 때 — 우리 학교의 모든 여자아이들에게 적용되었다 — 는 데이트 신청을 승낙하리라는 기대를 하지 말아야 한다고 강조했고, 거절을 개인적으로 받아들이지 말라고도 했다. 대신에 앞으로 아무리 많은 여자아이가 나를 거절하더라도, 그것에 아랑곳하지 말고 계속 데이트를 신청하라고 했다. 설혹 확률이 낮더라도 수학법칙상 결국에는 성공 횟수가 높아지기 마련이니까. 수학법칙이라면 내 전공이었고, 나는 늘 끈기가 훌륭한 인생철학이라고 생각해왔기 때문에, 그 조언을 받아들였다. 결과가 통계적으로 유의미했다고는 차마 말하지 못하겠지만. 그로부터 수십 년이 지난 뒤, 나는 어떤 프랑스 연구자들이 그 책이 제안한 그런 실험을 실제로 수행했다는 것을 알고 충격을 받았다. 게다가 그들은 과학적으로 통제된 방식으로 실험했고, **정말로** 통계적으로 유의미한 결과를 얻었다. 더욱 놀라운 점은 그들이 어쩌면 과거에 나의 성공률을 높여주었을지도 모르는 좋은 방법을 발견했다는 것이다.[17]

프랑스 문화는 훌륭한 점이 많은 것으로 유명하다. 음식, 와인, 로맨스와 무관한 점도 많겠지만, 어쨌든 로맨스에 대해서라면 프랑스인들은 특히 뛰어나다고 간주된다. 문제의 실험에서도 연구자들은 말 그대로 로맨스를 과학으로 만들었다. 배경은 유달리 화창한 6월의 어느 날이었다. 장소는 프랑스 서부 브르타뉴 지방의 반이라는 중소도시로, 대서양에 접한 해안도시였다. 그날 하루 동안, 젊고 잘생긴 프랑스 남자 세 사람이 혼자 걷는 젊은 여성 240명에게 다가가서 한 명씩 수작을 걸었다. 남자들은 누구에게나 똑같은 말을 건넸다. "안녕하세요. 나는 앙투안이라고 하는데요, 너무 예뻐서 말을 걸었습니다. 제가 오후에는 일하러 가야 하지만, 혹시 전화번호를 알려줄 수 있나요? 그러면 나중에 제가 전화를 걸 테니 어디서 술이라도 한잔해요." 여자가 거절하면, "아쉽네요. 오늘은 제가 운이 나쁘군요. 좋은 오후 보내세요"라고 말하고, 다른 젊은 여성을 물색했다. 여자가 번호를 건네면, 과학 연구 때문에 수작을 건 것이라고 솔직하게 알려주었다. 과학자들에 따르면, 당시 대부분의 여성들은 그냥 웃고 말았다고 한다. 실험의 핵심은 다음과 같았다. 여성들 중 절반에게는 젊은 남자가 1초쯤 가볍게 여자의 팔뚝을 만졌다. 나머지 절반에게는 접촉하지 않았다.

연구자들이 궁금했던 점은 남자가 여자를 만지지 않을 때보다 만질 때 성공률이 더 높은가 하는 것이었다. 접촉은 사회적 단서로서 얼마나 중요할까? 그날 하루에 남자들은 36개의 전화번호를 모았다. 여자를 만지지 않았을 때의 성공률은 10퍼센트였고, 만졌을 때는 20퍼센트였다. 1초의 가벼운 접촉이 인기를 두 배로 높였던 것이다. 접촉을 경험한 여성들은 왜 데이트에 두 배나 더 잘 응했을까? 이 앙투안이라는 남자는 접촉이 능한걸. 저녁에 함께 로시앙 바에서 보르도 와인을 한 병 비우는 것도 재미있겠는데 하고 생각했을까? 아닐 것이다. 그러나 아마도 그녀의 무의식에서는 접촉이 배려와 연결의 느낌을 의식 아래에서 전달했을 것이다.

비유클리드 기하학과는 달리, 접촉 연구는 여러 곳에 응용할 수 있다.[18] 8명의 식당 종업원과 수백 명의 손님을 대상으로 했던 실험을 보자. 종업원은 무작위로 선택한 손님이 식사를 끝낼 무렵에 다가가서, "불편한 점은 없냐"고 물으며 팔을 살짝 건드렸다. 접촉하지 않은 손님들 중에서는 평균 약 14.5퍼센트가 팁을 주었지만, 접촉한 손님들 중에서는 17.5퍼센트가 팁을 주었다. 사람들이 술집에서 팁을 주는 행동에 대한 연구에서도 같은 효과가 확인되었다. 또다른 식당 연구에서는, 팔의 위쪽에 가벼운 접촉을 경험한 손님들은 약 60퍼센트가 종업원이 권하는 특별 요리를 시켰지만, 접촉하지 않은 손님들은 약 40퍼센트만 그랬다. 접촉은 나이트클럽에 혼자 온 여성들이 춤추자는 제안을 받아들이는 비율을 높였고, 탄원서에 서명하는 사람의 수를 늘렸고, 대학생들이 통계학 수업에서 자진하여 칠판으로 나가서 창피를 무릅쓰는 확률을 높였고, 쇼핑몰을 바쁘게 지나가던 행인들이 10분의 시간을 내서 설문지를 작성하는 비율을 높였고, 슈퍼마켓에서 시식해본 음식을 구매하는 고객의 비율을 높였으며, 방금 누군가에게 길을 가르쳐준 행인이 상대가 떨어뜨린 컴퓨터 디스켓 뭉치를 보았을 때 함께 주워주는 확률을 높였다.

이런 결과들이 미심쩍게 느껴질지도 모르겠다. 낯선 이가 손을 대면 펄쩍 물러나는 사람도 있지 않은가? 실제로 위의 연구들에서 일부 피험자들은 그랬을지도 모른다. 다만 긍정적으로 반응한 사람들이 더 많아서 그런 반응이 가려졌을지도 모른다. 그러나 여기에서 접촉은 모두 은근한 접촉이었지, 움켜잡는 것은 아니었음을 명심하자. 접촉을 경험한 피험자들에게 나중에 그 사실을 알려주면, 접촉을 인식했다는 사람은 보통 전체의 3분의 1에도 미치지 못했다.[19]

그렇다면 스킨십을 잘하는 사람이 일을 더 성공적으로 해낸다는 말일까? 직원들의 머리를 쓰다듬는 상사가 회사를 더 매끄럽게 운영하는지 따져본 데이터는 없다. 그러나 2010년에 버클리의 연구자들은 축하하는 의미로 머리를 찰싹 때리는 버릇이 성공적인 집단 상호작용과 연관된다는 것을 실제 사례를 통해서 발견했다.[20] 그들이 조사한 것은 농구 팀이었다. 농구는 시시각각 폭넓은 팀워크를 요구하는 스포츠이고, 정교한 접촉언어로도 유명하다. 연구자들에 따르면, "주먹 부딪치기, 한 손바닥 들어 마주치기, 가슴 부딪치기, 껑충 뛰어 어깨 부딪치기, 주먹으로 가슴 때리기, 머리 때리기, 머리 부여잡기, 한 손바닥 내려 마주치기, 두 손바닥 들어 마주치기, 반쯤 껴안기, 팀 전체가 머리 맞대기"의 횟수가 그 팀의 협동 수준과 유의미한 상관관계가 있었다. 협동을 보여주는 행동이라고 하면, 가령 수비방해를 덜 받는 팀원에게 패스

하기, 압박수비에 걸린 팀원에게 "스크린"을 걸어 탈출시키기, 개인 기량을 희생하고 팀원에게 의지하기 등이었다. 더 많이 접촉하는 팀일수록 더 많이 협동했고, 더 많이 이겼다.

인간에게서 접촉이 사회적 협력과 유대를 높이는 데에 얼마나 중요한가 하면, 사회적 연결성에 대한 의식 아래의 감정을 피부에서 뇌로 직접 전달하는 특수한 경로가 진화했을 정도이다. 과학자들은 우리의 피부— 특히 얼굴과 팔— 에서 사회적 접촉의 쾌락을 전문적으로 전달하는 듯한 신경섬유를 발견했다. 그 신경섬유들은 신호 전달속도가 너무 느리기 때문에, 일반적인 촉감에는 그다지 쓸모가 없다. 즉, 접촉한 물체가 **무엇인지** 알아내고 그것이 **어느** 지점에 접촉했는지를 비교적 정확하게 알려주는 데에는 쓸모가 없다.[21] 사회 신경과학의 개척자 랠프 아돌프스는 이렇게 설명했다. "그 섬유들은 배와 속돌[浮石]을 구분하게 해주거나 뺨과 턱을 구분하게 해주지 못합니다. 그러나 섬피질처럼 감정과 연관되는 뇌 영역들과 직접 연결되어 있습니다."[22]

영장류학자들에게는 접촉의 중요성이 전혀 놀라운 사실이 아니다. 비인간 영장류들은 털을 고르는 동안 서로 광범위하게 접촉한다. 털손질은 명목상 위생활동이지만, 몸이 깨끗해지는 데는 하루에 10분이면 충분할 것이다. 그러나 일부 종들은 매일 몇 시간씩 털손질을 한다.[23] 왜일까? 앞에서 이야기했던 털손질 집단을 기억하는가? 영장류에게 사회적 털손질은 사회관계 유지에 중요한 행동인 것이다.[24] 촉감은 신생아에게서 가장 고도로 발달된 감각이고, 생후 1년 동안 가장 기본적인 소통방식이며, 이후에도 평생 중요하게 작용한다.[25]

1960년 9월 26일 저녁 7시 45분. 민주당 대통령 후보자 존 F. 케네디가

CBS 방송국의 계열사 WBBM의 시카고 스튜디오로 성큼성큼 들어왔다.[26] 그는 푹 쉰 듯했고, 햇볕에 그을었으며, 건강해 보였다. 기자 하워드 K. 스미스는 나중에 케네디를 "월계관을 받으러 나오는 운동선수"에 비유했다. 케네디의 공화당 적수였던 리처드 닉슨의 텔레비전 고문 테드 로저스는 이렇게 말했다. "그가 스튜디오로 들어오는 것을 보고 나는 코치스(Cochise)*인 줄 알았다. 하도 까맣게 태워서."

반면에 닉슨은 수척하고 창백해 보였다. 그는 케네디가 당당하게 입장하기 15분 전에 도착해 있었다. 두 후보자는 미국 역사상 최초의 대통령 선거 토론을 하려고 시카고로 왔다. 닉슨은 얼마 전에 무릎 감염으로 병원 신세를 졌고, 여태까지 시달리고 있었다. 그런데도 좀더 쉬라는 조언을 무시한 채 전국을 누비는 진 빠지는 홍보전 일정을 재개했고, 몸무게가 상당히 빠졌다. 그는 올즈모빌 자동차에서 내리는 순간에도 38.8도의 고열에 시달렸지만, 괜찮으니 토론을 하겠다고 우겼다. 두 후보자가 한 말의 내용으로만 판단하면, 그날 밤 닉슨은 실제로 잘 버텼다. 그러나 토론은 언어적 차원과 비언어적 차원의 두 차원으로 진행되었다.

그날의 토론 주제는 공산주의와의 마찰, 농업, 노동, 후보자의 경험 등이었다. 선거는 중대사이고, 토론은 중요한 철학적, 현실적 주제를 다루는 자리이다. 따라서 중요한 것은 후보자들의 말이다. 그렇지 않은가? 당신이라면 후보자가 무릎 감염으로 지쳐 보인다는 이유 때문에 그를 찍지 않기로 할 텐가? 목소리나 접촉처럼 자세, 외모, 표정도 우리가 타인을 판단하는 데에 강력한 영향력을 발휘하지만, 아무리 그렇다고 해도 대통령마저 행색에 따라서 뽑을 것인가?

───────────────
* 북아메리카 원주민을 가리키는 말/역주

CBS의 토론 프로듀서였던 돈 휴잇은 닉슨의 여윈 얼굴을 본 순간, 머릿속에서 경고가 울렸다. 휴잇은 두 후보자에게 메이크업 전문가를 붙여주겠다고 말했지만, 케네디가 거절하자 닉슨도 거절했다. 이후 한 보좌관이 아무 데서나 살 수 있는 화장품인 레이지 셰이브를 닉슨의 그 유명한 수염자국에 펴바르는 동안, 케네디 측에서는 그들의 시야 밖에서 케네디에게 완벽한 화장을 해주었다. 휴잇은 닉슨의 텔레비전 고문 로저스에게 후보자의 외모에 대한 불만을 전달했으나, 로저스는 만족스럽다고 일축했다. 휴잇은 CBS의 상사에게 자신의 걱정을 보고했고, 상사 역시 로저스에게 접근했지만 똑같은 반응을 들었다.

약 7,000만 명의 시청자가 토론을 지켜보았다. 토론이 끝났을 때, 텍사스에 있던 한 유력 공화당원은 이렇게 말했다고 한다. "저 새끼 때문에 방금 우리가 선거에 졌군." 그 공화당원은 그런 말을 할 만한 입장이었다. 리처드 닉슨의 러닝메이트인 헨리 캐벗 로지 주니어였기 때문이다. 약 6주일 뒤에 선거가 실시되었고, 닉슨과 로지는 일반투표에서 아슬아슬하게 졌다. 총 표수 6,700만 표에서 고작 11만3,000표 차이였다. 500표 중 1표꼴도 되지 않는다. 그러니 토론 때문에 닉슨이 부적합하다고 생각하게 된 시청자가 극히 작은 비율이었더라도 선거를 뒤집기에 충분했을 것이다.

정말로 흥미로운 점은, 로지를 비롯한 많은 시청자는 닉슨이 끔찍했다고 생각했던 반면, 다른 많은 유력 공화당원은 전혀 다른 경험을 했다는 것이다. 「뉴욕 헤럴드 트리뷴(New York Herald Tribune)」의 정치부 기자였던 얼 마조 — 닉슨 지지자였다 — 는 11명의 주지사들과 그 측근들과 함께 일종의 토론 파티에 참석했다. 모두들 남부 주지사 모임 때문에 아칸소 주 핫스프링스에 모여 있었던 것이다.[27] 그들은 닉슨이 멋지게 해냈다고 생각했다. 왜 그들의 경험은 로지의 경험과는 딴판이었을까? 아칸소 주에서는 텔레비전 방송이 1시간 늦게 중계되었기 때문에, 그들은 라디오로 토론을 들었던 것이다.

마조는 라디오 방송에 대해서 이렇게 말했다. "[닉슨의] 깊게 울리는 목소리는 케네디의 높은 목소리와 보스턴-하버드 억양에 비해서 더 많은 확신, 통솔력, 결단력을 전달했다." 마조와 주지사들은 텔레비전 중계가 들어오자 그쪽으로 바꾸어서 첫 1시간을 다시 보았다. 이후 마조는 승자에 대한 생각을 바꾸었다. "텔레비전으로는 케네디가 더 예리하고, 통제력 있고, 단호해 보였다." 신들링어라는 필라델피아의 상업 조사회사가 이후에 조사한 결과도 그 분석을 지지했다. 『브로드캐스팅(Broadcasting)』이라는 업계지에 발표된 그 조사 보고서를 보면, 라디오 청취자들 사이에서는 닉슨이 2 대 1 이상의 차이로 이겼지만 훨씬 더 많은 수인 텔레비전 시청자들 사이에서는 케네디가 닉슨을 눌렀다.

신들링어의 조사는 과학 저널에 발표되지 않았고, 표본 크기와 같은 세밀한 사항들—라디오와 텔레비전 사용자의 인구통계학적 차이를 보완하는 방법론—도 공개되지 않았다. 이 문제는 그 상태로 40년쯤 묵혀졌다. 그러다가 2003년이 되어, 한 연구자가 미네소타 대학교의 여름 학기 수강생 171명에게 그 토론을 평가해보라고 했다. 학생들 중 절반에게는 비디오를 보여주었고, 나머지 절반에게는 소리만 들려주었다.[28] 이 학생들은 토론 당시의 어떤 집단보다도 피험자로서 알맞았다. 어느 후보자에게도 이해관계가 없었고, 토론 주제에 대해서 거의 모르거나 전혀 몰랐기 때문이다. 1960년 유권자들에게는 니키타 흐루쇼프라는 이름이 정서적으로 강력한 의미가 있었지만, 이 학생들에게는 또 다른 하키 선수의 이름처럼 들릴 뿐이었다. 그러나 그들이 토론에 대해서 받은 인상은 40년 전 유권자들과 다르지 않았다. 토론을 눈으로 본 학생들은 귀로만 들은 학생들에 비해서 케네디가 이길 것이라고 생각하는 비율이 현격하게 높았다.

1960년 미국 대통령 선거의 유권자들처럼, 누구나 가끔은 외모를 근거로 사람을 선택하는 것이 사실이다. 우리는 정치인만 뽑는 것이 아니라 배우자, 친구, 자동차 수리공, 변호사, 의사, 치과의사, 상인, 직원, 상사의 후보자들 중에서도 선택을 한다. 그때 외모가 얼마나 영향을 미칠까? 아름다움을 말하는 것이 아니다. 좀더 미묘한 무엇, 지적이고 세련되고 유능해 보이는 모습을 말하는 것이다. 투표는 외모가 여러 분야에서 미치는 영향을 대신해서 살펴볼 수 있는 좋은 사례이다. 데이터가 많을뿐더러 연구에 제공되는 자금도 많기 때문이다.

    캘리포니아의 연구진이 수행한 한 쌍의 실험을 보자. 연구자들은 가상의 연방선거에 대한 홍보전단을 꾸며냈다.[29] 모든 전단은 공화당원과 민주당원이 겨루는 구도였는데, 사실 그 "후보자들"은 고용된 모델들이었다. 연구자들은 그들을 찍은 흑백 사진을 전단에 실었다. 이때 그들 중 절반은 유능해 보였고, 나머지 절반은 그다지 유능해 보이지 않았다. 이 점에서 연구자들은 자신들의 판단에만 의존하지 않았고, 사전에 지원자들을 모아서 각 모델의 시각적 매력도를 평가했다. 그 결과를 토대로 하여, 전단마다 반드시 유능해 보이는 사람과 덜 유능해 보이는 사람을 짝지웠다. 행색이 더 좋은 후보자가 더 많은 표를 얻는지 알아보기 위해서였다.

    전단에는 후보자의 (가짜) 이름과 사진 외에도 실질적인 정보가 실렸다. 정당, 학력, 직업, 정치적 경험, 세 가지 유세 쟁점에 관해서 세 줄씩 견해를 밝힌 글 등이었다. 특정 정당을 선호하는 효과를 제거하기 위해서 투표자 절반에게는 공화당원이 더 유능해 보이는 전단을 주었고, 나머지 절반에게는 민주당원이 더 유능해 보이는 전단을 주었다. 이론적으로는 오직 실질적 정보만이 투표자의 선택에 유효하게 작용해야 했다.

연구자들은 투표자 역할을 할 지원자 약 200명을 모집했다. 그들에게는 **진짜** 후보자에 대한 **진짜** 정보로 전단을 제작했다고 말했다. 실험 목적도 다르게 말했다. 투표자가 모든 후보자들에 대해서 동일한 정보를 가지고 있을 때— 전단에 적힌 것처럼 — 어떻게 투표하는지를 알아보려 한다고 말했다. 피험자들이 할 일은 전단을 보고 각 선거에서 둘 중 한 후보자에게 투표하는 것이었다. 그 결과, "얼굴 효과(face effect)"는 크게 나타났다. 둘 중 행색이 더 나은 후보자가 평균 59퍼센트의 표를 얻었다. 현대 정치에서 이 정도면 압승이다. 대공황 이래 미국에서 그만큼 큰 표차로 당선된 대통령은 1964년에 득표율 61퍼센트로 배리 골드워터를 이긴 린든 존슨뿐이었다. 게다가 **그때** 골드워터는 핵전쟁을 일으키고 싶어서 좀이 쑤시는 사람으로 대중에게 묘사된 터였다.

두 번째 실험도 방법은 비슷했지만, 이번에는 후보자로 행세하는 사진을 찍을 사람들을 조금 다르게 골랐다. 첫 실험에서는 모든 후보자가 남자였고, 사전 투표위원회가 상당히 유능해 보이거나 유능해 보이지 않는다고 평가한 사람들이었다. 반면에 이번에는 모든 후보자가 여자였고, 사전 위원회가 모두 중립적이라고 평가한 외모들이었다. 연구자들은 이 여성들에게 할리우드 스타일의 메이크업 전문가와 사진사를 붙여준 뒤, 한 사람당 2장씩 사진을 찍게 했다. 더 유능해 보이는 사진 한 장, 덜 유능해 보이는 사진 한 장이었다. 연구자들은 이번에도 반드시 유능해 보이는 사진과 무능해 보이는 사진을 대결시켰다. 결과는 어땠을까? 지도자처럼 보이는 외모는 평균적으로 15퍼센트 더 표를 끌어들이는 효과를 거두었다. 이것은 얼마나 큰 효과일까? 최근 치러진 캘리포니아 의회 선거에서 그만큼의 표 이동이 벌어졌다면, 53개 선거구 가운데 15개에서 결과가 바뀌었을 것이다.

이런 결과는 충격적이고 걱정스럽다. 외모만으로 어느 한 후보자가 엄청나게 앞서갈 수 있으니, 후보자들이 쟁점을 논하기도 전에 경주가 끝났을지도 모른다는 뜻이다. 요즘처럼 중요한 쟁점이 산적한 시대에, 얼굴이 표를 좌우한다는 사실은 받아들이기가 어렵다. 이런 연구들에 대한 한 가지 확실한 비판은 가짜 선거였다는 점이다. 설령 유능한 외모가 후보자에게 유리하게 작용한다는 것을 보여주었을지라도, 그 선호가 얼마나 "유연한가" 하는 문제는 다루지 않았다는 점이다. 이데올로기적 선호가 강한 유권자는 분명 외모에 쉽게 휘둘리지 않을 것이고, 부동표(浮動票) 층은 쉽사리 영향을 받을 것이다. 이 효과는 현실의 선거에도 영향을 미칠 만큼 강할까?

2005년에 프린스턴 대학교의 연구자들은 2000년, 2002년, 2004년에 실시되었던 95건의 상원의원 선거와 600건의 하원의원 선거에서 모든 승자들과 차점자들의 흑백 사진을 수집했다.[30] 그리고 피험자들을 모집하여, 사진을 흘끗 보는 것만으로 각 후보자의 역량을 평가해보라고 했다. 아는 얼굴이 있으면 그 데이터는 기각했다. 결과는 충격적이었다. 피험자들이 더 유능하다고 인식한 후보자들 중 72퍼센트가 실제로 상원 선거에서 이긴 사람이었고, 하원 선거에서는 67퍼센트가 이긴 경우였다. 캘리포니아 연구진의 가짜 선거 실험에서보다 오히려 더 높은 성공률을 기록한 셈이었다. 나아가 2006년에 수행된 실험은 더 놀라운—

의미를 곱씹어보면 암울하기도 한—결과를 보여주었다. 연구자들은 선거가 치러지기 전에 얼굴 평가를 실시하여, 오직 후보자의 외모에만 기반해서 승자를 예측해보았다. 이후 실제의 선거 결과와 대조해보았더니, 예측은 충격적일 만큼 정확했다. 더 유능해 보인다고 뽑힌 후보자들 중 69퍼센트가 실제로 주지사 선거에서 승리했고, 상원 선거에서는 72퍼센트가 승리했다.

내가 이런 정치적 연구를 자세하게 설명한 까닭은 이것이 중요한 문제이기 때문만은 아니다. 앞에서 말했듯이, 선거는 우리에게 그보다 더 폭넓은 사회적 상호작용에 관한 정보를 준다. 고등학교에서 반장을 뽑을 때라면 외모를 근거로 삼아도 좋을지 모른다. 우리는 스스로가 그런 원시적 방식에서 벗어났다고 믿고 싶지만, 무의식의 영향에서 졸업하는 것은 쉬운 일이 아니다.

찰스 다윈의 자서전에는 그가 외모 때문에 역사적인 비글 호 항해의 기회를 거부당할 뻔했다는 이야기가 나온다. 특히 코 때문이었는데, 그의 코는 크고 약간 주먹코였다.[31] 다윈도 나중에 자기 코를 지적(知的) 설계에 대한 반례로 익살스럽게 언급한 적이 있다. 그는 이렇게 썼다. "솔직하게 말해서……내 코 모양이 정말로 신이 내린 것이며 '지적 목적에 따른' 것이라고 믿습니까?"[32] 비글 호 선장이 다윈을 거절하려고 했던 것은 코 모양으로 성격을 판단할 수 있다는 개인적 신념 때문이었다. 선장은 다윈과 같은 코는 "항해에 필요한 정력과 결단력을 가지지" 못한다고 생각했다. 물론 결국 다윈은 그 일을 따냈다. 다윈은 선장에 대해서 이렇게 썼다. "그는 나중에 내 코가 거짓말을 했다고 생각하며 만족했다."[33]

영화 「오즈의 마법사」의 끝 부분에서, 도로시와 일행은 위대한 마법사에게 서쪽 나라 나쁜 마녀의 빗자루를 바치기 위해서 다가간다. 눈앞에서는 온통 불꽃, 연기, 둥둥 떠다니는 마법사의 얼굴만이 보이고, 도로시와 동료들은 우레처럼 권위적인 마법사의 목소리에 덜덜 떨며 무서워한다. 그러나 도로시의 강아지 토토가 커튼을 잡아당기자, 험악한 마법사는 사실 마이크에 대고 말하면서 레버를 당기고 다이얼을 돌려 불꽃을 지휘하는 평범한 아저씨에 지나지 않는다는 것이 들통난다. 마법사는 커튼을 홱 치면서 훈계한다. "커튼 뒤의 사람에게는 신경쓰지 말아라." 그러나 쇼는 끝났다. 도로시는 마법사가 상냥한 노인이라는 것을 알아냈다.

우리는 누구나 페르소나라는 커튼 뒤에 진짜 사람을 숨기고 있다. 그리고 사회적 관계를 맺으면서, 커튼을 치워도 괜찮다고 생각할 만큼 친밀한 사람 — 친구, 가까운 이웃, 가족, 그리고 집에서 키우는 개(고양이는 틀림없이 아닐 것이다) — 을 소수 사귄다. 그러나 다른 대부분의 사람들에 대해서는 커튼을 그렇게 많이 열지 않고, 처음 만나는 사람에게는 꼭꼭 닫아두기 마련이다. 그렇다 보니, 타인에 대한 우리의 판단은 주로 목소리, 얼굴과 표정, 자세, 그밖에 위에서 언급했던 여러 비언어적 개성과 같은 피상적인 특징들로 이루어진다. 착하거나 짜증나는 직장 동료, 이웃, 의사, 아이의 선생님, 표를 주거나 주지 않거나 아예 무시할 정치인에 대한 판단이 모두 그렇다. 우리는 매일 사람들을 만나고, 다음과 같은 판단을 내린다. 나는 이 보모를 믿어. 이 변호사는 자기 일을 잘 알아. 저 남자는 촛불 아래에서 셰익스피어의 소네트를 암송하면서 내 등을 다정하게 어루만질 타입으로 보여. 당신이 취업 희망자라면, 당신이 나눈 악수가 면접 결과에 영향을 미칠 수 있다. 당신이 판매원이라면, 시선 접촉의 정도가 고객의 만족도에 영향을 미칠 수 있다. 당신이 의사라면, 당신의 말투가 환자들의 진료 평가에 영향을 미치는 것은 물론이거니와 자칫 일이 잘못되었을 때 그들의 고소 여부에도 영향을 미친다. 인간은 의식적 이해 면에서 찌르레기보다 월등하다. 그러나 마음 깊은 곳에는 인간에게도 찌르레기의 마음이 있다. 비언어적 단서에 반응하는 마음, 의식의 논리적 판단이 미처 검열하지 못하는 마음이다. "인간이 되다"라는 표현은 보통 측은지심이 있는 행동을 뜻한다. 여러 언어에 비슷한 표현이 있어서, 가령 독일어에도 "사람이 되다(ein Mensch sein)"라는 표현이 있다. 인간은 본성상 타인의 감정과 의도를 알아차리지 않고는 못 배긴다. 이것은 우리 뇌에 처음부터 갖추어져 있는 능력이고, 이것을 끄는 스위치는 없다.

7
사람과 사물을 분류하기

> 눈으로 보는 모든 것을, 모든 시각적 입력을 별개의 요소로 다루어야 한다면, 그리고 눈을 뜰 때마다 매번 새롭게 그 연결성을 알아내야 한다면, 우리는 압도되어 아무것도 보지 못할 것이다. — 게리 클라인

누군가에게 슈퍼마켓에서 사올 물건을 10-20개쯤 말해준다고 하자. 그는 그중에서 몇 개만 기억할 것이다. 목록을 반복해서 읊어주면 기억이 향상될 것이다. 그러나 정말로 도움이 되는 것은 항목들을 범주로, 가령 채소, 과일, 곡류 등으로 묶어서 일러주는 것이다. 인간의 전전두엽에는 범주에 반응하는 뉴런들이 있다고 한다. 그 이유는 위의 사례를 생각해보면 짐작할 수 있다. 범주화(categorization)는 뇌가 정보를 효율적으로 처리하고자 사용하는 전략이다.[1] 셰레솁스키를 기억하는가? 완전무결한 기억력 때문에 남들의 얼굴을 알아보는 데에 애를 먹었던 사람 말이다. 그의 기억에서는 한 사람이 여러 얼굴을 가졌다. 다른 각도에서 본 얼굴, 다른 조명에서 본 얼굴, 다른 감정을 띤 얼굴, 감정의 정도가 미묘하게 달라진 얼굴. 그래서 셰레솁스키의 뇌 속 책장에 놓인 얼굴들의 백과사전은 예외적으로 두껍고 검색이 어려웠다. 그 때문에 새로운 얼굴을 예전에 보았던 얼굴과 같은 것으로 확인하는 과정 —

이 과정이 범주화의 핵심이다 — 은 대단히 성가신 일이 되었다.

세상의 모든 사물과 사람은 독특하다. 그러나 만약 우리가 그들을 그렇게 인식한다면, 우리는 제대로 기능하지 못할 것이다. 우리에게는 환경의 모든 요소들을 세세하게 관찰하고 곱씹을 시간이나 정신적 대역폭이 없다. 대신에 우리는 소수의 두드러진 특징을 관찰하여 사물을 어느 한 범주에 분류하고, 사물 자체가 아니라 그 범주에 기반하여 그 사물을 평가한다. 일군의 범주들을 유지함으로써 반응속도를 높이는 셈이다. 우리가 이런 방식으로 작동하도록 진화하지 않았다면, 달리 말해서 마주치는 모든 것을 개별적으로 취급하는 뇌를 가졌다면, 우리는 저 북슬북슬한 생물체가 밥 삼촌을 잡아먹은 녀석만큼 위험한 동물인지 아닌지를 결정하는 동안 곰에게 잡아먹힐 것이다. 실제로는 곰 두어 마리가 친척을 잡아먹는 것을 보고 나면, 우리는 그 종 전체에 나쁜 평판을 안긴다. 범주적 사고 덕분에, 이후 우리는 크고 날카로운 앞니를 가진 거대한 털북숭이 동물을 목격하면 근처에서 얼쩡거리며 더 많은 데이터를 모으는 대신에 저 동물은 위험하다는 자동적인 직감에 따라서 멀찌감치 도망친다. 마찬가지로 우리는 의자를 몇 개 본 뒤에는 네 다리와 등판이 있는 물체란 앉는 물체라고 가정하고, 앞에 가는 운전자가 비틀비틀 차를 몰면 거리를 두는 편이 좋겠다고 판단한다.

"곰들", "의자들", "위험한 운전자들"과 같은 포괄적 범주로 생각하는 것은 세상을 빠르게, 효율적으로 헤쳐나가는 데에 유용하다. 먼저 사물의 전체적인 의미를 이해하고, 나중에 개별성을 걱정하는 것이다. 범주화는 인간의 정신활동 중에서도 중요하고, 누구나 늘 수행하고 있다. 당신이 이 책을 읽을 수 있는 것도 범주화 능력 덕분이다. 읽기를 익히려면, b와 d처럼 비슷하게 생긴 기호들을 서로 **다른** 문자 범주로 묶을 줄 알아야 한다. 또 b, ♭, 𝐛, 𝓫처럼 다르게 생긴 기호들을 같은 문자로 인식할 줄 알아야 한다.

사물을 범주화하는 것은 쉽지 않다. 이 단어들을 읽기가 까다로운 것은 그 때문이다. 꼭 활자가 뒤섞인 경우가 아니더라도 범주화는 복잡한 작업인데, 우리는 그 사실을 과소평가하기 쉽다. 왜냐하면 우리가 보통 의식적 노력 없이 신속하게 그 일을 해내기 때문이다. 식품의 종류를 생각할 때, 우리는 자동적으로 사과와 바나나를 같은 범주 — 과일 — 에 넣는다. 둘은 꽤 다르게 생겼는데도 말이다. 반면에 사과와 빨간 당구공은 꽤 비슷하게 생겼는데도 다른 범주에 넣는다. 길고양이와 닥스훈트는 둘 다 갈색이고 크기와 형태가 비슷하지만, 올드 잉글리시 시프도그는 크고, 희며, 북슬북슬한 것이 상당히 다르다. 그러나 길고양이는 고양잇과 범주에 속하고 닥스훈트와 시프도그는 갯과에 속한다는 것은 어린아이라도 다 안다. 이런 범주화가 얼마나 정교한 작업인가 하면, 컴퓨터 과학자들이 고양이와 개를 구분할 줄 아는 컴퓨터 시각체계를 설계하는 데에 성공한 것이 불과 몇 년 전의 일이었다.

위의 예에서 알 수 있듯이, 범주화의 한 가지 주요한 기법은 특정 차이점들의 중요성을 강조하되(d와 b의 방향, 혹은 수염의 유무) 다른 차이점들의 타당성은 최소화하는 것이다(b와 𝐛의 곡선 차이, 혹은 동물의 색깔). 그러나 때로는 추론의 화살표가 반대 방향을 가리킨다. 일단 어떤 사물들을 한 집단으로 분류하고 다른 사물들을 다른 집단으로 분류하면, 이후에는 집단이 같은 사물들은 실제보다 더 비슷하다고 인식하고 집단이 다른 사물들은 실제보다 덜 비슷하다고 인식하게 되는 것이다. 사물을 집단으로 분류하는 것만으로 그에 대한 판단이 달라지는 셈이다. 따라서 범주화가 뇌의 여느 생존 지향적 기교와 마찬가지로 자연스럽고 필수적인 지름길이기는 해도, 나름의 결점이 있다.

범주화에 의한 왜곡을 조사했던 초기 실험들 중에는 이런 단순한 것도 있었다. 피험자들에게 선분 8개의 길이를 추측해보라고 시켰다. 제일 긴 선분은 두 번째로 긴 선분보다 5퍼센트 더 길었고, 두 번째는 세 번째보다 또 5퍼센트 더 길었고, 이런 식으로 끝까지 이어졌다. 절반의 피험자들에게는 각 선분의 길이를 센티미터로 추측해보라고 했고, 나머지 절반에게는 선분들을 인위적으로 두 집합으로 나누어 보여주면서 똑같은 질문을 했다. 긴 것 4개는 "A 집단"으로, 짧은 것 4개는 "B 집단"으로 이름 붙였다. 그 결과, 특정 선분이 특정 집단에 속한다고 생각하게 된 피험자들은 그에 따라서 인식이 바뀌었다. 집단이 같은 선분들은 실제보다 길이가 더 비슷하다고 판단했고, 집단이 다른 선분들은 실제보다 길이가 더 많이 차이가 난다고 판단했다.[2]

이후에도 다른 상황에서 같은 효과를 보여준 비슷한 실험들이 많았다. 한 실험은 길이 판단을 색깔 판단으로 바꾸었다. 피험자들은 다채로운 색조의 문자들과 숫자들을 본 뒤, 각각의 "붉은 정도"를 판단했다. 이때 제일 붉은 문자들을 한 덩이로 묶어서 보여주면, 똑같은 표본들이지만 묶지 않고 그냥 보여주었을 때에 비해서 피험자들은 문자들의 색깔이 서로 더 비슷하며 나머지와는 차이가 더 크다고 판단했다.[3] 또다른 연구에서, 어느 도시의 시민들에게 6월 1일과 6월 30일의 기온 차이를 짐작해보라고 했을 때는 차이를 과소평가하는 경향이 있었으나, 6월 15일과 7월 15일의 기온 차이를 짐작해보라고 했을 때는 차이를 과대평가했다.[4] 날짜를 달로 묶은 인위적 범주 때문에 인식이 왜곡된 것이다. 우리는 설령 날짜 사이의 간격이 같더라도 같은 달의 두 날은 다른 달의 두 날보다 더 비슷하다고 생각한다.

이런 사례에서, 범주화는 곧 분극화이다. 이유가 아무리 임의적일지라도 일단 같은 범주로 분류된 사물들은 실제보다 더 비슷해 보이고, 다른 범주로 분류된 사물들은 실제보다 더 달라 보인다. 무의식은 모호하고 미묘한 차이를 깔끔한 구분으로 바꾼다. 무의미한 세부를 지우고 중요한 정보만 보유하기 위해서이다. 작업이 성공리에 처리되면, 우리는 세상을 단순화함으로써 더 쉽고 빠르게 헤쳐나갈 수 있다. 거꾸로 작업이 부적절하게 처리되면, 우리의 인식은 왜곡된다. 그래서 가끔은 남들에게, 심지어 자신에게도 해로운 결과를 낳는다. 특히 범주화 성향이 타인에 대한 시각에 영향을 미칠 때가 그런데, 우리가 특정 병원의 의사들, 특정 법률사무소의 변호사들, 특정 스포츠팀의 팬들, 특정 인종이나 민족의 사람들을 실제보다 서로 더 비슷한 존재들로 간주할 때이다.

캘리포니아의 한 변호사가 쓴 글을 읽은 적이 있다. 엘살바도르 출신의 청년에 관한 이야기였다. 청년은 어느 상자 제조회사에서 일하는 사람들 가운데 유일한 유색인종이었다. 그는 승진하지 못했고, 급기야 습관적 지각과 "지나치게 태평한" 태도를 빌미로 해고를 당했다. 청년은 다른 사람들도 다 그런데도, 고용주가 그들의 지각은 지적하지 않는다고 항변했다. 고용주가 다른 직원들에 대해서는 가끔 가족이 아프거나, 아이에게 문제가 있거나, 차가 고장나서 지각할 수도 있다고 이해한다는 것이다. 그러나 청년에 대해서는 지각이 자동적으로 게으름과 연관되었다. 청년은 자신의 단점은 과장되었고 성과는 인정되지 않았다고 주장했다. 고용주가 정말로 엘살바도르 청년의 개인적 특징을 무시했을까? 청년을 "히스패닉"이라는 일반 범주로 보고, 고정관념에 따라서 그의 행동을 해석했을까? 물론 우리는 결코 알 수 없을 것이다. 고용주는 당연히 반박했고, 이렇게 말했다. "나한테는 마테오가 멕시칸인 것이 아무런 차이가 없었습니다. 거의 인식도 못 했는걸요."5

"스테레오타입(stereotype)"이라는 용어는 1794년에 프랑스 인쇄업자 피르맹 디도가 만들었다.6 이것은 인쇄과정의 한 종류를 가리키는 말로서, 쿠키 커터처럼 생긴 주형을 써서 손으로 짠 금속활판의 복제물을 만드는 방식이었다. 복제한 활판을 쓰면 신문이나 책을 여러 인쇄기로 동시에 찍어낼 수 있기 때문에 대량생산이 가능했다. 이 단어가 "고정관념"이라는 뜻으로 처음 쓰인 것은 미국의 저널리스트이자 지식인이었던 월터 리프먼의 1922년 작 『여론(Public Opinion)』에서였다. 이 책은 현대 민주주의를 비판적으로 분석하고 대중이 그 과정에 미치는 결정력을 논했는데, 리프먼은 유권자가 직면하는 쟁점이 갈수록 복잡해진다는 점, 그리고 대중이 복잡한 쟁점에 대한 견해를 형성하는 방식 또한 갈수록 복잡해진다는 점을 우려했다. 그는 특히 매스 미디어의 역할을 우려했다. 리프먼이 쓴 다음 문장은 흡사 범주화를 다룬 최신 심리학 논문에서 인용한 것처럼 보인다. "현실 세상은 우리가 직접 익히기에는 전체적으로 너무 크고, 복잡하고, 순간적이다.……우리는 어쨌든 그 속에서 행동해야 하지만, 먼저 그것을 더 단순한 모형으로 재구성한 뒤에야 다룰 수 있다."7 그는 그 단순한 모형을 가리켜서 스테레오타입(고정관념)이라고 불렀다.

리프먼은 사람들의 고정관념이 문화적 노출에서 비롯한다고 보았다. 그가 살았던 때는 대량유통되는 신문과 잡지, 나아가 영화라는 새로운 매체가 과거에 가능했던 수준을 넘어서 점점 더 많은 사람에게, 점점 더 멀리까지 생각과 정보를 퍼뜨리는 시대였다. 그런 매체는 대중에게 유례없이 폭넓은 경험을 안겨주었지만, 언제나 정확한 그림을 제공한 것은 아니었다. 영화가 특히 그랬다. 영화는 진짜처럼 보이는 생생한 삶의 초상을 제공했지만, 그 초상은 상투적으로 희화화된 인물들로 채워질 때가 많았다. 영화의 초창기 시절에 제작자들은 한눈에 알아볼 수 있는 사회적 인물형, 즉 "캐릭터 배우"를 찾아서 거리를 뒤졌다. 리프먼과 같은 시대에 살았던 후고 뮌스터베르크는 이렇게 말했다. "만약 [제작자에게] 으스대는 미소를 띠는 뚱뚱한 바텐더, 혹은 초라한 유대인 행상, 혹은 이탈리아 출신의 거리 악사가 필요하다면, 그는 가발과 물감에 의존하지 않았다. 이미 준비된 현실의 그런 인물들을 [뉴욕의] 이스트사이드에서 찾아냈다." 상투적 인물형은—한눈에 인지된다는 점에서—손쉬운 속기법이었지만(지금도 그렇다), 그들이 대변하는 범주와 연관되는 성격적 특질들을 더욱 증폭하고 과장하는 효과가 있었다. 역사학자 엘리자베스 유언과 스튜어트 유언에 따르면, 리프먼은 사회적 인식과 인쇄 기법이 하나의 인상을 무수히 많이 찍어낸다는 점에서 비슷하다고 지적함으로써 "모더니티(근대성)의 가장 강력한 속성 중 하나를 확인하고 명명한 셈이었다."[8]

인종, 종교, 성별, 국적에 따른 범주화가 자주 보도되기는 하지만, 우리는 그밖의 여러 방식으로도 사람을 분류한다. 누구나 운동선수들을 뭉뚱그려 생각하거나, 은행 직원들을 뭉뚱그려 생각한 경우가 있을 것이다. 혹은 만나는 사람들을 직업, 외모, 인종, 학력, 나이, 머리색, 심지어 그들이 모는 자동차에 따라서 분류한 경우가 있을 것이다. 16세기와 17세기의 학자들은 사람을 닮은 동물에 따라서 분류하기도 했다. 다음 쪽의 그림을 보라. 1586년에 이탈리아의 잠바티스타 델라 포르타가 쓴 일종의 휴대용 인물도감 『인상학(*De Humana Physiognomonia*)』에 실렸던 그림이다.[9]

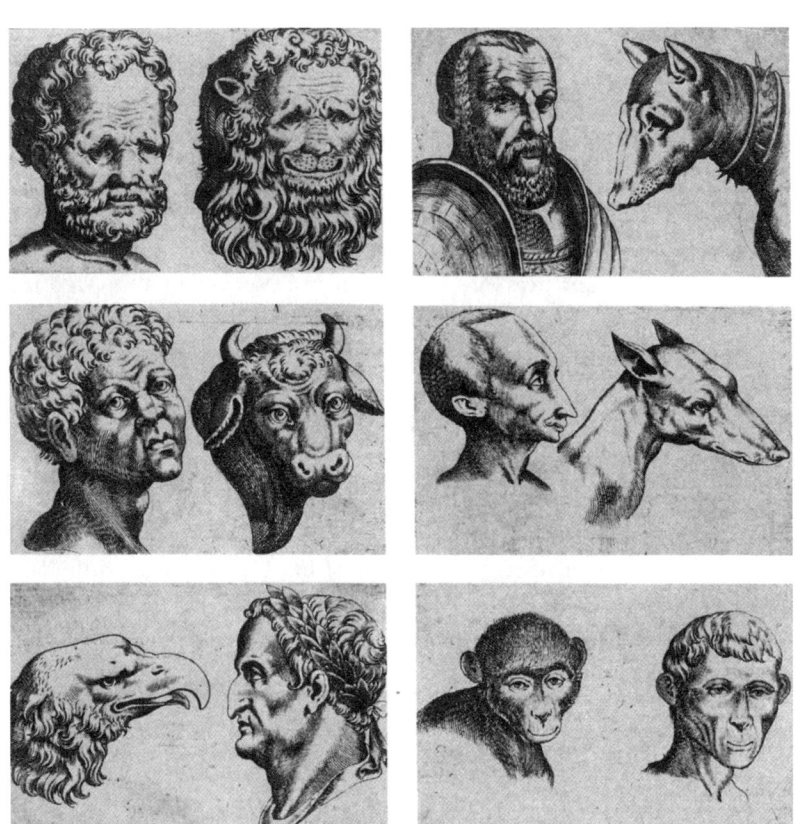

사람을 각자 닮은 동물에 따라서 범주화한 그림. 미국 국립 의학도서관(National Library of Medicine) 제공.

외모에 따른 범주화를 보여준 현대의 사례도 있었다. 어느 날 오후, 아이오와 시티의 대형 할인점 통로에서 이런 사건이 벌어졌다. 텁수룩한 수염에 때 묻고 기운 청바지와 푸른 작업복 셔츠를 입은 남자가 작은 옷가지 한 점을 재킷 주머니에 슬쩍 찔러넣었고, 통로에 있던 다른 고객이 그 모습을 보았다. 잠시 뒤, 이번에는 다림질한 정장 바지와 스포츠 재킷에 넥타이 차림의 단정한 남자가 똑같은 짓을 했고, 이번에도 근처에서 쇼핑하던 다른 고객이 그 모습을 보았다. 비슷한 사건이 그날 저녁

사람과 사물을 분류하기 205

까지 50번이 넘게 발생했고, 근처의 다른 가게들에서도 비슷한 사건이 100번이나 벌어졌다. 마치 좀도둑 부대가 도시에서 싸구려 양말이나 허름한 넥타이를 싹 없애라는 임무를 받고 파견된 것 같았다. 그러나 그것은 전국 절도광의 날 같은 것이 아니었고, 두 사회심리학자의 실험이었다.[10] 연구자들은 상점들의 전폭적인 협조 아래, 범죄자의 사회적 범주에 따라서 주변인들의 반응이 어떻게 달라지는지를 알아보고자 했다.

좀도둑들은 모두 연구의 공모자들이었다. 도둑은 물건을 하나 슬쩍한 뒤, 목격자의 시야에 있지만 목소리는 들리지 않을 만한 거리까지 걸어갔다. 그러면 역시 실험 공모자로서 가게 직원처럼 차려입은 사람이 고객의 근처로 와서 물건을 정리하기 시작했다. 고객에게 신고할 기회를 주려는 것이었다. 고객들은 모두 같은 행동을 목격했지만, 반응은 같지 않았다. 단정한 복장의 남자가 범죄를 저지른 것을 본 고객들은 지저분한 복장의 남자를 본 고객들보다 신고 비율이 현저하게 낮았다. 더욱 흥미로운 점은 직원에게 도둑질을 알리는 태도의 차이였다. 사건에 대한 목격자들의 분석은 실제로 본 행동에만 국한되지 않았다. 도둑의 행동 못지않게 그의 사회적 범주에 의존하여 그에 대한 심적 그림을 형성하는 것 같았다. 고객들은 단정한 범인을 신고할 때는 자주 주저했으나, 꾀죄죄한 범법자를 신고할 때는 열성적이었다. "저 망할 인간이 코트에 뭔가를 쑤셔넣었어요"와 같은 말을 가미하기도 했다. 그들은 남자의 꾀죄죄한 외모를 하나의 신호로 받아들이는 것 같았다. 좀도둑질은 남자의 하고많은 죄목들 중에서 가장 사소한 것이라는 신호, 남자의 천성도 그의 옷가지만큼 더럽다는 신호로 보는 것 같았다.

우리는 자신이 타인을 각자 개인으로서 판단한다고 생각하기를 좋아한다. 실제로 우리는 타인을 각자의 독특한 특징에 기반하여 평가하려고 의식적으로 노력하고, 대개 성공한다. 그러나 우리가 상대를 잘 모른다면, 마음은 상대가 속한 사회적 범주에서 대답을 찾으려고 한다. 앞에서 뇌가 시각 데이터의 빈틈을 메운다는 이야기를 했다. 가령 뇌는 시신경과 망막이 연결된 맹점을 보완한다. 청각도 빈틈을 메운다고 했다. 우리는 "주지사들이 각각의 주도에서 소집된 주의회들과 면담했다"라는 문장에서 한두 음절을 기침 소리가 가려도 전혀 깨닫지 못한다. 또한 우리가 굵은 붓질만을 기억하는 장면에 대해서 기억은 세부를 덧붙여주고, 뇌가 일반적인 속성만을 저장한 얼굴에 대해서 기억은 생생하고 완전한 그림을 제공한다. 이럴 때 우리의 무의식은 불완전한 데이터를 받은 뒤, 맥락을 비롯한 다른 단서들에 의존하여 빈틈을 메우고, 정보에 입각한 추측을 끌어내어, 가끔은 정확하고 가끔은 부정확하지만 언제나 설득력 있는 결과를 만들어낸다. 마음은 우리가 타인을 판단할 때도 그런 방식으로 빈 공간을 메우는데, 상대의 범주는 그때 활용하는 하나의 데이터인 것이다.

지속적인 범주화 편향이 편견의 뿌리가 된다는 깨달음에는 심리학자 헨리 타이펠이 크게 기여했다. 타이펠은 앞에서 이야기했던 선분의 길이 실험을 한 사람이다. 폴란드 사업가의 아들로 태어난 그는 만약 스스로가 특정한 사회적 범주로 분류되는 경험을 하지 못했다면, 선구적 사회심리학자가 아니라 평범한 화학자가 되어 역사에서 잊혔을지도 모른다. 타이펠은 유대인이었고, 그 범주에 속한다는 것은 곧 대학입학이 금지된다는 뜻이었다. 적어도 폴란드에서는 그랬다. 그는 프랑스로 갔고, 화학을 공부했지만, 열정은 없었다. 그는 파티를 더 좋아했다. 한 친구의 말을 빌리면, 타이펠은 "프랑스 문화와 파리에서의 삶을 음미했다."[11] 음미는 제2차 세계대전의 발발로 막을 내렸고, 1939년 11월에 그는 프랑스 군대에 들어갔다. 그러다가 결국 그보다 더 음미할 만하지 않은 곳에 떨어지고 말았는데, 바로 독일 포로수용소였다. 그곳에서 그는 극단적인 사회적 범주화를 경험했고, 바로 그 때문에 사회심리학자가 되었다고 말했다.

독일인들은 타이펠이 속한 사회적 집단을 알려고 했다. 그는 프랑스인인가? 유대계 프랑스인인가? 다른 나라의 유대인인가? 나치는 유대인이라면 죄다 인간 이하로 생각했지만, 양조업자가 시큼한 와인을 두고 어느 샤토(Chateau)에서 빚은 것인지를 구분하듯이 유대인의 혈통을 두고 그 속에서도 구분을 했다. 프랑스인은 적으로 취급된다는 뜻이었다. 유대계 프랑스인은 동물로 취급된다는 뜻이었다. 유대계 폴란드인임을 인정하는 것은 신속하고 분명한 죽음을 뜻했다. 타이펠이 나중에 말했듯이, 그의 개인적 특징이나 독일인 억류자들과의 관계와는 무관하게 그는 정체가 밝혀지는 순간 유대계 폴란드인으로 분류될 것이었고, 그러면 운명은 결정될 것이었다.[12] 그러나 거짓말도 위험하기는 마찬가지였다. 그래서 그는 여러 종류의 낙인들 가운데 중간을 골랐고, 이후 4년 동안 유대계 프랑스인인 척하며 지냈다.[13] 그는 1945년에 풀려났고, 그해 5월에 "수백 명의 다른 사람들과 함께 파리 오르세 역에 도착하는 특별 열차에서 내렸다.……[그리고] 1939년에 알고 지냈던 사람들 중에서 — 가족을 포함하여 — 살아남은 사람이 거의 없음을" 알게 되었다.[14] 타이펠은 이후 6년 동안 전쟁난민, 특히 아이들과 청소년들을 도왔다. 그리고 범주적 사고, 고정관념, 편견의 관계를 숙고했다. 심리학자 윌리엄 피터 로빈슨에 따르면, 그런 주제에 대한 오늘날의 지식은 "거의 예외 없이 타이펠의 이론과 직접적인 개입 연구로 거슬러올라간다."[15]

선구자들의 업적이 으레 그렇듯이, 안타깝게도 학계가 타이펠의 통찰을 따라잡는 데는 오랜 시간이 걸렸다. 1980년대에도 심리학자들은 차별을 의식적이고 의도적인 행동으로 보는 경우가 많았다. 범주화라는 뇌의 중요한 경향성과 관련된 정상적이고 불가피한 인지과정에서 흔히 생겨나는 현상이라고 보지 않았다.[16] 그러던 1998년에 워싱턴 대학교의 세 연구자가 획기적인 논문을 발표했다. 무의식적, 즉 "암묵적" 고정관념은 예외라기보다 법칙임을 결정적으로 보여준 논문이었다.[17] 논문은 "IAT(Implicit Association Test, 암묵적 연합 검사)"라는 컴퓨터 기법을 제시했고, 이 기법은 사회심리학에서 피험자들이 어떤 특징을 어떤 사회적 범주와 무의식적으로 연합시키는 정도를 측정하는 표준 도구로 자리매김했다. IAT는 고정관념에 대한 사회과학자들의 시각을 혁신하는 데에 기여했다.

IAT의 개척자들은 독자들에게 "사고실험을 해보자"고 요청했다. 누군가 당신에게 단어들을 차례차례 보여준다고 하자. 단어들은 "남동생", "이모"처럼 남자 친척이나 여자 친척을 가리키는 명칭이다. 당신은 남자 친척명을 보면 "헬로"라고 말해야 하고, 여자 친척명을 보면 "굿바이"라고 말해야 한다(컴퓨터로 실험할 때는 화면에 단어들이 나오고, 피험자가 키보드를 찍어서 반응한다). 실수를 최소화하되 가급적 빨리 답해야 한다. 대부분의 사람들은 이 실험을 쉽고 빠르게 해낸다. 다음으로, 친척을 가리키는 명칭 대신 "딕", "제인"과 같은 남녀 이름으로 게임을 반복한다고 하자. 이름들은 성별이 분명하다. 이번에도 당신은 순식간에 해치울 것이다. 그러나 이것은 맛보기일 뿐이다.

진짜 실험은 지금부터이다. 1단계로, 이름 혹은 친척명인 단어들을 본다고 하자. 남자 이름이나 남자 친척명을 보면 "헬로"라고 말하고, 여자 이름이나 여자 친척명을 보면 "굿바이"라고 말해야 한다. 앞선 과제보다는 약간 더 복잡하지만, 머리가 아플 정도는 아니다. 이때 중요한 점은 당신이 각각의 선택에 들이는 시간이다. 아래의 단어 목록으로 직접 실험해보자. 마침 근처에 있던 친척이 당신의 목소리에 놀라서 달아날까 걱정이 된다면, 마음속으로만 "헬로", "굿바이"라고 중얼거려도 좋다(헬로 = 남자 이름 혹은 남자 친척명, 굿바이 = 여자 이름 혹은 여자 친척명).

존, 조앤, 남동생, 손녀, 베스, 딸, 마이크, 조카딸, 리처드, 레너드, 아들, 이모, 할아버지, 브라이언, 도나, 아버지, 어머니, 손자, 게리, 케이시.

2단계로 넘어가자. 2단계에서도 이름과 친척명을 보겠지만, 이번에는 남자 이름 혹은 **여자** 친척명을 보면 "헬로"라고 말하고, 여자 이름 혹은 **남자** 친척명을 보면 "굿바이"라고 말해야 한다. 이때도 선택에 걸리는 시간이 중요하다. 시도해보자(헬로 = 남자 이름 혹은 여자 친척명, 굿바이 = 여자 이름 혹은 남자 친척명).

존, 조앤, 남동생, 손녀, 베스, 딸, 마이크, 조카딸, 리처드, 레너드, 아들, 이모, 할아버지, 브라이언, 도나, 아버지, 어머니, 손자, 게리, 케이시.

보통 2단계의 반응 시간은 1단계보다 훨씬 더 길다. 1단계는 단어당 약 2분의 1초인 반면, 2단계는 약 4분의 3초이다. 왜 그럴까? 이것을 분류 작업이라고 생각해보자. 남자 이름, 남자 친척명, 여자 이름, 여자 친척명이라는 네 가지 범주를 다루어야 한다. 그러나 이것들은 각기 독립된 범주가 아니다. 남자 이름과 남자 친척명은 둘 다 남자를 가리키기 때문에, 연합된 범주들이다. 마찬가지로 여자 이름과 여자 친척명은 연합된 범주들이다. 1단계 과제는 네 범주에 이런 연합과 일치하는 방식으로 딱지를 붙이는 작업이었다. 남자 범주들에는 같은 딱지를 붙이고, 여자 범주들에도 같은 딱지를 붙였다. 그러나 2단계에서는 이런 연합을 무시한 채, 남자 범주라도 이름이면 이 딱지를 붙이고 친척명이면 저 딱지를 붙였다. 여자 범주라도 이름이냐 친척명이냐에 따라서 다른 딱지를 붙였다. 이것은 복잡한 작업이다. 그 복잡성이 정신적 자원을 소비함으로써 속도를 늦추는 것이다.

IAT의 골자는 다음과 같다. 심적 연합에 따르는 방식으로 딱지를 붙일 때는 속도가 빨라지지만, 연합을 거스르는 방식일 때는 늦어진다. 따라서 두 방식의 속도 차이를 조사하면, 피험자가 그런 특징을 사회적 범주와 얼마나 강하게 연합시키는지 알 수 있다.

예를 들어보자. 남녀 친척명 대신에, 과학이나 예술과 관련된 용어를 보여준다고 하자. 사람들이 남성과 과학을, 여성과 예술을 머릿속에서 연관짓지 않는다면, 남자 이름과 과학 용어에 "헬로"라고 말하고 여자 이름과 예술 용어에 "굿바이"라고 말하든, 남자 이름과 예술 용어에 "헬로"라고 말하고 여자 이름과 과학 용어에 "굿바이"라고 말하든, 아무런 상관이 없을 것이다. 따라서 1단계와 2단계의 속도 차이가 없을 것이다. 그러나 만약 사람들이 여성과 예술을, 남성과 과학을 강하게 연합시킨다면 — 대부분 그렇다 — 이 실험은 남녀 친척명과 이름으로 실시했던 원래 과제와 비슷할 것이다. 따라서 1단계와 2단계의 반응 시간은 상당히 차이가 날 것이다.

실험 결과는 충격적이었다. 피험자들의 절반쯤은 남성과 과학을, 여성과 예술을 강하게 혹은 중간 정도로 연합시키는 편향을 보였다. 스스로 그 연결성을 자각하는가 마는가와는 무관한 문제였다. 실제로 IAT 결과와 "외현적" 성별 편향, 즉 자기 보고서나 태도 검사 설문지에서 드러나는 의식적인 성별 편향 사이에는 상관관계가 없다. 어떤 실험에서는 피험자들에게 백인 얼굴, 흑인 얼굴, 적대적 단어(끔찍한, 실패, 사악한, 짜증나는 등등), 긍정적 단어(평화, 기쁨, 사랑, 행복한 등등)를 보여주었다. 만약 사람들이 백인에게 친화적이고 흑인에게 적대적인 연합을 품고 있다면, 흑인 얼굴과 적대적 단어를 묶을 때보다는 긍정적 단어와 흑인 범주를, 그리고 적대적 단어와 백인 범주를 묶을 때 단어 및 그림 분류에 시간이 더 걸릴 것이다. 실제로 피험자의 약 70퍼센트가 백인 친화적 연합을 드러냈는데, 자신이 그런 태도를 가지고 있다는 것을 알고 (의식적으로) 질겁한 사람도 많았다. 흑인들조차 IAT에서 무의식적인 백인 친화적 편향을 드러냈다. 아프리카계 미국인에게 부정적인 고정관념을 부과하는 문화에서 살면서 그러지 않기란 어려운 법이다.

우리는 타인에 대한 자신의 평가가 합리적이고 의식적이라고 느끼지만, 사실은 자동적이고 무의식적인 과정들이 상당한 영향을 미친다. 가령 VMPC(복내측 전전두엽피질)가 담당하는 감정조절 과정이 그러한데, VMPC가 손상되면 무의식적인 성별 고정관념이 사라진다고 한다.[18] 월터 리프먼이 깨우쳤듯이, 누구나 자신이 몸담은 사회에서 정의된 범주들을 마음에 흡수하는 법이다. 그것은 뉴스, 텔레비전 프로그램, 영화, 그밖의 모든 문화적 측면에 스며든다. 그리고 뇌는 늘 자연스럽게 범주화를 하기 때문에, 우리는 그런 범주들이 대변하는 태도에 따라서 행동할 소지가 크다. 그렇지만 회사의 관리자 훈련과정에 VMPC 제거를 포함시키자고 권유하기 전에, 범주화 성향은 대부분의 경우에 축복임을 명심하자. 설령 인간을 범주화하는 데에 쓰이더라도 말이다. 우리가 버스 운전사와 승객을, 가게 점원과 손님을, 접수원과 의사를, 지배인과 종업원을, 그밖의 모든 낯선 사람들의 차이를 쉽게 이해할 수 있는 것은 범주화 덕분이다. 매번 만날 때마다 의식적으로 그들의 역할을 알아낼 필요가 없는 것이다. 우리의 과제는 범주화를 그만두는 것이 아니다. 범주화 때문에 개개인을 있는 그대로 보지 못하는 상황을 어떻게 자각할 것인가, 이것이 문제이다.

심리학의 선구자였던 고든 올포트는 범주가 그 속의 모든 것들에게 동일한 "관념적, 정서적 맛"을 침투시킨다고 말했다.[19] 그 증거로, 올포트는 1948년에 한 캐나다 사회과학자가 실시했던 실험을 언급했다. 그 과학자는 신문에 광고가 실린 리조트 100군데를 골라서 편지를 썼다.[20] 리조트마다 두 통씩 편지를 보냈는데, 같은 날 묵고 싶다고 요청하는 내용이었다. 이때 한 편지에는 "록우드"라는 이름으로 서명했고, 다른 편지에는 "그린버그"로 서명했다. 록우드 씨는 95개 리조트로부터 방을 제공하겠다는 답장을 받았지만, 그린버그 씨는 36곳으로부터 그런 답장을 받았다. 리조트들은 그린버그 씨의 개인적 자질 때문에 그에게 퇴짜를 놓은 것이 아니었다. 그가 속할 것으로 짐작되는 종교적 범주 때문이었다.*

   사람을 사회적 범주에 따라서 예단(豫斷)하는 것은 오래된 전통이다. 심지어 소외된 이들을 위해서 싸웠던 위인들도 그랬다. 다음의 인용문

---

* "그린버그"는 유대계 이름이다/역주

은 유명한 평등주의자가 했던 말이다.

> 우리는 우리를 타락시키려고 하는 유럽인에게 맞서 끈질기게 투쟁하고 있습니다. 그들은 우리가 미개한 카피르[아프리카 흑인]의 수준으로 떨어지기를 갈망합니다.……[카피르의] 야망이라고는 가축을 몇 마리 모아서 그것으로 아내를 산 뒤, 나머지 인생을 게으름과 벌거숭이 상태로 흘려보내는 것입니다.[21]

마하트마 간디가 했던 말이다. 아니면 체 게바라의 말을 떠올려보자. 『타임』지에 따르면 그는 "지상의 모든 가난한 자들을 해방시키고자" 고국을 떠나서 쿠바의 독재자 풀헨시오 바티스타를 전복시키는 데에 큰 역할을 한 혁명가였다.[22] 가난하고 압제받는 쿠바인들을 위해서 나섰던 그 마르크스주의자는 미국의 가난한 흑인들을 어떻게 생각했을까? 체 게바라는 이렇게 말했다. "니그로는 나태하고 게으르며, 하찮은 것에 돈을 쓴다. 반면에 유럽인은 미래를 내다보고, 조직적이며, 지적이다."[23] 유명한 시민권 옹호자가 했던 다음과 같은 말은 또 어떤가?

> 그렇다면 나는 이렇게 말하겠습니다. 나는 예나 지금이나 백인과 흑인이 사회적, 정치적 평등을 이루는 것을 선호하지 않습니다.……백인과 흑인은 육체적 차이가 엄연하므로, 두 인종이 사회적, 정치적으로 평등하게 사는 것은 영원히 불가능하다고 믿습니다.……그리고 나 또한 다른 모두와 마찬가지로 백인이라는 우월한 위치에 있는 편을 선호합니다.

이것은 에이브러햄 링컨이 1858년에 일리노이 주 찰스타운의 한 토론회에서 했던 말이다. 링컨은 당시로서는 대단히 진보적이었지만, 그런 그도 법적인 범주화는 아닐지라도 사회적 범주화만큼은 영원히 존속할 것이라고 믿었다. 그러나 우리는 전진했다. 오늘날 많은 나라에서 국가 행정직에 출마한 진지한 후보자가 링컨과 같은 견해를 말한다는 것은 상상조차 할 수 없다. 말하더라도, 최소한 시민권을 **옹호하는** 후보자로 간주되지는 않을 것이다. 지금은 누군가의 범주적 정체성에서 유추한 특징을 근거로 그에게 일부러 기회를 주지 않는 것은 잘못이라고 사람들이 널리 생각하는 수준까지 문화가 진화했다. 그러나 **무의식적** 편향은 이제서야 겨우 고려되기 시작한 실정이다.

과학은 이제라도 무의식적 고정관념을 인지했으나, 안타깝게도 법률은 그렇지 않다. 미국에서 자신이 인종, 피부색, 종교, 성별, 출신국가에 근거하여 차별받았다고 주장하는 사람은 차별적 대우를 스스로 증명해야 하는 것은 물론, 차별이 의도적이었다는 것까지 증명해야 한다. **물론** 의도적인 차별도 종종 있다. 일례로 다음과 같은 사람은 언제나 존재할 것이다. 유타 주의 한 고용주는 줄곧 의식적으로 여성을 차별하다가 급기야 법정에 서게 되자, "빌어먹을 여자들, 나는 빌어먹을 여자들을 사무실에 두는 것이 싫단 말이오"라고 말했다.[24] 사실 언행이 일치하는 사람에게 차별을 항의하는 것은 비교적 쉬운 일이다. 그러나 과학이 법률계에 제기하는 과제는 그보다 한 걸음 더 나아가라는 것이다. 무의식적 차별, 즉 차별하는 사람조차 모를 만큼 은근하고 숨겨진 편향이라는 더 어려운 주제를 다루라는 것이다.

우리도 각자 무의식적 편향과 싸울 수 있다. 우리의 의식적 목표가 타인을 범주화하려는 경향성에 영향을 미친다는 연구 결과가 있다. 우리가 자신의 편향을 인식하고 극복하겠다고 결심하면 그럴 수 있다는 것이다. 일례로 형사재판에 대한 연구를 보면, 특정 상황에서는 사람들이 타인의 외모에 대한 편향을 극복한다. 배심원들이 유무죄를 가리거나 형량을 추천할 때 피고의 외모에 의식 아래에서 영향을 받는다는 것은 오래 전부터 알려진 사실이다.[25] 그러나 매력적인 피고가 관대한 처분을 받는 경향성은 오직 교통법규 위반이나 사기와 같은 경범죄로 고발된 경우에만 드러났고, 살인과 같은 더 심각한 범죄에서는 드러나지 않았다. 우리의 무의식적 판단은 우리가 타인에게 부여하는 범주에 크게 의존하지만, 그것은 타인을 개개인으로 바라보려는 의도적, 분석적, 의식적 사고와 늘 다투고 있다. 마음의 두 측면이 늘 싸우고 있기 때문에, 타인을 얼마나 개인으로 보느냐 일반적인 집단 구성원으로 보느냐 하는 정도에는 다양한 수준이 있다. 형사재판에서도 그런 것 같다. 중범죄에서는 배심원들이 피고를 더 오래, 더 자세하게 조사하기 마련이고, 결론에 더 많은 것이 걸려 있다. 배심원들의 좀더 강한 의식적 집중이 매력도 편향을 넘어서는 것이다.

이 이야기의 교훈은 이렇다. 우리가 무의식적 편향을 극복하고 싶다면, 노력을 기울여야 한다. 판단대상을 더 면밀히 살펴보는 것부터 시작하면 좋을 것이다. 꼭 살인재판에 피고로 선 사람이 아니라도 일자리에 지원한 사람, 대출을 요청한 사람, 표를 요구하는 사람도 좋다. 우리가 어떤 범주의 한 구성원을 개인적으로 알면 그 범주에 대한 편향을 극복하기 쉬운데, 그보다 더 중요한 점은 어떤 범주의 구성원들과 반복적으로 접촉하는 것이 그들에게 사회적으로 부과된 부정적 특징에 대한 해독제로 작용한다는 것이다.

최근에 나는 눈이 번쩍 뜨이는 일을 겪었다. 경험으로 편향을 극복할 수 있다는 것을 일깨운 사건이었다. 나의 어머니가 양로원으로 들어간 뒤였다. 어머니의 양로원 친구들은 다들 90대였다. 나는 그 연령층의 사람을 접한 경험이 적었기 때문에, 처음에는 모두가 비슷하게 보였다. 다들 머리가 희고, 자세가 구부정하고, 보행기에 속박된 사람들이라고 보았다. 그들이 왕년에 직업이라는 것을 가졌다면, 틀림없이 피라미드 건설이었을 것이라고 생각했다. 그들을 개개인으로 보는 대신, 사회적 고정관념이 적용되는 사례들로 보았다. 그래서 그들은 (물론 어머니는 제외하고) 모두 정신이 약간씩 흐리고, 어리석고, 건망증이 있을 것이라고 짐작했다.

나의 생각은 어느 날 단숨에 바뀌었다. 함께 식사를 하는데, 어머니가 양로원에 미용사가 방문했던 날 이야기를 꺼내셨다. 어머니가 머리를 감겨주는 손길에 맡기려고 고개를 뒤로 젖힐 때 통증과 어지럼증을 느꼈다고 말하자, 어머니의 친구 하나가 그것은 아주 나쁜 징후라고 하셨다는 것이다. 처음에 나는 무시하는 마음이 들었다. **나쁜 징후라는 게 무슨 뜻이지? 점성술적 예언인가?** 그러나 어머니의 친구는 그 증상이 목동맥 폐색의 전형적인 징후이고 그것은 뇌졸중으로 이어질 수 있으니, 당장 의사를 만나보라고 설명하셨다. 어머니의 친구는 그냥 90세 노인이 아니라 의사였던 것이다. 나는 이후 양로원의 다른 사람들도 알게 되었고, 비로소 그 90세 노인들이 다양하고 독특한 인물들로 보이기 시작했다. 그들은 다양한 재능을 풍부하게 가진 사람들이었고, 아무도 피라미드와는 관계가 없었다.

우리가 개인들과 상호작용을 더 많이 하고 각자의 독특한 특징들을 더 많이 접하면, 고정관념을 따르는 성향을 중화시킬 무기를 더 많이 지니게 된다. 우리가 범주에 부여하는 특징은 사회적 가정뿐만 아니라 스스로의 경험에도 의존하기 때문이다. 나는 IAT 시험을 이전에도 이후에도 받지 않았지만, 짐작하건대 노인들에 대한 나의 암묵적 편견은 그 사건으로 상당히 줄었을 것이다.

1980년대에 런던의 과학자들은 후두엽 아래 부분에 뇌졸중을 겪은 일흔일곱 살의 점원을 연구했다.[26] 그의 뇌에서 운동체계와 기억은 피해를 입지 않았고, 보고 말하는 능력도 잘 유지되었다. 그는 대부분의 면에서 인지적으로 정상적인 듯했지만, 한 가지 문제가 있었다. 기능이 같되 동일하지 않은 두 사물 — 서로 다른 두 기차, 두 칫솔, 두 물병 — 을 보았을 때, 둘 사이의 연관성을 인식하지 못했다. 심지어 a와 A가 같은 문자라는 것도 알지 못했다. 환자는 일상생활이 대단히 어렵다고 보고했다. 식탁을 차리는 단순한 작업조차 어려웠다. 과학자들은 인간에게 범주화 능력이 없었다면, 우리 종이 생존하지 못했을 것이라고 말한다. 나는 그보다 더 나아가고 싶다. 우리에게 범주화 능력이 없다면, 우리는 개인으로서도 생존이 불가능할 것이다. 자, 이번 장에서는 범주화도 여느 무의식적인 심적 과정처럼 장단점이 두루 있다는 것을 살펴보았다. 그렇다면 다음 장에서는 우리가 스스로를 범주화할 때 어떻게 되는지 살펴보자. 우리가 어떤 특징을 근거로 삼아서 자신이 다른 개인들과 연결되어 있다고 규정할 때, 그 범주화는 우리가 집단 내부의 사람들과 외부의 사람들을 바라보고 대하는 방식에 어떻게 영향을 미칠까?

8
내집단과 외집단

> 모든 집단은……특징적인 부호와 신념을 사용하는 생활방식을 발달시킨다.
> ― 고든 올포트

캠프장은 오클라호마 남동부의 빽빽한 삼림 지역에 있었고, 가장 가까운 마을은 11킬로미터쯤 떨어져 있었다. 무성한 녹음으로 시야에서 가려져 있고 울타리로 경계가 둘러진 캠프장은 로버스 케이브(Robbers Cave) 주립공원 한가운데에 있었다. 공원에 그런 이름이 붙은 것은 한때 제시 제임스*가 은신처로 이용했던 곳이기 때문이다. 여전히 그곳은 방해받지 않는 것이 최우선 목표인 사람이 숨기에 이상적인 장소였다. 캠프장 내에는 큰 오두막이 두 채 있었는데, 거친 지형을 사이에 두고 떨어져 있어서 서로는 물론이고 길에서도 보이지도 들리지도 않았다. 휴대전화와 인터넷이 없던 1950년대에는 그 정도면 그곳에 머무르는 사람들의 고립이 충분히 보장되었다. 습격의 날 밤 10시 30분, 한 오두막의 거주자들이 검댕으로 얼굴과 팔을 물들인 채 조용히 숲을 통과하여 다른 오두막으로 갔고, 그곳의 거주자들이 잠에 빠져 있는 동안에 잠기지 않은 문을 열고 안으로 들어갔다. 침입자들은 성이 나

---

* 1847-1882, 미국 서부에서 이름을 날렸던 은행강도이자 열차강도/역주

있었고, 복수를 원했다. 그들은 모두 열한 살이었다.

아이들에게 복수란 침대 모기장을 뜯고, 모욕적인 말을 내뱉고, 전리품으로 청바지 한 벌을 낚아채는 것이었다. 피해자들이 깨자, 침입자들은 왔을 때처럼 신속하게 제 오두막으로 돌아갔다. 그들은 모욕을 주고 싶었을 뿐 손상을 입히려는 것은 아니었다. 전형적인 여름 캠프의 전형적인 난장판으로 보이지만, 사실 이 캠프는 조금 달랐다. 소년들이 놀고 싸우고, 먹고 말하고, 계획하고 실행하는 동안, 한 무리의 어른들이 숨죽여 그들을 관찰하고 엿들으면서 소년들의 움직임을 일일이 연구하고 있었다. 물론 소년들은 알지 못했고, 동의하지도 않았다.

그해 여름, 로버스 케이브에 모였던 소년들은 선구적이고 야심찬 —또한 요즘의 기준으로는 비윤리적인 — 사회심리학 현장 실험에 참가한 것이었다.[1] 나중에 발표된 보고서에 따르면, 연구자들은 피험자들이 모두 균일하도록 주의를 기울여 선발했다. 아이들을 모집하기 전에 연구자가 수고스럽게 한 명 한 명을 조사했는데, 몰래 놀이터에서 아이를 관찰하는가 하면 아이의 학교 기록을 뒤졌다. 피험자들은 모두 중간계급에, 개신교 집안에, 백인에, 평균 지능이었다. 모두 적응력이 원만하고, 막 5학년을 마친 아이들이었다. 서로 아는 아이는 없었다. 연구자들은 200명의 대상자를 물색한 뒤, 부모들에게 솔깃한 거래를 제안했다. 거저나 다름없는 비용으로 아이를 3주일 동안 여름 캠프에 보내줄 텐데, 다만 그동안 부모가 아이와 일체 접촉하지 말아야 한다는 조건이었다. 부모들에게는 소년들의 "집단활동에서의 상호작용"을 연구할 것이라고 말했다.

22쌍의 부모가 미끼를 물었다. 연구자들은 소년들을 11명씩 두 집단으로 나누었다. 키, 몸무게, 운동 실력, 인기, 캠프 활동에 관련된 몇 가지 기술 면에서 균형이 맞도록 배분했다. 두 집단은 따로 소집되었고, 상대 집단에 대한 이야기를 듣지 못했으며, 첫 주일에는 격리된 채 지냈다. 첫 주일에는 로버스 케이브에 두 캠프가 있는 셈이었고, 소년들은 서로의 존재를 전혀 몰랐다.

소년들이 야구를 하고 노래를 부르는 등 정상적인 캠프 활동을 하는 동안, 지도원들은 아이들을 면밀하게 관찰했다. 그들은 모두 연구자로, 은밀하게 소년들에 대한 기록을 작성했다. 한 가지 관심사는 두 무리의 소년들이 각각 응집된 집단으로서 통합될까 아닐까, 통합된다면 왜, 어떻게 그럴까 하는 점이었다. 소년들은 정말로 통합되었다. 각 집단이 자신들만의 정체성을 형성했고, 이름(방울뱀들과 독수리들)을 지었고, 깃발을 만들었고, 상대 집단과는 다른 "좋아하는 노래, 습관, 독특한 규범"을 공유했다. 그러나 연구의 진정한 관심사는 일단 집단들이 통합된 다음, 그들이 새로운 집단의 존재에 어떻게 반응할까, 왜 그렇게 반응할까를 조사하는 것이었다. 그래서 일주일 뒤, 방울뱀들과 독수리들은 서로 소개를 받았다.

먼 과거나 종말 이후의 미래를 묘사한 영화와 소설을 보면, 고립된 호모 사피엔스 집단에게 접근할 때는 늘 조심해야 한다는 것을 알 수 있다. 그들이 우리에게 좋은 향을 선물하기보다는 우리의 코를 잘라버릴 가능성이 높기 때문이다. 비슷한 맥락에서 물리학자 스티븐 호킹도 외계인을 다과에 초대하기보다는 경계하는 편이 현명하다고 말한 적이 있다. 인류의 정복사는 이런 견해를 뒷받침하는 듯하다. 자신과 다른 문화를 가진 다른 나라의 해안에 내린 사람들은 말로는 평화적인 방문이라고 하면서 곧 총을 쏘기 시작했다. 방울뱀들과 독수리들의 경우, 콜럼버스적 만남의 순간은 두 번째 주일의 초에 벌어졌다. 관찰자이자

지도원들은 두 집단에게 상대의 존재를 말해주었고, 두 집단은 비슷한 반응을 보였다. 저쪽에 운동시합으로 도전하자! 협상 끝에, 야구, 줄다리기, 텐트 설치하기 대회, 보물찾기 등의 행사를 그 주일에 치르게 되었다. 지도원들은 소년들의 요구에 응하여 승자에게 트로피, 메달, 상을 수여했다.

머지않아 방울뱀들과 독수리들은 인류 역사에서 수많은 파벌이 서로 반목할 때 보여주었던 역학관계에 빠져들었다. 경쟁 첫 날, 줄다리기 시합에서 진 독수리들이 오두막으로 돌아가고 있었다. 마침 야구장을 지나쳤는데, 백네트에 방울뱀들이 자기네 깃발을 높이 걸어둔 것이 보였다. 독수리들은 깃발을 끌어내려서 태웠고, 불이 꺼진 뒤 한 아이가 백네트로 기어올라가서 그것을 도로 걸어두었다. 지도원들은 착실하고 은밀하게 기록할 뿐, 깃발방화 사건에 아무런 반응도 보이지 않았다. 그리고 다음 날 두 집단의 만남을 주선하여, 야구와 다른 활동을 겨룰 것이라고 알렸다.

다음 날 아침식사 후, 방울뱀들은 독수리들보다 먼저 야구장으로 갔다. 그리고 자기네 깃발이 불탄 것을 발견했다. 지도원들은 방울뱀들이 보복을 계획하는 것을 지켜보았다. 독수리들이 나타나자, 결국 패싸움이 벌어졌다. 지도원들은 한동안 지켜보다가 끼어들어서 싸움을 말렸다. 그래도 반목은 계속되었다. 그러다가 이튿날 밤에 방울뱀들이 독수리들의 오두막을 습격한 것이었고, 이후에도 여러 사건들이 벌어졌다. 연구자들은 본질적으로는 별 차이가 없는 집단들에게 경쟁적인 목표를 줌으로써, 경멸적인 사회적 고정관념, 진정한 적대감, 기타 인간이 드러낸다고 알려진 온갖 집단 간 갈등의 징후들이 정말로 생겨나고 진화하는지를 관찰해보고 싶었다. 연구자들은 그러리라고 기대했고, 결국

실망하지 않았다. 로버스 케이브의 소년들은 지금은 은퇴할 나이를 훌쩍 넘겼겠지만, 그 여름의 이야기와 그에 대한 연구자들의 분석은 지금도 심리학 문헌에서 언급된다.

인간은 늘 무리지어 살았다. 줄다리기 시합이 집단 간의 적대감을 낳는다면, 거두어 먹일 입은 너무 많은데 코끼리 시체는 너무 적을 때 사람들의 무리에 어떤 적대감이 싹틀지 상상해보라. 오늘날 우리는 전쟁을 부분적으로나마 이데올로기에 기반한 행위로 생각하는데, 사실 식량과 물에 대한 욕망이야말로 가장 강력한 이데올로기이다. 공산주의, 민주주의, 혹은 인종우월주의가 발생하기 한참 전부터 인류는 자원 경쟁을 하느라고 이웃 집단과 싸웠고, 심지어 서로를 학살했다.[2] 그런 환경에서는 고도로 진화한 "우리 대 저들"의 감각이 생존에 결정적으로 기여했을 것이다.

무리 **내부**에도 "우리 대 저들"의 감각이 있었다. 다른 호미니드 종과 마찬가지로 선사시대 인류도 자기 종 내부에서 동맹과 연합을 형성했기 때문이다.[3] 오늘날 일터에서 정치 감각이 유용한 재능이라면, 2만 년 전에는 집단의 역학이 밥을 먹을 수 있느냐 없느냐를 결정했을지도 모른다. 당시의 인사부는 게으름뱅이를 등 뒤에서 창으로 찔러 다스렸을지도 모른다. 요컨대, 현대의 직장에서 정치적 신호를 알아차리는 능력이 중요한 요소라면, 선사시대에 그것은 생사를 좌우하는 요소였다. 오늘날의 해고가 당시에는 죽음이었으니까.

과학자들은 우리가 스스로 소속되었다고 느끼는 집단을 가리켜서 "내집단(in-group)"이라고 부르고, 우리를 배제하는 집단을 가리켜서 "외집단(out-group)"이라고 부른다. 일상 회화와는 달리, 전문적인 의미에서 "내집단"과 "외집단"은 해당 집단 소속자들의 인기를 가리키는 표현이 아니라 우리-저들의 구분을 뜻할 뿐이다. 이 구분은 중요하다. 우리는 자신이 속한 집단의 구성원들과 속하지 않은 집단의 구성원들을 다르게 생각하고, 그들에게 다른 행동을 취하기 때문이다. 우리가 어떤 집단을 의식적으로 차별하는 것과는 무관하게, 이것은 자동적인 행동이다. 제7장에서 나는 다른 사람들을 범주화하는 행위가 그들에 대한 판단에 영향을 미친다고 말했는데, 스스로를 내집단 혹은 외집단으로 범주화하는 행위 역시 세상에서 자신의 위치를 인식하고 타인을 바라보는 방식에 영향을 미친다. 그렇다면 지금부터는 우리가 범주화를 통해서 스스로를 규정할 때, 즉 "우리"와 타인을 구별할 때 어떤 일이 벌어지는지 살펴보자.

우리는 누구나 여러 내집단에 속한다. 따라서 스스로 느끼는 자기 정체성은 상황에 따라서 달라진다. 한 사람이 때에 따라서 자신을 여성으로, 중역으로, 디즈니 사 직원으로, 브라질인으로, 어머니로 생각할 수 있다. 그 순간에 무엇이 적절한가, 혹은 무엇이 기분 좋게 느껴지는가에 따라서 말이다. 매순간 다른 내집단 유대를 채택하는 것은 우리가 늘 쓰는 기교로, 우리로 하여금 밝은 전망을 유지하도록 도와준다. 우리가 동일시하는 내집단은 자기상(自己像)에 중요한 요소이기 때문이다. 실험과 현장 연구에서 공히 밝혀진 것처럼, 사람들은 종종 막대한 금전적 희생을 치르고서라도 어떤 내집단에서 소속감을 느끼기를 열망한다.[4] 이것이 바로 사람들이 딱히 그 시설을 이용할 것도 아니면서 엄청난 돈을 내고 회원제 컨트리클럽에 등록하는 한 이유이다. 나는 영예롭고 탐나는 내집단 정체성을 얻고자 기꺼이 돈을 포기한 사례를 어느 컴퓨터 게임 회사의 경영자로부터 들은 적이 있다. 어느 날, 그의 수석 프로듀서 중 한 사람이 사무실로 쳐들어왔다. 그가 다른 프로듀서에게 승진과 연봉 인상을 해준 것을 안 뒤였다. 그는 그녀에게 자금의 제약 때문에 당분간은 그녀를 승진시킬 수 없다고 말했지만, 그녀는 동료가 연봉 인상을 받았으니 자신도 받아야겠다고 우겼다. 경영자에게는 난감한 상황이었는데, 그 업계는 경쟁이 엄청난데다가 다른 회사들이 유능한 프로듀서를 빼가려고 호시탐탐 얼쩡댔기 때문이었다. 그러나 자격 있는 모든 프로듀서들에게 연봉을 올려줄 만한 돈은 없었다. 한참 논의하다가, 그는 이 직원의 진짜 관심사가 연봉이 아니라는 것을 눈치챘다. 그녀는 후배 프로듀서가 자신과 같은 직함을 달게 된 사실이 신경쓰이는 것이었다. 두 사람은 타협하기로 했다. 그녀를 승진시켜서 새 직함을 주되, 연봉 인상은 나중에 하기로 말이다. 컨트리클럽 영업부의 전략처럼, 경영자는 그녀에게 돈 대신에 영예로운 내집단 구성원의 자격을 주었던 것이다. 광고주들은 이런 역학에 익숙하다. 애플 사가 마케팅 캠페인에 수억 달러를 써가면서 Mac(매킨토시) 사용자 내집단에는 세련됨, 우아함, 최신 유행 등의 특징을 연합시키고, 일반 PC 사용자 내집단에는 그와 정반대인 실패자의 특징을 연합시키는 것은 그 때문이다.

우리가 스스로를 어느 배타적 컨트리클럽, 중역계급, 컴퓨터 사용자 군의 일원으로 생각하면, 집단 구성원에 대한 시각이 사고에 배어듦으로써 세상을 인식하는 방식까지 물들인다. 심리학자들은 그런 시각을 "집단 규범"이라고 부른다. 그 영향력을 가장 순수하게 보여준 사례는 로버스 케이브 연구를 지휘했던 무자퍼 셰리프의 또다른 실험이었다. 터키 출신의 셰리프는 대학원에 진학하려고 미국으로 건너와서 1935년에 컬럼비아 대학교에서 박사학위를 받았다. 학위논문은 집단 규범이 시각에 미치는 영향을 집중적으로 살펴보는 내용이었다. 시각은 객관적 과정으로 발생하는 현상이 아닌가? 그러나 셰리프의 연구는 빛을 인식하는 방식처럼 그야말로 기초적인 측면에서도 집단 규범이 영향을 미친다는 것을 보여주었다.

시대를 수십 년 앞섰던 그 실험에서, 셰리프는 피험자들을 캄캄한 방에 넣고 벽에서 빛나는 작은 점을 응시하게 했다. 얼마쯤 지나면, 점이 움직이는 것처럼 보인다. 그러나 그것은 환영이다. 사람의 눈이 아주 조금씩 움직이기 때문에 망막에 맺힌 영상이 흔들려서 그렇게 보이는 것뿐이다. 제2장에서 말했듯이, 정상적인 상황에서는 뇌가 장면 속의 다른 사물들도 똑같이 흔들리는 것을 감지함으로써 눈의 흔들림을 보정한다. 덕분에 우리는 장면이 움직이지 않는다고 인식한다. 그러나 아무런 배경 없이 환한 점만 있을 때는 뇌가 깜박 속아서, 점이 공간에서 움직이는 것으로 인식한다. 게다가 기준이 될 다른 사물이 없기 때문에, 움직임의 정도도 폭넓게 해석될 수 있다. 사람들에게 점이 얼마나 움직였느냐고 물어보면, 매우 다양한 대답들이 나온다.

셰리프는 피험자를 3명씩 모아서 점을 보여주었고, 점이 움직일 때마다 얼마나 움직였는지를 소리내어 말하라고 당부했다. 그러자 흥미로운 현상이 벌어졌다. 한 집단의 사람들은 처음에는 서로 다른 숫자를 불렀다. 큰 숫자를 말한 사람도 있었고, 작은 숫자를 말한 사람도 있었다. 그러나 결국에 그들의 추정은 좁은 범위로, 즉 세 사람으로 구성된 집단의 "규범"으로 수렴했다. 규범 자체는 집단마다 차이가 컸지만, 각 집단 내에서는 구성원들이 틀림없이 그 규범을 따랐다. 함께 토론을 하거나 서로 자극을 준 것도 아니었는데 말이다. 게다가 일주일 뒤에 피험자들을 한 명씩 따로 불러서 실험을 반복했을 때에도, 그들은 자기 집단이 도달했던 추정치를 다시 말했다. 피험자가 속한 내집단의 인식이 그 자신의 인식이 된 것이다.

스스로를 한 집단의 구성원으로 보면, 타인은 자동적으로 "우리" 혹은 "저들" 중에서 한쪽이 된다. 가족, 직장 동료, 자전거 동호회와 같은 일부 내집단은 아는 사람들로만 이루어진다. 반면에 여성, 히스패닉, 고령 시민과 같은 더 넓은 집단은 사회가 그 특징을 정의하고 부여한 집단이다. 그러나 어떤 내집단이든 정의상 그 속에는 자신과 모종의 공통점이 있다고 인식되는 사람들이 존재하기 마련이다. 그런 공통의 경험 혹은 정체성 때문에 우리는 자신과 집단의 운명이 얽혀 있다고 생각하게 되고, 따라서 집단의 성공과 실패를 자신의 성공과 실패로 간주하게 된다. 그렇다면 우리가 내집단 구성원들에게 마음속의 특별한 자리를 내주는 것은 당연한 일일지도 모른다.

세상에는 남들을 전반적으로 싫어하는 사람도 있다. 그러나 일반적으로 남들을 좋아하거나 싫어하는 것과는 무관하게, 사람들의 의식 아래의 자아는 내집단 구성원을 좀더 좋아하는 경향이 있다. 일례로 직업이라는 내집단을 생각해보자. 한 조사에서, 피험자들은 의사, 변호사, 웨이터, 미용사에 대한 호감도를 1에서 100까지의 척도로 평가했다.[5] 재미난 점은 모든 피험자들이 의사, 변호사, 웨이터, 미용사 중 한 직종에 속한다는 것이었다. 결과는 매우 일관되었다. 넷 중 세 직종의 사람들은 **다른** 직종 구성원들에게 평균적으로 50 근처의 호감도를 매겼지만, 자기 직종 구성원들에게는 현격하게 더 높은 70 근처를 매겼다. 유일한 예외는 변호사들이었다. 변호사들은 다른 직종 사람에게든 다른 변호사에게든 **모두** 50 정도로 매겼다. 당신의 머릿속에 벌써 이런저런 변호사와 관련된 농담들이 떠올랐을 테니, 내가 구태여 이야기할 필요는 없을 것이다. 그러나 변호사와 메기는 둘 다 바닥에서 먹이를 찾는 청소동물이지만 한쪽이 물고기일 뿐이라는 우스갯소리만 가지고서는, 왜 변호사가 동료 변호사를 좋아하지 않는지를 설명하기는 어렵다. 보다시피, 조사대상이 된 네 집단 중에서 자기 집단의 다른 구성원들과 자주 **맞서는** 직종은 변호사뿐이다. 한 변호사에게 다른 변호사들은, 같은 내집단에 속하지만 언제든 외집단이 될 가능성도 있는 사람들인 셈이다. 이런 변칙에도 불구하고, 보편적으로 사람들은 내집단 구성원을 선호하는 경향성을 타고나는 것처럼 보인다. 종교, 인종, 국적, 컴퓨터 사용, 일터의 작업 단위 등 어떤 구분에 대해서도 마찬가지이다. 심지어 공통 집단에 대한 소속감은 개인의 부정적인 속성을 무시하게 만든다는 조사 결과도 있다.[6] 연구자는 이렇게 설명했다. "어떤 사람을 개인으로는 싫어해도 집단 구성원으로는 좋아할 수 있다."

이 발견 ― 우리가 어떤 사람들과 어떤 방식으로 연관되어 있다는 이유만으로 그들을 더 좋아할 수 있다는 사실 ― 에서 자연스럽게 따라나오는 결론이 있다. 사람들은 사회적, 사업적 거래에서 내집단 구성원을 더 선호하고, 그의 작업과 결과물을 외집단 구성원의 것에 비해서 더 우호적으로 평가한다는 것이다. 비록 자신은 모두를 동등하게 대한다고 생각하더라도 말이다.[7] 한 실험에서, 연구자들은 피험자들을 3명씩 집단으로 묶었다. 다음으로 두 집단씩 짝을 짓고, 모든 집단에 세 가지 과제를 주었다. 장난감으로 예술작품을 만드는 과제, 노인용 주거건물을 설계하는 과제, 교훈적이고 상징적인 우화를 쓰는 과제였다. 각 과제를 수행할 때, 두 집단에서 한 명씩("비참가자")은 동료들로부터 떨어져나와서 과제에 참가하지 않았다. 짝이 된 두 집단이 모두 과제를 마치면, 두 비참가자가 두 집단의 결과를 평가했다.

비참가자들은 자신의 내집단이 내놓은 결과물에 아무런 이해관계가 없었고, 애초에 집단을 묶을 때 어떤 특징적인 공통점을 기준으로 삼은 것도 아니었다. 따라서 만약 비참가자들이 객관적이라면, 그들이 외집단의 결과물을 선호하는 경우와 내집단의 결과물을 선호하는 경우가 평균적으로 비슷하게 발생할 것이었다. 그러나 그렇지 않았다. 선호가 있는 경우, 셋 중 두 번꼴로 내집단의 결과물을 더 좋아했다.

내집단과 외집단의 구분이 우리에게 영향을 미치는 또다른 방식은, 우리가 외집단 구성원들보다 내집단 구성원들이 더 다양하고 복잡하다고 생각한다는 점이다. 앞에서 말했던 의사, 변호사, 웨이터, 미용사에 대한 조사에서, 연구자는 피험자들에게 각 직종의 사람들이 창조성, 유연성, 기타 여러 특질들에 있어서 얼마나 다양한지 평가해보라고 했다. 그러자 모든 피험자들은 다른 직종의 사람들이 자기 직종의 사람들보다 더 균질하다고 평가하는 성향을 보였다. 나이, 국적, 성별, 인종, 심지어 출신대학이나 소속 여성단체를 기준으로 나눈 집단들에게 실시한 연구에서도 똑같은 결론이 나왔다.[8] 한 연구진의 말을 빌리면, 백인이 주류인 지역의 신문들이 "중동부 흑인들, 심각한 분열상"과 같은 기사 제목을 쓰는 것은 이 때문이다. 마치 아프리카계 미국인들의 생각이 늘 일치하지는 않는다는 사실이 뉴스 거리라도 되는 듯한 제목이다. 그러나 그 신문들은 "백인들, 주식시장 개혁을 놓고 심각한 분열상"과 같은 제목은 쓰지 않는다.[9]

어쩌면 내집단 구성원들이 더 다양하다고 인식하는 현상은 자연스러운 일로 보일지도 모른다. 우리가 그들을 개인적으로 더 잘 알 때가 많기 때문이다. 나는 개인적으로 이론물리학자를 많이 아는데, 내가 볼 때 그들은 사뭇 다채로운 무리이다. 어떤 사람은 피아노 음악을 좋아하고, 어떤 사람은 바이올린을 좋아한다. 어떤 사람은 나보코프를 읽고, 어떤 사람은 니체를 읽는다. 좋다, 인정한다. 고작 이 정도로 그들을 그렇게 다채롭다고 할 수는 없을지도 모르겠다. 어쨌든 그에 비해서 내가 투자상담가들을 어떻게 생각하는지 보자. 내가 아는 투자상담가는 손에 꼽을 만큼 적고, 내 마음에서 그들은 이론물리학자들보다 훨씬 덜 다채로운 무리이다. 내가 상상하기로 그들은 모두 『월스트리트 저널(*Wall Street Journal*)』만 읽고, 고급 자동차를 몰고, 음악은 전혀 듣지 않고, 대신에 텔레비전으로 경제 뉴스를 본다(다만 나쁜 뉴스가 있을 때는 뉴스를 건너뛰고 500달러짜리 와인을 딴다). 놀라운 점은, 내집단이 외집단보다 더 다채롭다는 느낌은 내집단에 대한 풍부한 지식에 의존하지 않는다는 것이다. 그저 사람들을 내집단과 외집단으로 분류하기만 해도 그런 판단을 유발하기에 충분하다. 조금 뒤에 살펴보겠지만, 연구자들이 낯선 사람들을 무작위로 섞어서 인위적으로 내집단과 외집단을 만들었을 때도 그들은 자신의 내집단에 특별한 감정을 품었다. 셰익스피어는 마르쿠스 안토니우스가 카이사르를 암살한 뒤 군중 앞에서 이렇게 연설했다고 썼다. "친구들이여, 로마인들이여, 동포여, 내 말에 귀를 기울여주십시오." 사실 그는 이렇게 말한 것이나 마찬가지였다. "내집단 구성원들이여, 내집단 구성원들이여, 내집단 구성원들이여……." 현명한 호소였다.

몇 년 전, 하버드의 세 연구자가 아시아계 미국인 여학생 수십 명에게 까다로운 수학시험을 실시했다.[10] 시작하기 전에 피험자들은 자신에 대한 설문지를 작성해야 했다. 아시아계 미국인 여성은 서로 대립하는 규범을 가진 두 내집단에 소속되어 있다. 아시아계라는 집단은 수학을 잘하는 것으로 간주되지만, 여성이라는 집단은 수학을 못하는 것으로 간주된다. 피험자들 중 한 무리는 자신과 부모와 조부모가 어떤 언어를 쓰는지, 가족이 미국에서 몇 대째 살고 있는지 묻는 설문지를 받았다. 이것은 아시아계 미국인으로서의 정체성을 떠올리도록 설계된 질문들이었다. 다른 피험자들은 남녀공동 기숙사 정책에 대한 설문에 답했다. 이것은 여성으로서의 정체성을 떠올리도록 설계된 질문지였다. 세 번째 대조군은 전화와 케이블 TV 서비스에 대한 질문에 답했다. 피험자들은 수학시험이 끝난 뒤에 출구조사도 받았다. 피험자들이 출구조사 설문지에서 스스로 보고한 바에 따르면, 최초의 설문이 그들의 능력이나 시험에 대한 의식적 평가에 아무런 영향을 끼치지 않은 것 같았다. 그러나 그들의 무의식은 분명히 영향을 받았다. 자신을 아시아계 미국인으로 생각하도록 조작된 여성들은 통제군에 비해서 수학시험 성적이 더 좋았고, 통제군은 자신이 여성 내집단에 속한다는 것을 떠올린 여성들에 비해서 성적이 더 좋았다. 내집단 정체성은 타인에 대한 판단에 영향을 미치는 것은 물론이요, 스스로에 대한 느낌, 행동방식, 가끔은 성과에조차 영향을 미친다.

누구나 여러 내집단에 속해 있고, 내집단들의 규범은 상충할 때가 있다. 아시아계 미국인 집단과 여성 집단처럼 말이다. 우리는 이 점을 의식하여 자신에게 유리하게 활용할 수 있다. 나는 가끔 시가를 피우는데, 그럴 때면 절친했던 대학친구, 박사학위 지도교수, 알베르트 아인슈타인, 그밖에도 시가를 좋아하는 동료 물리학자들로 구성된 내집단에 친족 의식을 느낀다. 그러나 내가 시가를 위험할 만큼 많이 피운다고 생각되면, 나는 다른 흡연자 내집단에 집중하도록 스스로를 구슬림으로써 흡연욕구를 잠재운다. 폐가 나빴던 아버지, 괴로운 구강암을 앓았던 사촌 등으로 구성된 집단이다.

상충하는 내집단 규범들 때문에, 우리는 가끔 희한하게 모순적인 행동을 저지른다. 방송에서 국립공원의 쓰레기 투기나 유물 절도와 같은 경범죄를 줄이자는 공익광고를 내보낼 때가 있다. 대개 광고는 그런 범죄의 발생 빈도가 걱정스럽게 높아지고 있음을 성토한다. 그런 광고 중 하나에서는, 전통의상을 입은 아메리카 원주민이 쓰레기가 둥둥 뜬 강을 카누로 건너고 있다. 역시 쓰레기로 뒤덮인 건너편 물가에 그가 닿았을 때, 한 운전자 — 존 Q. 퍼블릭*이다 — 가 도로를 쌩 달려오면서 차에서 쓰레기를 꺼내 던진다. 쓰레기는 원주민의 발치에 흩뿌려지고, 광고는 그의 얼굴에 흘러내린 한 줄기 눈물을 클로즈업으로 잡는다. 겉으로 볼 때 이 광고는 쓰레기 투척에 반대하는 메시지를 시청자의 의식에 훈계한다. 그러나 무의식에 전달하는 메시지도 있다. 우리의 내집단, 즉 우리의 친구 관람객들이 **실제로** 쓰레기를 버린다는 메시지이다. 어느 메시지가 이길까? 인종적 호소일까, 집단 규범을 상기시키는 메시지일까? 이 광고의 영향을 조사해본 사람은 없었지만, 비슷한 공익광고에 대한 통제 연구를 보면, 단순하게 쓰레기 투기를 비난하는 데에 그친 광고는 그 버릇을 억제하는 데에 효과가 있었지만 "미국인은 쓰레기를 점점 더 많이 버립니다!"라는 문구가 포함된 광고는 오히려 쓰레기 투척을 **증가시켰다**.[11] "미국인은 쓰레기를 점점 더 많이 버립니다!"라는 문장을 본 사람들이 그것을 비판이 아닌 명령으로 의식적으로 해석했을 리는 없다. 그러나 일단 그들이 쓰레기 투척을 집단 규범으로 인식하게 되자, 정말로 그런 결과가 빚어졌던 것이다.

* 평범한 시민을 뜻하는 이름/역주

또다른 조사를 보자. 연구자들은 화석림 국립공원에서 많은 방문자가 화석림을 훔친다고 지적하는 표지판을 만들었다.[12] 그것을 사람들이 많이 다니는 길에 세우고, 은밀하게 표시를 해둔 화석림 조각을 몇 개 옆에 두었다. 그리고 표지판이 어떤 영향을 미치는지 관찰했다. 표지판이 없을 때, 기념물 사냥꾼들이 10시간 동안 화석림을 훔치는 비율은 약 3퍼센트였다. 경고 표지판이 세워져 있을 때, 수치는 거의 3배로 뛰어서 8퍼센트가 되었다. 이때도 좀도둑들이 의식적으로 **다들 그러는데, 나라고 왜 안 돼?**라고 생각했을 것 같지는 않다. 그러나 무의식은 분명 그런 메시지를 받은 것이다. 연구자들은 바람직하지 않은 사회적 규범을 비난하는 메시지가 오히려 그 규범의 보편성을 강조함으로써 역효과를 일으킨다고 지적했다. 대학 행정부는 "명심하세요! 학내에서 성행하는 폭음을 줄여야 합니다!"라고 말할 때 학생들에게 **경고한** 것이라고 여기겠지만, 학생들은 오히려 그 메시지를 행동하라는 요구로 받아들일지도 모른다. **명심하세요! 학내에서 폭음이 성행합니다!**라고 말이다. 어릴 때, 나는 토요일에 유대교 회당에 가는 대신에 야구를 하러 가놓고는 친구 때문이라고 변명했는데, 그러면 어머니는 이렇게 말씀하셨다. "그러면, 조이가 화산으로 뛰어들면 너도 그럴래?" 수십 년이 지난 지금에서야 나는 그때 이렇게 대답했어야 한다는 것을 깨닫는다. "네, 엄마. 과학적 연구에 따르면 제가 충분히 그럴 거래요."

나는 우리가 내집단과 외집단을 구분하겠다고 의식적으로 생각하든 말든, 머릿속에서는 이미 양쪽을 다르게 취급한다고 말했다. 지금까지 호기심 많은 심리학자들은 우리가 내집단에 동류의식을 느끼는 데에 필요한 최소 조건이 무엇인지를 실험으로 알아보았는데, 그 결과 그런 최소한의 조건이란 없었다. 우리가 꼭 다른 구성원들과 어떤 태도나 특질을 공유해야만 하는 것이 아니라는 말이다. 심지어는 우리가 꼭 다른 구성원들을 만날 필요도 없다. 내가 그 집단에 속한다는 사실을 알기만 해도 내집단 친화력이 발동된다.

한 실험에서, 연구자들은 스위스 화가 파울 클레와 러시아 화가 바실리 칸딘스키의 그림을 피험자들에게 보여주고,[13] 각 피험자가 어느 쪽을 선호하느냐에 따라서 칸딘스키 팬 혹은 클레 팬으로 명명했다. 두 화가는 스타일이 뚜렷이 다르다. 그러나 피험자가 마침 20세기 초 유럽 아방가르드 화가들에게 정통한 열정적인 예술사학자가 아닌 이상, 두 화가에 대해서 자신과 비슷한 견해를 가진 다른 피험자들에게 딱히 애정을 느낄 이유는 없을 것이다. 거의 모든 사람들에게 클레 대 칸딘스키라는 선택은 가령 브라질 대 아르헨티나, 모직 코트 대 면직 코트라는 선택과 열정의 정도에서 비교가 되지 않는다.

연구자들은 그렇게 피험자들을 분류한 뒤, 조금 희한해 보이는 실험을 했다. 모든 피험자들에게 돈 다발을 주고서 다른 피험자들에게 내키는 대로 나누어주라고 한 것이다. 분배는 은밀하게 이루어졌다. 피험자들은 다른 사람들을 전혀 몰랐고, 실험 도중에 서로의 얼굴을 보지도 못했다. 그런데도 이들은 돈을 나누어줄 때 자신과 같은 명찰을 단 내집단 구성원을 선호했다.

이런 발견을 재확인한 연구는 수두룩하다. 집단에 기반한 사회적 정체성은 참으로 강하기 때문에, 설령 **우리**와 **저들**을 가르는 규칙이 동전 던지기처럼 무작위적이더라도 사람들은 **저들**을 차별하고 **우리**를 선호한다. 정말이다. 사람들은 더없이 박약한 근거로 나뉜 집단이라도 쉽게 동일시하고, 그 구성원들을 다르게 바라본다. 같은 집단에 속한다고 해서 어떤 타당하고 유의미한 개인적 특징이 있는 것이 아닐 때조차 말이다. 이 문제는 사생활에서만 중요한 것이 아니라, 조직에도 영향을 미친다. 일례로, 회사는 직원들의 내집단 동일시를 촉진함으로써 이득을 볼 수 있다. 독특한 기업 문화를 창조하고 과시하는 셈인데, 디즈니, 애플, 구글 같은 회사들은 이 일을 성공적으로 해냈다. 반면에 회사의 **내부** 부문이나 부서가 집단 정체성을 강하게 발달시키는 것은 위험할지도 모른다. 내집단 선호와 외집단 차별이 동시에 생길 수 있기 때문이다. 게다가 적대감은 개인들보다는 집단들 사이에서 더 쉽게 분출한다고 한다.[14] 그러나 회사 내에 공통된 정체성이 존재하느냐 존재하지 않느냐와는 부관하게, 마케팅을 활용하여 **고객들**에게 집단 정체성을 촉진하는 것은 분명 효과적이라고 여겨진다. Mac 소유자 대 PC 소유자, 메르세데스 대 BMW 대 캐딜락과 같은 구분에 기반한 내집단들이 단순한 컴퓨터 동호회나 자동차 동호회를 넘어서는 까닭은 그 때문이다. 우리는 이런 범주가 실제로 타당한 수준보다 훨씬 더 넓은 의미를 띠는 것처럼 취급한다.

애견가 대 애묘가. 스테이크를 레어로 먹는 사람 대 미디엄으로 먹는 사람. 가루세제 대 액체세제. 우리는 정말 이런 협소한 구분으로부터 더 넓은 추론을 끌어낼까? 클레/칸딘스키 실험을 비롯하여 말 그대로 수십 건이나 되는 이런 실험들은 헨리 타이펠 — 선분의 길이 실험을 했던 그 타이펠이다 — 이 고안한 고전적 패러다임을 채택한 것이었다.[15] 이 패러다임에서는 모든 피험자들을 둘 중 한 집단으로 배정한다. 연구자는 그들에게 같은 집단 구성원들과의 모종의 공통점에 따라서 분류했다고 말해준다. 그러나 객관적으로 그 근거란 집단에 유대를 느낄 근거로서는 사뭇 무의미하다. 클레/칸딘스키 선호도 그랬고, 순식간에 화면에 나타났다가 사라지는 점의 개수를 실제보다 더 많게 보았느냐 적게 보았느냐 하는 분류도 그랬다.

타이펠이 직접 했던 실험을 살펴보자. 앞에서 언급했던 실험처럼, 이 실험의 피험자들은 동료 피험자들에게 모종의 상을 나누어주어야 했다. 정확히 말하면, 나중에 현금으로 바꿀 수 있는 점수를 모두에게 얼마쯤 안겨주었다. 피험자는 자신이 점수를 나누어줄 사람들이 누구인지 몰랐지만, 그들이 어느 집단에 속하는지는 알았다. 타이펠의 원래 실험에서 점수를 나누어주는 방식은 약간 복잡하지만, 그 방식이 곧 실험의 요체였으므로 자세히 설명해보겠다.

실험은 10여 단계로 구성되었다. 각 단계마다 피험자("수여자")는 다른 두 피험자("수령자")에게 어떻게 점수를 나누어줄지 선택해야 한다. 수령자들은 익명이다. 둘 다 피험자와 같은 집단일 때도 있고, 둘 다 다른 집단일 때도 있다. 한 사람만 같은 집단이고 다른 사람은 다른 집단일 때도 있다.

여기에서 묘미는, 수여자에게 제시된 선택지들이 제로섬 게임이 아니라는 것이었다. 즉, 단순히 고정된 점수를 나누기만 하는 일이 아니었다. 어떻게 선택하느냐에 따라서 두 수령자가 받을 점수가 달라지는 것은 물론이고, 총점도 달라졌다. 수여자는 각 단계마다 10여 가지 대안들 중에서 점수를 나누는 방법을 선택해야 했다. 만약 수여자에게 내집단 선호가 없다면, 두 수령자에게 최대한의 총점을 주는 방법을 택하는 것이 논리적이다. 그러나 수여자들은 오직 한 가지 상황에서만, 즉 내집단의 두 구성원에게 점수를 나누어줄 때만 그렇게 했다. 반면에 외집단의 두 구성원에게 나누어줄 때는 결과적으로 총점이 훨씬 더 작아지는 선택지를 골랐다. 가장 특이한 결과는 내집단 구성원 한 명과 외집단 구성원 한 명에게 나누어줄 때였는데, 이때 수여자들은 양쪽에게 돌아가는 보상의 차이를 극대화하도록 선택하는 경향이 있었다. 그 때문에 내집단 구성원에게조차 더 적은 보상이 돌아가더라도 말이다!

그렇다. 수십 가지의 보상방식을 놓고서, 피험자들은 대체로 자기 집단의 보상을 극대화하기보다는 자기 집단과 다른 집단이 받는 보상의 차이를 극대화했다. 연구자들은 다양한 연령과 국적의 피험자들을 대상으로 실험을 반복했으나, 결론은 늘 같았다. 우리는 자신이 다른 사람들과 다르다고 — 더 우월하다고 — 느끼기 위해서 기꺼이 투자한다. 우월감의 근거가 제아무리 박약하더라도, 심지어 그럼으로써 자신에게 손해를 끼치는 결과가 되더라도 말이다.

이런 사실에 낙심한 사람도 있을 것이다. 집단 구분이 익명인데다가 무의미해도, 심지어 자기 집단이 희생을 치르더라도, 사람들이 최대 행복을 추구하기보다 차별적인 내집단 선호를 주저없이 선택한다니 말이다. 그러나 이것은 우리가 영영 사회적 차별의 세상을 살아갈 운명이라는 뜻은 아니다. 무의식적 고정관념과 마찬가지로 무의식적 차별도 극복할 수 있다. 더없이 사소한 근거로도 집단 차별이 구축되는 것은 사실이지만, 생각보다 작은 노력으로 그 근거를 없앨 수 있는 것 또한 사실이다. 로버스 케이브 실험으로 돌아가보자. 셰리프는 단순한 접촉만으로는 독수리들과 방울뱀들의 상호 부정적 태도를 누그러뜨릴 수 없다는 것을 확인했다. 그러나 다른 전략을 쓰면 가능했다. 셰리프는 두 집단이 힘을 **합쳐서** 극복해야만 하는 난관들을 마련했다.

한 시나리오는 이런 식이었다. 셰리프는 일부러 캠프장의 물 공급을 끊었다. 아이들에게 문제를 알리고 원인을 모르겠다고 말하면서, 상수도 점검을 도울 지원자가 25명 필요하다고 요청했다. 실은 연구자들이 핵심 밸브를 잠근 뒤, 큼직한 돌덩이를 두 개 얹고 수도꼭지도 일부러 막은 것이었다. 아이들은 1시간쯤 함께 노력해서 문제를 찾아내고 해결했다. 다른 시나리오에서는 식량배달 트럭에 시동이 걸리지 않는 상황을 연출했다. 트럭을 모는 지도원은 "용을 쓰며 진땀을 흘렸고", 트럭은 별의별 소음을 다 냈다. 소년들은 하나둘 모여들어 구경하기 시작했고, 마침내 트럭을 움직일 수만 있으면 운전자가 시동을 걸 수 있다는 것을 알아냈다. 그러나 트럭은 오르막에 있었다. 아이들은 두 집단에서 20명을 차출했고, 줄다리기용 밧줄을 트럭에 묶고 끌어서 시동을 거는 데에 성공했다.

이처럼 공통의 목표를 부여하고 집단 간의 협동을 요구하는 여러 시나리오를 주자, 갈등은 급격히 줄었다. 셰리프는 "집단 간 상호작용의 패턴이 놀랍게 변했다"고 썼다.[16] 인종, 민족, 계급, 성별, 종교처럼 전통적인 내집단에서도 구성원들이 협동을 유익하게 여길수록 서로에 대한 차별이 줄어든다.[17]

나는 뉴욕의 세계무역 센터 근처에 살았던 사람으로서, 2001년 9월 11일과 뒤이은 몇 달 동안 이 사실을 개인적으로 뼈저리게 경험했다. 뉴욕은 흔히 용광로(melting pot)라고 불리지만, 사실 그 용광로에 담긴 다양한 요소들은 제대로 녹아들지 않을 때가 많다. 녹기는커녕 섞이지도 않을 때가 많다. 뉴욕은 차라리 다양한 재료로 만든 스튜와 비슷하다. 은행가와 제빵사, 청년과 노인, 흑인과 백인, 부자와 빈자, 이들은 섞이지 않을 때도 있고, 확연히 덜그럭거릴 때도 있다. 문제의 그 9월 11일 오전 8시 45분, 나는 세계무역 센터의 북쪽 건물 밑에 있었다. 주변에는 이민자 행상들, 월스트리트에서 일하는 것처럼 보이는 양복 차림의 사람들, 전통의상을 입은 정통 유대인들로 북적거렸다. 뉴욕의 여러 계급과 인종이 명백하게 구분되는 광경이었다. 그러나 8시 46분, 첫 비행기가 북쪽 건물을 들이받아서 혼란이 벌어졌을 때, 불붙은 잔해가 우리를 향해서 쏟아지고 끔찍한 죽음의 장면이 눈앞에서 펼쳐졌을 때, 미묘하고 마법적인 변화가 일어났다. 모든 구분이 증발한 듯했고, 사람들은 상대가 누구든 타인을 돕기 시작했다. 적어도 이후 몇 달 동안, 우리는 다른 무엇보다도 먼저 뉴욕 시민이었다. 수천 명이 죽고, 직업과 인종과 경제적 지위가 판이한 수만 명이 갑자기 집을 잃거나 직장이 폐쇄되어 일자리를 잃고, 이웃의 고난 앞에서 수백만 명이 충격에 빠졌던 그때, 뉴욕 시민들은 너나 할 것 없이 하나가 되었다. 그런 경험은 난생 처음이었다. 구역 전체가 계속 연기를 내뿜고, 파괴의 부식성 냄새가 우리가 숨 쉬는 공기를 채우고, 건물과 가로등, 지하철역과 철조망에서 행방불명자들의 사진이 우리를 내려다보는 동안, 우리는 크고 작은 행동으로 서로에게 친절을 베풀었다. 유례없는 일이었다. 그것은 인간의 선한 사회적 본성이 작동한 결과였고, 인간의 집단 본능이 긍정적인 치유력을 발휘할 수 있음을 생생하게 보여준 사례였다.

9
감정

> 우리는 누구나 하나의 이야기이다. 우리에 의해서, 우리를 통해서, 우리 속에서 지속적으로, 무의식적으로 구성되는 이야기이다. — 올리버 색스

1950년대 초, 크리스 코스트너 시즈모어라는 스물다섯 살 여성이 젊은 정신과의사의 진료실로 걸어들어와서 눈을 뜨지 못할 정도로 심한 두통을 호소했다.[1] 때로는 일시적인 기억상실증이 이어진다고 했다. 시즈모어는 평범한 젊은 어머니였다. 결혼생활은 좋지 않았지만, 이렇다 할 심리적 문제는 없었다. 의사는 나중에 그녀를 얌전하고, 억제되고, 신중하고, 깐깐할 만큼 정직한 사람으로 묘사했다. 두 사람은 다양한 감정적 문제들을 논의했지만, 이후 몇 개월의 치료기간 동안 시즈모어가 실제로 의식을 잃었거나 심각한 정신적 문제를 앓는다는 것을 보여주는 단서는 등장하지 않았다. 그녀의 가족도 특이한 일화를 전혀 떠올리지 못했다. 그러던 어느 날, 상담 중에 그녀가 최근에 틀림없이 여행을 다녀왔지만 그 기억이 없다고 말했다. 의사는 그녀에게 최면을 걸었고, 그러자 기억상실증이 사라졌다. 며칠 뒤, 의사에게 익명의 편지가 왔다. 소인과 낯익은 필체로 보아서 시즈모어가 보낸 것이었다. 편지에서 시즈모어는 회복된 기억 때문에 혼란스럽다고 말했다. 제가 모든 것을 다

기억한다고 확실히 말할 수 있을까요? 기억상실증이 다시 생기지 않는다고 장담할 수 있을까요? 맨 밑에는 또다른 문장이 하나 휘갈겨져 있었는데, 필체가 달랐고 무슨 말인지 읽을 수가 없었다.

다음 방문에서 시즈모어는 자신은 편지를 부치지 않았다고 부인했다. 편지를 쓰기 시작한 것은 기억하지만, 마무리를 짓지는 않았다고 말했다. 그리고 갑자기 스트레스와 동요의 징후를 드러내기 시작하더니, 환청을 듣는 것이 미쳤다는 뜻이냐고 — 무안해하는 얼굴로 — 물었다. 의사가 잠시 생각하는 동안, 시즈모어는 자세를 바꾸었다. 다리를 꼬고, 의사가 한번도 본 적이 없는 "유치하게 저돌적인 분위기"를 띠었다. 나중에 의사는 이렇게 묘사했다. "태도, 몸짓, 표정, 자세, 반사적이거나 본능적인 반응의 미묘한 차이, 시선, 눈썹을 치키고 눈을 움직이는 방식, 이런 점에서 수많은 사소한 변화가 일어나서 이 사람은 분명히 다른 여성임을 웅변했다." 그 "다른 여성"은 시즈모어의 문제를 삼인칭으로 지칭하기 시작했다. 시즈모어를 매번 "그녀"라고 언급했던 것이다.

의사가 그녀에게 당신은 누구냐고 묻자, 시즈모어가 아닌 다른 이름을 말했다. 갑자기 새로운 이름을 가지게 된 이 여자가 바로 미완의 편지를 발견하여 한 문장을 덧붙이고 의사에게 부친 장본인이었다. 이후 몇 개월 동안 의사는 그녀가 두 정체성 중 하나를 띠고 있을 때 각자에게 심리적 인성 검사를 실시했다. 그리고 두 검사지가 한 여성의 검사지라는 사실을 알리지 않은 채 다른 연구자들에게 보냈다.[2] 분석가들은 두 인격이 확연히 다른 자기상을 가지고 있다고 결론을 내렸다. 처음에 진료실에 들어왔던 여성은 스스로를 수동적이고, 약하고, 나쁜 사람으로 보았다. 그녀는 자신의 나머지 절반, 즉 스스로를 적극적이고,

강하고, 선한 사람으로 보는 여성에 대해서 까맣게 몰랐다. 시즈모어는 결국 치료되었다. 18년이나 걸렸지만 말이다.[3]

크리스 시즈모어는 극단적인 경우이지만, 우리도 누구나 다수의 정체성을 가지고 있다. 쉰 살의 나는 서른 살의 나와 다른 사람이고, 우리는 하루 중에도 그때그때 상황과 사회적 환경에 따라서, 또한 호르몬 수치에 따라서 바뀐다. 우리는 기분이 좋을 때와 나쁠 때 다르게 행동한다. 상사와 점심을 먹을 때와 부하직원과 점심을 먹을 때 다르게 행동한다. 연구에 따르면, 사람들은 즐거운 영화를 본 뒤에는 전혀 다른 도덕적 결정을 내린다.[4] 여성들은 배란기에 노출이 더 심한 옷을 입고, 성적으로 더 경쟁적이며, 성적으로 경쟁적인 남성에 대한 선호가 커진다.[5] 성격은 지울 수 없도록 새겨진 것이 아니라 역동적으로 변화하는 것이다. 그리고 암묵적 편견에 대한 연구에서 드러났듯이, 우리는 동시에 두 사람일 수도 있다. 무의식적인 "나"는 흑인에 대해서— 혹은 노인에 대해서, 뚱뚱한 사람에 대해서, 무슬림에 대해서— 부정적인 감정을 가지고 있지만, 의식적인 "나"는 편견을 혐오할지도 모른다.

그럼에도 불구하고, 전통적으로 심리학자들은 개인의 성격에서 핵심을 이루는 고정된 특질들이 그의 감정과 행동에 반영된다고 가정했다. 사람은 의식적 숙고를 통해서 자신을 알 수 있고, 그에 따라서 일관되게 행동한다는 것이다.[6] 이 모형이 어찌나 설득력이 컸던지, 1960년대에 한 연구자는 돈과 시간이 많이 드는 실험을 실시하는 대신에, 피험자들에게 문제 상황에서 어떻게 느끼고 행동할지 스스로 예측해보라고 함으로써 믿을 만한 정보를 수집할 수 있을 것이라고 제안했다.[7] 안 될 것이 없지 않은가? 임상 심리치료 기법도 기본적으로 그런 발상에 의존한다. 즉, 치료사의 안내에 따라서 환자가 집중적으로 내성법(內

省法)을 실시함으로써 자신의 진정한 감정, 태도, 동기를 알아낼 수 있다고 본다.

그러나 브라운은 브라운과 결혼한다는 통계를 기억하는가? 투자자들은 상장회사의 이름이 혀가 꼬이도록 어려울 경우 그 주식가치를 과소평가한다는 통계를 기억하는가? 브라운이라는 성을 가진 사람들이 의식적으로 같은 성의 배우자를 찾아나선 것은 아니다. 직업 투자자들은 신생 회사 이름의 발음이 그 회사에 대한 인상에 영향을 미친다고는 꿈에도 생각하지 않을 것이다. 그러나 의식 아래 과정들의 작용 때문에, 감정의 근원은 종종 우리에게 미스터리로 남는다. 심지어 감정 그 자체도 그렇다. 우리는 스스로 느낀다고 깨닫지 못하는 감정을 많이 느낀다. 피험자에게 자신의 감정을 말해보라고 묻는 것이 가치 있는 일이기는 하겠지만, 어떤 깊은 감정들은 아무리 심오한 내성법으로도 그 비밀을 드러내지 않는다. 그러므로 감정에 대한 심리학의 전통적 가정들 중에는 유효하지 않은 것이 많다.

한 유명한 신경과학자가 내게 말했다. "나는 심리 치료를 몇 년이나 받았습니다. 내가 왜 이런저런 방식으로 행동하는지 알고 싶어서요. 나는 내 감정과 동기에 대해서 생각해보았습니다. 그것을 치료사에게 말했고, 마침내 합리적인 듯한 이야기를 얻었고, 만족스러웠습니다. 나에게는 스스로 믿을 수 있는 이야기가 필요합니다. 하지만 그게 진실일까요? 아마 아닐 겁니다. 진정한 진리는 내 시상, 시상하부, 편도, 이런 구조들에 있겠지요. 그러나 내가 내성법으로 아무리 나를 들여다보아도 그것들에 의식적으로 접근할 수는 없습니다." 자신이 누구인지 확실하게 알려면, 그럼으로써 자신이 다양한 상황에서 어떻게 반응하는지 알려면,

먼저 자신이 내리는 결정과 행동의 이유를 알아야 한다. 그리고 — 더 근본적으로 — 자신의 감정과 그 기원을 알아야 한다. **대체 감정은 어디에서 비롯할까?**

단순한 것부터 시작하자. 통증이라는 감정은 어떨까? 통증이라는 감각적, 정서적 감정은 특징적인 신경 신호에서 생겨나며, 삶에서 확실하고 명백한 역할을 수행한다. 통증은 우리에게 벌겋게 달아오른 프라이팬을 내려놓으라고 말하고, 망치로 엄지를 찧은 것을 벌하며, 6가지 상표의 싱글몰트 스카치를 조금씩 맛볼 때는 더블로 만들지 말라고 일깨운다. 당신은 간밤에 당신을 와인 바로 데려간 재무분석가에 대한 감정을 친구가 옆에서 끌어내기 전에는 미처 몰랐을 수도 있지만, 지끈거리는 두통은 남의 도움 없이도 당신이 스스로 접촉할 수 있는 감정이나 마찬가지이다. 그러나 문제가 언제나 이렇게 단순하지만은 않다. 유명한 플라세보 효과(placebo effect, 위약효과[僞藥效果])가 그 증거이다.

플라세보 효과라고 하면, 설탕으로 만들어져 아무런 효능이 없는 가짜 알약이 떠오르고, 사람들이 그 약효를 믿는 한 가짜 알약도 타이레놀 못지않게 가벼운 두통을 잘 덜어준다는 이야기가 떠오른다. 그러나 플라세보 효과는 그 이상으로 훨씬 더 강력하다. 예를 들어보자. 협심증(狹心症, 가슴조임증)은 심장벽 근육에 혈액 공급이 충분하지 않아서 발생하는 만성 질병으로, 대개 극심한 통증을 일으킨다. 협심증이 있는 사람이 운동을 하려고 하면 — 그저 현관문을 열어주러 걸어가는 것일 수도 있다 — 심장근육 신경들이 "엔진 체크" 감지기처럼 기능한다. 척수를 통해서 뇌로 신호를 보내, 순환계에 과도한 요구가 주어졌다고 경고하는 것이다. 그 결과 극심한 통증이 발생하고, 이 통증은 무시하기 어려운 경고등이다. 1950년대에 의사들은 통증이 심한 환자들에게 치료법으로 가슴 안에서 일부 동맥을 묶어버리는 수술을 적용했다. 그러면 근처의 근육에서 새로운 통로가 생겨나서 순환이 개선된다고 했다. 많은 환자가 수술을 받고 성공적으로 치료된 듯 보였다. 그러나 의사들이 놓친 점이 있었다. 나중에 병리학자들이 그런 환자들의 사체를 검사했더니, 새로 생겼으리라고 예상되었던 혈관이 전혀 보이지 않았다.

수술은 환자들의 증상 완화에는 성공했지만 원인 치료에는 실패했던 셈이다. 1958년에 호기심 많은 심장외과 의사들은 이 현상을 실험으로 확인해보았다. 요즘이라면 윤리적 이유에서 허락되지 않을 실험으로, 그들은 가짜 수술을 실시했다. 환자 5명의 피부를 절개하여 문제의 동맥을 노출시켰지만, 동맥을 묶지 않은 채 도로 꿰맸다. 다른 환자 13명에게는 진짜로 수술을 했다. 환자들에게든 담당 의사들에게든, 어느 피험자가 진짜 수술을 받았는지는 알리지 않았다. 그 결과, 진짜 수술을 받은 환자들 중 76퍼센트는 협심증 통증이 나아졌다. 그러나 가짜 수술을 받은 집단의 **5명의 환자도 모두** 나아졌다. 자신이 적절한 외과적 처리를 받았다고 믿은 두 집단 모두가 수술 전에 비해서 통증이 크게 줄었다고 보고했다. 수술은 어느 집단에서도 물리적 변화를 일으키지 않았으므로(심장의 순환을 개선할 신생 혈관이 생기지 않았다는 점에서), 두 집단이 뇌의 통증 중추로 받아들이는 감각신호의 수준은 이전과 달라지지 않았을 것이다. 그러나 두 집단이 **의식적으로** 느끼는 통증은 크게 줄었다. 우리는 자신이 극심한 통증을 경험하는지 아닌지조차 확실히 모를 만큼 자신의 감정에 대해서 — 물리적 감정이라도 — 아는 바가 없는 모양이다.[8]

감정에 대한 오늘날의 지배적 견해는 프로이트가 아니라—그는 우리가 억압기제 때문에 무의식의 내용을 자각하지 못한다고 믿었다—윌리엄 제임스에게로 거슬러올라간다. 앞에서도 여러 맥락에서 언급했던 이름이다. 제임스는 수수께끼 같은 인물이었다. 그는 1842년에 뉴욕에서 태어났다. 그의 아버지는 대단한 부자로, 막대한 재산 중 일부를 써서 가족과 두루 여행을 다녔다. 제임스는 열여덟 살 때까지 유럽과 미국, 즉 뉴욕, 로드아일랜드의 뉴포트, 런던, 파리, 프랑스 북부의 불로뉴쉬르메르, 제네바, 본 등 최소한 15군데의 학교를 전전했다. 그의 관심사도 이 주제에서 저 주제로 휙휙 바뀌었다. 그는 미술, 화학, 군사학, 해부학, 의학에 잠깐씩 손을 대면서 15년을 보냈다. 한번은 하버드의 유명 생물학자 루이 아가시의 초청으로 브라질 아마존 강 유역으로 원정을 떠났는데, 그곳에서 제임스는 내내 뱃멀미를 했고 천연두까지 걸렸다. 결국 그가 끝까지 마친 공부는 의학뿐이었다. 그는 1869년에 스물일곱 살의 나이로 하버드에서 의학 박사학위를 받았다. 그러나 평생 한번도 개업을 하거나 의학을 가르치지는 않았다.

제임스가 심리학에 끌린 것은 1867년에 독일의 어느 광천수 지역을 방문한 때였다. 아마존 여행에서 얻은 건강 문제 때문에 요양차 간 곳이었다. 16년 뒤에 뮌스터베르크가 그랬듯이, 제임스는 빌헬름 분트의 강의를 듣고서 이 주제에, 특히 심리학을 과학으로 정립하는 과제에 매료되었다. 그는 독일의 심리학, 철학 문헌을 읽기 시작했으나, 일단 하버드로 돌아와서 의학 학위를 마무리해야 했다. 그러나 하버드를 졸업한 뒤에 그는 심한 우울증에 걸렸다. 당시 그의 일기에는 비참함과 자기 혐오가 가득하다. 고통이 얼마나 심했던지, 제 발로 매사추세츠 주 서머빌의 정신병원에 들어갈 정도였다. 그러나 그는 자신이 회복된 것은 그곳에서 받은 치료가 아니라 프랑스 철학자 샤를 르누비에가 쓴 자유의지에 대한 에세이 덕분이었다고 말했다. 그 글을 읽고서 자신도 자유의지로 우울증에서 벗어나겠다고 다짐했던 것이다. 물론 현실은 그렇게 간단하지 않았다. 그는 이후에도 18개월 동안 무력한 상태에 빠져 있었고, 남은 평생 만성 우울증에 시달렸다.

1872년 무렵에 제임스는 하버드에서 심리학 강의를 맡을 정도로 회복했다. 1875년에는 "생리학과 심리학의 관계(The Relations Between Physiology and Psychology)"라는 과목을 가르침으로써 하버드를 미국 최초의 실험심리학 교육기관으로 만들었다. 제임스가 자신의 감정 이론을 발표한 것은 그로부터 10년이 지난 후였다. 그는 1884년에 "감정이란 무엇인가?(What Is an Emotion?)"라는 논문을 썼는데, 이것은 심리학 학술지가 아니라 『마인드(Mind)』라는 철학 학술지에 실렸다. 심리학 연구를 다루는 최초의 영문 학술지는 1887년에서야 창간되었기 때문이다.

제임스는 논문에서 "놀람, 호기심, 환희, 두려움, 분노, 욕정, 탐욕 등등"의 감정을 다루었다. 이런 감정에는 빨라진 호흡이나 맥박, 몸과 얼굴의 움직임과 같은 신체적 변화가 동반된다.[9] 얼핏 보면 문제의 감정 때문에 신체적 변화가 일어나는 것 같지만, 제임스는 그런 해석이 정확히 거꾸로라고 주장했다. "내 논지는 그와 반대이다. 신체적 변화는 자극적 사실에 대한 **인식**(perception)에 직접적으로 뒤따르고, 그런 변화에 대한 우리의 느낌이 곧 감정이다.…… 인식에 뒤따르는 신체적 상태가 없다면 인식은 그저 인지적 형태에 머무를 것이다. 창백하고, 색깔 없고, 감정적 온기가 결여된 상태에 지나지 않을 것이다." 달리 말하면, 우리는 화나서 떨거나 슬퍼서 우는 것이 아니다. 떨기 때문에

화를 깨닫고, 울기 때문에 슬픔을 느낀다. 제임스는 감정에 생리적 기반이 있다고 주장했던 것이다. 사람들이 감정을 느낄 때 뇌에서 벌어지는 물리적 과정을 뇌 영상 기술로 볼 수 있게 된 오늘날, 제임스의 생각은 사실로 통한다.

오늘날의 신(新)제임스적 시각에서는 감정도 인식이나 기억처럼 주어진 데이터로부터 재구성되는 것으로 본다. 데이터의 많은 부분은 무의식에서 온다. 감각이 포착한 환경적 자극을 처리하여 생리적 반응을 구성하는 것이 무의식이기 때문이다. 뇌는 또 기존에 품고 있었던 신념과 기대, 현재 상황에 대한 정보 등 다른 데이터도 동원한다. 그 모든 정보가 처리됨으로써 비로소 의식적인 정서적 감정이 만들어지는 것이다. 이 메커니즘은 협심증 연구를 설명해주고, 더 일반적으로 통증에 대한 플라세보 효과를 설명해준다. 통증이라는 주관적 경험이 생리적 상태와 맥락적 데이터 양쪽으로부터 구성되는 것이라면, 마음이 똑같은 생리적 데이터 ― 통증을 뜻하는 신경 자극 ― 를 다른 방식으로 해석하는 것도 놀랄 일이 아니다. 신경세포가 뇌의 통증 중추로 보낸 신호는 같더라도 통증에 대한 경험은 변할 수 있는 것이다.[10]

제임스는 후에 『심리학 원리』라는 책에서 여러 주제들 가운데 하나로 감정의 이론을 상술했다. 『심리학 원리』는 내가 제4장에서 뇌 수술 후 두개골에 틈이 생긴 환자들의 뇌를 연구했던 안젤로 모소를 이야기할 때 언급했던 책이다. 제임스는 1878년에 책을 쓰기로 계약했다. 그리고 신혼여행 중에 서둘러 집필을 시작했지만, 여행에서 돌아온 뒤 장장 12년을 더 들여서 책을 완성했다. 이 책은 혁신적이고 크나큰 영향력을 발휘한 고전이 되었다. 1991년에 심리학사 연구자들이 역사상 가장 중요한 심리학자를 투표했을 때 제임스가 2등으로 꼽혔을 정도이다.

그를 누른 유일한 인물은 처음에 그에게 영감을 주었던 분트였다.[11]

아이러니하게도, 분트와 제임스는 둘 다 그 책에 만족하지 못했다. 분트는 제임스의 혁신이 분트식 실험심리학에서 벗어난 점을 못마땅하게 여겼다. 분트의 심리학은 매사를 측정하는 심리학이었다. 그러나 감정을 어떻게 정량화하고 측정하겠는가? 1890년에 제임스는 그것이 불가능한 일이라고 결론짓고, 따라서 심리학은 실험에만 몰두하는 관행을 넘어서야 한다고 주장했다. 분트의 연구를 "놋쇠 도구 심리학"이라고 조롱하기도 했다.[12] 한편 분트는 제임스의 책이 "문학이고, 아름답지만, 심리학은 아니다"라고 말했다.[13]

윌리엄 제임스가 스스로에게 가한 비판은 훨씬 더 신랄했다. 그는 이렇게 썼다. "이 책의 꼬락서니를 나보다 더 역겹게 느끼는 사람은 없으리라. 세상에 1,000쪽을 들여서 다룰 만한 주제란 없다. 나에게 10년만 더 있다면, 이 책을 500쪽으로 다시 쓸 수 있을 것이다. 현재 상태로는 메스껍고, 팽창되고, 붓고, 부풀고, 팽팽해진 덩어리에 불과하며, 오직 두 가지 사실만을 입증할 뿐이다. 첫째, 심리학의 과학 따위는 없다는 것. 둘째, W. J.는 무능하다는 것."[14] 이 책의 출간 후, 제임스는 심리학을 버리고 철학을 추구하기로 결정했다. 그래서 독일에서 뮌스터베르크를 꾀어, 자기 대신 연구소를 맡게 했다. 이때 제임스는 마흔여덟 살이었다.

제임스의 감정 이론은 한동안 심리학을 지배하다가 다른 접근법들에 밀려났다. 그러다가 1960년대에 심리학이 인지적 방향으로 선회하면서 그의 생각 — 요즘은 제임스-랑에 이론(James-Lange theory)이라고 불린다 — 이 새로이 인기를 끌었다. 뇌에서 다른 종류의 데이터가 처리됨으로써 다른 감정이 생겨난다는 개념은 제임스의 사고 틀에 보기 좋게 들어맞았기 때문이다. 그러나 근사한 이론이 반드시 옳은 이론은 아니므로, 과학자들은 추가 증거를 찾아나섰다. 초기 연구들 중에서는 스탠리 샤흐터의 실험이 유명하다. 샤흐터는 앞에서 이야기했던 미네소타 대학교 실험에서 질슈타인 박사로 분장했던 그 심리학자인데, 이때는 컬럼비아 대학교에 있었다. 이 실험의 공동 연구자는 나중에 "심리학 역사상 가장 유명한 제2 저자"라고 불리게 되는 제롬 싱어로, 수많은 유명한 연구에서 그 위치를 차지했기 때문에 붙은 별명이다.[15] 만약 감정이 직접적 인식이 아닌 제한된 데이터에 의존하여 구성된다면, 즉 시각이나 기억과 비슷하게 구성된다면, 인식이나 기억에서처럼 감정에서도 마음이 데이터의 빈틈을 메우다가 그만 "잘못된 결과"를 낳는 상황이 있을 것이다. 그 결과, 시각이나 기억의 착각과 유사한 "감정적 착각"이 생겨날 것이다.

예를 들어보자. 당신이 뚜렷한 이유가 없는데도 감정적 각성에 해당하는 생리적 증후를 겪는다고 하자. 논리적 반응은 이렇게 생각하는 것이다. 와, 내 몸이 뚜렷한 이유도 없이 설명 불가능한 생리적 변화를 겪고 있네! 어찌 된 일이지? 그런데 그때 당신이 그 감각을 어떤 감정— 두려움, 화, 행복, 성적인 끌림 등등— 에 대한 반응으로 해석하도록 유도하는 맥락에 놓여 있다면 어떨까? 실제로 그런 감정을 일으키는 원인은 없는데도 말이다. 그렇다면 그 경험은 감정적 착각이라고 할 수 있다. 이 현상을 확인하기 위해서, 샤흐터와 싱어는 "행복한" 맥락과 "화나는" 맥락이라는 인위적인 감정적 맥락을 만들었다. 그리고 생리적으로 각성된 피험자들을 그 맥락에 놓고 관찰했다. 피험자들이 시나리오에 "속는" 바람에 연구자들이 설정한 감정을 정말로 느끼게 되는지를 보려는 것이었다.

실험은 이렇게 진행되었다. 샤흐터와 싱어는 "수프록신(Suproxin)"이라는 비타민 주사가 시각에 미치는 영향을 살펴보는 것이 실험의 목적이라고 피험자들에게 알렸다. 사실 그 약은 아드레날린(adrenaline)이었다. 아드레날린은 심박동과 혈압을 높이고, 홍조를 띠게 하고, 호흡이 가빠지게 만든다. 모두 감정적 각성의 징후들이다. 피험자들은 세 집단으로 나뉘었다. 한 집단("설명을 들은" 집단)은 주사의 효과를 정확하게 들었다. 다만 그것은 수프록신의 "부작용"이라고 했다. 다른 집단("설명을 듣지 못한" 집단)은 아무런 말도 듣지 못했다. 이들은 똑같은 생리적 변화를 느끼겠지만, 그에 대한 설명이 없는 셈이었다. 대조군인 세 번째 집단은 아드레날린 주사 대신에 활성이 없는 식염수를 맞았다. 이들은 아무런 생리적 효과를 느끼지 않을 것이었고, 그런 변화가 있으리라는 말도 듣지 못했다.

연구자는 주사를 놓은 뒤, 잠시 자리를 비웠다. 피험자는 20분쯤 다른 피험자와 단둘이 있게 되었는데, 다른 피험자는 사실 연구자들과 공모한 사이였다. "행복한" 시나리오에서는 이 사람이 실험 참가를 행운으로 여기면서 묘하게 행복해하는 연기를 펼쳤다. 인위적으로 사회적 맥락을 조성한 것이었다. 한편 "화나는" 시나리오에서는 피험자와 단둘이 남겨진 사람이 실험과 그 수행방식에 대해서 쉴 새 없이 불평을 늘어놓았다. 연구자들의 가설은 다음과 같았다. "설명을 듣지 못한" 피험자는 자신의 생리적 상태를 자신이 처한 사회적 맥락에 따라서 행복 혹은 화에서 비롯된 것으로 해석할 것이다. 반면에 "설명을 들은" 피험자는 주관적 감정을 느끼지 않을 것이다. 똑같은 사회적 맥락에 노출되더라도, 이들은 이미 생리적 변화에 대한 설명을 가지고 있기 때문에,

행복이든 화든 감정의 탓으로 돌릴 필요가 없다. 대조군은 애초에 생리적 각성을 경험하지 않기 때문에, 아무런 감정을 느끼지 않을 것이다.

연구자들은 피험자의 반응을 두 가지 방식으로 판단했다. 첫째, 한쪽이 거울로 된 유리창 너머에서 공평무사한 관찰자들이 피험자를 몰래 관찰했다. 관찰자들은 정해진 지침에 따라서 피험자의 행동을 항목화했다. 둘째, 피험자가 나중에 설문지를 작성했다. 자신이 느끼는 행복감을 0에서 4까지의 척도로 보고하는 설문이었다. 어느 방식으로 측정하든, 세 집단은 모두 정확히 샤흐터와 싱어가 예상했던 방식으로 반응했다.

설명을 들은 피험자와 대조군 피험자는 연구자들이 옆에 앉혀둔 공모자의 명백한 감정 — 행복이나 화 — 을 목격해도 자신은 그 감정을 느끼지 않았다. 그러나 설명을 듣지 못한 피험자는 옆 사람이 행복을 표현하는가 화를 표현하는가에 따라서 자신의 육체적 감각도 행복이나 화로 인한 것이라고 판단했다. 한마디로 그들은 "감정적 착각"의 희생자가 되었다. 자신도 가짜 피험자가 겪는 그 "감정"으로 상황에 반응하고 있다고 잘못 믿어버렸다.

샤흐터와 싱어 패러다임은 지금까지 변형된 형태로 여러 차례 반복되었다. 생리적 반응을 일으키는 수단으로는 아드레날린보다 가벼운 것들이 쓰였다. 조사대상이 되는 감정적 맥락은 대단히 다양했는데, 특히 인기 있는 주제는 성적 각성이었다. 섹스는 통증과 마찬가지로 사람들이 자신의 감정을 잘 알고 그 이유도 잘 안다고 믿는 분야이지만, 알고 보니 성적 감정은 결코 그렇게 간단하지 않았다. 한 실험에서, 연구자들은 남자 대학생들을 피험자로 모집하여 연속된 두 실험에 참가시켰다. 첫 번째는 운동의 효과를 알아보는 실험이라고 했고, 두 번째는 "영화에서 따온 짧은 영상들"을 평가하는 실험이라고 했다.[16] 사실 그것은 한 실험의 두 단계였다(심리학자들은 피험자에게 실험의 목적을 솔직하게 말해주지 않는다. 결과에 영향을 미치기 때문이다). 첫 단계에서 운동은 아드레날린 주사의 역할을 했다. 즉, 자신도 모르게 생리적으로 각성하는 원인이 되었다. 이 점을 의아하게 생각하는 사람들이 있을지도 모르겠다. 세상에 어느 바보가, 운동으로 지친 상태에서 자신의 빨라진 맥박과 호흡이 러닝머신에서 1.6킬로미터를 뛴 탓임을 깨닫지 못한다는 말인가? 그러나 우리가 운동 후에 몸이 차분해진 것처럼 느끼는데도, 실제로는 여전히 각성된 상태가 몇 분쯤 존재한다. 연구자들은 바로 그 틈을 타서 "설명을 듣지 못한" 집단에게 영화를 보여주었다. 반면에 "설명을 들은" 집단은 생리적 고양 상태의 원인을 제대로 아는 상태에서 운동 직후에 영상을 보았다. 샤흐터-싱어 실험에서처럼 이번에도 대조군이 있었다. 대조군은 운동을 하지 않았고, 따라서 각성되지 않았다.

섹스로 넘어가자. 짐작했겠지만, 두 번째 단계에서 사용된 "영화에서 따온 짧은 영상들"은 디즈니 영화에서 따온 것이 아니었다. 「모터사이클을 탄 여자」라는 에로틱한 프랑스 영화로, 미국에서는 「가죽 아래의 알몸」이라는 제목으로 개봉되었다. 묘사적인 제목들이다. 프랑스 제목은 줄거리와 관계가 있는데, 막 결혼한 신부가 남편을 버린 채 모터사이클로 하이델베르크의 애인을 찾아간다는, 일종의 로드무비이다.[17] 프랑스에서는 그 줄거리만으로도 구미를 당기기에 충분했던 모양이지만, 미국 배급사는 전혀 다른 방식으로 영화의 매력을 암시해야 한다고 생각했던 것 같다. 연구자들이 그 영화를 고른 것도 "가죽 아래의 알몸"이 암시하는 측면 때문이었다. 그러나 그 점에서 영화는 실패작인 것 같았다. 영화의 성적 각성 정도를 평가하라고 하자, 대조군 학생들은 100점 만점에 31점을 주었다. 설명을 들은 집단도 이와 의견이 비슷하여, 자신이 느끼는 성적 자극을 고작 28점으로 평가했다. 그러나 설명을 듣지 못한 집단의 피험자들 — 방금 끝낸 운동 때문에 각성했지만 그 사실을 깨닫지 못하는 학생들 — 은 자신의 각성이 성적 각성이라고 착각했다. 그들은 영화에 52점을 매겼다.

다른 연구진도 비슷한 결과를 얻었다. 그들은 매력적인 여성에게 지나가는 남자들을 붙잡아서 학교 과제를 위한 설문지 작성을 부탁하게 했다. 일부는 작은 개울로부터 3미터 위에 있는 튼튼한 나무 다리에서 붙잡았고, 나머지는 바위투성이 땅으로부터 70미터 위에서 흔들거리는 폭 1.5미터, 길이 137미터의 나무판 다리에서 붙잡았다. 대화를 나눈 뒤, 여성은 자기 연락처를 주면서 "질문이 있으면 언제든" 연락하라고 했다. 무서운 다리에서 인터뷰를 했던 피험자들은 빠른 맥박 등 아드레날린의 효과를 느꼈을 것이다. 그들은 자신의 신체 반응이 어느 정도는 위험한 다리 때문임을 자각했을 텐데, 그런데도 그것을 성적 공감대에 의한 반응으로 착각했을까? 낮고 안전한 다리에서 인터뷰한 남자들에게는 여성의 매력이 제한적으로 작용한 것이 분명했다. 16명 중 2명만이 나중에 그녀에게 전화를 걸었기 때문이다. 그러나 불안한 다리에서 인터뷰했던 남자들은 18명 중 9명이 전화를 걸었다.[18] 적잖은 수의 남성 피험자들에게는 수십 미터 아래의 바위투성이 땅으로 떨어질지도 모른다는 가능성이 요염한 미소나 검은 실크 잠옷과 같은 효과를 발휘했던 것이다.

이런 실험에서 알 수 있듯이, 의식 아래의 뇌는 감정을 결정할 때 신체적 상태에 대한 정보를 다른 사회적, 감정적 맥락에 대한 데이터와 통합한다. 우리는 여기에서 일상에 적용할 교훈을 배울 수 있다. 직접적으로 적용하면, 우리가 새로운 사업 제안서를 평가할 때 정상적인 상황에서는 "흠" 하고 말았을 테지만, 계단을 몇 층 올라간 상태에서는 "와우"라고 감탄할지도 모른다는 결론이 가능하다. 그러나 이보다 더 나아가, 스트레스에 대해서 생각해보자. 정신적 스트레스가 신체에 부정적인 영향을 미친다는 것은 잘 알려진 사실이다. 그러나 이 되먹임(feedback) 고리의 다른 쪽은 자주 이야기되지 않는 편이다. 신체적 긴장이 정신적 스트레스를 일으키거나 지속시킬 수 있다는 것 말이다. 당신이 친구나 동료와의 갈등 때문에 신체적으로 교란된 상태라고 하자. 어깨와 목이 딱딱하고, 머리가 아프고, 맥박이 빨라진다. 그 상태를 유지한 채로 그 감각을 야기한 갈등과는 아무런 관계가 없는 사람과 대화할 때, 당신은 그 감정이 눈앞의 사람에 대한 것이라고 착각할지도 모른다. 어느 날, 편집자인 내 친구가 어느 에이전트와 뜻밖에 독설적인 대화를 나누었던 일을 이야기해주었다. 그녀는 그가 남달리 호전적인 사람인 듯해서 앞으로는 같이 일하지 않는 것이 좋겠다고 말했다. 그러나 나와 한참 이야기를 하다 보니, 그녀가 그에게 느낀 분노는 당시의 쟁점 때문에 생긴 것이 아닌 듯했다. 그와의 마찰 직전에 겪었던 다른 사건, 즉 그와 무관한 다른 심란한 사건에서 느꼈던 감정을 무의식에서 계속 짊어지고 있었던 것이다.

요가를 가르치는 사람들은 오랜 세월 동안 계속 이렇게 말해왔다. "몸을 차분하게 가라앉히고, 마음을 가라앉히세요." 오늘날의 사회 신경과학은 그 처방을 지지한다. 심지어 몇몇 연구는 그보다 더 나아가, 우리가 적극적으로 행복한 사람의 육체적 상태를 취하면 실제로 행복한 기분이 든다고 말한다. 억지로라도 미소를 지으라는 것이다.[19] 나의 막내아들 니콜라이는 이 사실을 본능적으로 이해한다. 언젠가 농구를 하다가 희한한 사고로 손이 부러졌을 때, 아들은 갑자기 울음을 멈추더니 웃기 시작했다. 통증이 올 때 크게 웃으면 한결 낫다는 것이었다. 아들이 재발견한 오래된 지혜, "그런 척하다 보면 실제로 그렇게 된다"는 격언은 오늘날 과학 연구의 진지한 주제이다.

지금까지 이야기한 사례들을 볼 때, 우리는 종종 자신의 감정을 이해하지 못한다. 그런데도 보통 이해한다고 믿는다. 누군가 왜 그렇게 느끼는지를 설명해보라고 하면, 대부분의 사람들은 잠깐 생각해본 뒤에 술술 이유를 댄다. 그러나 사실 그 감정은 자기 생각과는 전혀 다른 것일지도 모른다. 그런데 어떻게 이유를 찾아내는 것일까? 우리는 이유를 지어낸다.

이 현상을 보여준 흥미로운 실험이 있었다. 연구자는 여성의 얼굴을 찍은 카드만 한 사진 2장을 양손에 들고, 피험자에게 더 매력적인 쪽을 고르라고 했다.[20] 그러고는 두 사진을 얼굴이 아래로 가도록 덮고, 피험자가 선택한 사진만 그에게 밀어주었다. 피험자에게 그 사진을 뒤집어서 다시 보면서 그쪽을 선택한 이유를 설명하라고 했다. 그것이 끝나면 다른 한 쌍의 사진으로 과정을 반복했다. 그렇게 12쌍쯤 시험했다. 여기에는 속임수가 있었다. 가끔 연구자가 사진을 바꿔치기 했던 것이다. 연구자는 교묘한 손놀림으로, 피험자가 덜 매력적이라고 말했던 여성의 사진을 밀어주었다. 이때 피험자가 속임수를 간파하는 경우는 4분의 1에 지나지 않았다. 더 흥미로운 것은 피험자가 눈치채지 못한 75퍼센트의 경우였다. 연구자가 왜 그 얼굴이 좋은지 물으면, 피험자들은 자신이 선택한 얼굴이 아닌데도 이렇게 설명했다. "얼굴이 빛나는 것 같아요. 술집에서 만났다면 저쪽보다 이 여자에게 접근하겠어요." "귀걸이가 마음에 듭니다." "우리 고모처럼 생겼어요." "이 여자가 더 착할 것 같아요." 이런 식으로, 실제로는 선호하지 않았던 얼굴을 자신이 왜 좋아하는지 술술 설명했다.

이것은 우연한 결과가 아니다. 과학자들은 슈퍼마켓 손님들을 대상으로 잼 맛과 차[茶] 맛에 대한 선호를 조사하면서 비슷한 속임수를 써보았다.[21] 잼 시험에서, 연구자들은 쇼핑객들에게 두 종류의 잼 중 어느 쪽이 더 좋은지를 물었다. 그리고 이유를 더 잘 분석해보라는 핑계로, 그들이 좋아한다고 말했던 잼을 한 숟가락 더 떠먹여주었다. 사실 잼의 병 내부에는 숨은 칸막이가 있었고 양쪽에 뚜껑이 나 있어서, 연구자가 두 번째로 잼을 뜰 때 교묘하게 반대쪽 잼에 숟가락을 담글 수 있었다. 이때도 피험자의 3분의 1만이 잼이 바뀐 것을 알아차렸고, 3분의 2는 알아차리지 못한 채 유창하게 "선호" 이유를 설명했다. 연구자들은 차를 이용한 실험에서도 비슷한 책략으로 비슷한 결과를 얻었다.

이것은 시장 연구자에게 악몽이 아닐까? 어떤 제품이나 포장이 얼마나 인기를 끌지 가늠하기 위해서 사람들에게 의견을 물으면, 고맙게도 진지하고, 상세하고, 단호한 대답이 돌아온다. 그러나 그 답은 진실과는 거의 관련이 없는 것이다. 이것은 유권자들에게 왜 그렇게 투표를 했고, 할 것인지를 정기적으로 묻는 여론조사원에게도 문제이다. 사람들이 아무런 의견이 없다고 대답해도 낭패겠지만, 대답을 하더라도 그 자신조차 정확히 알고 하는 말임을 믿을 수 없다면 그 또한 난감하다. 그러나 연구는 정말로 믿을 수가 없다고 말해준다.[22]

이 사태를 이해할 최고의 단서는 뇌 이상 환자들에 대한 연구에서

온다. 일례로, 분할뇌 환자들에 대한 유명한 연구를 보자.[23] 분할뇌 환자의 경우, 뇌의 한쪽 반구에 제시된 정보가 다른 반구로 전달되지 않는다. 환자가 시야의 왼쪽에서 뭔가를 보면 우반구만 그 사실을 인식하고, 시야의 오른쪽에서 보면 좌반구만 인식한다. 마찬가지로 왼손의 움직임은 우반구만 제어하고, 오른손은 좌반구만 제어한다. 이런 대칭에서 유일한 예외는 (대다수의 경우) 언어 중추가 좌반구에만 있다는 점이다. 따라서 환자가 말을 할 때는 보통 좌반구가 말하는 것이라고 할 수 있다.

연구자들은 분할뇌 환자의 경우 뇌반구 사이에 소통이 없다는 점을 이용하여, 먼저 환자의 우반구에게 어떤 작업을 하도록 지시한 뒤에, 좌반구에게 왜 그런 행동을 했는지 설명해보라고 했다. 가령 환자의 우반구에게 손을 흔들라고 지시한 뒤, 왜 손을 흔들었는지 물었다. 좌반구는 자신이 손을 흔드는 것은 목격한다. 그러나 손을 흔들라는 지시를 받았던 것은 알지 못한다. 그럼에도 좌반구는 환자가 무지를 인정하도록 내버려두지 않았다. 대신에 환자는 아는 사람을 본 것 같아서 손을 흔들었다고 대답했다. 연구자가 환자의 우반구에게 웃으라고 지시한 뒤에 왜 웃느냐고 물으면, 환자는 연구자가 재미있어서 웃는다고 대답했다. 좌반구는 매번 이런 식으로 짐짓 답을 안다는 듯이 반응했다. 여러 비슷한 연구들에서 좌뇌는 끊임없이 거짓 보고서를 작성했지만, 우뇌는 그러지 않았다. 연구자들은 좌반구의 역할이 단순히 정서적 감정을 입력하고 확인하는 것에 그치지 않는다고 결론을 내렸다. 그 감정을 이해하려고 노력하는 것까지 좌반구의 역할이었다. 좌반구는 마치 온 세상에서 질서와 이유를 찾아내려고 헤매는 것 같았다.

올리버 색스는 코르사코프 증후군(Korsakoff's syndrome) 환자에 대해서 쓴 적이 있다. 이 증후군은 새로운 기억을 형성하는 능력이 사라지는, 일종의 기억상실이다.[24] 환자는 방금 한 말을 몇 초 만에 잊고, 방금 본 것을 몇 분 만에 잊는다. 그런데도 대개 자신이 현재의 상황을 잘 안다는 망상을 품는다. 색스가 톰프슨이라는 환자를 만나러 가면, 톰프슨은 매번 색스와의 이전 만남을 기억하지 못했다. 그러나 톰프슨은 자신이 모른다는 것을 깨닫지 못했고, 대신에 무엇이든 주어진 단서에 매달려서 자신이 색스를 기억한다는 사실을 스스로 확인하려고 했다. 한번은 색스가 흰 코트를 입고 있었는데, 식료품 장수였던 톰프슨은 그 모습을 보고서 색스를 길 건너편의 정육점 주인이라고 떠올렸다. 잠시 뒤에는 그 "깨달음"조차 잊고 말을 바꾸어서, 이번에는 색스를 손님이라고 떠올렸다. 톰프슨은 주변 세상, 자신의 상황, 자신에 대한 이해가 쉴 새 없이 변하는 상태였지만, 그럼에도 자신이 지어낸 천변만화하는 설명들 각각을 굳게 믿었다. 자신이 본 것을 이해해야 했기 때문이다. 색스의 말을 빌리면, 톰프슨은 "의미를 찾아야 했고, 의미를 **만들어야** 했다. 절박하게, 끊임없이 발명하면서, 무의미의 심연 위에 의미의 다리를 놓아야 했다."

"작화증(作話症)"이라는 용어는 보통 꾸며낸 말로 기억의 빈틈을 메우면서 그것을 사실로 믿는 상태를 뜻한다. 그런데 우리는 감정에 대한 지식의 빈틈도 작화하듯이 메운다. 이런 경향은 누구에게나 있다. 우리는 자신에게나 친구들에게 "왜 그 차를 타니?", "왜 그 남자를 좋아하니?", "왜 그 농담에 웃었니?"와 같은 질문들을 던지며 스스로 그 답을 안다고 생각하지만, 실은 모를 때가 많다. 누군가 이유를 대보라고 하면, 일종의 자기 성찰과도 같은 숙고를 통해서 진실을 찾으려고 한다. 그러나 우리가 자신의 감정을 아무리 잘 안다고 믿더라도, 실은 어떤 감정인지 잘 모를뿐더러 그 무의식적 기원이 무엇인지도 모를 때가 많다. 우리는 대신에 그럴싸한 설명을 지어내고, 아예 틀렸거나 일부만 옳은 그 설명을 믿어버린다.[25] 이런 오류를 연구하는 과학자들에 따르면, 이것은 어쩌다 우연히 벌어지는 현상이 아니다.[26] 이것은 규칙적이고 체계적인 현상이며, 모두가 공유하는 사회적, 감정적, 문화적 정보의 저장고를 기반으로 삼아서 벌어지는 활동이다.

상상해보자. 당신은 호화로운 호텔 펜트하우스에서 열린 칵테일 파티에 참석했다가 차를 타고 집으로 가는 중이다. 당신이 참 근사한 시간이었다고 말하자, 운전사가 어떤 점이 좋았느냐고 묻는다. 당신은 "사람들이요"라고 대답한다. 그러나 당신이 정말로 사람들 때문에 즐거웠을까? 정말로, 채식의 덕목을 주장하는 책으로 베스트셀러 작가가 된 여성과의 환상적인 대화 때문에 즐거웠을까? 아니면 하프 음악, 공간에 흘러넘치던 장미 향기, 밤새 들이켠 값비싼 샴페인과 같은 더 미묘한 요소 때문이었을까? 만약 당신이 진실되고 정확한 자기 성찰에 따라서 반응한 것이 아니라면, 대체 어떤 근거로 그런 반응을 지어냈을까?

   우리가 스스로의 감정과 행동을 설명할 때, 뇌에서는 자못 놀라운 활동이 벌어진다. 머릿속에 저장된 문화적 규범들의 데이터베이스를 뒤져서 가장 그럴싸한 설명을 골라내는 것이다. 앞에서 말한 상황이라면, 뇌는 "왜 사람들이 파티를 즐기는가" 항목을 뒤져서 "사람들 덕분에"라는 답을 제일 그럴듯한 가설로 선택했다. 너무 안이한 방법이 아닌가 싶겠지만, 여러 연구들에 따르면 정말로 그렇다고 한다. 누군가 우리에게 왜 그렇게 느꼈느냐, 왜 그렇게 느낄 것 같으냐, 이렇게 물으면 우리는 그 감정에 대한 표준적 이유, 기대, 문화적이거나 사회적인 해석에 잘 부합하는 설명이나 예측을 내놓는다.

이 그림이 옳다면, 여기에서 따라나오는 한 가지 명백한 결과를 실험으로 확인해볼 수 있다. 정확한 자기 성찰은 자신에 대한 사적인 지식을 활용하는 법이다. 반면에 사회적, 문화적 규범에 따르는 일반적인 설명을 어떤 감정의 원인으로 지목하는 활동은 그렇지 않다. 따라서 만약 우리가 자신의 감정을 안다면, 우리가 스스로에 대해서 내리는 예측은 다른 사람들이 우리에 대해서 내리는 예측보다 더 정확해야 한다. 그러나 만약 우리가 자신의 감정을 설명할 때 사회적 규범에 의존한다면, 외부의 관찰자도 우리 못지않게 정확하게 우리 감정을 예측할 것이다. 또한 우리가 그런 예측에서 저지르는 실수도 똑같이 저지를 것이다.

연구자들이 이 의문을 조사하기 위해서 채택한 맥락 중 하나는 채용이었다.[27] 채용은 어려운 일이다. 중요한 결정인데다가, 면접과 이력서라는 제한된 노출만으로 누군가를 알기란 어렵기 때문이다. 만약 당신이 사람을 채용해보았다면, 내가 왜 저 사람을 옳은 선택으로 여길까 하고 스스로에게 물어보았을 것이다. 물론 언제나 정당한 대답이 있었으리라. 그러나 지금 돌이켜보아도 그런가? 여전히 그때 생각했던 그 이유로 그 사람을 골랐다고 믿는가? 어쩌면 당신의 추론은 거꾸로였을지도 모른다. 상대에게서 받은 느낌으로 먼저 선호를 형성한 다음에, 무의식적으로 사회적 규범을 끌어들여서 그 감정을 설명한 것이다.

의사인 내 친구는 자신이 일류 의대에 합격했던 이유를 똑똑히 알고 있다고 주장한다. 자신이 면접관 가운데 한 명과 통하는 데가 있었기 때문이라는 것이다. 그 교수의 부모님도 내 친구의 부모님처럼, 그리스의 어느 마을에서 미국으로 이민을 왔다. 친구는 학교에 입학한 후에 그 교수와 알고 지내게 되었는데, 교수는 항상 친구의 성적, 등급, 성격 — 사회적 규범이 명시하는 기준들이다 — 때문에 친구가 면접을 잘 치른 것이라고 주장했다고 한다. 그러나 친구의 성적과 등급은 그 학교의 평균보다 낮았다. 친구는 여전히 자신들이 동향이었다는 점이 교수에게 영향을 미쳤다고 믿는다.

왜 누군가는 일자리를 얻고 누군가는 얻지 못할까? 채용 담당자는 무엇이 자신의 선택을 좌우하는지 알고 있을까? 이 의문을 탐구하기 위해서, 연구자들은 128명의 피험자를 모집했다. 그들 — 모두 여성이었다 — 에게 위기개입 센터의 상담원으로 지망한 한 여성의 심층 포트폴리오를 보여주며, 꼼꼼하게 읽고 평가하라고 했다. 포트폴리오에는 추천장이 딸려 있었고, 센터 소장이 미리 그녀를 면접하고 작성한 자세한 보고서도 있었다. 피험자들은 포트폴리오를 읽은 뒤, 지원자의 자질을 묻는 질문들에 답했다. 그녀는 얼마나 똑똑한 것 같은가? 얼마나 융통성이 있을까? 의뢰인의 문제에 얼마나 공감할까? 그녀에게 얼마나 호감이 느껴지는가?

이때 관건은, 피험자들에게 나누어준 정보가 사소한 세부사항 면에서 모두 달랐다는 점이다. 어떤 피험자들의 포트폴리오에는 지원자가 고등학교를 반에서 2등으로 졸업했고 현재 대학에서 우등생이라고 적혀 있었지만, 다른 피험자들의 포트폴리오에는 아직 대학진학을 결정하지 않았다고 적혀 있었다. 어떤 피험자들은 지원자의 외모가 대단히 매력적이라는 글을 읽었지만, 다른 피험자들은 외모에 대한 언급을 보지 못했다. 어떤 피험자들이 받은 보고서에는 지원자가 소장의 책상에 커피를 쏟았다는 이야기가 있었지만, 다른 피험자들이 받은 보고서에는 그런 사건에 대한 언급이 없었다. 어떤 포트폴리오에는 지원자가 심각한 교통사고를 겪은 적이 있다고 적혀 있었지만, 다른 포트폴리오에는 그런 말이 없었다. 어떤 피험자들은 나중에 지원자를 만나게 될 것이라는 말을 들었지만, 다른 피험자들은 그렇지 않았다. 연구자들은 이런 갖가지 요소들을 가능한 모든 조합으로 섞어서 수십 가지의 시나리오를 만들었다. 피험자가 접한 정보와 그가 내린 판단의 상관관계를 조사하면, 각각의 정보가 평가에 미친 영향을 수학적으로 계산할 수 있었다. 연구자들은 각각의 요인이 실제로 미친 영향을 피험자들이 인식한 영향과 비교해보고 싶었다. 또한 피험자를 모르는 외부의 다른 관찰자들이 예측한 결과와도 비교할 것이었다.

피험자들이 스스로 어떤 요인의 영향을 받았다고 생각하는지 알아보고자, 지원자에 대한 평가가 끝난 뒤 피험자들에게 설문지를 돌렸다. 당신은 지원자의 지적 능력을 학업 성취에 기반하여 판단했습니까? 그녀의 육체적 매력이 호감도에 영향을 미쳤습니까? 그녀가 면접관의 책상에 커피를 흘린 사건이 그녀의 공감 능력에 대한 평가에 영향을 미쳤습니까? 이런 질문들이었다. 그리고 외부의 관찰자가 각 요인의 영향을 어떻게 예측하는지 알아보고자, 또다른 피험자들("외부자들")을 모집했다. 그들에게는 포트폴리오를 보여주지 않은 채, 그저 각 요인이 사람들의 판단에 얼마나 영향을 미칠지 짐작해보라고 했다.

지원자에 관한 사실들은 의도적으로 신중하게 고른 것이었다. 그중 우수한 성적 등의 항목들은, 사회적 규범에 따르면, 평가자에게 긍정적인 영향을 미칠 것으로 기대되는 요인이었다. 연구자들은 피험자들과 외부자들이 공히 이런 항목을 영향 요인으로 꼽을 것이라고 예상했다. 반면에 커피를 쏟은 사건이나 나중에 지원자를 만나리라는 전망 등은, 사회적 규범에 따르면, 아무런 영향을 미치지 않는 요인이어야 했다.

연구자들은 외부자들이 이런 항목의 영향을 기대하지 않을 것이라고 예상했다. 그런데도 그런 항목을 포함시킨 까닭은, 규범이 지시하는 바와는 달리 그런 항목이 실제로 사람에 대한 판단에 영향을 미친다는 연구 결과가 있었기 때문이다. 이를테면, 커피를 쏟은 사건처럼 독립적이고 사소한 실수는 전반적으로 유능해 보이는 사람에 대한 호감도를 높이는 경향이 있고, 평가자가 나중에 상대를 만날 것이라고 생각하는 경우에는 그 사람의 성격을 더 좋게 보는 경향이 있다.[28] 실험의 핵심 질문은 다음과 같았다. 피험자들이 자기 반성적으로 자신을 판단한 결과는 외부자들의 판단보다 더 정확했을까? 자신의 평가가 뜻밖의 요인들에 좌우된다는 사실을 외부자들보다 더 정확하게 깨달았을까?

피험자들과 외부자들의 답변을 검토한 결과, 두 답변은 놀랍도록 일치했다. 또한 둘 다 사실에서 한참 벗어나 있었다. 두 집단 모두 실제 이유를 무시한 채, 사회적 규범에 기반한 설명이 영향을 끼쳤을 것이라고 보았다. 일례로, 두 집단은 커피 사건이 호감도에 영향을 미치지 않았을 것이라고 답했지만, 실제로는 그 항목이 모든 요인들을 통틀어서 가장 큰 영향을 미쳤다. 또한 두 집단은 학업 항목이 호감도에 큰 영향을 미쳤을 것이라고 예상했지만, 실제로는 전혀 영향이 없었다. 두 집단은 나중에 지원자를 만난다는 전망이 아무런 영향을 미치지 않았을 것이라고 예상했지만, 실제로는 영향을 미쳤다. 어떤 항목이 영향을 미치고 어떤 항목이 미치지 않았느냐에 대해서 두 집단은 몽땅 틀린 답을 말했다. 심리학 이론이 예측했듯이, 피험자는 외부자보다 스스로에 대해서 더 뛰어난 통찰을 보여주지 못했다.

진화는 인간이 자신을 정확하게 이해하도록 뇌를 설계하지 않았다. 인간의 생존을 돕도록 설계했을 뿐이다. 우리는 자신과 세상을 관찰한 뒤, 그럭저럭 살아갈 수 있을 정도로만 그것을 이해한다. 가끔 어떤 사람들은 자신을 더 깊이 이해하기 위해서— 혹은 인생의 결정을 더 잘 내리기 위해서, 더 풍요로운 삶을 살기 위해서, 그저 호기심에서— 스스로에 대한 본능적인 사고를 타파하려고 노력한다. 우리는 충분히 그럴 수 있다. 의식을 활용함으로써 자신의 인지적 착각을 조사하고, 확인하고, 간파할 수 있다. 시야를 넓혀서 마음의 작동방식을 이해함으로써 자신에 대해서 더 계몽된 시각을 얻을 수 있다. 그러나 그렇게 하여 우리가 자신을 더 잘 이해하게 되더라도, 한 가지 사실만큼은 계속 명심해야 한다. 우리가 무의식적으로 자연스럽게 세상을 보는 시선이 비뚤어져 있을 때는 다 이유가 있어서 그렇다는 사실을 말이다.

샌프란시스코를 여행하던 중, 나는 어느 날 골동품 가게에 들어갔다. 창가에 진열된 아름다운 꽃병이 100달러에서 50달러로 가격을 내렸기에 그것을 살 생각이었다. 그러나 나올 때 나는 2,500달러짜리 페르시아 융단을 들고 있었다. 솔직히 그것이 진짜 2,500달러짜리 페르시아 융단인지는 확실히 알 수 없고, 그저 내가 2,500달러를 치렀다는 사실을 알 뿐이다. 나는 융단을 사려고 시장에 간 것이 아니었고, 샌프란시스코 기념품에 2,500달러를 쓸 계획도 없었으며, 빵 상자보다 더 큰 것을 집으로 끌고 갈 생각이 손톱만큼도 없었다. 나는 내가 왜 그랬는지 모른다. 며칠 동안 자기 성찰을 해보았지만, 아무런 답을 얻지 못했다. 좀더 생각해보면, 휴가지에서 변덕이 일어서 페르시아 융단을 사는 데에는 아무런 사회적 규범이 존재하지 않는다. 내가 아는 것은 우리 집 식당에 융단이 깔린 모습이 보기 좋다는 것뿐이다. 식당이 아늑해 보여서 좋고, 융단 색깔이 식탁이나 벽과 잘 어울려서 좋다. 어쩌면 이것도 착각일까? 실은 융단 때문에 식당이 싸구려 호텔의 간이식사 코너처럼 보일까? 어쩌면 내가 그것을 좋아하는 진짜 이유는 흉측한 것을 2,500달러나 주고 사서 아름다운 나무 마루를 덮어버렸다고 생각하기가 불편해서일지도 모른다. 그러나 그 점을 깨우친다고 해서 기분이 찜찜하지는 않다. 오히려 눈에 보이지 않는 나의 파트너를 더 가깝게 느낄 수 있어서 좋다. 내가 인생을 헤쳐가면서 이따금 넘어질 때마다 나에게 필요한 지지를 제공하는 파트너, 나의 무의식 말이다.

10
자기 자신

통치의 비결은 자신의 무오류성에 대한 믿음과 과거의 실수에서 배우는 능력을 결합하는 것이다.
— 조지 오웰

2005년, 허리케인 카트리나가 걸프 만의 루이지애나 주와 미시시피 주를 초토화시켰다. 1,000명이 넘게 목숨을 잃었고, 수십만 명이 이주해야 했다. 뉴올리언스는 물에 잠겼다. 도시의 어느 부분은 물이 4.5미터 넘게 찼다. 미국 정부의 대응은, 모든 사람들이 한 목소리로 말했듯이, 심하게 서툴렀다. 어쩌면 거의 모든 사람들이 그랬다고 해야겠다. 연방재난관리청의 수장이었던 마이클 브라운은 관리 소홀과 지도력 결여로 비난받았고, 의회는 그를 조사할 전문가위원회를 소집했다. 경험이 일천했던 브라운은 자신의 부족함을 인정했을까? 아니다. 그는 부실한 대응의 원인은 "루이지애나 주지사 캐슬린 블랑코와 뉴올리언스 시장 레이 내긴 사이에 공조와 계획이 부족했던 탓임에 분명하다"고 말했다. 브라운의 마음에서는 자신이 카산드라와 비슷한 비극적 인물이었던 것 같다. "나는 몇 년 전부터 개인적으로 예상해왔다. 자원과 관심 부족 때문에 머지않아 이런 [위기] 상황이 닥치리라는 것을."[1]

어쩌면 브라운도 마음속에서는 자신의 책임을 좀더 통감했을지도 모른다. 공개적으로 했던 발언은 그저 자신에 대한 대중의 비난을 누그러뜨려서 태만에서 무능으로 죄를 낮추어보려는 서툰 시도였을지도 모른다. 한편 O. J. 심프슨의 경우에는 솔직하지 못한 반응이었다고 봐주기가 좀더 어렵다. 전직 스포츠 영웅이었던 심프슨은 두 사람을 살해한 죄로 형사재판을 받았지만 무죄 방면되었다. 그러나 그후에도 풍파가 심한 삶을 살았다. 2007년에 그는 두 친구와 함께 라스베이거스의 한 호텔 방으로 쳐들어가, 스포츠 기념품 판매상들에게 총구를 들이대고 물건을 빼앗았다. 그는 선고법정에서 죄를 뉘우치고 관대한 처벌을 호소할 기회가 있었다. 그에게는 솔직한 마음에서든 거짓된 마음에서든 자기 비판을 할 강력한 동기가 있었다. 그렇다면 심프슨은 이기적인 마음에서 형량을 몇 년 깎아보려고, 범죄를 저지른 자신의 행동에 대해서 뉘우쳤을까? 아니다. 그는 자신의 주장을 견지했다. 그의 답변은 진심이었다. 그는 자신의 행동이 유감스럽다고 말했지만, 나쁜 짓을 한 것은 아니라고 믿었다. 몇 년의 수감생활이 걸린 문제인데도, 그는 자신을 정당화하고 싶어했다.

사람은 자신에 대해서 좋은 감정을 느끼기가 어려울수록 현실을 왜곡된 렌즈로 보는 경향성이 더 커지는 듯하다. 데일 카네기는 고전이 된 책 『인간관계론(How to Win Friends and Influence People)』에서 1930년대 악명 높은 갱들의 자기상을 보여주었다.[2] 더치 슐츠는 뉴욕 전역을 공포에 떨게 했던 폭력배로, 살인을 꺼리지 않았다. 그가 자신을 소개할 때 사람들을 죽여서 성공적인 제국을 건설한 사람으로 묘사했더라도, 범죄계 동료들 사이에서 그의 평판은 조금도 손상되지 않았을 것이다. 그러나 대신에 그는 신문과의 인터뷰에서 스스로를 "사회의 은인"으로 묘사했다. 마찬가지로, 수백 명의 죽음에 책임이 있었던 밀

주업자 알 카포네는 이렇게 말했다. "나는 인생의 황금기를 사람들에게 가벼운 쾌락을 제공하고 사람들이 즐겁게 지내도록 돕는 데에 바쳤다. 그러나 나에게 돌아온 것은 학대와 쫓기는 자의 신세뿐이다." "투 건" 크롤리라는 악명 높은 살인자는 운전면허증을 보여달라고 요청한 경찰관을 살해한 죄로 전기의자 사형을 선고받은 순간, 타인의 생명을 앗아간 데에 대한 슬픔을 표현하기는커녕 이렇게 불평했다. "스스로를 방어한 대가로 얻은 것이 고작 이거라니."

사람들은 관중에게 보여주는 윤색된 자기상을 정말로 믿는 것일까? 경영자는 회사의 수입이 곤두박질치더라도 자신의 전략은 탁월했다고 믿는 것일까? 자신이 회사를 이끈 3년 동안 퇴직수당 5,000만 달러의 20배에 해당하는 돈을 잃었는데도 자신에게는 그 퇴직수당을 받을 자격이 있다고 정말로 믿는 것일까? 변호사는 의뢰인이 전기의자에 앉게 되어도 자신의 변론은 탁월했다고 믿는 것일까? 흡연자는 남이 옆에 있든 없든 하루에 꼭 한 갑씩 담배를 피우면서도 자신은 남들이 피울 때만 따라 피우는 사람이라고 정말로 믿는 것일까? 우리의 자기 인식은 얼마나 정확할까?

고등학교 최고학년 약 100만 명을 대상으로 했던 조사를 보자.[3] 다른 사람들과 어울리는 능력을 스스로 평가해보라고 했을 때, 100퍼센트 (모두)가 자신을 평균 이상이라고 평가했고, 60퍼센트가 상위 10퍼센트로 평가했고, 25퍼센트가 상위 1퍼센트로 여겼다. 지도력에 대해서 묻자, 2퍼센트만이 자신을 평균 아래로 평가했다. 교사들이라고 더 현실적인 것은 아니었다. 대학교수의 94퍼센트가 자신은 평균 이상으로 일을 한다고 말했다.[4]

심리학자들은 이처럼 자기 평가가 부풀려지는 경향성을 가리켜 "평균 이상 효과(above-average effect)"라고 부르며, 운전 실력에서 관리 능력까지 다양한 맥락에서 그 영향을 확인했다.[5] 공학계에서, 전문가들에게 자신의 수행 능력을 평가해보라고 하자 30-40퍼센트가 자신을 상위 5퍼센트에 놓았다.[6] 군대에서, 장교들에게 스스로의 지도력(카리스마, 지성 등등)을 평가해보라고 하자 그 결과는 부하나 상관의 평가보다 훨씬 더 장밋빛이었다.[7] 의학계에서, 의사들이 자신의 대인관계 기술을 평가한 결과는 환자나 감독관의 평가보다 훨씬 더 좋았고, 지식에 대한 자기 평가는 객관적인 시험 결과보다 훨씬 더 높았다.[8] 그러나 어떤 조사에 따르면, 의사들은 환자들의 폐렴을 평균 88퍼센트의 확신으로 진단했지만 실제로 그 진단이 옳은 경우는 20퍼센트에 지나지 않았다.[9]

이런 과대망상은 기업계에서도 법칙이나 마찬가지이다. 대부분의 사업가들은 자신의 회사가 동종업계의 다른 전형적인 회사보다 성공 가능성이 높다고 생각한다. 자신의 회사이니까.[10] 경영자들은 신규 시장에 진입하거나 위험한 사업을 추진할 때 과도한 자신감을 드러낸다.[11] 그 예로, 회사들은 다른 기업을 인수할 때 그 기업의 주가를 현재보다 평균 41퍼센트 더 높게 잡아서 지불한다. 자신이 운영하면 지금보다 더 수익성이 높아지리라고 예상하는 것이다. 그러나 합병기업의 통합 주가는 떨어지는 것이 보통이다. 공평한 관찰자들의 생각은 다르다는 뜻이다.[12]

주식을 고르는 사람들도 자신의 능력을 지나치게 낙관적으로 바라본다. 여느 때는 기민하고 합리적인 투자자조차도 과도한 자신감 때문에 자신이 주식시장의 변동을 예측할 수 있다고 믿어버릴 때가 있다. 지적인 차원에서는 스스로도 다르게 생각하면서 말이다. 경제학자 로버트 실러가 1987년 10월 "블랙 먼데이(검은 월요일)"의 주가 대폭락 이후 실시한 조사를 보면, 투자자의 약 3분의 1은 "언제 반등이 올지 상당히 정확하게 알고 있다"고 주장했다. 그러나 어떤 이론에 의거해서 그토록 자신 있게 시장의 미래를 예측하느냐고 물어보면, 구체적인 이론을 말하는 사람은 거의 없었다.[13]

아이러니하게도, 사람들은 과장된 자기 평가와 과도한 자신감이 문제라는 것을 알기는 아는 것 같다. 남들의 경우에만 말이다.[14] 그렇다. 우리는 스스로의 능력을 과대평가하지 않는 능력에 대해서도 자신을 과대평가한다. 대체 어떻게 된 일일까?

1959년, 사회심리학자 밀턴 로키치는 정신질환 환자 3명을 미시간 주 입실란티 주립병원에서 함께 살게 했다.[15] 세 환자는 모두 자신이 예수 그리스도라고 믿었다. 적어도 둘은 틀릴 수밖에 없었기 때문에, 로키치는 그들이 자신의 생각을 어떻게 처리할지 궁금했다. 이 실험에는 유명한 선례가 있었다. 17세기에 시몽 모랭이라는 남자가 같은 주장을 하다가 정신병원에 들어갔다. 그는 그곳에서 다른 예수를 만났고, "동료의 어리석음에 너무나 충격을 받은 나머지 자신의 어리석음을 깨우쳤다." 안타깝게도 모랭은 이후 원래의 신념으로 돌아갔고, 결국 예수처럼 죽임을 당했다. 신성모독으로 화형에 처해졌던 것이다. 다행히도 입실란티에서는 불에 타 죽은 사람은 없었다. 첫 번째 환자는 모랭처럼 자신의 신념을 포기했다. 두 번째 환자는 다른 사람들을 정신병자로 취급했지만 자신은 아니라고 주장했다. 세 번째 환자는 문제를 철저히 외면했다. 이 경우에도 환자 셋 중 둘은 현실과 어긋나는 자기상을 계속 고집했던 셈이다. 이처럼 극심한 단절은 아닐지라도, 우리도 대개는 이와 비슷하다. 자신이 물 위를 걸을 수 있다고 믿는 사람은 없겠지만, 깊이

따져보면 — 대개의 경우에는 약간만 관심을 쏟아보아도 — 스스로의 자기상과 타인이 우리에 대해서 품고 있는 좀더 객관적인 상이 완전히 일치하지는 않는다는 것을 얼마든지 깨달을 수 있다.

인간은 보통 두 살쯤 되면 자신을 사회적 주체로 느낀다.[16] 기저귀가 그다지 멋진 패션이 아니라는 것을 배울 무렵에는 어른들과 적극적으로 상호작용을 하면서 자신의 과거 경험에 대한 시각을 구축하기 시작하고, 유치원에 들어갈 무렵에는 어른의 도움이 없어도 그렇게 할 줄 안다. 또한 이 무렵에 아이는 사람들이 각자의 욕망과 신념을 동기로 삼아서 행동한다는 사실을 알게 된다. 이때부터 우리는 자신이 되고 싶어하는 인물, 그리고 매일 매순간 그 생각과 행동을 직접 경험하는 현실의 자신 사이에서 잘 조정하며 살아가야 한다.

앞에서 여러 차례 말했듯이, 학계의 심리학자들은 프로이트 이론의 많은 부분을 거부해왔다. 그러나 프로이트주의 심리치료사와 오늘날의 실험심리학자가 동의하는 생각이 하나 있다. 인간의 자아는 자신의 명예를 지키기 위해서 맹렬하게 싸운다는 사실이다. 이 의견 일치는 비교적 최근의 일이다. 과거 수십 년 동안 학계의 심리학자들은 인간을 초연한 관찰자로 간주했다. 인간은 사건을 평가한 뒤에, 이성을 써서 진실을 발견하고 사회적 환경의 속성을 해독한다고 보았다.[17] 또한 인간은 자신에 대한 데이터를 수집한 뒤에, 대체로 훌륭하고 정확한 추론에 근거하여 자기상을 구축한다고 했다. 이런 전통적인 견해에 따르면, 잘 적응한 인간은 자신에 대한 과학자나 마찬가지이다. 반면에 망상으로 인해서 자기상이 흐려진 개인은 이미 정신질환의 피해자가 되었거나 앞으로 되기 쉬울 것이라고 했다. 그러나 오늘날 우리는 그 반대가 진실에 가깝다는 것을 알고 있다. 정상적이고 건강한 개인 — 학생, 교수,

공학자, 중령, 의사, 중역 — 은 자신을 그냥 유능한 사람이 아니라 몹시 뛰어난 사람으로 생각하는 경향이 있다. 실제로는 전혀 그렇지 않더라도 말이다.

자기 부서의 성과가 계속 목표치에 미달할 때, 회사의 중역이 제 능력을 의심하던가? 자신이 진급하기 어려운 상황일 때, 중령이 스스로를 대령이 되기에 모자란 사람이라고 생각하던가? 우리는 왜 자신이 유능하다고 믿을까? 나 말고 다른 사람이 승진할 때 상사가 잘못 생각했기 때문이라고 굳게 믿는 이유는 무엇일까?

심리학자 조너선 하이트는 진실에 이르는 길이 두 가지라고 말했다. 과학자의 길과 변호사의 길이다. 과학자는 증거를 모으고, 규칙성을 찾고, 관찰을 설명하는 이론을 구축하고, 그것을 시험한다. 변호사는 거꾸로 다른 사람들에게 설득시키고 싶은 결론에서 시작하여 그것을 지지하는 증거를 찾아보고, 지지하지 않는 증거는 깎아내리려고 한다. 인간의 마음은 과학자도 되고 변호사도 되도록 설계되었다. 가끔은 객관적 진실을 의식적으로 추구하는 사람이 되고, 가끔은 자신이 믿고 **싶은** 것을 무의식적으로 열렬히 변호하는 사람이 된다. 두 접근법은 늘 겨루면서 우리의 세계관을 만든다.

사실이기를 바라는 결론을 덮어놓고 믿은 뒤 나중에 그것을 정당화하는 증거를 찾아보는 것, 이것은 일상의 결정을 내릴 때 바람직한 접근법으로는 보이지 않는다. 경마에서 제일 빠를 것이라고 믿는 말에 돈을 걸어야 합리적이지, 내가 건 말이 빠를 것이라고 믿는 것은 말이 안 된다. 매력적이라고 믿는 직장을 선택해야 합리적이지, 내가 제안을 수락했으니까 그 일자리가 매력적이라고 믿는 것은 비합리적이다. 어느 경우이든 후자의 접근법은 비합리적이지만, 아마도 우리를 더 행복하게 만들어주는 것은 그런 선택일 것이다. 그리고 마음은 보통 행복을 선택한다. 과학자들에 따르면, 두 경우 모두 사람들이 실제로 택하고 싶어하는 것은 후자였다.[18] 사고과정의 "인과적 화살표"는 증거에서 신념의 방향이 아니라 신념에서 증거의 방향을 가리킬 때가 많은 듯하다.[19]

알고 보니, 뇌는 괜찮은 과학자이지만 훨씬 더 뛰어난 변호사였다. 그렇기 때문에 자신과 세상에 대해서 일관되고 설득력 있는 견해를 형성하려는 투쟁에서 대개는 열렬한 옹호자가 진실 추구자를 이긴다. 앞에서 나는 줄곧 무의식이 제한된 데이터로부터 세상에 대한 전망을 구축하는 일에 선수라고 이야기했다. 무의식의 파트너인 의식의 눈에는 그 전망이 현실적이고 완전한 것처럼 보인다. 시각적 인식, 기억, 감정도 그렇게 구성된 것이라고 했다. 무의식이 거칠고, 불완전하고, 때로 상충되는 데이터를 혼합하여 만들어낸 것이다. 우리는 자기상을 형성할 때도 그런 창조적인 과정을 이용한다. 변호사를 닮은 무의식은 사실과 착각을 섞고, 장점을 과장하고, 약점을 축소하고, 어느 부분(우리가 좋아하는 부분)은 엄청난 크기로 부풀리고, 어느 부분은 보이지 않을 지경으로 쪼그라뜨려서, 피카소풍으로 왜곡된 그림을 창조해낸다. 그러면 의식이라는 합리적인 과학자는 그 자화상을 순진무구하게 찬미하며, 그 그림이 사진처럼 정확하다고 믿는다.

심리학자들은 우리 내면의 옹호자가 취하는 이런 접근법을 "동기화된 추리"라고 부른다. 우리는 동기화된 추리 때문에 자신의 선함과 유능함을 확신하고, 자신에게 통제력이 있다고 느끼며, 일반적으로 자신을 지나치게 긍정적으로 바라본다. 동기화된 추리는 환경을 이해하고 해석하는 방식에도 영향을 미치는데, 특히 사회적 환경에 대해서 그렇다. 또한 자신이 선호하는 신념을 정당화하도록 돕는다. 그러나 누가 뭐래

『주의, 인식 그리고 정신물리학(Attention, Perception & Psychophysics)』 4, no. 3 (1968), p. 191, "형태의 모호성 : 오래된 것과 새로운 것", 제럴드 H. 피셔, 그림 3.2, copyright © 1968 실험심리학회. 스프링어 사이언스+비즈니스 미디어 B.V.의 허가로 재인용.

도 40퍼센트가 상위 5퍼센트에 욱여넣어지는 것은 불가능하고, 60퍼센트가 상위 10퍼센트에 들어가는 것도, 94퍼센트가 상위 절반에 들어가는 것도 엄연히 불가능하다. 그렇다 보니 스스로의 가치를 확신하는 일이 늘 쉽지만은 않은데, 다행스럽게도 마음에게는 그 일을 도와주는 유능한 동맹이 있다. 앞에서도 이미 그 중요성을 이야기했던 것으로, 바로 모호성이라는 삶의 한 속성이다. 모호성은 현실에 해석의 여지를 부여함으로써, 현실이 논란의 여지가 없는 진실이 되지 못하도록 만든다. 그리고 무의식은 그 해석의 여지를 활용하여 자신과 타인과 환경에 대한 이야기를 써내려간다. 운명을 저 좋을 대로 해석하는 이야기, 좋은 시절에는 힘을 북돋우고 나쁜 시절에는 위안을 주는 이야기를 말이다.

위의 그림이 무엇으로 보이는가? 첫눈에는 말이나 물개 중 하나로 보일 것이다. 그러나 계속 쳐다보면 잠시 뒤에는 다른 쪽 동물로 보인다. 일단 양쪽을 모두 보면, 이후의 인식은 두 동물을 자동적으로 오간다. 이 그림은 둘 다이면서 어느 쪽도 아니라고 말하는 것이 진실이다. 이것은 암시적인 선들의 집합일 뿐이다. 사람의 개성, 성격, 재능과 마찬가지로, 여러 방식으로 해석할 수 있는 소묘에 지나지 않는다.

앞에서 말했듯이, 모호성은 고정관념으로 가는 문을 열어준다. 우리로 하여금 잘 모르는 사람에 대해서 잘못 판단하게 만든다. 모호성은 또한 자신에 대해서도 잘못된 판단을 내리게 만든다. 만약 인간의 재능과 기량, 성격과 개성이 속속들이 과학적으로 정확하게 규정되고 석판에 새겨지듯이 불변하는 것이라면, 우리가 자신에 대해서 편향된 자기상을 오래 간직하기는 어려울 것이다. 그러나 우리의 특징들은 말/물개 그림에 가깝다. 한마디로 다양한 해석의 여지가 있다.

현실을 욕망에 맞게 재단하는 일은 얼마나 쉬울까? 데이비드 더닝은 오랫동안 이 질문을 고민해왔다. 코넬 대학교의 사회심리학자인 그는 사람들의 선호가 언제, 어떻게 현실 인식을 형성하는가를 연구하는 데에 경력을 바쳤다. 말/물개 그림을 예로 들어보자. 더닝과 공동 연구자는 이 그림을 컴퓨터에 띄운 뒤, 수십 명의 학생들에게 이것을 말이나 물개 중 하나로 볼 만한 동기를 제공했다.[20] 실험은 이렇게 진행되었다. 연구자들은 피험자들에게 두 액체 중 하나를 마시게 될 것이라고 알렸다. 하나는 맛있는 오렌지 주스였다. 다른 하나는 "몸에 좋은 스무디"라고 했는데, 그 모습과 냄새가 어찌나 역겨웠던지 많은 피험자가 그것을 맛볼 가능성을 받아들이느니 실험에서 빠지는 편을 택할 정도였다. 피험자들이 각자 마실 음료의 종류는 컴퓨터가 알려준다고 했다. 컴퓨터는—앞에서 등장한 저—그림을 화면에 1초간 보여줄 것이었다. 일반적으로 1초는 그림을 두 방식으로 모두 보기에는 너무 짧은 시간이다. 따라서 피험자는 말이나 물개 가운데 하나로만 볼 것이다.[21]

바로 이 점이 실험의 핵심이었다. 연구자들이 절반의 피험자에게는 그림이 "농장 동물"일 때 주스를, "해양 생물"일 때 스무디를 마시게 될 것이라고 말했고, 나머지 절반에게는 거꾸로 말했기 때문이다. 연구자들은 이어서 피험자들에게 그림을 보여준 뒤, 어떤 동물을 보았는지 물었다. 만약 학생들의 동기가 인식에 편향을 일으킨다면, 농장 동물이 오렌지 주스라고 들었던 피험자들의 무의식은 말을 보는 방향으로 편향을 일으킬 것이고, 농장 동물이 역겨운 스무디라고 들었던 피험자들의 무의식은 물개를 보는 방향으로 편향을 일으킬 것이다. 결과는 정확히 그랬다. 농장 동물을 보고 싶어한 학생들 중 67퍼센트가 말을 보았다고 답했고, 해양 생물을 보고 싶어한 학생들 중 73퍼센트가 물개를 보았다고 답했다.

더닝의 연구는 동기가 인식에 미치는 영향을 대단히 설득력 있게 보여주었지만, 이 사례에서는 문제의 모호성이 매우 명료하고 단순한 편이었다. 반면에 일상의 경험은 어떤 동물을 보느냐 하는 것보다 훨씬 더 복잡한 문제들을 제기한다. 회사나 군대를 운영하는 기술, 다른 사람들과 어울리는 능력, 도덕적으로 행동하려는 욕망, 기타 우리를 정의하는 여러 특질들은 모두 복잡한 성질들이다. 덕분에 무의식은 뷔페처럼 풍성하게 나열된 해석들 중에서 내키는 것을 하나 골라서 의식에게 먹여줄 수 있다. 그 결과 우리는 애초부터 선호한 결론을 곱씹는 것뿐이면서도 진실을 씹는 것처럼 느낀다.

모호한 사건에 대한 편향된 해석은 사람들이 벌이는 열띤 논쟁의 핵심일 때가 많다. 1950년대에 프린스턴과 다트머스 대학교의 두 심리학 교수는 두 학교의 학생들이 어느 중요한 풋볼 시합으로부터 1년이 지난 시점에 그 사건에 대해서 객관성을 가지고 있는지를 살펴보았다.[22] 문제의 시합은 아주 험한 경기였는데, 다트머스가 더 거칠었지만 결국 프린스턴이 이겼다. 연구자들은 두 학교에서 모집한 학생들에게 시합 영상을 보여주며, 눈에 띄는 반칙을 모두 기록하되 "과격한" 반칙인지 "가벼운" 반칙인지 구분하라고 했다. 그 결과 프린스턴 학생들은 다트머스 팀이 자기 팀보다 반칙을 두 배 더 많이 저질렀다고 보았고, 다트머스 학생들은 양쪽이 똑같이 저질렀다고 보았다. 프린스턴 학생들은 다트머스의 반칙이 대부분 과격하고 자기 팀은 소수만 과격하다고 보았지만, 다트머스 학생들은 자기 팀 반칙이 소수만 과격하고 프린스턴은 절반이 과격하다고 보았다. 다트머스가 고의로 난폭하거나 비신사적인 플레이를 했느냐고 물었을 때, 프린스턴 팬들의 대다수는 "그렇다"고 답했지만 다트머스 팬들 중에서 명확하게 의견을 밝힌 사람은 대부분 "아니다"라고 답했다. 연구자들은 이렇게 썼다. "풋볼 경기장에서 나온 하나의 감각적 경험이 시각 메커니즘을 통해서 뇌로 전달되었지만……서로 다른 사람들에게서 서로 다른 경험을 낳았다.……'저곳에' 따로 존재하는 게임이라는 '무언가'가 있고 사람들은 그것을 '관찰할' 뿐이라는 생각은 사실이 아니다."

나는 이 마지막 문장을 좋아한다. 이것은 풋볼에 대한 말이었지만, 인생이라는 더 넓은 게임에 대해서도 옳은 말인 것 같다. 나의 분야인 과학도 그렇다. 과학은 객관성을 숭배하는 영역임에도 불구하고, 어떤 증거에 대한 과학자들의 견해는 각자의 이해관계에 크게 좌우될 때가 많다. 1950년대와 1960년대에 과학자들은 우주에 시작이 있었을까, 아니면 언제나 지금의 형태였을까 하는 문제를 놓고 토론을 벌였다. 한 진영은 빅뱅 이론을 지지했다. 이름에서 알 수 있듯이, 우주가 최초의 빅뱅(대폭발)에 의해서 시작되었다고 보는 이론이다. 반대 진영은 정상

상태 이론을 믿었다. 우주가 늘 현재와 거의 비슷한 상태로 존재했다고 보는 이론이다. 공정한 제삼자가 볼 때, 증거들은 빅뱅 이론을 전폭적으로 지지하는 것 같았다. 1964년에 벨 연구소의 두 위성통신 연구자가 빅뱅의 잔광을 우연히 감지한 뒤에는 더욱 그랬다. 그 발견은 「뉴욕 타임스」 1면을 장식했고, 기사는 빅뱅 이론의 승리를 선언했다. 정상상태 연구자들은 어떻게 대응했을까? 3년 뒤, 한 연구자는 패배를 인정하면서 이렇게 말했다. "우주는 몹시 서툴게 만들어졌지만, 우리는 그것을 감수할 수밖에 없을 것이다." 또다른 지도적 이론가는 30년 후 백발 노인이 되고서도 여전히 정상상태 이론의 변형된 형태를 믿었다.[23]

과학자가 과학자를 대상으로 수행한 소수의 연구를 보면, 과학자들이 공정한 심판이 아닌 편파적 옹호자처럼 기능하는 경우가 드물지 않다. 사회과학에서 특히 그렇다. 사회과학은 물리과학보다 모호성이 크기 때문이다. 한 연구에서는 시카고 대학교의 고참 대학원생들에게 그들이 이미 어떤 의견을 가지고 있는 주제들에 대한 연구 보고서를 평가해보라고 했다.[24] 피험자들은 몰랐지만, 보고서는 전부 가짜였다. 각각의 주제에 대해서 피험자 절반은 한쪽 의견을 지지하는 데이터가 제시된 보고서를 받았고, 나머지 절반은 반대쪽 의견을 지지하는 데이터가 제시된 보고서를 받았다. 양쪽의 차이는 숫자뿐이었다. 연구 방법론과 제시방식은 같았다.

자신의 기존 의견을 지지하는 데이터인가 아닌가 하는 점이 평가에 영향을 미쳤느냐고 묻자, 대부분의 피험자들은 영향을 미치지 않았다고 대답했다. 그러나 그들의 생각은 틀렸다. 두 연구가 다른 면에서는 동일함에도 불구하고, 피험자들은 자신의 신념을 거스르는 연구보다는 지지하는 연구가 방법론적으로 더 탄탄하고 제시방식이 더 명료하다고 평가했다. 이 효과는 기존에 신념이 강했던 학생일수록 더 크게 나타났다.[25] 나는 과학적 진실이 사기라고 말하는 것이 아니다. 그렇지는 않다. 역사가 거듭 보여준 것처럼, 결국에는 더 나은 이론이 이긴다. 그렇기 때문에 결국 빅뱅 이론이 승리하고 정상상태 이론이 죽었으며, 그렇기 때문에 요즘은 저온 융합을 기억하는 사람이 없는 것이다. 그러나 때로는 정설로 확립된 이론에 투자해온 과학자들이 오래된 신념에 완고하게 매달리는 것도 사실이다. 경제학자 폴 새뮤얼슨이 말했듯이, 때로 "과학은 장례식을 거치면서 진전한다."[26]

동기화된 추리는 무의식적이기 때문에, 사람들이 실제로는 자신에게 유리한 결정을 내리면서도 자신이 편향이나 사익에 좌우되지 않는다고 주장하는 말은 진심일지도 모른다. 일례로 의사들은 자신이 금전적인 영향에 휘둘리지 않는다고 생각하지만, 최근의 연구를 보면 산업계의 환대나 선물을 받아들인 의사들은 환자 간호에 관한 결정에서 자신도 모르게 상당한 영향을 받는다.[27] 제약회사와 금전적 관계가 있는 연구직 의사들은 독립 연구자에 비해서 후원사의 약품에 유리한 발견은 두드러지게 더 많이 보고하고 바람직하지 않은 발견은 덜 보고하는 것으로 드러났다. 마찬가지로, 투자관리자들이 투자에 관련된 여러 사건들의 발생 확률을 추정한 값은 그 사건을 얼마나 바람직하게 인식하느냐 하는 기대와 유의미한 상관관계가 있었다. 감사원들의 평가는 제공된 수당에 영향을 받는다고 하며, 적어도 영국에서는 천당을 믿는 사람이 인구의 절반이나 되지만 지옥을 믿는 사람은 4분의 1쯤에 불과하다.[28]

뇌는 어떻게 이런 무의식적 편향을 창조할까? 최근의 뇌 영상 연구를 보면, 뇌는 정서적으로 의미 있는 데이터를 평가하는 과정에서 **자동**

적으로 필요, 꿈, 욕망을 포함시킨다.[29] 우리는 자기 내부의 계산이 객관적이라고 믿지만, 사실 그것은 초연한 컴퓨터가 수행할 법한 계산이 아니라 자기 정체성과 목표에 따라서 암묵적으로 채색된 계산이다. 실제로, 어떤 주제에 대해서 개인적 이해관계가 있을 때의 동기화된 추리는 그렇지 않을 때의 냉정한 객관적 분석과는 다른 뇌 과정을 사용한다. 동기화된 추리가 사용하는 뇌 신경망은 "냉정한" 추리와는 관련이 없는 영역이다. 여기에는 안와전두엽피질, 전방 대상피질 — 이 둘은 변연계의 일부이다 —, 후방 대상피질, 설전부(楔前部, 쐐기앞소엽)가 포함되는데, 이것들은 정서적이고 도덕적인 판단을 내릴 때 활성화하는 영역이기도 하다.[30] 이것들은 뇌가 우리를 기만할 때 쓰는 **물리적** 메커니즘인 셈이다. 그렇다면 **정신적** 메커니즘은 무엇일까? 뇌는 자신이 선호하는 세계관을 지지하기 위해서 어떤 의식 아래의 추론의 기술들을 동원할까?

의식은 멍청이가 아니다. 그러므로 만약 무의식이 지나치게 엉성하고 뻔한 방식으로 현실을 왜곡하면, 의식은 그것을 알아차릴 것이고 속지 않을 것이다. 동기화된 추리가 잘 작동하려면, 신빙성을 지나치게 왜곡해서는 안 된다. 그러면 의식이 의심하기 시작할 테고, 자기 망상의 게임도 끝난다. 동기화된 추리에 한계가 있다는 것은 매우 중요한 사실이다. 자신이 라사냐 요리의 전문가라고 과장되게 믿는 것과 자신이 고층 건물 사이를 단번에 뛰어넘을 수 있다고 믿는 것은 전혀 다른 일이기 때문이다. 과장된 자기상이 자신에게 유용하고 생존에 유리하게 작용하려면, 적당한 정도로만 과장되어야 한다. 그 이상을 넘어서서는 안 된다. 심리학자들은 이것을 가리켜서 왜곡이 "객관성의 착각"을 유지하는 정도여야 한다고 표현한다. 고맙게도 우리에게는 이 점에서 유용한 재능이 있다. 명백한 사실을 정면으로 거스르지는 않으면서도 신빙성 있는 논증을 통해서 장밋빛 자기상을 정당화하는 능력이다. 이때 무의식은 어떤 도구를 씀으로써 흐릿하고 모호한 경험으로부터 자신이 바라는 명료하고 긍정적인 자기상을 조각해낼까?

무의식의 한 기법은 다음과 같은 오래된 농담을 떠올리게 한다. 가톨릭 신자, 유대인—둘은 백인이다—그리고 흑인이 죽어서 천국의 문에 다다랐다. 가톨릭 신자가 말했다. "저는 평생 선량하게 살았지만, 많은 차별을 겪었습니다. 어떻게 해야 제가 천국에 들어갈 수 있습니까?"

"그야 쉽다. 단어의 철자를 맞히기만 하면 천국에 들어올 수 있느니라." 신이 말했다.

"무슨 단어입니까?"

"신(God)이다."

가톨릭 신자는 "G-O-D"라고 철자를 댔고, 천국에 들어갔다. 다음으로 유대인이 다가왔다. 그도 말했다. "저는 선량한 사람이었지만, 살기가 쉽지 않았습니다. 평생 차별을 겪었습니다. 어떻게 해야 제가 천국에 들어갈 수 있습니까?"

신이 말했다. "쉽다. 단어의 철자를 맞히기만 하면 되느니라."

"무슨 단어입니까?"

"신이다."

유대인은 "G-O-D"라고 말했고, 천국에 들어갔다. 다음으로 흑인이 다가와서 자신은 남들에게 늘 친절했지만, 피부색 때문에 지긋지긋한 차별을 겪었다고 말했다.

신이 말했다. "걱정하지 마라, 천국에는 차별이 없느니라."

"고맙습니다. 그러면 어떻게 해야 제가 천국에 들어갈 수 있습니까?"
"쉽다. 단어의 철자를 맞히기만 하면 된다!"
"무슨 단어입니까?"
"체코슬로바키아(Czechoslovakia)."

이것은 고전적인 차별 기법이고, 뇌도 이런 기법을 쓴다. 만약 자신이 선호하는 세계관에 부합하는 정보가 마음의 문에 입장하려고 하면, 뇌는 그것에게 "신"의 철자를 요구한다. 반면에 부합하지 않은 정보가 문을 두드리면, 그것에게는 "체코슬로바키아"의 철자를 요구한다.

일례로 이런 실험이 있었다. 연구자들은 피험자들에게 종이 조각을 나누어주면서 TAA라는 효소의 결핍을 검사하겠다고 말했다. TAA가 결핍된 사람은 여러 심각한 췌장(膵臟) 질환에 취약하다고 덧붙였다.[31] 피험자들이 종이에 침을 약간 묻히고 10에서 20초쯤 기다리면 되는데, 어쩌면 종이가 초록색으로 변할지도 모른다고 했다. 연구자들은 피험자들 가운데 절반에게는 종이가 초록색이 되면 효소 결핍이 **없다는** 뜻이라고 말했고, 나머지 절반에게는 초록색으로 변하면 위험한 결핍이 있다는 뜻이라고 말했다. 사실 그런 효소는 존재하지 않았고 종이는 평범한 노란색 도화지였으므로, 어느 피험자도 색깔 변화를 보지 못할 것이었다. 연구자들은 피험자들이 검사하는 모습을 관찰했다. 변화를 기대하지 않을 동기가 있었던 피험자들의 경우, 종이에 침을 묻힌 뒤 아무 일도 일어나지 않자 재빨리 다행스러운 결과를 받아들이고 검사가 끝났다고 결정했다. 그러나 종이가 초록색으로 변할 것이라고 기대할 동기가 있었던 사람들의 경우, 평균적으로 30초 이상 물끄러미 응시한 뒤에야 판결을 받아들였다. 게다가 절반 이상은 재검사를 시도했다. 한 피험자는 마치 부모를 조르는 아이처럼, 12번이나 다시 침을 묻혔다. 제발 초록색으로 변하면 안 돼요? 안 돼요? 네? 네?

그들이 한심해 보이겠지만, 우리도 다들 자신이 선호하는 시각을 보강하기 위해서 그처럼 시도하고 또 시도한다. 좋아하는 정치인이 심각한 잘못이나 무지를 저질렀다는 믿을 만한 정보가 있어도, 어쨌든 계속 그를 지지할 이유를 찾아낸다. 반면에 상대 정당의 후보자가 불법 좌회전을 했다는 소문을 몇 다리 거쳐서 들으면, 그는 마땅히 평생 정치에서 물러나야 한다고 생각한다. 사람들이 어떤 과학적 결론을 믿고 싶을 때는, 어딘가에서 이런 실험을 했다더라 하는 막연한 뉴스를 설득력 있는 증거로 인정해버린다. 반면에 사람들이 뭔가를 받아들이고 싶지 않을 때는, 미국 국립과학 아카데미(NAS), 미국 과학진흥협회(AAAS), 미국 지구물리학회(AGU), 미국 기상학회(AMS), 기타 수많은 과학단체들이 한 목소리로 하나의 결론에 수렴하더라도 여전히 그것을 불신할 이유를 찾아낸다.

지구 기후의 변화라는 불편하고 중대한 문제가 정확하게 그런 사례이다. 앞에서 나열한 조직들과 1,000여 편의 학술 논문들은 만장일치로 인간의 활동에 책임이 있다고 말하는데, 그럼에도 미국인의 절반 이상은 지구 온난화가 과학적으로 아직 결정되지 않은 문제라고 믿는다.[32] 알베르트 아인슈타인이 똑똑한 사람이었다는 명제쯤 되면 또 모를까, 그보다 확신이 떨어지는 문제에 대해서 이 모든 조직들과 과학자들이 의견 일치를 이루기란 여간 어려운 일이 아니므로, 이들의 합의는 지구 온난화 문제가 과학적으로 **상당히 확실하게** 결정되었다는 뜻이다. 그러나 사람들에게 이것은 좋은 소식이 아니다. 마찬가지로, 인간이 유인원에서 유래했다는 이론도 좋은 소식이 아니라고 보는 사람들이 많다. 그래서 사람들은 어떻게든 이 사실을 인정하지 않는 방법을 찾아낸다.

정치적 편향이나 이해관계가 있는 사람이 우리와는 다르게 상황을 바라보면, 우리는 그가 정치적 견해를 정당화하거나 사익을 챙기기 위해서 뻔한 사실을 일부러 잘못 해석한다고 간주하기 쉽다. 그러나 사실은 우리도 그도 모두 동기화된 추리를 통해서 자신이 선호하는 결론을 정당화하고 상대를 기각할 방법을 찾아내며, 그럼으로써 자신의 객관성을 끝까지 믿는다. 그렇기 때문에, 중요한 주제를 놓고 대립하는 양측이 모두 자신의 해석이야말로 유일하게 합리적인 해석이라고 진심으로 믿을지도 모른다. 그 점을 보여준 연구를 살펴보자. 연구자들은 사형이 범죄예방 효과가 있다는 (혹은 없다는) 이론을 근거로 사형을 지지하거나 반대하는 사람들에게 두 가지 가짜 연구 결과를 보여주었다. 두 연구는 서로 다른 통계 기법을 적용하여 논점을 증명했다. 그것을 A 기법과 B 기법이라고 부르자. 피험자 절반이 본 자료에서는 A 기법을 쓴 연구가 사형을 억제하는 효과가 있다는 결론을 내렸고, B 기법을 쓴 연구는 그렇지 않다는 결론을 내렸다. 나머지 절반이 본 자료에서는 결론이 거꾸로였다. 피험자들이 정말로 객관적이라면, 사형 찬성자이든 반대자이든 연구가 자신의 신념을 뒷받침하거나 훼손한다는 점과는 무관하게 A와 B 중의 한쪽을 최선의 기법으로 선택할 것이다(혹은 두 기법이 동등하다고 말할 것이다). 현실은 그렇지 않았다. 피험자들은 "변수가 너무 많다", "데이터 수집이 충분한 것 같지 않다", "주어진 증거가 상대적으로 무의미하다" 등등의 비판을 쉽게 내놓았다. 사형 찬성자이든 반대자이든 자신의 신념을 뒷받침하는 연구라면 기법이 무엇이든 무조건 칭찬했고, 신념을 훼손하는 연구라면 기법이 무엇이든 무조건 기각했다. 기법이 아니라 보고서의 결론이 분석에 영향을 미친 것이 분명했다.[33]

요컨대, 사람들에게 사형에 대한 조리정연한 찬반 논증을 모두 보여주다고 해서 그들이 반대 견해를 더 많이 이해하게 되는 것은 아니었다. 사람들은 싫어하는 증거는 흠을 내고, 좋아하는 증거는 빈틈을 메운다. 따라서 이런 연구의 순효과는 의견 차이를 증폭하는 것에 지나지 않았다. 비슷한 연구가 또 있었다. 연구자들은 1982년 베이루트 학살 사건에 대한 주요 텔레비전 방송사들의 보도를 이스라엘 지지자들과 아랍 지지자들에게 똑같이 보여주었다. 그러자 양쪽 모두 프로그램과 방송사가 자신에게 불리한 편향을 보인다고 평가했다.[34] 우리는 여기에서 비판적 교훈을 얻을 수 있다. 첫째, 어떤 사람의 의견이 나와 다르다고 해서 그가 반드시 명백한 사고의 오류를 인정하지 않으려는 불성실한 사람 혹은 부정직한 사람은 아니다. 둘째, 나 자신의 추론도 완벽하게 객관적이지 않을 때가 많다는 것을 직시해야 한다.

기준을 조정함으로써 자신이 선호하는 결론에 우호적인 증거만 받아들이는 기술, 이것은 의식 아래의 마음이 사용하는 동기화된 추리 연장통 속의 한 도구일 뿐이다. 그밖에도 자기 세계관에 대한 (더불어 자기를 보는 관점에 대한) 지지를 발견하는 방식은 많다. 여러 증거들에 매기는 가중치를 조절하는 방법도 있고, 우호적이지 않은 증거를 아예 무시하는 방법도 있다. 스포츠팬들이 딱 그렇다. 그들은 자기 팀이 이기면 팀의 뛰어난 플레이에 환호성을 올리지만, 지면 플레이에 대해서는 돌아보지 않고 운이나 심판을 탓한다.[35] 공기업의 중역들은 실적이 좋을 때는 자화자찬을 하지만, 성과가 나쁠 때는 갑자기 무작위적인 환경 요인들의 중요성을 강조한다.[36] 이처럼 나쁜 결과에 대한 판단을 조작하려는 시도는 무의식적인 동기화된 추리에서 나온 진심일까, 아니면

의식적이고 이기적인 행동일까? 이것은 구분하기가 어려울 수도 있다.

모호성이 개입하지 않는 상황도 있을까? 일정 짜기는 그렇다고 보아도 좋을 것이다. 어차피 결국에는 내가 그 약속을 지켜서 물건을 배달해야 하니, 마감일에 대해서 비현실적인 약속을 해봐야 좋을 것이 전혀 없기 때문이다. 그러나 도급업자들이나 회사들은 기한을 넘기면 위약금을 무는 상황에서조차 종종 마감을 어긴다. 연구 결과, 이런 계산착오에서도 동기화된 추리가 중요한 원인이었다. 우리는 완료일을 계산할 때 프로젝트를 필수 단계들로 쪼개고, 각 단계에 필요한 시간을 추정하고, 그것을 전부 더한다고 생각한다. 그러나 현실에서는 마음이 거꾸로 작동할 때가 많다. 바람직한 목표일이 언제냐 하는 점이 중간 단계들의 시간 계산에 무의식적으로 크게 영향을 미친다. 따라서 작업 시간의 예상치는 프로젝트의 조기 완료에 얼마나 큰 득실이 달렸느냐 하는 점에 좌우된다.[37]

새로운 플레이스테이션 게임을 두 달 내에 꼭 만들어야 한다면, 제작자는 프로그래밍과 시험과정이 예전보다 더 매끄럽게 진행되리라고 믿을 만한 근거를 어떻게든 찾아낸다. 할로윈까지 팝콘볼을 300개 만들어내야 하는 상황이라면, 부엌의 조리대에서 아이들의 손을 빌리는 것이 우리 가족의 역사상 처음으로 매끄럽게 진행될 것이라고 믿어버린다. 일단 그렇게 결정하고 진심으로 그것이 현실적이라고 믿기 때문에, 손님 10명을 초대해서 저녁 파티를 열든 신형 제트 전투기를 제작하든, 마감일에 대해서 자꾸만 지나치게 낙관적인 전망을 품는 것이다.[38] 그러나 미국 회계감사원에 따르면, 군대가 신기술 장비를 구입했을 때 그것이 제때 예산을 지켜서 납품된 사례는 전체의 1퍼센트에 불과했다.[39]

제9장에서, 사람들은 자신이 누군가를 채용하는 진짜 이유를 모를 때가 많다고 이야기했다. 면접관은 지원자의 객관적 자질과는 무관한 요인 때문에 그를 좋아하거나 싫어할지도 모른다. 두 사람이 같은 학교를 나왔다거나, 둘 다 새 관찰자라거나 하는 식이다. 혹은 면접관이 지원자의 얼굴에서 친애하는 삼촌을 떠올릴지도 모른다. 이유가 무엇이든, 면접관이 일단 본능적으로 결정을 내리면 무의식은 동기화된 추리를 통해서 그 선호를 지지한다. 지원자가 마음에 들면, 면접관은 스스로도 미처 동기를 깨닫지 못한 채 그 지원자가 뛰어난 항목은 중요하다고 판단하고 그가 부족한 항목은 덜 진지하게 고려한다.

이런 실험이 있었다. 연구자들은 피험자들에게 경찰서장직에 지원한 남녀 후보자를 평가하게 했다. 흔히 경찰서장은 남자의 일이라는 고정관념이 있으므로, 연구자들은 피험자들이 본능적으로 남성 지원자를 선호하면서 자신도 모르게 판단 기준을 좁혀서 그 결정을 지지하는 기준들만 고려할 것이라고 가정했다. 실험은 이렇게 진행되었다. 연구자들은 두 종류의 이력서를 만들었다. 하나는 세상 물정에 밝지만 학력이 변변치 않고 관리 기술이 부족한 사람으로 꾸몄고, 다른 하나는 교육을 잘 받았고 정치력도 있고 세련되지만 현실적인 요령이 부족한 사람으로 꾸몄다. 그리고 일부 피험자들에게는 현실적인 이력이 남성이고 세련된 이력이 여성인 두 통의 이력서를 주었다. 나머지 피험자들에게는 남성과 여성의 강점이 바뀐 두 이력서를 주었다. 피험자들은 단순히 선택만 하는 것이 아니라 이유도 설명해야 했다.

남성 지원자가 현실적인 이력을 가졌을 때, 피험자들은 이 일에는 현실적인 요령이 중요하다면서 그를 골랐다. 반대로 남성 지원자가 세련된 이력을 가졌을 때, 피험자들은 현실적인 요령은 흔히 과대평가되는 항목이라고 말하면서 역시 남자를 선택했다. 피험자들은 명백히 성별을 근거로 결정했고, 현실적인 요령이냐 세련된 자질이냐의 문제에는 의존하지 않았다. 그러나 스스로는 그 사실을 자각하지 못하는 것 같았다. 연구자들이 나중에 물어보아도 성별에 영향을 받았다고 답한 사람은 아무도 없었다.[40]

우리 문화는 상황을 흑백으로 묘사하기를 좋아한다. 반대자는 정직하지 못하고, 솔직하지 못하고, 탐욕스럽고, 악하며, 영웅에 대척하는 인물이다. 영웅은 그런 자질이 모조리 거꾸로 된 사람이다. 그러나 사실은 범죄자도, 탐욕스러운 경영자도, 거리의 "역겨운" 사내도, 그밖에 우리가 혐오하는 방식으로 행동하는 모든 사람들도 보통 자신이 옳다고 믿는다.

우리가 사회적 상황에서 증거의 중요성을 가늠할 때 이해관계가 힘을 발휘한다는 사실은 일련의 실험으로 멋지게 증명되었다. 연구자들은 텍사스에서 벌어졌던 실제 재판을 토대로 가짜 재판을 구성한 뒤, 피험자들에게 무작위로 원고나 피고의 역할을 맡겼다.[41] 그리고 양쪽에게 사건에 관한 서류를 주었다. 오토바이와 자동차가 충돌하여, 부상을 입은 오토바이 운전자가 자동차 운전자를 고소한 사건이었다. 연구자들은 실제 재판에서 판사가 0에서 10만 달러 사이의 금액을 배상금으로 판결했다고 알려주었다. 피험자들이 할 일은 가짜 협상에서 한쪽을 맡아서 30분 동안 나름대로 합의를 끌어내는 것이었다. 협상이 성사되면 피험자들이 상금을 받을 수 있다고 했다. 그러나 흥미로운 대목은 따로 있었다. 판사가 **실제로** 인정한 배상금이 얼마였는지를 — 5,000달러 오차 내에서 — **맞히면** 현금으로 보너스를 주겠다는 것이었다.

이 상황에서 피험자들은 자신이 원고 측인지 피고 측인지를 무시하는 것이 이득이었다. 현금 보너스를 탈 가능성을 높이려면, 법률과 증거에만 의존하여 공정한 지불금을 산정해야 했다. 문제는 그들이 객관성을 지킬 수 있느냐 하는 것이었다.

평균적으로, 원고 측에 배정된 피험자들은 판사가 지시한 합의금이 4만 달러에 가까웠을 것이라고 추측했다. 반면에 피고 측에 배정된 피험자들은 2만 달러 근처였을 것이라고 추측했다. 4만 달러 대 2만 달러라니. 공정하고 적절한 합의금을 정확하게 맞히면 금전적 보상이 있는 상황에서도 분쟁의 양쪽에 인위적으로 배정된 피험자들 사이에 의견 차이가 100퍼센트나 난 셈이었다. 그렇다면 실제 재판에서 양쪽 변호사들 사이의 **진심 어린 의견 차이**는 얼마나 크겠는가? 협상 탁자에 앉은 교섭자들의 의견 차이는 얼마나 크겠는가? 우리가 정보를 편향된 방식으로 평가하면서도 그 점을 자각하지 못한다는 것, 이것은 협상에서 골치 아픈 걸림돌이 될 수 있다. 양쪽이 진심으로 공평한 타협점을 찾으려고 노력하더라도 말이다.

이 실험은 또다른 버전이 있었다. 같은 재판 시나리오를 사용하여, 피험자들이 상충하는 결론에 이르기까지 각자 사용한 추론 메커니즘을 조사한 실험이었다. 연구자들은 협상을 마친 피험자들에게 양쪽의 주장을 노골적으로 평가해보라고 요청했다. 다음과 같은 문제들에 대한 판단이었다. 휴대전화로 피자를 주문한 행동이 운전에 영향을 미쳤을까? 오토바이를 타기 전에 한두 시간에 걸쳐서 맥주 한 잔을 마신 것이 안전을 저해하는 행동이었을까? 경찰서장 이력서 실험에서와 마찬가지로, 피험자들은 상대의 결론에 유리한 요인들보다 자신에게 유리한 요인들에 더 큰 가중치를 매겼다. 피험자들은 재판에 대한 사실 기록을 읽었으면서도, 자신이 한쪽의 편을 들게 되리라는 사전 지식에 영향을 받은 것 같았다. 그 생각이 무의식적으로 미묘하게 판단에 영향을 미쳐서, 상황을 공평하게 분석하려는 동기를 짓눌렀다.

이 대목을 좀더 탐구하기 위해서, 연구자들은 또다른 버전을 준비했다. 이번에는 피험자들에게 각자 어느 편을 대변할지 알려주기 전에, 사고에 대한 사실 정보들을 평가해보라고 했다. 그 뒤에 각자의 역할을 알려주었고, 적절한 배상금을 산정해보라고 했다. 이번에도 역시 실제 배상금을 비슷하게 맞히면 현금 보너스를 주겠다고 약속했다. 피험자들은 편향이 없는 상태에서 증거의 중요성을 가늠하되, 배상금 추측은 편향이 정립된 뒤에 하는 셈이었다. 그 결과, 평가액의 차이는 기존의 2만 달러에서 7,000달러로 줄었다. 거의 3분의 2가 줄어든 셈이다. 게다가 피험자들이 원고와 피고 측으로 나뉘기 전에 데이터를 분석했기 때문인지, 정해진 30분 안에 합의에 이르지 못하는 비율이 기존의 28퍼센트에서 6퍼센트로 떨어졌다. 진부한 말이지만, 역지사지(易地思之)야말로 타인의 시각을 이해하는 최선의 방법인 듯하다.

이런 연구가 암시하듯이, 우리의 추론 메커니즘은 워낙 미묘하기 때문에 세상을 편향된 렌즈로 볼 때도 객관성의 착각을 유지하도록 해준다. 마음의 의사결정 과정은 통상의 규칙을 구부러뜨리되 부러뜨리지는 않는다. 우리는 선호하는 결론을 두고서 그에 맞추어 데이터를 분석하는 하향식 결정 기법을 쓰지만, 스스로는 데이터에서 결론을 끌어내는 상향식 기법을 쓴다고 생각한다. 동기화된 추리를 적용해서 자기 자신을 평가할 때는, 자신이 모든 면에서 평균 이상인 긍정적인 세상을 그려낸다. 자신이 수학보다 문법을 더 잘하면 언어적 지식에 가중치를 두지만, 거꾸로 산수를 잘하고 문법이 부족하다면 언어 능력은 결정적인 요소가 아니라고 생각한다.[42] 자신이 야심차고, 결단력 있고, 끈질기다면, 목표 지향적인 사람이 더 효율적인 지도자라고 믿는다. 반면에 스스로를 다가가기 쉽고, 친근하고, 외향적인 사람으로 본다면, 최고의 지도자는 모두 인간 지향적인 사람이라고 믿는다.[43]

우리는 심지어 자화상을 더 멋들어지게 꾸미고자 기억까지 동원한다. 성적이 좋은 예이다. 연구자들은 대학 1학년과 2학년 학생 99명에게 몇 년 전 고등학교에서 받았던 수학, 과학, 역사, 외국어, 영어 성적을 떠올려보라고 했다.[44] 학생들은 거짓말을 할 동기가 없었다. 그들의 기억을 성적 기록부와 비교해보겠다고 미리 말했고, 모든 학생들이 허가증에 서명했기 때문이다. 연구자들은 총 3,220건의 성적에 대해서 학생들의 기록을 확인했다. 결과는 흥미로웠다. 그 사이에 흐른 몇 년의 시간이 기억에 영향을 미쳤을 것 같지만, 그렇지 않았다. 경과한 시간은 기억에 그다지 영향을 미치지 않았다. 학생들은 고등학교 1, 2, 3, 4학년의 성적을 약 70퍼센트라는 동일한 정확도로 떠올렸다. 그러나 기억의 구멍이 있기는 했는데, 그것은 세월의 안개가 아니라 나쁜 성적의 안개 때문이었다. 성적이 나쁠수록 기억의 정확도가 떨어졌던 것이다. 기억의 정확도는 성적이 A일 때는 89퍼센트였고, B는 64퍼센트, C는 51퍼센트, D는 29퍼센트였다. 그러니 혹시 지금 나쁜 평가 때문에 우울한 사람이 있다면 부디 기운을 내시라. 충분히 오랫동안 기다리면 나아질 테니까.

10학년에 접어든 나의 아들 니콜라이가 어느 날 편지를 한 통 받았다. 편지를 보낸 사람은 한때 우리 집에서 살았지만 지금은 존재하지 않는 사람으로, 바로 4년 전의 니콜라이였다. 편지는 공간적으로는 그다지 멀리 여행하지 않았지만, 시간적으로는 아주 멀리 날아왔다. 적어도 아이의 인생에서는 그랬다. 아들은 6학년 때 수업 과제로 그 편지를 썼다. 열한 살의 니콜라이가 열다섯 살의 니콜라이에게 하고픈 말을 적은 메시지였다. 아들의 멋진 영어 선생님이 학급의 편지들을 모아서 4년 동안 보관했다가 이제 사춘기가 된 자신의 옛 6학년 학생들에게 보내주었던 것이다.

니콜라이의 편지에서 놀라운 대목은 이랬다. "니콜라이에게……너는 NBA에 들어가고 싶지? 나는 중학교 7학년, 8학년 팀에서 농구를 하고 싶어. 고등학교에서도. 너는 지금 고등학교 2학년이겠구나." 그러나 니콜라이는 7학년 팀에 들지 못했고, 8학년 팀에도 들지 못했다. 운이 나쁘려니, 그때 그를 제외했던 코치가 고등학교 신입생 팀의 감독으로 나타나서는 또 니콜라이를 뽑아주지 않았다. 그해에는 시험을 치른 소년들 중 소수만이 퇴짜를 맞았기 때문에, 니콜라이는 더욱 쓸쓸할 수밖에 없었다. 여기에서 주목할 점은 니콜라이가 포기할 시점을 모르는 바보였다는 것이 아니라, 그 기간 내내 농구의 꿈을 간직했다는 것이다. 어느 해 여름에는 매일 5시간씩 텅 빈 코트에서 혼자 연습할 정도로 말이다. 아이들에 대해서 아는 사람이라면, 언젠가 NBA에 데뷔하겠다고 말하면서 매년 학교대표 팀에조차 들지 못하는 것이 아이의 사회생활에 결코 도움이 되지 않는다는 것을 이해하리라. 아이들은 실패자를 놀리는 것을 좋아하며, 승리에 목을 매는 실패자를 놀리는 것은 더 좋아한다. 그러므로 니콜라이가 자신에 대한 믿음을 지키는 데에는 대가가 따랐다.

니콜라이의 농구 이야기는 여기에서 끝나지 않았다. 9학년 말에 니콜라이가 매일같이, 때로는 주변이 캄캄해져서 공이 거의 안 보일 때까지 연습하는 모습을 2군 팀의 새 코치가 보았다. 그해 여름에 코치는 니콜라이에게 팀과 함께 연습하라고 했고, 그해 가을에 니콜라이는 마침내 팀에 들었으며, 지금은 주장이다.

나는 이 책에서 애플 컴퓨터의 성공에 대해서 두어 차례 이야기했다. 애플의 공동 창립자인 스티브 잡스에게 이른바 "현실왜곡 장(場)"을 창조하는 능력이 있었다는 것은 이제 유명한 이야기이다. 잡스는 그것을 통해서 자신은 물론이고 주변 사람들에게도 마음먹은 것은 무엇이든 성취할 수 있다는 확신을 심어주었다고 한다. 그러나 그런 현실왜곡 장은 잡스만의 것이 아니다. 그것은 니콜라이도 만들 수 있고, (정도는 다르겠지만) 모든 사람들의 무의식이 가지고 있는 재주이다. 그것은 동기화된 추리를 발동시키는 우리의 선천적 성향에 의존한 도구이다.

크든 작든, 모든 성취는 자신에 대한 믿음에 어느 정도 의존한다. 더구나 최고의 성취는 그냥 낙관적인 것을 넘어서 비합리적일 만큼 낙관적인 시각에 의존할 때가 많다. 자신이 예수라고 믿는 것은 좋은 생각이 아니지만, 자신이 NBA 선수가 될 수 있다고 믿거나, 잡스처럼 자기 회사에서 쫓겨난 수모를 딛고서 언젠가 돌아갈 수 있다고 믿거나, 자신이 훌륭한 과학자나 작가나 배우나 가수가 될 수 있다고 믿는 것은 좋을지도 모른다. 믿음이 완벽하게 현실이 되지는 않더라도, 자신에 대한 믿음은 인생에서 가장 근본적이고 긍정적인 힘이다. 스티브 잡스는 이렇게 말했다. "미래를 내다보면서 점을 이어나갈 수는 없다. 나중에 뒤를 돌아보면서 이을 수 있을 뿐이다. 따라서 우리는 점들이 미래에 어떻게든 이어져 있다고 믿어야만 한다."[45] 자신의 앞길에서 점들이 이어져 있다고 믿으면, 설령 남들이 가는 길에서 벗어나는 결과가 되더라도 자신만만하게 자신의 마음을 따를 수 있다.

이 책에서 나는 무의식이 갖가지 방식으로 우리를 돕는다는 것을 보여주려고 했다. 나는 내 속의 숨은 자아가 의식의 중요한 길잡이라는 사실을 알고 무척 놀랐다. 무의식이 없으면 내가 당장 길을 잃을 것이라는 사실을 알고는 더욱 놀랐다. 그러나 무의식이 제공하는 이득 중에서 내가 가장 귀하게 여기는 점은 따로 있다. 우리가 자신에 대해서 긍정적이고 애정 어린 느낌을 형성하도록 돕는 것, 또한 인간을 능가하는 힘들로 가득한 이 세상에서 힘과 통제의 느낌을 형성하도록 돕는 것이야말로 무의식이 최선의 기량을 발휘하는 순간이라는 점이다. 화가 살바도르 달리는 이렇게 말했다. "매일 아침 잠에서 깰 때, 나는 내가 살바도르 달리라는 사실에 극진한 즐거움을 맛본다. 나는 경탄하며 스스로에게 묻는다. 이 살바도르 달리라는 자는 오늘 어떤 굉장한 일을 할까?"[46] 달리는 귀여운 사내였거나 참아주기 힘든 자기 중심주의자였던 모양이지만, 이처럼 거리낌 없고 뻔뻔하게 자신의 미래를 낙관하는 태도에는 분명 멋진 구석이 있다.

 심리학 문헌에는 자신에 대한 긍정적인 "착각"이 — 개인적으로나 사회적으로나 — 이득이 된다는 것을 보여준 연구가 수두룩하다.[47] 연구자들이 어떤 방법으로든 피험자들에게 긍정적인 기분을 유도하면, 그들은 남들과 더 기꺼이 상호작용을 했고 남들을 더 기꺼이 도왔다. 자신에 대해서 긍정적으로 느끼는 사람들은 협상 상황에서 더 협동적이었고, 갈등을 풀 건설적인 해법을 더 잘 찾아냈다. 문제 풀이를 더 잘 해냈고, 성공에 대한 동기가 더 강했고, 장애물이 닥쳐도 더 끈질기게 노력했다. 마음은 동기화된 추리를 통해서 우리를 불행으로부터 보호해주며, 덕분에 우리는 자칫 압도될지도 모르는 수많은 삶의 장애물을 극복할 힘을 얻는다. 우리는 동기화된 추리를 하면 할수록 실제로 그렇게 되는 경향이 있다. 자신이 생각하는 자기 자신이 되도록 더 노력하기 때문이다. 실제로, 자기 인식이 좀더 정확한 사람들은 약한 우울증을 겪거나, 낮은 자존감으로 괴로워하거나, 둘 다에 해당하는 경향이 있다.[48] 지나치게 긍정적인 자기 평가가 오히려 정상적이고 건강한 것이다.[49]

나는 이런 상상을 해본다. 지금으로부터 5만 년 전, 유럽 북부의 가혹한 겨울을 앞둔 인간들 중에서 제정신인 사람이라면 아마도 그냥 동굴로 기어들어가서 포기했을 것이다. 아이들이 만연한 전염병으로 죽어가는 것을 본 여자들, 여자들이 출산 중에 죽어가는 것을 본 남자들, 가뭄과 홍수와 기근에 시달린 부족들이 용기 있게 계속 살아가기는 쉽지 않았을 것이다. 그러나 극복할 수 없을 듯한 난관이 그토록 많아도, 인류는 자연으로부터 비합리적일 만큼 낙관적으로 극복 가능성을 점치게 하는 도구를 선물받았다. 덕분에 오늘날 우리도 여전히 그렇게 하고 있다.

우리가 세상을 마주할 때, 비합리적인 낙관주의는 몸을 수면에 띄워주는 구명조끼로 기능한다. 현대의 삶에도 원시시대에서처럼 위압적인 장애물이 많다. 물리학자 조 폴친스키는 자신이 끈 이론 교과서를 쓰기 시작할 때 1년쯤 걸리리라고 예상했지만 실제로는 10년이 걸렸다고 말한 적이 있다. 돌아보면 나도 그렇다. 내가 이 책을 쓰는 데에 필요한 시간과 노력을 말짱한 정신으로 제대로 평가했다면, 혹은 이론물리학자가 되는 데에 필요한 시간과 노력을 제대로 평가했다면, 어느 쪽이든 시도하기도 전에 주눅이 들었을 것이다. 동기화된 추리, 동기화된 기억, 그밖에 우리가 자신과 세상을 판단할 때 동원하는 온갖 기이한 습관에는 물론 나름의 단점이 있다. 그러나 우리가 크나큰 과제에 맞닥뜨렸을 때—직장을 잃거나, 화학요법을 받거나, 책을 쓰거나, 의대생과 인턴과 레지던트로 10년을 견디거나, 뛰어난 바이올리니스트 혹은 발레 무용수가 되려고 수천 시간을 연습하거나, 회사를 세우려고 일주일에 80시간씩 몇 년을 일하거나, 낯선 나라에서 돈도 기술도 없이 바닥부터 시작할 때— 는 마음의 타고난 낙관주의야말로 무엇보다도 소중한 재능이다.

나와 형제들이 태어나기 전에, 부모님은 시카고 노스사이드의 작은 아파트에서 사셨다. 아버지는 공장에서 재봉사로 장시간 일하셨지만, 그 빈약한 수입으로는 집세도 낼 수 없었다. 그러던 어느 날, 아버지가 들뜬 표정으로 돌아와서 어머니에게 말했다. 공장에서 새 재봉사를 찾는데, 어머니를 그 자리에 넣어두었다는 것이다. "내일부터 시작하면 돼." 아버지는 그렇게 말했다. 정말로 잘된 일 같았다. 수입이 거의 두 배가 될 테고, 거리로 나앉을 염려가 없어질 테고, 두 사람이 더 많은 시간을 여유 있게 함께 보낼 수 있을 테니까. 문제는 하나였다. 어머니가 재봉질을 할 줄 모른다는 것. 히틀러가 폴란드를 침공하기 전에, 온 가족과 모든 것을 잃기 전에, 낯선 땅에서 이민자가 되기 전에, 어머니는 부유한 집안의 자식이었다. 재봉질은 그런 집안의 10대 소녀가 익혀야 하는 기술이 아니었다.

미래의 나의 부모님은 잠시 의논을 했다. 아버지는 어머니에게 자신이 가르쳐주겠다고 했다. 밤새 가르치고 배운 뒤에 아침이 되어 함께 기차를 타고 공장으로 가면, 어머니가 무난하게 일을 해낼 것이라고 말했다. 게다가 자신은 손이 빠르니까 어머니가 일을 익힐 때까지 어머니의 몫을 거들어주겠다고 했다. 그러나 어머니는 스스로 손재주가 없다고 생각했고, 더욱이 그런 계획을 밀고 나가기에는 너무 소심하다고 생각했다. 그러나 아버지는 어머니가 유능하고 용감하다고 우겼다. 어머니는 누가 뭐래도 자신과 같은 생존자라고 말했다. 두 사람은 어머니의 진정한 성격이 무엇인가 하는 문제로 밀고 당겼다.

우리는 자신이 믿고 싶은 사실을 선택한다. 친구, 애인, 배우자를 선택할 때는 우리가 그들을 인식하는 방식은 물론이고 그들이 우리를 인식하는 방식도 근거로 삼는다. 물리학적 현상과는 달리, 인생의 사건들은 하나 이상의 이론을 따르는 경우가 많다. 현실은 우리가 그중 어떤 이론을 믿기로 선택하느냐에 따라서 좌우된다. 자신에 대한 여러 이론들 중에서 생존과 행복으로 향하는 이론을 유독 흔쾌히 받아들이는 성향, 이것은 마음이 가진 소중한 재주이다. 그래서 부모님은 그날 밤을 새웠다. 아버지가 어머니에게 재봉질을 가르쳐주면서.

감사의 글

캘리포니아 공과대학은 신경과학의 세계적 중심지로 꼽힌다. 그곳의 대가 중 한 명인 크리스토프 코흐가 나의 좋은 친구라는 점은 정말로 행운이다. 사회신경과학이 탄생한 지 몇 년 지나지 않았던 2006년, 나는 크리스토프에게 무의식에 관한 책을 쓸 생각이 있다고 말했다. 그는 나를 자기 연구소에 손님으로 초대해주었다. 이후 5년 동안 나는 크리스토프는 물론이고 그의 학생들, 박사후연구원들, 같은 과의 다른 연구자들, 특히 랠프 아돌프스, 안토니오 랑헬, 마이크 티즈카가 인간의 마음을 연구하는 광경을 관찰했다. 나는 그동안 학술논문을 800편 넘게 읽고 소화했다. 기억의 신경과학, 인간 시각계의 개념세포, 얼굴 파악에 연관된 피질 구조 따위를 주제로 한 세미나에 참석했다. 실험에 자원하여, 내가 정크푸드의 사진을 들여다보거나 이상한 소리를 귀로 듣는 동안 fMRI가 내 뇌를 찍게 했다. "뇌, 마음, 사회", "감정의 신경생물학", "행동의 분자적 기반"과 같은 멋진 수업들을 들었다. "인간 집단행동의 생물학적 기원"과 같은 주제의 학회에 참석했다. 몇 번을 제외하고는 코흐 연구소의 주례(周例) 점심 모임에 반드시 참석하여, 맛있는 음식을 잔뜩 먹으면서 신경과학의 첨단 동향이나 소문에 대한 토론을 귀동냥했다. 크리스토프를 비롯한 캘리포니아 공과대학 신경과학 프로그램의 연구자들은 줄곧 너그럽게 시간을 내주었고, 뜨거운 열정으로 나에게 영감을 주었고, 참을성 있게 설명해주었다. 내가 처음 크리스토프와 만났을 때만 해도, 그가 물리학자에게 신경과학을 가르치는 데에 이토록 많은 노력을 기울이게 될 줄은 둘 다 미처 몰랐다. 이 책은 그의 가르침과 관대한 마음씨 덕분에 나올 수 있었다.

　나의 에이전트, 친구, 비평가, 지지자, 응원단장인 수전 긴스버그에게 언제나처럼 감사한다. 담당 편집자 에드워드 카스텐마이어의 착실한 지도, 인내, 책의 관점에 대한 명료한 시각에 감사한다. 그들의 동료인 댄 프랭크, 스테이시 테스타, 에밀리 질리에라노, 팀 오코넬의 조언, 지지, 문제해결 능력에도 감사한다. 또한 내가 규칙을 지키도록 붙잡아준 멋진 교열 담당자 보니 톰프슨에게 감사한다. 마지막으로 책의 일부를 읽고 조언해준 사람들에게 고맙다. 가내 편집자나 다름없는 아내 도나 스콧은 모든 버전을 다 읽고 늘 솔직하고 통찰력 있는 의견을 주었으며, 내가 원고를 수없이 고치며 읽어달라고 내밀어도 한번도 그것을 내게 집어던지지 않았다. 베스 라시바움의 현명한 편집 조언도 소중했다. 랠프 아돌프스는 셀 수 없이 자주 맥주 한 잔을 놓고 나와 마주 앉아서 과학에 대한 전문적인 이야기를 들려주었다. 또한 원고의 일부나 전부를 읽고 유용한 제안과 지적을 준 친구들과 동료들에게 감사한다. 크리스토프, 랠프, 안토니오, 마이크, 마이클 힐, 밀리 밀로샤블례비치, 댄 시먼스, 톰 라이언, 세스 로버츠, 카라 위트, 헤더 베를린, 마크 힐러리, 신시아 해링턴, 로즈메리 마세두, 프레드 로즈, 토드 도어시, 나탈리 로베르주, 알렉세이 믈로디노프, 제리 웹먼, 트레이시 앨더슨, 마틴 스미스, 리처드 셰버튼, 캐서린 키프, 퍼트리샤 맥폴이다. 마지막으로 사랑과 지지를 보여준 가족에게, 특히 내가 집에 도착할 때까지 저녁식사를 한두 시간씩 미루고 기다려준 그 많은 시간들에 감사한다.

주

서문

1. Joseph W. Dauben, "Peirce and the History of Science," in *Peirce and Contemporary Thought*, ed. Kenneth Laine Ketner (New York: Fordham University Press, 1995), 146-49.
2. Charles Sanders Peirce, "Guessing," *Hound and Horn* 2 (1929): 271.
3. Ran R. Hassin et al., eds., *The New Unconscious* (Oxford: Oxford University Press, 2005), 77-78.
4. T. Sebeok with J. U. Sebeok, "You Know My Method," in Thomas A. Sebeok, *The Play of Musement* (Bloomington: Indiana University Press, 1981), 17-52.
5. Carl Jung, ed., *Man and His Symbols* (London: Aldus Books, 1964), 5.
6. Thomas Naselaris et al., "Bayesian Reconstruction of Natural Images from Human Brain Activity," *Neuron* 63 (September 24, 2009): 902-15.
7. Kevin N. Ochsner and Matthew D. Lieberman, "The Emergence of Social Cognitive Neuroscience," *American Psychologist* 56, no. 9 (September 2001): 717-28.

1 새로운 무의식

1. Yael Grosjean et al., "A Glial Amino-Acid Transporter Controls Synapse Strength and Homosexual Courtship in *Drosophila*," *Nature Neuroscience* 1 (January 11, 2008): 54-61.
2. Ibid.
3. Boris Borisovich Shtonda and Leon Avery, "Dietary Choice in *Caenorhabditis elegans*," *Journal of Experimental Biology* 209 (2006): 89-102.
4. S. Spinelli et al., "Early Life Stress Induces Long-Term Morphologic Changes in Primate Brain," *Archives of General Psychiatry* 66, no. 6 (2009): 658-65; Stephen J. Suomi, "Early Determinants of Behavior: Evidence from Primate Studies," *British Medical Bulletin* 53, no. 1 (1997): 170-84.
5. David Galbis-Reig, "Sigmund Freud, MD: Forgotten Contributions to Neurology, Neuropathology, and Anesthesia," *Internet Journal of Neurology* 3, no. 1 (2004).
6. Timothy D. Wilson, *Strangers to Ourselves: Discovering the Adaptive Unconscious*

(Cambridge, MA: Belknap Press, 2002), 5.
7. See "The Simplifier: A Conversation with John Bargh," *Edge*, http://www.edge.org/3rd_culture/bargh09/bargh09_index.html.
8. John A. Bargh, ed., *Social Pshychology and the Unconscious: The Automaticity of Higher Mental Processes* (New York: Psychology Press, 2007), 1.
9. 과학자들은 오이디푸스 콤플렉스나 남근 선망에 대한 증거를 거의 찾지 못했다.
10. Heather A. Berlin, "The Neural Basis of the Dynamic Unconscious," *Neuropsychoanalysis* 13, no. 1 (2011): 5-31.
11. Daniel T. Gilbert, "Thinking Lightly About Others: Automatic Components of the Social Inference Process," in *Unintended Thought*, ed. James S. Uleman and John A. Bargh (New York: Guilford, 1989), 192; Ran R. Hassin et al., eds., *The New Unconscious* (New York: Oxford University Press, 2005), 5-6.
12. John F. Kihlstrom et al., "The Psychological Unconscious: Found, Lost, and Regained," *American Psychologist* 47, no. 6 (June 1992): 789.
13. John T. Jones et al., "How Do I Love Thee? Let Me Count the Js: Implicit Egotism and Interpersonal Attraction," *Journal of Personality and Social Psychology* 87, no. 5 (2004): 665-83. 조사된 주는 조지아, 테네시, 앨라배마였는데, 이곳들을 고른 것은 그 주들의 결혼 데이터베이스가 특별한 검색 기능을 제공했기 때문이다.
14. N. J. Blackwood, "Self-Responsibility and the Self-Serving Bias: An fMRI Investigation of Causal Attributions," *Neuroimage* 20 (2003): 1076-85.
15. Brian Wansink and Junyong Kim, "Bad Popcorn in Big Buckets: Portion Size Can Influence Intake as Much A Taste," *Journal of Nutrition Education and Behavior* 37, no. 5 (September-October 2005): 242-45.
16. Brian Wansink, "Environmental Factors That Increase Food Intake and Consumption Volume of Unknowing Consumers," *Annual Review of Nutrition* 24 (2004): 455-79.
17. Brian Wansink et al., "How Descriptive Food Names Bias Sensory Perceptions in Restaurants," *Food and Quality Preference* 16, no. 5 (July 2005): 393-400; Brian Wansink et al., "Descriptive Menu Labels' Effect on Sales," *Cornell Hotel and Restaurant Administrative Quarterly* 42, no. 6 (December 2001): 68-72.
18. Norbert Schwarz et al., "When Thinking Is Difficult: Metacognitive Experiences as Information," in *Social Psychology of Consumer Behavior*, ed. Michaela Wänke (New York: Psychology Press, 2009), 201-23.
19. Benjamin Bushong et al., "Pavlovian Processes in Consumer Choice: The Physical Presence of a Good Increases Willingness-to-Pay," *American Economic Review* 100, no. 4 (2010): 1556-71.
20. Vance Packard, *The Hidden Persuaders* (New York: David McKay, 1957), 16.
21. Adrian C. North et al., "In-Store Music Affects Product Choice," *Nature* 390

(November 13, 1997): 132.
22. Donald A. Laird, "How the Consumer Estimates Quality by Subconscious Sensory Impressions," *Journal of Applied Psychology* 16 (1932): 241-46.
23. Robin Goldstein et al., "Do More Expensive Wines Taste Better? Evidence from a Large Sample of Blind Tastings," *Journal of Wine Economics* 3, no. 1 (Spring 1008): 1-9.
24. Hilke Plassmann et al., "Marketing Actions Can Modulate Neural Representations of Experienced Pleasantness," *Proceedings of the National Academy of Sciences of the United States of America* 105, no. 3 (January 22, 2008): 1050-54.
25. 가령 다음을 보라. Morten L. Kringelbach, "The Human Orbitofrontal Cortex: Linking Reward to Hedonic Experience," *Nature Reviews: Neuroscience* 6 (September 2005): 691-702.
26. M. P. Paulus and L. R. Frank, "Ventromedial Prefrontal Cortex Activation Is Critical for Preference Judgments," *Neuroreport* 14 (2003): 1311-15; M. Deppe et al., "Nonlinear Responses Within the Medial Prefrontal Cortex Reveal When Specific Implicit Information Influences Economic Decision-Making," *Journal of Neuroimaging* 15 (2005): 171-82; M. Schaeffer et al., "Neural Correlates of Culturally Familiar Brands of Car Manufacturers," *Neuroimage* 31 (2006): 861-65.
27. Michael R. Cunningham, "Weather, Mood, and Helping Behavior: Quasi Experiments with Sunshine Samaritan," *Journal of Personality and Social Psychology* 37, no. 11 (1979): 1947-56.
28. Bruce Rind, "Effect of Beliefs About Weather Conditions on Tipping," *Journal of Applied Social Psychology* 26, no. 2 (1996): 137-47.
29. Edward M. Saunders Jr., "Stock Prices and Wall Street Weather," *American Economic Review* 83 (1993): 1337-45. 다음도 참고하라. Mitra Akhtari, "Reassessment of the Weather Effect: Stock Prices and Wall Street Weather," *Undergraduate Economic Review* 7, no. 1 (2011), http://digitalcommons.iwu.edu/uer/v017/iss1/19.
30. David Hirshleiter and Tyler Shumway, "Good Day Sunshine: Stock Returns and the Weather," *Journal of Finance* 58, no. 3 (June 2003): 1009-32.

2 감각 더하기 마음이 곧 현실

1. Ran R. Hassin et al., eds., *The New Unconscious* (Oxford: Oxford University Press, 2005), 3.
2. Louis Menand, *The Metaphysical Club* (New York: Farrar, Straus and Giroux, 2001), 258.
3. Donald Freedheim, *Handbook of Psychology*, vol. 1 (Hoboken, NJ: Wiley, 2003), 2.
4. Alan Kim, "Wilhelm Maximilian Wundt," *Stanford Encyclopedia of Philosophy*,

http://plato.stanford.edu/entries/wilhelm-wundt/ (2006); Robert S. Harper, "The First Psychology Laboratory," *Isis* 41 (July 1950): 158-61.
5. Quoted in E. R. Hilgard, *Psychology in America: A Historical Survey* (Orlando: Harcourt Brace Jovanovich, 1987), 37.
6. Menand, *The Metaphysical Club*, 259-60.
7. William Carpenter, *Principles of Mental Physiology* (New York: D. Appleton and Company, 1874), 526 and 539.
8. Menand, *The Metaphysical Club*, 159.
9. M. Zimmerman, "The Nervous System in the Context of Information Theory," in *Human Physiology*, ed. R. F. Schmidt and G. Thews (Berlin: Springer, 1989), 166-73. Quoted in Ran R. Hassin et al., eds., *The New Unconscious*, 82.
10. Christof Koch, "Mind, Brains, and Society" (lecture at Caltech, Pasadena, CA, January 21, 2009).
11. R. Toro et al., "Brain Size and Folding of the Human Cerebral Cortex," *Cerebral Cortex* 18, no. 10 (2008): 2352-57.
12. Alan J. Pegna et al., "Discriminating Emotional Faces Without Primary Visual Cortices Involves the Right Amygdala," *Nature Neuroscience* 8, no. 1 (January 2005): 24-25.
13. P. Ekman and W. P. Friesen, *Pictures of Facial Affect* (Palo Alto: Consulting Pshychologists Press, 1975).
14. See http://www.moilluions.com/2008/12/who-says-we-dont-have-barack-obama.html; accessed March 30, 2009. Contact: vurdlak@gmail.com.
15. 가령 다음을 보라. W. T. Thach, "On the Specific Role of the Cerebellum in Motor Learning and Cognition: Clues from PET Activation and Lesion Studies in Man," *Behavioral and Brain Sciences* 19 (1996): 411-31.
16. Beatrice de Gelder et al., "Intact Navigation Skills After Bilateral Loss of Striate Cortex," *Current Biology* 18, no. 24 (2008): R1128-29.
17. Benedict Carey, "Blind, Yet Seeing: The Brain's Subconscious Visual Sence," *New York Times*, December 23, 2008.
18. Christof Koch, *The Quest for Consciousness* (Englewood, CO: Roberts, 2004), 220.
19. Ian Glynn, *An Anatomy of Thought* (Oxford: Oxford University Press, 1999), 214.
20. Ronald S. Fishman, "Gordon Holmes, the Cortical Retina, and the Wounds of War," *Documenta Ophthalmologica* 93 (1997): 9-28.
21. L. Weiskrantz et al., "Visual Capacity in the Hemianopic Field Following a Restricted Occipital Ablation," *Brain* 97 (1974): 709-28; L. Weiskrantz, *Blindsight: A Case Study and Its Implications* (Oxford: Clarendon, 1986).
22. N. Tsuchiya and C. Koch, "Continuous Flash Suppression Reduces Negative

Afterimages," *Nature Neuroscience* 8 (2005): 1096-101.
23. Yi Jiang et al., "A Gender-and Sexual Orientation-Dependent Spatial Attentional Effect of Invisible Images," *Proceedings of the National Academy of Sciences of the United States of America* 103, no. 45 (November 7, 2006): 17048-52.
24. I. Kohler, "Experiments with Goggles," *Scientific American* 206 (1961): 62-72.
25. Richard M. Warren, "Perceptual Restoration of Missing Speech Sounds," *Science* 167, no. 3917 (January 23 1970: 392-93.
26. Richard M. Warren and Roselyn P. Warren, "Auditory Illusions and Confusions," *Scientific American* 223 (1970): 30-36.
27. M. 워런과 P. 워런은 위의 26번 주의 글에서 이 연구를 언급했고 다른 연구들도 더러 이 연구를 언급했지만, 연구가 공식적으로 발표되지는 않은 듯하다.

3 기억과 망각

1. Jennifer Thompson-Cannino and Ronald Cotton with Erin Torneo, *Picking Cotton* (New York: St. Martin's, 2009); 다음 텔레비전 프로그램도 참고하라. "What Jennifer Saw," *Frontline*, show 1508, February 25, 1997.
2. Gary L. Wells and Elizabeth A. Olsen, "Eyewitness Testimony," *Annual Review of Psychology* 54 (2003): 277-91.
3. G. L. Wells, "What Do We Know About Eyewitness Identification?" *American Pshychologist* 48 (May 1993): 553-71.
4. 프로젝트의 웹사이트를 참고하라. http://www.innocenceproject.org/understand/Eyewitness-Misidentification.php.
5. Erica Goode and John Schwartz, "Police Lineups Start to Face Fact: Eyes Can Lie," *New York Times*, August 28, 2011. 다음도 참고하라. Brandon Garrett, *Convicting the Innocent: Where Criminal Prosecutors Go Wrong* (Cambridge, MA: Harvard University Press, 2011).
6. Thomas Lundy, "Jury Instruction Corner," *Champion Magazine* (May-June 208): 62.
7. Daniel Schacter, *Searching for Memory: The Brain, the Mind, and the Past* (New York: Basic Books, 1996), 111-12; Ulric Neisser, "John Dean's Memory: A Case Study," in *Memory Observed: Remembering in Natural Contexts*, ed. Ulric Neisser (San Francisco: Freeman, 1982), 139-59.
8. Loftus and Ketcham, *Witness for the Defense*.
9. B. R. Hergenhahn, *An Introduction to the History of Psychology*, 6th ed. (Belmont, CA: Wadsworth, 2008), 348-50; "H. Münsterberg," in Allen Johnson and Dumas Malone, eds., *Dictionary of American Biography*, base set (New York: Charles Scribner's Sons, 1928-36).
10. H. Münsterberg, *On the Witness Stand: Essays on Pshychology and Crime* (New

York: Doubleday, 1908).
11. Ibid. 뮌스터베르크 연구의 중요성에 대해서는 다음을 참고하라. Siegfried Ludwig Sporer, "Lessons from the Origins of Eyewitness Testimony Research in Europe," *Applied Cognitive Psychology* 22 (2008): 737-57.
12. 뮌스터베르크의 삶과 연구를 짧게 정리한 글은 다음과 같다. D. P. Schultz and S. E. Schultz, *A History of Modern Pshychology* (Belmont, CA: Wadsworth, 2004), 246-52.
13. Michael T. Gilmore, *The Quest for Legibility in American Culture* (Oxford: Oxford University Press, 2003), 11.
14. H. Münsterberg, *Psychotherapy* (New York: Moffat, Yard, 1905), 125.
15. A. R. Luria, *The Mind of a Mnemonist: A Little Book About a Vast Memory*, trans. L. Solotaroff (New York: Basic Books, 1968); 다음도 참고하라. Schacter, *Searching for Memory*, 81, 그리고 Gerd Gigerenzer, *Gut Feelings* (New York: Viking, 2007), 21-23.
16. John D. Bransford and Jeffery J. Franks, "The Abstraction of Linguistic Ideas: A Review," *Cognition* 1, no. 2-3 (1972): 211-49.
17. Arthur Graesser and George Mandler, "Recognition Memory for the Meaning and Surface Structure of Sentences," *Journal of Experimental Psychology: Human Learning and Memory* 104, no. 3 (1975): 238-48.
18. Schacter, *Searching for Memory*, 103; H. L. Roediger III and K. B. McDermott, "Creating False Memories: Remembering Words Not Presented in Lists," *Journal of Experimental Psychology: Learning, Memory, and Cognition* 21 (1995): 803-14.
19. 2011년 9월 24일에 개인적으로 나눈 대화에서. 다음도 참고하라. Christopher Chabris and Daniel Simons, *The Invisible Gorilla* (New York: Crown, 2009), 66-70.
20. 바틀릿의 삶과 기억 연구를 상세하게 정리한 글은 다음과 같다. H. L. Roediger, "Sir Frederic Charles Bartlett: Experimental and Applied Psychologist," in *Portraits of Pioneers in Pshychology*, vol. 4, ed. G. A. Kimble and M. Wertheimer (Mahwah, NJ: Erlbaum, 2000), 149-61, 그리고 H. L. Roediger, E. T. Bergman, and M. L. Meade, "Repeated Reproduction from Memory," in *Bartlett, Culture and Cognition*, ed. A. Saito (London, UK: Psychology Press, 2000), 115-34.
21. Sir Frederick Charles Bartlett, *Remembering: A Study in Experimental and Social Psychology* (Cambridge, UK: Cambridge University Press, 1932), 68.
22. Friedrich Wulf, "Beiträge zur Psychologie der Gestalt: VI. Über die Veränderung von Vorstellungen (Gedächtniss und Gestalt)," *Psychologische Forschung* 1 (1922): 333-75; G. W. Allport, "Change and Decay in the Visual Memory Image," *British Journal of Psychology* 21 (1930): 133-48.
23. Bartlett, *Remembering*, 85.

24. Ulric Neisser, *The Remembering Self: Construction and Accuracy in the Self-Narrative* (Cambridge, UK: Cambridge University Press, 1994), 6; 다음도 참고하라. Elizabeth Loftus, *The Myth of Repressed Memory: False Memories and Allegations of Sexual Abuse* (New York: St. Martin's Griffin, 1996), 91-92.
25. R. S. Nickerson and M. J. Adams, "Long-Term Memory for a Common Object," *Cognitive Psychology* 11 (1979): 287-307.
26. 가령 다음을 보라. Lionel Standing et al., "Perception and Memory for Pictures: Single-Trial Learning of 2500 Visual Stimuli," *Psychonomic Science* 19, no. 2 (1970): 73-74, 그리고 K. Pezdek et al., "Picture Memory: Recognizing Added and Deleted Details," *Journal of Experimental Psychology: Learning, Memory, and Cognition* 14, no. 3 (1988): 468; quoted in Daniel J. Simons and Daniel T. Levin, "Change Blindness," *Trends in the Cognitive Sciences* 1, no. 7 (October 1997): 261-67.
27. J. Grimes, "On the Failure to Detect Changes in Scenes Across Saccades," in *Perception*, ed. K. Atkins, vol. 2 of Vancouver Studies in Cognitive Science (Oxford: Oxford University Press, 1996), 89-110.
28. Daniel T. Levin and Daniel J. Simons, "Failure to Detect Changes to Attended Objects in Motion Pictures," *Psychonomic Bulletin & Review* 4, no. 4 (1997): 501-6.
29. Daniel J. Simons and Daniel T. Levin, "Failure to Detect Changes to People During a Real-World Interaction," *Psychonomic Bulletin & Review* 5, no. 4 (1998): 644-48.
30. David G. Payne et al., "Memory Illusions: Recalling, Recognizing, and Recollecting Events That Never Occurred," *Journal of Memory and Language* 35 (1996): 261-85.
31. Kimberly A. Wade et al., "A Picture Is Worth a Thousand Lies: Using False Photographs to Create Childhood Memories," *Psychonomic Bulletin & Review* 9, no. 3 (2002): 597-602.
32. Elizabeth F. Loftus, "Planting Misinformation in the Human Mind: A 30-Year Investigation of the Malleability of Memory," *Learning & Memory* 12 (2005): 361-66.
33. Kathryn A. Braun et al., "Make My Memory: How Advertising Can Change Our Memories of the Past," *Psychology and Marketing* 19, no. 1 (January 2002): 1-23, and Elizabeth Loftus, "Our Changeable Memories: Legal and Practical Implications," *Nature Reviews Neuroscience* 4 (March 2003): 231-34.
34. Loftus, "Our Changeable Memories," and Shari R. Berkowitz et al., "Pluto Behaving Badly: False Beliefs and Their Consequences," *American Journal of Psychology* 121, no. 4 (Winter 2008): 643-60.
35. S. J. Ceci et al., "Repeatedly Thinking About Non-events," *Consciousness and Cognition* 3 (1994): 388-407; S. J. Ceci et al., "The Possible Role of Source Misattributions in the Creation of False Beliefs Among Preschoolers," *International Journal of Clinical and Experimental Hypnosis* 42 (1994), 304-20.

36. I. E. Hyman and F. J. Billings, "Individual Differences and the Creation of False Childhood Memories," *Memory* 6, no. 1 (1998): 1-20.
37. Ira E. Hyman et al., "False Memories of Childhood Experiences," *Applied Cognitive Psychology* 9 (1995): 181-97.

4 사회성의 중요성

1. J. Kiley Hamlin et al., "Social Evaluation by Preverbal Infants," *Nature* 450 (November 22, 2007): 557-59.
2. James K. Rilling, "A Neural Basis for Social Cooperation," *Neuron* 35, no. 2 (July 2002): 394-405.
3. Stanley Schachter, *The Psychology of Affiliation* (Palo Alto, CA: Stanford University Press, 1959).
4. Naomi I. Eisenberger et al., "Does Rejection Hurt? An fMRI Study of Social Exclusion," *Science* 10, no. 5643 (October 2003): 290-92.
5. C. Nathan DeWall et al., "Tylenol Reduces Social Pain: Behavioral and Neural Evidence," *Psychological Science* 21 (2010): 931-37.
6. James S. House et al., "Social Relationships and Health," *Science* 241 (July 29, 1988): 540-45.
7. Richard G. Klein, "Archeology and the Evolution of Human Behavior," *Evolutionary Anthropology* 9 (2000): 17-37; Christopher S. Henshilwood and Curtis W. Marean, "The Origin of Modern Human Behavior: Critique of the Models and Their Test Implication," *Current Anthropology* 44, no. 5 (December 2003): 627-51; and L. Brothers, "The Social Brain: A Project for Integrating Primate Behavior and Neurophysiology in a New Domain," *Concepts in Neuroscience* 1 (1990): 27-51.
8. Klein, "Archeology and the Evolution of Human Behavior," and Henshilwood and Marean, "The Origin of Modern Human Behavior."
9. F. Heider and M. Simmel, "An Experimental Study of Apparent Behavior," *American Journal of Psychology* 57 (1944): 243-59.
10. Josep Call and Michael Tomasello, "Does the Chimpanzee Have a Theory of Mind? 30 Years Later," *Cell* 12, no. 5 (2008): 187-92.
11. J. Perner and H. Wimmer, "'John Thinks That Mary Thinks That···': Attribution of Second-Order Beliefs by 5- to 10-Year-Old Children," *Journal of Experimental Child Psychology* 39 (1985): 437-71, and Angeline S. Lillard and Lori Skibbe, "Theory of Mind: Conscious Attribution and Spontaneous Trait Inference," in *The New Unconscious*, ed. Ran R. Hassin et al. (Oxford: Oxford University Press, 2005), 277-78; 다음도 참고하라. Matthew D. Leiberman, "Social Neuroscience: A Review of Core Processes," *Annual Review of Psychology* 58 (2007): 259-89.

12. Oliver Sacks, *An Anthropologist on Mars* (New York: Knopf, 1995), 272.
13. Robin I. M. Dunbar, "The Social Brain Hypothesis," *Evolutionary Anthropology: Issues, News, and Reviews* 6, no. 5 (1998): 178-90.
14. Ibid.
15. R. A. Hill and R. I. M. Dunbar, "Social Network Size in Humans," *Human Nature* 14, no. 1 (2003): 53-72, and Dunbar, "The Social Brain Hypothesis."
16. Robin I. M. Dunbar, *Grooming, Gossip and the Evolution of Language* (Cambridge, MA: Harvard University Press, 1996).
17. Stanley Milgram, "The Small World Problem," *Psychology Today* 1, no. 1 (May 1967): 61-67, and Jeffrey Travers and Stanley Milgram, "An Experimental Study of the Small World Problem," *Sociometry* 32, no. 4 (December 1969): 425-43.
18. Peter Sheridan Dodds et al., "An Experimental Study of Search in Global Networks," *Science* 301 (August 8, 2003): 827-29.
19. James P. Curley and Eric B. Keveme, "Genes, Brains and Mammalian Social Bonds," *Trends in Ecology and Evolution* 20, no. 10 (October 2005).
20. Patricia Smith Churchland, "The Impact of Neuroscience on Philosophy," *Neuron* 60 (November 6, 2008): 409-11, and Ralph Adolphs, "Cognitive Neuroscience of Human Social Behavior," *Nature Reviews* 4 (March 2003): 165-78.
21. K. D. Broad et al., "Mother-Infant Bonding and the Evolution of Mammalian Social Relationships," *Philosophical Transactions of the Royal Society B* 361 (2006): 2199-214.
22. Thomas R. Insel and Larry J. Young, "The Neurobiology of Attachment," *Nature Reviews Neuroscience* 2 (February 2001): 129-33.
23. Larry J. Young et al., "Anatomy and Neurochemistry of the Pair Bond," *Journal of Comparative Neurology* 493 (2005): 51-57.
24. Churchland, "The Impact of Neuroscience on Philosophy."
25. Zoe R. Donaldson and Larry J. Young, "Oxytocin, Vasopressin, and the Neurogenetics of Sociality," *Science* 322 (November 7, 2008): 900-904.
26. Ibid.
27. Larry J. Young, "Love: Neuroscience Reveals All," *Nature* 457 (January 9, 2009): 148; Paul J. Zak, "The Neurobiology of Trust," *Scientific American* (June 2008): 88-95; Kathleen C. Light et al., "More Frequent Partner Hugs and Higher Oxytocin Levels are Linked to Lower Blood Pressure and Heart Rate in Premenopausal Women," *Biological Psychiatry* 69, no. 1 (April 2005): 5-21; and Karten M. Grewen et al., "Effect of Partner Support on Resting Oxytocin, Cortisol, Norepinephrine and Blood Pressure Before and After Warm Personal Contact," *Psychosomatic Medicine* 67 (2005): 531-38.

28. Michael Kosfeld et al., "Oxytocin Increases Trust in Humans," *Nature* 435 (June 2, 2005): 673-76; Paul J. Zak et al., "Oxytocin Is Associated with Human Trustworthiness," *Hormones and Behavior* 48 (2005): 522-27; Angeliki Theodoridou, "Oxytocin and Social Perception: Oxytocin Increases Perceived Facial Trustworthiness and Attractiveness," *Hormones and Behavior* 56, no. 1 (June 2009): 128-32; and Gregor Domes et al., "Oxytocin Improves 'Mind-Reading' in Humans," *Biological Psychiatry* 61 (2007): 731-33.
29. Donaldson and Young, "Oxytocin, Vasopressin, and the Neurogenetics of Sociality."
30. Hassin et al., eds., *The New Unconscious*, 3-4.
31. Ibid. 그리고 Timothy D. Wilson, *Strangers to Ourselves: Discovering the Adaptive Unconscious* (Cambridge, MA: Belknap, 2002), 4.
32. Ellen Langer et al., "The Mindlessness of Ostensibly Thoughtful Action: The Role of 'Placebic' Information in Interpersonal Interaction," *Journal of Personality and Social Psychology* 36, no. 6 (1978): 635-42, and Robert P. Abelson, "Psychological Status of the Script Concept," *American Psychologist* 36, no. 7 (July 1981): 715-29.
33. William James, *The Principles of Psychology* (New York: Henry Holt, 1890), 97-99.
34. C. S. Roy and C. S. Sherrington, "On the Regulation of the Blood-Supply of the Brain," *Journal of Physiology* (London) 11 (1890): 85-108.
35. Tim Dalgleish, "The Emotional Brain," *Nature Reviews Neuroscience* 5, no. 7 (2004): 582-89; 다음도 참고하라. Colin Camerer et al., "Neuroeconomics: How Neuroscience Can Inform Economics," *Journal of Economic Literature* 43, no. 1 (March 2005): 9-64.
36. Lieberman, "Social Neuroscience."
37. Ralph Adolphs, "Cognitive Neuroscience of Human Social Behavior," *Nature Reviews* 4 (March 2003): 165-78.
38. Lieberman, "Social Neuroscience."
39. Bryan Kolb and Ian Q. Whishaw, *An Introduction to Brain and Behavior* (New York: Worth, 2004), 410-11.
40. R. Glenn Northcutt and Jon H. Kaas, "The Emergence and Evolution of Mammalian Neocortex," *Trends in Neuroscience* 18, no. 9 (1995): 373-79, and Jon H. Kaas, "Evolution of the Neocortex," *Current Biology* 21, no. 16 (2006): R910-14.
41. Nikos K. Logothetis, "What We Can Do and What We Cannot Do with fMRI," *Nature* 453 (June 12, 2008): 869-78. 로고테티스가 지목한 최초의 fMRI 연구란 조영제(造影劑)를 주입하지 않고 fMRI를 쓴 첫 연구를 말하는 것이다. 조영제는 실험을 복잡하게 만들고 피험자 모집을 어렵게 하기 때문에, 실용적이지 못하다.
42. Lieberman, "Social Neuroscience."

5 사람의 마음 읽기

1. 다음을 보라. Edward T. Heyn, "Berlin's Wonderful Horse," *New York Times*, September 4, 1904; "'Clever Hans' Again," *New York Times*, October 2, 1904; "A Horse-and the Wise Men," *New York Times*, July 23, 1911; and "Can Horses Think? Learned Commission Says 'Perhaps,'" *New York Times*, August 31, 1913.
2. B. Hare et al., "The Domestication of Social Cognition in Dogs," *Science* 298 (November 22, 2002): 1634-36; Brian Hare and Michael Tomasello, "Human-like Social Skills in Dogs?" *Trends in Cognitive Sciences* 9, no. 9 (2005): 440-44; and Á. Miklósi et al., "Comparative Social Cognition: What Can Dogs Teach Us?" *Animal Behavior* 67 (2004): 995-1004.
3. Monique A. R. Udell et al., "Wolves Outperform Dogs in Following Human Social Cues," *Animal Behavior* 76 (2008): 1767-73.
4. Jonathan J. Cooper et al., "Clever Hounds: Social Cognition in the Domestic Dog (*Canis familiaris*)," *Applied Animal Behavioral Science* 81 (2003): 229-44, and A. Whiten and R. W. Byrne, "Tactical Deception in Primates," *Behavioral and Brain Sciences* 11 (2004): 233-73.
5. Hare, "The Domestication of Social Cognition in Dogs," 1634, and E. B. Ginsburg and L. Hiestand, "Humanity's Best Friend: The Origins of Our Inevitable Bond with Dogs," in *The Inevitable Bond: Examining Scientist-Animal Interactions*, ed. H. Davis and D. Balfour (Cambridge: Cambridge University Press, 1991), 93-108.
6. Robert Rosenthal and Kermit L. Fode, "The Effect of Experimenter Bias on the Performance of the Albino Rat," *Behavioral Science* 8, no. 3 (1963): 183-89; 다음도 참고하라. Robert Rosenthal and Lenore Jacobson, *Pygmalion in the Classroom: Teacher Expectation and Pupils' Intellectual Development* (New York: Holt, Rinehart, and Winston, 1968), 37-38.
7. L. H. Ingraham and G. M. Harrington, "Psychology of the Scientist: XVI. Experience of E as a Variable in Reducing Expreimenter Bias," *Psychological Reports* 19 (1966): 455-461.
8. Robert Rosenthal and Kermit L. Fode, "Psychology of the Scientist: V. Three Experiments in Experimenter Bias," *Psychological Reports* 12 (April 1963): 491-511.
9. Rosenthal and Jacobson, *Pygmalion in the Classroom*, 29.
10. Ibid.
11. Robert Rosenthal and Lenore Jacobson, "Teacher's Expectancies: Determinants of Pupil's IQ Gains," *Psychological Reports* 19 (August 1966): 115-18.
12. Simon E. Fischer and Gary F. Marcus, "The Eloquent Ape: Genes, Brains and the Evolution of Language," *Nature Reviews Genetics* 7 (January 2006): 9-20.
13. L. A. Petitto and P. F. Marentette, "Babbling in the Manual Mode: Evidence for

the Ontology of Language," *Science* 251 (1991): 1493-96, and S. Goldin-Meadow and C. Mylander, "Spontaneous Sign Systems Created by Deaf Children in Two Cultures," *Nature* 391 (1998): 279-81.
14. Charles Darwin, *The Autobiography of Charles Darwin* (1887, repr. New York: Norton, 1969), 141; 다음도 참고하라. Paul Ekman, "Introduction," in *Emotions Inside Out: 130 Years After Darwin's 'The Expression of the Emotions in Man and Animals'* (New York: Annals of the N.Y. Academy of Science, 2003), 1-6.
15. 가령 다음을 보라. J. Bulwer, *Chirologia; or, The Natural Language of the Hand* (London: Harper, 1644); C. Bell, *The Anatomy and Philosophy of Expression as Connected with the Fine Arts* (London: George Bell, 1806); and G. B. Duchenne de Boulogne, *Mécanismes de la Physionomie Humaine, ou Analyse Électrophysiologique de l'Expression des Passions* (Paris: Baillière, 1862).
16. Peter O. Gray, *Psychology* (New York: Worth, 2007), 74-75.
17. Antonio Damasio, *Descartes' Error: Emotion, Reason, and the Human Brain* (New York: Putnam, 1994), 141-42.
18. Quoted in Mark G. Frank et al., "Behavioral Markers and Recognizability of the Smile of Enjoyment," *Journal of Personality and Social Psychology* 64, no. 1 (1993): 87.
19. Ibid., 83-93.
20. Charles Darwin, *The Expression of the Emotions in Man and Animals* (1872; repr. New York: D. Appleton, 1886), 15-17.
21. James A. Russell, "Is There Universal Recognition of Emotion from Facial Expression? A Review of the Cross-Cultural Studies," *Psychological Bulletin* 115, no. 1 (1994): 102-41.
22. 다음 책에 실린 에크먼의 후기를 보라. Charles Darwin, *The Expression of the Emotions in Man and Animals* (1872; repr. Oxford: Oxford University Press, 1998), 363-93.
23. Paul Ekman and Wallace V. Friesen, "Constants Across Cultures in the Face and Emotion," *Journal of Personality and Social Psychology* 17, no. 2 (1971): 124-29.
24. Paul Ekman, "Facial Expressions of Emotion: An Old Controversy and New Findings," *Philosophical Transactions of the Royal Society of London B* 335 (1992): 63-69. 다음도 참고하라. Rachel E. Jack et al., "Cultural Confusions Show That Facial Expressions Are Not Universal," *Current Biology* 19 (September 29, 2009): 1543-48. 이 논문은 제목과는 달리 "기존의 관찰들과 일치하는" 결과를 보여주었다. 다만 동아시아 아이들은 서양인들보다 더 자주 서양인의 얼굴에 나타난 두려움과 혐오감을 놀라움이나 분노로 혼동했다.
25. Edward Z. Tronick, "Emotions and Emotional Communication in Infants," *American Psychologist* 44, no. 2 (February 1989): 112-19.

26. Dario Galati et al., "Voluntary Facial Expression of Emotion: Comparing Congenitally Blind with Normally Sighted Encoders," *Journal of Personality and Social Psychology* 73, no. 6 (1997): 1363-79.
27. Gary Alan Fine et al., "Couple Tie-Signs and Interpersonal Threat: A Field Experiment," *Social Psychology Quarterly* 47, no. 3 (1984): 282-86.
28. Hans Kummer, *Primate Societies* (Chicago: Aldine-Atherton, 1971).
29. David Andrew Puts et al., "Dominance and the Evolution of Sexual Dimorphism in Human Voice Pitch," *Evolution and Human Behavior* 27 (2006): 283-96; Joseph Henrich and Francisco J. Gil-White, "The Evolution of Prestige: Freely Conferred Deference as a Mechanism for Enhancing the Benefits of Cultural Transmission," *Evolution and Human Behavior* 22 (2001): 165-96.
30. Allan Mazur et al., "Physiological Aspects of Communication via Mutual Gaze," *American Journal of Sociology* 86, no. 1 (1980): 50-74.
31. John F. Dovidio and Steve L. Ellyson, "Decoding Visual Dominance: Attributions of Power Based on Relative Percentages of Looking While Speaking and Looking While Listening," *Social Psychology Quarterly* 45, no. 2 (1982): 106-13.
32. R. V. Exline et al., "Visual Behavior as an Aspect of Power Role Relationships," in *Advances in the Study of Communications and Affect*, vol. 2, ed. P. Pliner et al. (New York: Plenum, 1975), 21-52.
33. R. V. Exline et al., "Visual Dominance Behavior in Female Dyads: Situational and Personality Factors," *Social Psychology Quarterly* 43, no. 3 (1980): 328-36.
34. John F. Dovidio et al., "The Relationship of Social Power to Visual Displays of Dominance Between Men and Women," *Journal of Personality and Social Psychology* 54, no. 2 (1988): 233-42.
35. S. Duncan and D. W. Fiske, *Face-to-Face Interaction: Research, Methods, and Theory* (Hilsdale, NJ: Erlbaum, 1997), and N. Capella, "Controlling the Floor in Conversation," in *Multichannel Integrations of Nonverbal Bahavior*, ed. A. W. Siegman and S. Feldstein (Hillsdale, NJ: Erlbaum, 1985), 69-103.
36. A. Atkinson et al., "Emotion Perception from Dynamic and Static Body Expressions in Point-Light and Full-Light Displays," *Perception* 33 (2004): 717-46; "Perception of Emotion from Dynamic Point-Light Displays in Dance," *Perception* 25 (1996): 727-38; James E. Cutting and Lynn T. Kozlowski, "Recognizing Friends by Their Walk: Gait Perception Without Familiarity Cues," *Bulletin of the Psychonomic Society* 9, no. 5 (1977): 353-56; and James E. Cutting and Lynn T. Kozlowski, "Recognizing the Sex of a Walker from a Dynamic Point-Light Display," *Perception and Psychophysics* 21, no. 6 (1977): 575-80.
37. S. H. Spence, "The Relationship Between Social-Cognitive Skills and Peer Sociome-

tric Status," *British Journal of Developmental Psychology* 5 (1987): 347-56.
38. M. A. Bayes, "Behavioral Cues of Interpersonal Warmth," *Journal of Consulting and Clinical Psychology* 39, no. 2 (1972): 333-39.
39. J. K. Burgoon et al., "Nonverbal Behaviors, Persuasion, and Credibility," *Human Communication Research* 17 (Fall 1990): 140-69.
40. A. Mehrabian and M. Williams, "Nonverbal Concomitants of Perceived and Intended Persuasiveness," *Journal of Personality and Social Psychology* 13, no. 1 (1969): 37-58.
41. Starkey Duncan Jr., "Nonverbal Communication," *Psychological Bulletin* 77, no. 2 (1969): 118-37.
42. Harald G. Wallbott, "Bodily Expression of Emotion," *European Journal of Social Psychology* 28 (1998): 879-96; Lynn A. Streeter et al., "Pitch Changes During Attempted Deception," *Journal of Personality and Social Psychology* 35, no. 5 (1977): 345-50; Allan Pease and Barbara Pease, *The Definitive Book of Body Language* (New York: Bantam, 2004); Bella M. DePaulo, "Nonverbal Behavior and Self Presentation," *Psychological Bulletin* 11, no. 2 (1992): 203-43; Judith A. Hall et al., "Nonverbal Behavior and the Vertical Dimension of Social Relations: A Meta-analysis," *Psychological Bulletin* 131, no. 6 (2005): 898-924; and Kate Fox, *SIRC Guide to Flirting: What Social Science Can Tell You About Flirting and How to Do It*, published online by the Social Issues Research Centre, http://www.sirc.org/index.html.

6 사람을 외모로 판단하기
1. Grace Freed-Brown and David J. White, "Acoustic Mate Copying: Female Cowbirds Attend to Other Females' Vocalizations to Modify Their Song Preferences," *Proceedings of the Royal Society B* 276 (2009): 3319-25.
2. Ibid.
3. C. Nass et al., "Computers Are Social Actors," *Proceedings of the ACM CHI 94 Human Factors in Computing Systems Conferences* (Reading, MA: Association for Computing Machinery Press, 1994), 72-77; C. Nass et al., "Are Computers Gender Neutral?" *Journal of Applied Social Psychology* 27, no. 10 (1997): 864-76; and C. Nass and K. M. Lee, "Does Computer-Generated Speech Manifest Personality? An Experimental Test of Similarity-Attraction," *CHI Letters* 2, no. 1 (April 2000): 329-36.
4. 우리는 타인과 대화할 때 분명 그 사람이 말하는 내용에 반응한다. 그러나 의식적이든 무의식적이든 그 내용을 전달하는 비언어적 특징들에도 반응한다. 나스와 동료들은 피험자들에게서 상호작용을 제거함으로써 그들이 목소리에 대해서 드러내는 자동적 반응에만 집중했다. 그러나 어쩌면 연구자들의 가정은 사실이 아닐지도 모른다. 어쩌면 피험자들은 목소리가 아니라 기계라는 물리적 상자에 반응한 것이었을지도 모른다. 어느 쪽이든 부적절하기는 마찬가지이고, 논리만으로는 어느 쪽인지 알 수가 없다.

그래서 연구자들은 두 요소를 뒤섞은 또다른 실험을 수행했다. 이때 학생들 중 일부는 자신을 가르쳤던 기계가 아니지만 목소리가 같은 컴퓨터에 평가를 입력했고, 나머지는 자신을 가르쳤던 기계이지만 평가 단계에서는 목소리가 달라진 컴퓨터에 입력했다. 그 결과, 학생들이 반응하는 것은 물리적 기계가 아니라 목소리임이 확인되었다.

5. Byron Reeves and Clifford Nass, *The Media Equation: How People Treat Computers, Television, and New Media Like Real People and Places* (Cambridge: Cambridge University Press, 1996), 24.
6. Sarah A. Collins, "Men's Voices and Women's Choices," *Animal Behavior* 60 (2000): 773-80.
7. David Andrew Puts et al., "Dominance and the Evolution of Sexual Dimorphism in Human Voice Pitch," *Evolution and Human Behavior* 27 (2006): 283-96.
8. David Andrew Puts, "Mating Context and Menstrual Phase Affect Women's Preferences for Male Voice Pitch," *Evolution and Human Behavoir* 26 (2005): 388-97.
9. R. Nathan Pepitone et al., "Women's Voice Attractiveness Varies Across the Menstrual Cycle," *Evolution and Human Behavior* 29, no. 4 (2008): 268-74.
10. Collins, "Men's Voices and Women's Choices," 몸집이 큰 종은 작은 종보다 더 낮은 발성을 내는 경향이 있지만, (포유류의) 한 종에서는 그렇지 않다. 그러나 최근에는 포먼트(formant)라고 불리는 음색 혹은 고주파수 화성이 더 믿을 만한 지표인지도 모른다는 연구들이 많이 나왔다. 적어도 음높이에 관해서는 그렇다고 한다. 다음을 참고하라. Drew Rendall et al., "Lifting the Curtain on the Wizard of Oz: Biased Voice-Based Impressions of Speaker Size," *Journal of Experimental Psychology: Human Perception and Performance* 33, no. 5 (2007): 1208-19.
11. L. Bruckert et al., "Women Use Voice Parameters to Assess Men's Characteristics," *Proceedings of the Royal Society B* 273 (2006): 83-89.
12. C. L. Apicella et al., "Voice Pitch Predicts Reproductive Success in Male Hunter-Gatherers," *Biology Letters* 3 (2007): 682-84.
13. Klaus R. Scherer et al., "Minimal Cues in the Vocal Communication of Affect: Judging Emotions from Content-Masked Speech," *Journal of Paralinguistic Research* 1, no. 3 (1972): 269-85.
14. William Apple et al., "Effects of Speech Rate on Personal Attributions," *Journal of Personality and Social Psychology* 37, no. 5 (1979): 715-27.
15. Carl E. Williams and Kenneth N. Stevens, "Emotions and Speech: Some Acoustical Correlates," *Journal of the Acoustical Society of America* 52, no. 4, part 2 (1972): 1238-50, and Scherer et al., "Minimal Cues in the Vocal Communication of Affect."
16. Sally Feldman, "Speak Up," *New Humanist* 123, no. 5 (September-October, 2008).
17. N. Guéguen, "Courtship Compliance: The Effect of Touch on Women's Behavior," *Social Influence* 2, no. 2 (2007): 81-97.

18. M. Lynn et al., "Reach Out and Touch Your Customers," *Cornell Hotel & Restaurant Quarterly* 39, no. 3 (June 1998): 60-65; J. Hornik, "Tactile Stimulation and Consumer Response," *Journal of Consumer Research* 19 (December 1992): 449-58; N. Guéguen and C. Jacob, "The Effect of Touch on Tipping: An Evaluation in a French Bar," *Hospitality Management* 24 (2005): 295-88; N. Guéguen, "The Effect of Touch on Compliance with a Restaurant's Employee Suggestion," *Hospitality Management* 26 (2007): 1019-23; N. Guéguen, "Nonverbal Encouragement of Participation in a Course: The Effect of Touching," *Social Psychology of Education* 7, no. 1 (2003): 89-98; J. Hornik and S. Ellis, "Strategies to Secure Compliance for a Mall Intercept Interview," *Public Opinion Quarterly* 52 (1988): 539-51; N. Guéguen and J. Fischer-Lokou, "Tactile Contact and Spontaneous Help: An Evaluation in a Natural Setting," *The Journal of Social Psychology* 143, no. 6 (2003): 785-87.
19. C. Silverthorne et al., "The Effects of Tactile Stimulation on Visual Experience," *Journal of Social Psychology* 122 (1972): 153-54; M. Patterson et al., "Touch, Compliance, and Interpersonal Affect," *Journal of Nonverbal Behavoir* 10 (1986): 41-50; and N. Guéguen, "Touch, Awareness of Touch, and Compliance with a Request," *Perceptual and Motor Skills* 95 (2002): 355-60.
20. Michael W. Krauss et al., "Tactile Communication, Cooperation, and Performance: An Ethological Study of the NBA," *Emotion* 10, no. 5 (October 2010): 745-49.
21. India Morrison et al., "The Skin as a Social Organ," *Experimental Brain Research*, published online September 22, 2009; Ralph Adolphs, "Conceptual Challenges and Directions for Social Neuroscience," *Neuron* 10, no. 5 (October 2010): 745-49.
22. 저자가 2011년 11월 10일에 랠프 아돌프스와 대화한 내용이다.
23. Morrison et al., "The Skin as a Social Organ."
24. R. I. M. Dunbar, "The Social Role of Touch in Humans and Primates: Behavioral Functions and Neurobiological Mechanisms," *Neuroscience and Biobehavioral Reviews* 34 (2008): 260-68.
25. Matthew J. Hertenstein et al., "The Communicative Functions of Touch in Humans, Nonhuman Primates, and Rats: A Review and Synthesis of the Empirical Research," *Genetic, Social, and General Psychology Monographs* 132, no. 1 (2007): 5-94.
26. 토론 장면에 대한 이야기는 다음에서 가지고 왔다. Alan Schroeder, *Presidential Debates: Fifty Years of High-Risk TV*, 2nd ed. (New York: Columbia University Press, 2008).
27. Sidney Kraus, *Televised Presidential Debates and Public Policy* (Mahwah, NJ: Erlbaum, 2000), 208-12. 단, 크라우스는 남부 주지사 모임이 애리조나에서 열렸다고 잘못 적었다.
28. James N. Druckman, "The Power of Televised Images: The First Kennedy-Nixon

Debate Revisited," *Journal of Politics* 65, no. 2 (May 2003): 559-71.
29. Shawn W. Rosenberg et al., "The Image and the Vote: The Effect of Candidate Presentation on Voter Preference," *American Journal of Political Science* 30, no. 1 (February 1986): 108-27, and Shawn W. Rosenberg et al., "Creating a Political Image: Shaping Appearance and Manipulating the Vote," *Political Behavoir* 13, no. 4 (1991): 345-66.
30. Alexander Todorov et al., "Inferences of Competence from Faces Predict Election Outcomes," *Science* 308 (June 10, 2005): 1623-26.
31. 다윈의 사진에서는 주먹코가 상당히 뚜렷하게 보이지만 초상화에서는 축소되었다는 점이 재미있다.
32. Darwin Correspondence Database, http://www.darwinproject.ac.uk/entry3235.
33. Charles Darwin, *The Autobiograpy of Charles Darwin* (1887; repr. Rockville, MD.: Serenity, 2008), 40.

7 사람과 사물을 분류하기
1. David J. Freedman et al., "Categorical Representation of Visual Stimuli in the Primate Prefrontal Cortex," *Science* 291 (January 2001): 312-16.
2. Henri Tajfel and A. L. Wilkes, "Classification and Quantitative Judgment," *British Journal of Psychology* 54 (1963): 101-14; Oliver Corneille et al., "On the Role of Familiarity with Units of Measurement in Categorical Accentuation: Tajfel and Wilkes (1963) Revisited and Replicated," *Psychological Science* 13, no. 4 (July 2002): 380-83.
3. Robert L. Goldstone, "Effects of Categorization on Color Perception," *Psychological Science* 6, no. 5 (September 1995): 298-303.
4. Joachim Krueger and Russell W. Clement, "Memory-Based Judgments About Multiple Categories: A Revision and Extension of Tajfel's Accentuation Theory," *Journal of Personality and Social Psychology* 67, no. 1 (July 1994): 35-47.
5. Linda Hamilton Krieger, "The Content of Our Categories: A Cognitive Bias Approach to Discrimination and Equal Employment Opportunity," *Stanford Law Review* 47, no. 6 (July 1995): 1161-248.
6. Elizabeth Ewen and Stuart Ewen, *Typecasting: On the Arts and Sciences of Human Inequality* (New York: Seven Stories, 2008).
7. Ibid.
8. Ibid.
9. 다음 책에 실린 그림이다. Giambattista della Porta, *De Humana Physiognomonia Libri IIII*. 출처는 미국 국립 의학도서관의 웹사이트이다. http://www.nlm.nih.gov/exhibition/historicalanatomies/porta_home.html. http://stevenpoke.com/giambattista-della-porta-

de-humana-physiognomonia-1586이라는 웹사이트에는 이런 말이 있다. "나는 이 그림을 미국 국립 의학도서관이 관리하는 '역사적 해부학 웹 전시'에서 발견했는데, 7만 장 이상의 그림을 온라인으로 제공하는 사이트이다."

10. Darrell J. Steffensmeiser, "Deviance and Respectability: An Observational Study of Shoplifting," *Social Forces* 51, no. 4 (June 1973): 417-26; 다음도 참고하라. Kenneth C. Mace, "The 'Overt-Bluff' Shoplifter: Who Gets Caught?" *Journal of Forensic Psychology* 4, no. 1 (December 1972): 26-30.
11. H. T. Himmelweit, "Obituary: Henri Tajfel, FBPsS," *Bulletin of the British Psychological Society* 35 (1982): 288-89.
12. William Peter Robinson, ed., *Social Groups and Identities: Developing the Legacy of Henri Tajfel* (Oxford: Butterworth-Heinemann, 1996), 3.
13. Ibid.
14. Henri Tajfel, *Human Groups and Social Categories* (Cambridge: Cambridge University Press, 1981).
15. Robinson, ed., *Social Groups and Identities*, 5.
16. Krieger, "The Content of Our Categories."
17. Anthony G. Greenwald et al., "Measuring Individual Differences in Implicit Cognition: The Implicit Association Test," *Journal of Personality and Social Psychology* 74, no. 6 (1998): 1464-80; 다음도 참고하라. Brian A. Nosek et al., "The Implicit Association Test at Age 7: A Methodological and Conceptual Review," in *Automatic Processes in Social Thinking and Behavoir*, ed. J. A. English (New York: Psychology Press, 2007), 265-92.
18. Elizabeth Milne and Jordan Grafman, "Ventromedial Prefrontal Cortex Lesions in Humans Eliminate Implicit Gender Stereotyping," *Journal of Neuroscience* 21 (2001): 1-6.
19. Gordon W. Allport, *The Nature of Prejudice* (Cambridge: Addison-Wesley, 1954), 20-23.
20. Ibid., 4-5.
21. Joseph Lelyveld, *Great Soul: Mahatma Gandhi and His Struggle with India* (New York: Knopf, 2011).
22. Ariel Dorfman, "Che Guevara: The Guerrilla," *Time*, June 14, 1999.
23. Marian L. Tupy, "Che Guevara and the West," Cato Institute: Commentary (November 10, 2009).
24. Krieger, "The Content of Our Categories," 1184. 이상하게도 이 여성은 재판에서 졌다. 변호사가 항소했지만, 항소법원은 판결을 확정하면서 고용주의 그 발언은 "잘못 흘러나온 말"이라고 평했다.
25. Millicent H. Abel and Heather Watters, "Attributions of Guilt and Punishment as

Functions of Physical Attractiveness and Smiling," *Journal of Social Psychology* 145, no. 6 (2005): 687-702; Michael G. Efran, "The Effect of Physical Appearance on the Judgment of Guilt, Interpersonal Attraction, and Severity of Recommended Punishment in a Simulated Jury Task," *Journal of Research in Personality* 8, no. 1 (June 1974): 45-54; Harold Sigall and Nancy Ostrove, "Beautiful but Dangerous: Effects of Offender Attractiveness and Nature of the Crime on Juridic Judgment," *Journal of Personality and Social Psychology* 31, no. 3 (1975): 410-14; Jochen Piehl, "Integration of Information in the Courts: Influence of Physical Attractiveness on Amount of Punishment for a Traffic Offender," *Psychological Reports* 41, no. 2 (October 1977): 551-56; and John E. Stewart II, "Defendant's Attractiveness as a Factor in the Outcome of Criminal Trials: An Observational Study," *Journal of Applied Psychology* 10, no. 4 (August 1980): 348-61.

26. Rosaleen A. McCarthy and Elizabeth K. Warrington, "Visual Associative Agnosia: A Clinico-Anatomical Study of a Single Case," *Journal of Neurology, Neurosurgery, and Psychiatry* 49 (1986): 1233-40.

8 내집단과 외집단

1. Muzafer Sherif et al., *Intergroup Conflict and Cooperation: The Robbers Cave Experiment* (Norman: University of Oklahoma Press, 1961).
2. L. Keeley, *War Before Civilization* (Oxford: Oxford University Press, 1996).
3. N. Chagnon, *Yanomamo* (Fort Worth: Harcourt, 1992).
4. Blake E. Ashforth and Fred Mael, "Social Identity Theory and the Organization," *Academy of Management Review* 14, no. 1 (1989): 20-39.
5. Markus Brauer, "Intergroup Perception in the Social Context: The Effects of Social Status and Group Membership on Perceived Out-Group Homogeneity," *Journal of Experimental Social Psychology* 37 (2001): 15-31.
6. K. L. Dion, "Cohesiveness as a Determinant of Ingroup-Outgroup Bias," *Journal of Personality and Social Psychology* 28 (1973): 163-71, and Ashforth and Mael, "Social Identity Theory."
7. Charles K. Ferguson and Harold H. Kelley, "Significant Factors in Overevaluation of Own-Group's Product," *Journal of Personality and Social Psychology* 69, no. 2 (1064): 223-28.
8. Patricia Linville et al., "Perceived Distributions of the Characteristics of In-Group and Out-Group Members: Empirical Evidence and a Computer Simulation," *Journal of Personality and Social Psychology* 57, no. 2 (1989): 165-88, and Bernadette Park and Myron Rothbart, "Perception of Out-Group Homogeneity and Levels of Social Categorization: Memory for the Subordinate Attributes of In-Group and Out-Group

Members," *Journal of Personality and Social Psychology* 42, no. 6 (1982): 1051-68.
9. Park and Rothbart, "Perception of Out-Group Homogeneity."
10. Margaret Shih et al., "Stereotype Susceptibility: Identity Salience and Shifts in Quantitative Performance," *Psychological Science* 10, no. 1 (January 1999): 80-83.
11. Noah J. Goldstein and Robert B. Cialdini, "Normative Influence on Consumption and Conservation Behaviors," in *Social Psychology and Consumer Behavior*, ed. Michaela Wänke (New York: Psychology Press, 2009), 273-96.
12. Robert B. Cialdini et al., "Managing Social Norms for Persuasive Impact," *Social Influence* 1, no. 1 (2006): 3-15.
13. Marilyn B. Brewer and Madelyn Silver, "Ingroup Bias as a Function of Task Characteristics," *European Journal of Social Psychology* 8 (1978): 393-400.
14. Ashforth and Mael, "Social Identity Theory."
15. Henri Tajfel, "Experiments in Intergroup Discriminication," *Scientific American* 223 (November 1970): 96-102, and H. Tajfel et al., "Social Categorization and Intergroup Behavior," *European Journal of Social Psychology* 1, no. 2 (1971): 149-78.
16. Sherif et al., *Intergroup Conflict and Cooperation*, 209.
17. Robert Kurzban et al., "Can Race be Erased? Coalitional Computation and Social Categorization," *Proceedings of the National Academy of Sciences* 98, no. 26 (December 18, 2001): 15387-92.

9 감정

1. Corbett H. Thigpen and Hervey Cleckley, "A Case of Multiple Personalities," *Journal of Abnormal and Social Psychology* 49, no. 1 (1954): 135-51.
2. Charles E. Osgood and Zella Luria, "A Blind Analysis of a Case of Multiple Personality Using the Semantic Differential," *Journal of Abnormal and Social Psychology* 49, no. 1 (1954): 579-91.
3. Nadine Brozan, "The Real Eve Sues to Film the Rest of Her Story," *New York Times*, February 7, 1989.
4. Piercarlo Valdesolo and David DeSteno, "Manipulations of Emotional Context Shape Moral Judgment," *Psychological Science* 17, no. 6 (2006): 476-77.
5. Steven W. Gangestad et al., "Women's Preferences for Male Behavioral Displays Change Across the Menstrual Cycle," *Psychological Science* 15, no. 3 (2004): 203-7, and Kristina M. Durante et al., "Changes in Women's Choice of Dress Across the Ovulatory Cycle: Naturalistic and Laboratory Task-Based Evidence," *Personality and Social Psychology Bulletin* 34 (2008): 1451-60.
6. John F. Kihlstrom and Stanley B. Klein, "Self-Knowledge and Self-Awareness," *Annals of the New York Academy of Sciences* 818 (December 17, 2006): 5-17, and

Shelley E. Taylor and Jonathan D. Brown, "Illusion and Well-Being: A Social Psychological Perspective on Mental Health," *Psychological Bulletin* 103, no. 2 (1988): 193-210.

7. H. C. Kelman, "Deception in Social Research," *Transaction* 3 (1966): 20-24; 다음도 참고하라. Steven J. Sherman, "On the Self-Erasing Nature of Errors of Prediction," *Journal of Personality and Social Psychology* 39, no. 2 (1980): 211-21.

8. E. Grey Dimond et al., "Comparison of Internal Mammary Artery Ligation and Sham Operation for Angina Pectoris," *American Journal of Cardiology* 5, no. 4 (April 1960): 483-86; 다음도 참고하라. Walter A. Brown, "The Placebo Effect," *Scientific American* (January 1998): 90-95.

9. William James, "What Is an Emotion?" *Mind* 9, no. 34 (April 1884): 188-205.

10. Tor D. Wager, "The Neural Bases of Placebo Effects in Pain," *Current Directions in Psychological Science* 14, no. 4 (2005): 175-79, and Tor D. Wager et al., "Placebo-Induced Changes in fMRI in the Anticipation and Experience of Pain," *Science* 303 (February 2004): 1162-67.

11. James H. Korn, "Historians' and Chairpersons' Judgments of Eminence Among Psychologists," *America Psychologist* 46, no. 7 (July 1991): 789-92.

12. William James to Carl Strumpf, February 6, 1887, in *The Correspondence of William James*, vol. 6, ed. Ignas K. Skrupskelis and Elizabeth M. Berkeley (Charlottesville: University Press of Virginia, 1992), 202.

13. D. W. Bjork, *The Compromised Scientist: William James in the Development of American Psychology* (New York: Columbia University Press, 1983), 12.

14. Henry James, ed., *The Letters of William James* (Boston: Little, Brown, 1926), 393-94.

15. Stanley Schachter and Jerome E. Singer, "Cognitive, Social, and Physiological Determinants of Emotional State," *Psychological Review* 69, no. 5 (September 1962): 379-99.

16. Joanne R. Cantor et al., "Enhancement of Experienced Sexual Arousal in Response to Erotic Stimuli Through Misattribution of Unrelated Residual Excitation," *Journal of Personality and Social Psychology* 32, no. 1 (1975): 69-75.

17. 다음을 보라. http://www.imdb.com/title/tt0063013/.

18. Donald G. Dutton and Arthur P. Aron, "Some Evidence for Heightened Sexual Attraction Under Conditions of High Anxiety," *Journal of Personality and Social Psychology* 30, no. 4 (1974): 510-17.

19. Fritz Strack et al., "Inhibiting and Facilitating Conditions of the Human Smile: A Nonobtrusive Test of the Facial Feedback Hypothesis," *Journal of Personality and Social Psychology* 54, no. 5 (1988): 768-77, and Lawrence W. Barsalou et al., "Social

Embodiment," *Psychology of Learning and Motivation* 43 (2003): 43-92.
20. Peter Johansson et al., "Failure to Detect Mismatches Between Intention and Outcome in a Simple Decision Tast," *Science* 310 (October 7, 2005): 116-19.
21. Lars Hall et al., "Magic at the Marketplace: Choice Blindness for the Taste of Jam and the Smell of Tea," *Cognition* 117, no. 1 (October 2010): 54-61.
22. Wendy M. Rahm et al., "Rationalization and Derivation Processes in Survey Studies of Political Candidate Evaluation," *American Journal of Political Science* 38, no. 3 (August 1994): 582-600.
23. Joseph LeDoux, *The Emotional Brain: The Mysterious Underpinnings of Emotional Life* (New York: Simon and Schuster, 1996), 32-33, and Michael Gazzaniga, "The Split Brain Revisited," *Scientific American* 279, no. 1 (July 1998): 51-55.
24. Oliver Sacks, *The Man Who Mistook His Wife for a Hat* (New York: Simon and Schuster, 1998), 108-11.
25. J. Haidt, "The Emotional Dog and Its Rational Tail: A Social Intuitionist Approach to Moral Judgment," *Psychological Review* 108, no. 4 (2001): 814-34.
26. Richard E. Nisbett and Timothy DeCamp Wilson, "Telling More Than We Can Know: Verbal Reports on Mental Processes," *Psychological Review* 84, no. 3 (May 1977): 231-59.
27. Richard E. Nisbett and Timothy DeCamp Wilson, "Verbal Reports About Causal Influences on Social Judgments: Private Access Versus Public Theories," *Journal of Personality and Social Psychology* 35, no. 9 (September 1977): 613-24; 다음도 참고하라. Nisbett and Wilson, "Telling More Than We Can Know."
28. E. Aronson et al., "The Effect of a Pratfall on Increasing Personal Attractiveness," *Psychonomic Science* 4 (1966): 227-28, and M. J. Lerner, "Justice, Guilt, and Veridicial Perception," *Journal of Personality and Social Psychology* 20 (1971): 127-35.

10 자기 자신

1. Robert Block, "Brown Portrays FEMA to Panel as Broken and Resource-Starved," *Wall Street Journal*, September 28, 2005.
2. Dale Carnegie, *How to Win Friends and Influence People* (New York: Simon and Schuster, 1936), 3-5.
3. College Board, *Student Descriptive Questionnaire* (Princeton, NJ: Educational Testing Service, 1976-77).
4. P. Cross, "Not Can but Will College Teaching Be Improved?" *New Directions for Higher Education* 17 (1977): 1-15.
5. O. Svenson, "Are We All Less Risky and More Skillful Than Our Fellow Driver?"

Acta Psychologica 47 (1981): 143-48, and L. Larwood and W. Whittaker, "Managerial Myopia: Self-Serving Biases in Organizational Planning," *Journal of Applied Psychology* 62 (1977): 194-98.

6. David Dunning et al., "Flawed Self-Assessment: Implications for Health, Education, and the Workplace," *Psychological Science in the Public Interest* 5, no. 3 (2004): 69-106.

7. B. M Bass and F. J Yamarino, "Congruence of Self and Others' Leadership Ratings of Naval Officers for Understanding Successful Performance," *Applied Psychology* 40 (1991): 437-54.

8. Scott R. Millis et al., "Assessing Physicians' Interpersonal Skills: Do Patients and Physicians See Eye-to-Eye?" *American Journal of Physical Medicine & Rehabilitation* 81, no. 12 (December 2002): 946-51, and Jocelyn Tracey et al., "The Validity of General Practitioners' Self Assessment of Knowledge: Cross Sectional Study," *BMJ* 315 (November 29, 1997): 1426-28.

9. Dunning et al., "Flawed Self-Assessment."

10. A. C. Cooper et al., "Entrepreneurs' Perceived Chances for Success," *Journal of Business Venturing* 3 (1988): 97-108, and L. Larwood and W. Whittaker, "Managerial Myopia: Self-Serving Biases in Organizational Planning," *Journal of Applied Psychology* 62 (1977): 194-98.

11. Dunning et al., "Flawed Self-Assessment," and David Dunning, *Self-Insight: Roadblocks and Detours on the Path to Knowing Thyself* (New York: Psychology Press, 2006), 6-9.

12. M. L. A. Hayward and D. C. Hambrick, "Explaining the Premiums Paid for Large Acquisitions: Evidence of CEO Hubris," *Administrative Science Quarterly* 42 (1997): 103-27, and U. Malmendier and G. Tate, "Who Makes Acquisition? A Test of the Overconfidence Hypothesis," *Stanford Research Paper 1798* (Palo Alto, CA: Stanford University, 2003).

13. T. Odean, "Volume, Volatility, Price, and Profit When All Traders Are Above Average," *Journal of Finance* 8 (1998): 1887-934. 실러의 조사에 대해서는 다음을 보라. Robert J. Schiller, *Irrational Exuberance* (New York: Broadway Books, 2005), 154-55.

14. E. Pronin et al., "The Bias Blind Spot: Perception of Bias in Self Versus Others," *Personality and Social Psychology Bulletin* 28 (2002): 369-81; Emily Pronin, "Perception and Misperception of Bias in Human Judgment," *Trends in Cognitive Sciences* 11, no. 1 (2006): 37-43, and J. Friedrich, "On Seeing Oneself as Less Self-Serving Than Others: The Ultimate Self-Serving Bias?" *Teaching of Psychology* 23 (1996): 107-9.

15. Vaughan Bell et al., "Beliefs About Delusions," *Psychologist* 16, no. 8 (August 2003): 418-23, and Vaughan Bell, "Jesus, Jesus, Jesus," *Slate* (May 26, 2010).
16. Dan P. McAdams, "Personal Narratives and the Life Story," in *Handbook of Personality: Theory and Research*, ed. Oliver John et al. (New York: Guilford, 2008), 242-62.
17. F. Heider, *The Psychology of Interpersonal Relations* (New York: Wiley, 1958).
18. Robert E. Knox and James A. Inkster, "Postdecision Dissonance at Post Time," *Journal of Personality and Social Psychology* 8, no. 4 (1968): 319-23, and Edward E. Lawler III et al., "Job Choice and Post Decision Dissonance," *Organizational Behavior and Human Performance* 13 (1975): 133-45.
19. Ziva Kunda, "The Case for Motivated Reasoning," *Psychological Bulletin* 108, no. 3 (1990): 480-98; 다음도 참고하라. David Dunning, "Self-Image Motives and Consumer Behavior: How Sacrosanct Self-Beliefs Sway Preferences in the Marketplace," *Journal of Consumer Psychology* 17, no. 4 (2007): 237-49.
20. Emily Balcetis and David Dunning, "See What You Want To See: Motivational Influences on Visual Perception," *Journal of Personality and Social Psychology* 91, no. 4 (2006): 612-25.
21. 피험자가 두 동물을 모두 보지 않는다는 점을 확인하기 위해서, 연구자들은 피험자의 무의식적 안구운동을 추적함으로써 그가 실제로 어떻게 그림을 해석하는지 확인했다.
22. Albert H. Hastorf and Hadeley Cantril, "They Saw a Game: A Case Study," *Journal of Abnormal and Social Psychology* 49 (1954): 129-34.
23. George Smoot and Keay Davidson, *Wrinkles in Time: Witness to the Birth of the Universe* (New York: Harper Perennial, 2007), 79-86.
24. Jonathan J. Koehler, "The Influence of Prior Beliefs on Scientific Judgments of Evidence Quality," *Organizational Behavior and Human Decision Processes* 56 (1993): 28-55.
25. 바로 앞 쾰러의 논문에는 베이스 정리의 관점에서 이 행동을 논한 내용이 있다.
26. Paul Samuelson, *The Collected Papers of Paul Samuelson* (Boston: MIT Press, 1986), 53. 새뮤얼슨의 말은 막스 플랑크의 말을 비튼 것이었다. 플랑크는 "오래된 이론은 반증되는 것이 아니다. 그 지지자들이 죽어 없어지는 것이다"라고 말했다. 다음을 보라. Michael Szenberg and Lall Ramrattan, eds., *New Frontiers in Economics* (Cambridge, UK: Cambridge University Press, 2004), 3-4.
27. Susan L. Coyle, "Physician-Industry Relations. Part 1: Individual Physicians," *Annals of Internal Medicine* 135, no. 5 (2002): 396-204.
28. Ibid.; Karl Hackenbrack and Mark W. Wilson, "Auditors' Incentives and Their Application of Financial Accounting Standards," *Accounting Review* 71, no. 1 (January 1996): 43-59; Robert A. Olsen, "Desirability Bias Among Professional Investment

Managers: Some Evidence from Experts," *Journal of Behavioral Decision Making* 10 (1997): 65-72; and Vaughan Bell et al., "Beliefs About Delusions," *Psychologist* 16, no. 8 (August 2003): 418-23.

29. Drew Westen et al., "Neural Bases of Motivated Reasoning: An fMRI Study of Emotional Constraints on Partisan Political Judgment in the 2004 U.S. Presidential Election," *Journal of Cognitive Neuroscience* 18, no. 11 (2006): 1947-58.

30. Ibid.

31. Peter H. Ditto and David F. Lopez, "Motivated Skepticism: Use of Differential Decision Criteria for Preferred and Nonpreferred Conclusions," *Journal of Personality and Social Psychology* 63, no. 4: 568-84.

32. Naomi Oreskes, "The Scientific Consensus on Climate Change," *Science* 306 (December 3, 2004): 1686, and Naomi Oreskes and Erik M. Conway, *Merchants of Doubt* (New York: Bloomsbury, 2010), 169-70.

33. Charles G. Lord et al., "Biased Assimilation and Attitude Polarization: The Effects of Prior Theories on Subsequently Considered Evidence," *Journal of Personality and Social Psychology* 37, no. 11 (1979): 2098-109.

34. Robert P. Vallone et al., "The Hostile Media Phenomenon: Biased Perception and Perceptions of Media Bias in Coverage of the Beirut Massacre," *Journal of Personality and Social Psychology* 49, no. 3 (1985): 577-85.

35. Daniel L. Wann and Thomas J. Dolan, "Attributions of Highly Identified Soprts Spectators," *Journal of Social Psychology* 134, no. 6 (1994): 783-93, and Daniel L. Wann and Thomas J. Dolan, "Controllability and Stability in the Self-Serving Attributions of Sport Spectators," *Journal of Social Psychology* 140, no. 2 (1998): 160-68.

36. Stephen E. Clapham and Charles R. Schwenk, "Self-Serving Attributions, Managerial Cognition, and Company Performance," Strategic Management Journal 12 (1991): 219-29.

37. Ian R. Newby-Clark et al., "People Focus on Optimistic Scenarios and Disregard Pessimistic Scenarios While Predicting Task Completion Times," *Journal of Experimental Psychology: Applied* 6, no. 3 (2000): 171-82.

38. David Dunning, "Strangers to Ourselves?" *Psychologist* 19, no. 10 (October 2006): 600-604; 다음도 참고하라. Dunning et al., "Flawed Self-Assessment."

39. R. Buehler et al., "Inside the Planning Fallacy: The Causes and Consequences of Optimistic Time Predictions," in *Heuristics and Biases: The Psychology of Intuitive Judgment*, ed. T. Gilovitch et al. (Cambridge, UK: Cambridge University Press, 2002), 251-70.

40. Eric Luis Uhlmann and Geoffrey L. Cohen, "Constructed Criteria," *Psychological*

Science 16, no. 6 (2005): 474-80.
41. 이 일련의 실험들에 대해서는 다음을 보라. Linda Babcock and George Loewenstein, "Explaining Bargaining Impasse: The Role of Self-Serving Biases," *Journal of Economic Perspectives* 11, no. 1 (Winter 1997): 109-26. 다음도 참고하라. Linda Babcock et al., "Biased Judgments of Fairness in Bargaining," *American Economic Review* 85, no. 5 (1995): 1337-43. 전자의 논문에는 저자들의 다른 관련 연구들도 언급되어 있다.
42. Shelley E. Taylor and Jonathan D. Brown, "Illusion and Well-Being: A Social Psychological Perspective on Mental Health," *Psychological Bulletin* 103, no. 2 (1988): 193-210.
43. David Dunning et al., "Self-Serving Prototypes of Social Categories," *Journal of Personality and Social Psychology* 61, no. 6 (1991): 957-68.
44. Harry P. Bahrick et al., "Accuracy and Distortion in Memory for High School Grades," *Psychological Science* 7, no. 5 (September 1996): 265-71.
45. Steve Jobs, Stanford University commencement address, 2005.
46. Stanley Meisler, "The Surreal World of Salvador Dalí," *Smithsonian Magazine* (April 2005).
47. Taylor and Brown, "Illusion and Well-Being," Alice M. Isen et al., "Positive Affect Facilitates Creative Problem Solving," *Journal of Personality and Social Psychology* 52, no. 6 (1987): 1122-31; and Peter J. D. Carnevale and Alice M. Isen, "The Influence of Positive and Visual Access on the Discovery of Integrative Solutions in Bilateral Negotiations," *Organizational Behavior and Human Decision Processes* 37 (1986): 1-13.
48. Taylor and Brown, "Illusion and Well-Being," and Dunning, "Strangers to Ourselves?"
49. Taylor and Brown, "Illusion and Well-Being."

역자 후기

레오나르드 믈로디노프는 그 자신이 잘 알려진 과학 저술가이지만, 다른 사람과 함께 이름을 올린 책으로도 유명하다. 다른 사람은 바로 스티븐 호킹이다. 영국의 이론물리학자 호킹이 근육위축성 질병으로 거의 몸을 움직이지 못하는 것은 잘 알려진 사실이다. 그래도 그는 오른눈 아래의 뺨 근육을 씰룩임으로써 (그리고 그 신호를 전자적으로 감지하는 '통역기'를 거침으로써) 힘겹게나마 계속 머릿속의 물리적 통찰을 세상과 소통하고 있다. 그러나 그렇게 책을 쓰기란 여간 난망한 일이 아닐 것이다. 그렇다 보니 일종의 기록자랄까, 그의 말을 알아듣고 써주는 공저자와 함께 작업을 하는데, 그가 바로 믈로디노프이다.

믈로디노프의 손길이 닿은 책은 호킹이 자신의 최고 걸작을 좀더 친절하게 해설했던 『짧고 쉽게 쓴 '시간의 역사'』, 그리고 우주의 창조에 신은 결코 관여하지 않았다고 명쾌하게 주장했던 『위대한 설계』이다. 여기에서 알 수 있는 사실은, 믈로디노프가 호킹의 생각을 정확하게 표현할 수 있을 만큼 물리학에 능통하다는 점이다. 또한 과학책 집필에 일가견이 있다고 인정된다는 점이다 (상상만으로도 답답하고 지루한 그 작업을 두 번이나 훌륭하게 해낸 것으로 보아서, 틀림없이 참을성도 많고 성격도 좋지 않을까? 이 책에는 그 과정에 대한 일화도 살짝 등장한다).

그의 이력을 보면, 그런 점들이 충분히 이해된다. 믈로디노프는 미국 버클리 캘리포니아 대학교에서 이론물리학 박사학위를 받았다. 짧은 연구원 생활을 거친 뒤에 불쑥 대중문화 산업으로 진출하여 드라마, 영화, 게임 제작에 관련된 일을 했고, 현재는 학교(캘리포니아 공과대학)로 돌아가서 학생들을 가르치고 있다. 그동안 대중 과학서를 여러 권 썼는데, 그것들이 널리 읽히면서 과학 저술가로 이름을 알렸다. 그의 전작들은 우리말로도 모두 번역되어 있다. 『유클리드의 창 : 기하학 이야기』, 『파인만에게 길을 묻다』, 『춤추는 술고래의 수학 이야기』이다. 이 책들도 호킹의 책들 못지않게 잘 쓰였다는 사실은 구태여 덧붙이지 않아도 되리라.

『"새로운" 무의식 : 정신분석에서 뇌과학으로(Subliminal : How your unconscious mind rules your behavior)』는 그런 믈로디노프가 우주와 수학에서 인간에게로 시선을 돌려서 쓴 책이다. 그의 관심을 이끈 주제는 무의식이다. 우리는 어떻게 무의식적으로 느끼고, 판단하고, 기억하고, 행동할까? 뇌가 의식과 무의식의 두 층위로 구성되어 있다는 것은 분명한 사실이다. 그렇지 않다면 우리는 정신적인 멀티태스킹을 할 수 없을 것이다. 우리가 여러 업무를 한꺼번에 처리할 때, 대개는 무의식이 익숙한 일들을 알아서 진행해주고, 의식은 '신경'을 가장 많이 써야 하는 한 가지 일에 집중한다. 예를 들면, 운전하면서 전화하는 경우이다. 우리는 심각한 통화 내용에 집중하면서도 제대로 목적지를 찾아가고, 불시의 도로 상황에 순발력 있게 대처한다. 그런 작업은 대체로 무의식의 차원에서 이루어진다.

이렇게 따져보면 무의식은 우리 일상에서 매우 중요한 부분인데, 과연 그 정체가 무엇일까? 무의식은 어떤 원칙과 메커니즘에 따라서 작동하며, 의식과는 어떻게 상호작용할까? 과학자들은 무의식을 얼마나 이해하고 있을까? 사람은 뇌의 5퍼센트만을 사용한다는 속설이 있는데, 그렇다면 나머지 95퍼센트가 무의식이라는 뜻일까? 무의식에는 어떤 장단점이 있을까? 인간과 동물의 무의식은 어떻게 다를까? 애초에 무의식은 왜 진화했을까?

이 책은 이런 의문들에 답한다. 그런데 정확하게 말하면, 그냥 '무의식'이 아니라 '새로운 무의식'이다. 그냥 '무의식'이라고 하면 보통 정신분석학적 해석이 떠오른다. 그러나 오늘날 정신분석은 엄밀한 과학으로는 여겨지지 않는 편이다. 프로이트로 대표되는 정신분석학자들은 무의식이 인간에게 중요하다는 것을 잘 알았다. 그러나 당시에는 무의식의 장소라고 할 수 있는 뇌에 대한 정보가 전혀 없다시피 했다. 더구나 그들이 무의식을 조사하는 방법으로 채택했던 내성법, 자유 연상, 꿈의 해석 등은 체계적이고 정량적이고 재현 가능한 과학적 방법이라고 할 수 없었다. 그래서 이후 빌헬름 분트, 윌리엄 제임스, 찰스 샌더스 퍼스와 같은 선구자들이 발전시킨 현대적 심리학은 실험적 방법을 통해서 정신활동의 기능과 생리를 밝히는 데에 주목했고, 그 과정에서 무의식은 모호한 무엇인가로 여겨져 간과되었다. 그 상황은 20세기 후반부터 바뀌었다. fMRI(functional magnetic resonance imaging, 기능적 자기공명 영상)라는 강력한 도구가 등장했던 것이다. 이제 과학자들은 사람들이 어떤 생각이나 활동을 할 때 뇌에서 벌어지는 일을 직접 '볼' 수 있게 되었다. 사람들의 의식적인 대답이나 반응에 의존하지 않고도 그들의 정신활동을 관찰할 수 있게 되었으므로, 무의식에 대해서도 좀더 객관적인 접근이 가능해진 것이다. 오늘날 뇌과학은 실험심리학, 인지과학 등과 더불어 의식과 무의식의 구체적인 작동 메커니즘을 조금씩 밝혀나가고 있다. 이렇게 르네상스를 맞은 오늘날의 무의식이 바로 '새로운 무의식'이다.

믈로디노프는 그 '새로운 무의식'에 관해서 현재 심리학자들과 신경과학자들이 알고 있는 내용을 이 책에서 규모 있게 가뿐하게 모두 정리했다. 제1부에서는 무의식이 개인의 인지에 어떻게 영향을 미치는지를 살펴본다. 시각, 청각, 촉각 등 우리의 모든 감각은 무의식이라는 체를 거친 후에야 의식에 입력된다. 이것은 출력될 때도 마찬가지이다. 기억과 망각, 판단과 결정이 그렇다.

제2부에서는 무의식이 사회적으로 어떻게 활용되는지를 이야기한다. 인간은

상당 부분이 사회적 상호작용과 관련된다. 우리는 늘 다른 사람들의 생각과 감정을 읽고, 다른 사람들을 인종이나 외모 등 온갖 기준에 따라서 여러 집단으로 분류하고, 그 집단들에게 제멋대로 고정관념을 부여하고, 그에 따라서 그 구성원들에게 어떤 선호나 편견을 품고, 좋거나 나쁜 감정을 느낀다. 나아가서 자기 자신에 대해서도 어떤 평가, 고정관념, 감정을 구축한다. 이런 일들이 모두 대체로 무의식의 영역에서 진행되는 것이다.

따라서 무의식의 작동 메커니즘을 모르고서는 우리의 판단, 결정, 정서, 편향을 제대로 안다고 말할 수 없다. 어쩌면 이런 단언에 반발감을 느끼는 독자도 있을지도 모른다. 누구나 자신이 합리적인 의식 활동을 도구로 삼아서 인생을 살아간다고 생각하고 싶기 때문이다. 그러나 장담하건대, 이 책에 나열된 여러 심리학 실험들과 뇌과학 연구 결과들을 알고 나면 더 이상 반대 의견을 제기할 수 없으리라. 그뿐이 아니다. 무의식을 의식의 동등한 파트너로 인정하게 될 것이고, 무의식의 영향을 최대한 자신에게 긍정적인 방향으로 활용할 방안을 궁리하게 될 것이다(이 책에서도 저자가 몇 가지 방법을 알려준다). 믈로디노프가 힘주어 지적하듯이, 누가 뭐래도 무의식은 우리의 생존을 돕고자 진화했다. 자기 마음의 자동 조종장치를 이해하는 것, 그것이 이 책이 제공하는 경험이다.

김명남

인명 색인

간디 Gandhi, Mohandas K. 214
개릿 Garrett, Brandon 78
게바라 Guevara, Ché 214
골드워터 Goldwater, Barry 193
골딘 Gauldin, Mike 75
그랜딘 Grandin, Temple 121
길버트 Gilbert, Daniel 27

나보코프 Nabokov, Vladimir 230
나스 Nass, Clifford 174-175
나이서 Neisser, Ulric 80, 97-98
내긴 Nagin, Ray 267
뉴턴 Newton, Isaac 12-13, 71
니체 Nietzsche, Friedrich 230
니커슨 Nickerson, Raymond S. 98-99
닉슨 Nixon, Richard M. 79-81, 93, 189-191

다윈 Darwin, Charles 157-161, 195
달리 Dalí, Salvador 295
(데니스)대처 Thatcher, Denis 184
(마거릿)대처 Thatcher, Margaret 183-184
더닝 Dunning, David 276-277

델라 포르타 della Porta, Giambattista 204
뒤셴 드 불로뉴 Duchenne de Boulogne 159-160
디도 Didot, Firmin 203
딕 Dick, Philip K. 104
딘 Dean, John 79-84, 93-94, 97

랑헬 Rangel, Antonio 35, 37, 61, 116
러셀 Russell, Bertrand 87
레빈 Levin, Daniel 101
로빈슨 Robinson, William Peter 208
로저스 Rogers, Ted 189-190
로젠탈 Rosenthal, Robert 153-156
로지 Lodge, Henry Cabot, Jr. 190-191
로키치 Rokeach, Milton 271
로프터스 Loftus, Elizabeth 82
루리아 Luria, A. R. 89
루스벨트 Roosevelt, Theodore 87
르누비에 Renouvier, Charles 247
리도크 Riddoch, George 59-61
리디 Liddy, Gordon 80-81
리스 Reese, Gordon 183
리스트 Liszt, Franz von 84-85

331

리프먼 Lippmann, Walter 203-204, 212
링컨 Lincoln, Abraham 214-215

마조 Mazo, Earl 190-191
매퀸 McQueen, Steve 20
모랭 Morin, Simon 271
모소 Mosso, Angelo 138, 248
뮌스터베르크 Münsterberg, Hugo 83-84, 86-88, 93-95, 204, 246, 249
믈로디노프 Mlodinow, Nicolai 256, 292-294
밀그램 Milgram, Stanley 125

바그 Bargh, John 27
바틀릿 Bartlett, Frederic 95-98, 135
바티스타 Batista, Fulgencio 214
베버 Weber, Ernst Heinrich 10, 46
벨 Bell, Tim 183
분트 Wundt, Wilhelm 46, 48, 83, 144, 246, 249
브라우닝 Browning, Elizabeth Barrett 29
브라운 Brown, Michael 267
블랑코 Blanco, Kathleen 267

새뮤얼슨 Samuelson, Paul 280
색스 Sacks, Oliver 121, 258-259
샤흐터 Schachter, Stanley 113-114, 250-253
섁터 Schacter, Daniel 92
셰레솁스키 Shereshevsky, Solomon 89-91, 107, 198

셰리프 Sherif, Muzafer 225-226, 237-238
셰익스피어 Shakespeare, William 230
슐츠 Schultz, Dutch 268
스미스 Smith, Howard K. 189
시먼스 Simons, Dan 94, 101
시즈모어 Sizemore, Chris Costner 240-242
실러 Schiller, Robert 270
심프슨 Simpson, O. J. 77, 268
싱어 Singer, Jerome 250-253

아가시 Agassiz, Louis 246
아돌프스 Adolphs, Ralph 188
아인슈타인 Einstein, Albert 71, 147, 231, 284
애덤스 Adams, Marilyn J. 98-99
에크먼 Ekman, Paul 161-162
오바마 Obama, Barack 56
올포트 Allport, Gordon 213
(스튜어트)유언 Ewen, Stuart 204
(엘리자베스)유언 Ewen, Elizabeth 204
융 Jung, Carl 12, 14, 16

잡스 Jobs, Steve 294
재스트로 Jastrow, Joseph 10, 48
(윌리엄)제임스 James, William 47-48, 83, 87, 138, 144, 246-249
(제시)제임스 James, Jesse 219
존슨 Johnson, Lyndon B. 193

카네기 Carnegie, Dale 268
카펜터 Carpenter, William 47-49

카포네 Capone, Al 269
칸딘스키 Kandinsky, Wassily 234-235
칸트 Kant, Immanuel 45-46, 65, 133
케네디 Kennedy, John F. 188-192
코튼 Cotton, Ronald 75-77, 104
코흐 Koch, Christof 61-62
크롤리 Crowley, "Two Gun" 269
클레 Klee, Paul 234-235

타이펠 Tajfel, Henri 207-208, 235-236
톰프슨 Thompson, Jennifer 74-78, 82-83, 93, 104

퍼스 Peirce, Charles Sanders 9-11, 47-48, 55, 63-64

폰 오스텐 von Osten, Wilhelm 147-150
폴친스키 Polchinski, Joe 296
풀 Poole, Bobby 76-77
풍스트 Pfungst, Oskar 149-150
프로이트 Freud, Sigmund 12, 25-28, 48, 87-88, 134, 139, 144, 246
플라톤 Platon 133

하이트 Haidt, Jonathan 273
헌트 Hunt, Howard 80
헨리 Henry, Patrick 113
호킹 Hawking, Stephen 110-111, 221
홀드먼 Haldeman, H. R. 81
휴잇 Hewitt, Don 190
흐루쇼프 Khrushchyov, Nikita 191
히틀러 Hitler, Adolf 297